제5판

아동복지론

Child Welfare

한성심 · 송주미 지음

창지사

국립중앙도서관 출판예정도서목록(CIP)

아동복지론 / 지은이: 한성심, 송주미. -- 제5판. -- 서울 :
창지사, 2014
p. ; cm

ISBN 978-89-426-0791-4 93370 : ₩20000

아동 복지[兒童福祉]

338.5-KDC5
362.7-DDC21 CIP2014022479

제5판 머리말

2003년도에 이 책을 아동복지 개론서로서 처음 출판을 하고 아동복지의 학문과 실천현장에 토대를 마련하였습니다. 그동안 대학에서 아동복지에 관한 기초지식 습득을 위한 기본 교재로 많이 활용해 주신 독자들에게 진심으로 감사를 드립니다.

그동안 우리나라의 아동복지는 많은 변화와 발전을 가져왔습니다. 이러한 변화가 있기 위해서 정책과 관련법의 개편이 이루어졌습니다. 그에 따라 부분적인 개편을 해 왔는데, 올해는 상당 부분 개정하지 않고는 교재로 활용하기가 어려워 다시 개정작업에 들어갈 수밖에 없었습니다. 아동복지 관련법이 최근 2012년, 2013년에 개정되었고 심지어는 2014년에 시행되는 법령도 있어 본 개정판에서 기본적인 틀과 구성을 새롭게 하고 각 장마다 변화된 내용을 반영하여 전개하였습니다.

제1부는 아동복지의 기초적인 이해를 돕고자 제1장 아동복지의 개념, 제2장 아동복지의 이념과 아동권리, 제3장 아동복지의 발달사 부분을 일부 수정하였고, 제4장은 아동복지의 체계로 틀을 바꾸어 아동복지의 대상, 종사자, 서비스, 기관 및 시설 등을 다루었습니다.

제2부는 아동복지의 실천방법에 대한 이해를 돕고자 제5장에 아동복지 실천의 전제조건과 원칙, 제6장은 제도적 접근을 통한 아동복지 실천방법, 제7장은 기술적 접근을 통한 아동복지 실천방법 부분에 최신 바뀐 내용들을 반영시켜 상당 부분 개정을 하였습니다.

제3부는 아동복지사업의 실천분야에 대한 부분으로 기능적 서비스 유형의 틀은 그대로 두고 각각의 대상별 아동복지 서비스 실천분야에 따른 내용을 전개함에 있어 개념, 현황, 제도 및 서비스, 문제점 및 복지 대책 등을 중심으로 내용을 담고자 노력하였습니다. 본 개정판에서 추가된 부분은 빈곤아동복지와 다문화가정 아동복지 분야를 살펴보았고, 학교사회복지사업과 소년소녀가정 아동복지는 관련 아동복지 서비스 실천분야에 통폐합하여 내용을 다루었습니다.

새롭게 작업해야겠다는 열정을 가지고 시작하였으나 막상 진행하고 보니 여러 가지 처리해야 할 일들로 시간에 쫓기면서 작업을 하였습니다. 현실이 이렇다 보니 또다시 부족한 채 세상에 내놓게 되어 여간 부끄럽지 않습니다. 독자 여러분의 너그러운 양해가 있으시기를 바라며 앞으로도 계속 개정작업을 해나갈 것이며 아동복지 발전에 기여할 것을 약속드립니다.

개정된 교재로 학생들을 만나게 된다고 생각하니 기쁘고 뿌듯합니다. 그리고 행복합니다. 다시 한 번 여러분들께 감사의 마음을 전합니다. 개정판의 출발과 완성을 맡아 애를 써주신 창지사 김기섭 사장님과 편집부 직원 여러분들께도 감사의 마음을 전합니다.

2014년 7월

그리스도의 동산에서

저자

머리말

"주의 말씀은 내 발에 등이요, 내 길에 빛이니이다."(시, 119:105)
지금 여기까지 인도하여 주신 하나님의 사랑과 은혜가 깊이 느껴지는 시간입니다.

대학에서 아동복지학을 전공하고 수년간 관련 교과목을 강의해 오면서 바쁘다는 핑계로 전공에 대한 정립을 제대로 하지 못한 채 많은 세월을 보낸 것 같습니다. 학문을 하는 사람은 누구나 가장 먼저 집필하고 싶은 책이 바로 자신의 전공과 관련된 개론서일 것입니다. 개론서는 가장 쓰기 쉽기도 하면서 가장 어렵기도 한 책입니다. 이미 출판해 놓은 개론서가 많을 뿐 아니라 그리 독창적인 책이 없다는 점이 역시 부담 아닌 부담이 되기 때문입니다. 그럼에도 불구하고 아동복지 실천은 이론적 토대가 주요 열쇠가 됨을 확신하기에 한 권의 아동복지론을 세상에 빛을 보게 한 후 제3판에 이르렀습니다.

아동복지학은 응용학문이고 실천학문인 만큼 이와 관련된 보다 새롭고 실제적인 지식이 요구되고 있습니다. 아동복지론을 강의하면서 느꼈던 이러한 요구들은 새롭고 실제적인 지식을 담고 있으면서도 아동복지에 관한 기초적인 이해를 돕는 필요한 내용을 담고 있는 개론서를 써야 한다는 욕구를 갖게 했으며 이것이 이 책의 기본 방향이 되었습니다.

이런 문제의식에 따라 이 책은 모두 5부로 구성되었습니다. 제1부에서는 아동복지의 기본적인 개념에 대한 이해를 돕고자 제1장 아동복지의 개념, 제2장 아동복지의 이념, 제3장 아동복지의 발달사를 개괄하면서 아동 및 아동관에 대한 정립과, 아동복지의 학문적 이론체계와 아동권리사상을 중점적으로 제시하고, 여러 선진국가와 우리나라 아동복지의 역사를 다루었습니다.

제2부는 아동복지의 체계를 제4장 아동복지의 구성체계와 제5장 아동복지의 운영체계로 구분하여, 아동복지의 구성체계에서는 아동복지의 대상을, 아동복지의 운영체계에서는 아동복지 종사자와 아동복지 서비스에 대한 내용을 중점적으로 다루었습니다.

제3부에서는 아동복지의 실천방법에 대한 이해를 돕고자 제6장 제도적 접근을 통한 아동복지 실천방법과 제7장 전문적 접근을 통한 아동복지 실천방법을 제시하였습니다. 제도적 접근방법으로 아동복지정책과 아동복지 관련법 및 아동복지행정에 대한 내용

을, 기술적 접근방법으로 개별적 · 집단적 · 지역사회 중심의 실천방법에 대한 내용을 다룸에 있어서 최근 동향을 담아 보았습니다.

제4부에서는 이론적 접근을 기반으로 하는 실제 아동복지의 실천분야를 소개하였습니다. 이를 위해 먼저 아동문제에 대한 사회의 개입이 가족의 기능을 지지하느냐, 보충하느냐, 대리하느냐에 따른 구분을 지지적 서비스 · 보충적 서비스 · 대리적 서비스로 구분하고, 이에 따른 아동복지사업을 분야별로 분류하여 개념, 원인, 문제, 현황, 복지대책 등에 대한 이해를 도모하였습니다. 지지적 서비스를 통한 아동복지 실천분야로 일반아동복지사업 · 아동상담사업 · 미혼부모 아동복지사업 · 학교사회복지사업 등을 제8장에서, 보충적 서비스를 통한 아동복지 실천분야로 취업부모 자녀를 위한 보육사업과 학대받는 아동을 위한 보호사업을 제9장에서, 지지와 보충적 서비스를 통한 아동복지 실천분야로 장애아동복지사업 · 비행아동복지사업 · 소년소녀가정 아동복지사업 · 한부모아동복지사업 등을 제10장에서, 대리적 서비스를 통한 아동복지 실천분야로 가정위탁보호사업 · 입양사업 · 시설보호사업 등을 제11장에서 다루었습니다.

마지막 제5부 제12장에서는 아동복지의 전망에 대한 이해로 아동복지의 과제와 발전방향을 개괄하였습니다.

모쪼록 아동복지를 공부하는 학생은 물론 가르치는 사람들, 현장에서 아동복지에 관한 기초지식을 필요로 하는 모든 사람들에게 유용한 책이 되기 바랍니다. 무엇보다도 이 책을 쓰는 일 자체가 저자들에게는 많은 것을 생각하고 고민하게 해준 행복한 시간이었음을 고백하지 않을 수 없습니다.

끝으로 책이 나오기까지 아낌없는 격려와 애정어린 지도를 하여 주신 아동복지 전공 교수님들께 진심으로 감사의 마음을 전합니다. 그리고 늦게까지 불을 밝히며 애를 쓰는 저자들에게 관심과 지지를 보여주신 대학의 동료 교수님들께도 진심으로 감사의 마음을 전합니다. 또한 이 세상에서 가장 소중한 가족들에게 미안한 마음과 함께 고마운 마음을 전합니다. 보살핌과 위로를 해주신 모든 분들이 저자들에게 큰 힘이 되었음을 다시 한번 고백합니다. 제3판 개정판의 출발과 완성을 맡아 애를 써주신 김기섭 사장님, 그리고 편집부 직원 여러분들께 진심으로 감사의 마음을 전합니다.

그러고 보니 새학기가 눈앞에 다가왔습니다. 학생들을 만난다고 하니까 기쁘고 가슴 또한 설렙니다. 지금 이 순간 감사의 마음으로 가득합니다. 그래서 더욱 감사하고 행복합니다.

그리스도의 동산에서

저자

Contents

차 례

Contents

제1부

Child Welfare _

아동복지의 기초

제1장

아동복지의 개념

Child Welfare

제1절 아동의 개념

제2절 아동복지의 개념

제3절 아동복지의 학문적 위상

제1절 아동의 개념

1. 아동의 정의

아동에 대한 정의는 시대 및 문화적 배경과 관련 학문분야에 따라 다르다. 아동을 정의할 때 아동의 발달적 특성이 중요한 준거로 작용하고 있으며, 이러한 발달적 관점은 법적 정의에도 그 바탕을 이루어 아동의 복지에 대한 사회적 책임과 역할을 설정해 주므로 이에 대한 이해가 필요하다.

아동은 계속 성장 · 발달하는 존재로서 아동발달의 특성인 기초성, 적기성, 누적성, 불가역성 등의 원리가 아동복지 실천에서 매우 중요하게 강조되고 있으며, 아동에 관한 과학적 연구는 물론 이러한 연구결과를 토대로 아동의 복지를 추구하는 사회적 노력과 실천이 꾸준히 전개되고 있다.

무한한 성장과 발달의 가능성이 잠재되어 있는 아동은 계속적으로 변화하고 발달하며, 본연의 잠재능력을 다 발휘하고 유익한 삶을 영위할 수 있도록 부모, 성인, 사회 모두가 환경과 기회를 제공해 주는 것이 바로 아동에 대한 복지 실천이다.

1) 법적 관점에서의 아동의 정의

아동의 개념은 명확하게 정의 내리기 어려운 일이다. 성인이라는 개념과 대비되는 개념으로 아동이라 함은 주로 유아, 어린이, 소년, 연소자, 미성년자, 청소년, 자녀의 개념으로 다양하게 규정되고 있는데 연령상으로 성인이 되지 않은 연령, 특히 20세 미만, 18세 미만, 13세 미만 혹은 6세 미만으로 규정되기도 한다. 이러한 정의는 주로 법에 따른 규정으로 국제법(아동의 권리에 관한 국제협약)에서는 아동(children)을 18세 미만으로 명확하게 규정하고 있는데 국내의 경우 법에 따라 명칭 및 연령상의 차이가 있어 그들의 권리와 의무에도 많은 차이가 나고 있다. 아동복지의 근간이 되는 아동복지법에서는 아동을 18세 미만의 자로 규정하고 있다. 〈표 1-1〉은 이러한 국내 법률에서 아동 관련 규정들을 정리한 것으로 그 용어나 연령 구분이 상이하다. 앞으로 이러한 법률 규정상의 통일이 절실하게 필요하다고 본다.

<표 1-1> 국내 법적 관점에서의 아동 관련 개념

법 률	호 칭	연령 구분
아동복지법	아동	18세 미만인 사람
영유아보육법	영유아	6세 미만의 취학 전 아동 (방과후 보육은 만12세 미만까지 가능)
유아교육법	유아	3세부터 초등학교 취학 전까지의 어린이
청소년기본법	청소년	9세 이상 24세 이하의 자
청소년보호법	청소년	만 19세 미만인 사람 (단, 만 19세가 되는 해의 1월 1일을 맞이한 사람은 제외)
청소년복지지원법	청소년	9세 이상 24세 이하의 자
아동·청소년의 성보호에 관한 법률	아동·청소년	만 19세 미만의 자
소 년 법	소년	19세 미만의 자
모자보건법	영유아	출생 후 6년 미만인 사람
한부모가족지원법	아동	18세 미만(취학 중인 경우에는 22세 미만)의 자
입양특례법	아동	18세 미만인 사람
근로기준법	연소자	18세 미만인 자
민 법	미성년	19세 미만의 자
형 법	형사미성년자	14세 되지 아니한 자
도로교통법	어린이 유아	어린이 : 13세 미만인 사람 유 아 : 6세 미만인 사람
실종아동 등의 보호 및 지원에 관한 법률	실종아동	실종신고 당시 14세 미만인 아동

2) 발달적 관점에서의 아동의 정의

아동에 대한 발달적 개념은 주로 발달심리학적 관점과 소아의학적 관점에서 정의하고 있다. 발달심리학에서는 신체적 성장 및 정신적 성숙이라는 입장에서, 소아의학에서는 인간의 발달단계에 따른 발육상태의 수준에 의한 입장에서 아동의 정의를 규정한다.

발달심리학에서 아동발달은 성장, 성숙, 학습이라는 개념으로 설명한다. 성장(growth)은 신체의 크기나 능력의 증가를 의미하며 양적인 변화를 말한다. 성숙(maturation)은 유전적 요인에 의해 발달적 변화들이 통제되는 생물학적 과정을 말한다. 학습(learning)은 직접 또는 간접 경험의 산물로서 훈련이나 연습에 기인하는 발달적 변화를 말한다. 인간의 발달은 성장, 성숙, 학습의 세 과정이 함께 이루어지는 변화의 과정이다(정옥분 외, 2012:32).

아동의 발달단계를 연령별로 구분하여 정의를 규정하면 〈표 1-2〉와 같다.

〈표 1-2〉 발달적 관점에서의 아동 관련 개념

연령별 구분	호 칭	특 징
수태~출생 (태내기)	태아	• 인간발달의 초석이 되는 가장 중요한 태내 환경의 시기 • 정자와 난자의 결합한 세포가 하나의 생명체로 성장 • 탯줄을 통해 태반으로부터 어머니의 영양을 먹고 자람
출생~2세 (영아기)	영아	• 태내 환경과 상이한 새로운 환경에 적응해야 하는 시기 • 양육자와 애착관계가 가장 중요한 시기 • 신체의 성장과 발달의 속도가 매우 빠른 시기
2세~6세 (유아기)	유아	• 인지능력이 발달하고 상상과 환상이 풍부해지는 시기 • 주변 환경에 대한 탐색이 활발해지는 시기 • 어휘 습득이 많아지고 다른 사람과의 의사소통도 활발해짐
6세~12세 (아동기)	아동	• 초등학교 시기의 학령기 아동 • 생활의 중심이 가정에서 학교로 옮겨 또래집단의 비중이 커짐 • 신체의 성장이 느려지고 기억력과 언어기술이 증가함
12세~18세 (청소년기)	청소년	• 중고등학교 시기의 아동 • 아동과 성인 사이의 과도기 • 급벽한 신체적 성장이 이루어지는 제2의 성장급등기

2. 아동발달의 특성

발달적 측면을 볼 때 아동은 분명 성인과 다른 특성을 지니고 있다. 이러한 아동이 지닌 특성은 아동을 이해하는 데 필요하며, 이러한 특성에 대한 이해는 아동기

복지 환경의 중요성을 일깨워 준다. 아동이 지닌 발달적 특성 중 의존, 성숙, 민감성, 욕구, 적응 등에 대해 살펴본다.

1) 의 존

아동의 가장 큰 특징 중의 하나는 출생과 더불어 신체적 · 지적 · 정서적 · 사회적 발달을 타인의 보살핌에 전적으로 의존한다는 점이다. 이러한 보살핌의 역할은 주로 부모에 의해서 이루어지나 경우에 따라서 부모가 아닌 다른 성인에 의해 이루어지기도 한다. 안정적이고 따뜻한 사랑과 보살핌은 아동의 건강한 발달에 필수불가결한 요소로 성인이 된 이후의 삶에 중요한 영향을 준다. 따라서 아동기의 발달은 이들을 돌보는 성인과의 애착 관계와 성인의 아동양육 방식 및 과정에 따라 다양하게 이루어질 수 있다. 의존적인 존재로서의 아동기의 특성은 아동이 누군가의 사랑을 받기 원하고 또 누군가에게 소속되고 의존하고 있다는 감정을 지니며 이러한 욕구의 충족을 통해 아동은 독립된 인간으로 성장하게 된다는 점이다.

2) 성 숙

아동의 특징 중 하나는 성숙이다. 아동은 지속적으로 발달하는 존재이다. 이러한 발달은 성숙이라는 과정을 통해서도 이루어지는데, 아동 누구나 보편적으로 거치는 자연스러운 변화의 과정이다. 아동이 걷기까지의 과정, 아동이 말하기까지의 과정, 사춘기가 되어 2차 성징이 나타나는 과정 등 모든 아동이 순서대로 거치게 되는 변화이다. 다만 좀 더 빠르고 느리게 진행되는 개인차가 있을 뿐이다. 이러한 개인차는 아동의 유전적 요인은 물론 환경적인 요인에 의해 발생하게 되는데, 아동의 수준에 맞는 변화의 과정을 거치는 것이 중요하다.

따라서 아동의 발달수준이나 능력에 관한 적절한 이해를 바탕으로 아동을 지도하는 것이 바람직하며, 아동에게 지나친 스트레스를 주거나 학습에 관한 압력을 행사하는 것 혹은 발달을 무시하거나 방관하는 자세는 오히려 아동의 발달을 저해하게 된다. 따라서 아동의 성숙을 돕기 위해서는 아동의 발달수준, 능력, 관심을 고려하여 아동 스스로 변화를 주도해 가는 주체가 되도록 올바른 환경을 제공하는 일이다.

3) 민감성

아동기를 연구하는 학자들은 아동기의 특성 중 하나로 민감성을 든다. 아동기는 감정이 매우 예민하고 강렬한 시기이며, 욕구에 대한 만족을 즉각적으로 얻기를 원하는 시기이다. 뿐만 아니라 성인의 사랑과 보살핌에 대해 매우 민감하며, 환경적 상황 모든 것에 민감하다.

이러한 아동의 민감성은 아동이 접하는 사람, 즉 부모, 형제, 또래, 교사는 물론 아동이 보고 만지고 듣는 모든 사물을 통해 긍정적인 발달이 이루어지게 하는 아동기의 중요한 특성이다. 민감성에 관한 적절한 자극과 충족은 아동의 정서 및 지적 발달을 촉진할 뿐 아니라 다음 단계로의 발달을 순조롭게 한다. 그러나 지속적인 실패와 좌절 및 욕구충족의 지연은 불안과 불신 혹은 적대심, 무관심과 퇴행현상 등을 일으킬 가능성이 있다.

4) 욕 구

인간은 누구나 욕구를 지닌다. 그러나 아동의 욕구는 스스로 모든 욕구를 충족하기에는 발달적 측면이나 연령상으로 볼 때 불가능하다. 특히 사회적으로 볼 때 아동은 성인의 보호를 필요로 하는 미성숙한 존재이다. 따라서 아동기의 욕구는 기본적으로 아동을 돌보는 가족이나 관련기관들의 관심과 보호를 통해 이루어지기 마련이다. 아동은 기본적으로는 식욕, 수면, 휴식, 배설, 호흡 등과 같은 인간의 기본적인 생리적 욕구를 지닌다. 이 외에도 심리적 안정과 신체적 안전을 느끼고자 하는 욕구, 한 인간으로서 어떤 집단에 소속되고 싶은 욕구, 사랑받고 인정받고 싶은 욕구, 아동 자기 자신을 존중하는 욕구, 자아 실현을 이루고자 하는 욕구 등 정서적이고 인간적인 욕구들을 지니고 있다. 아동복지는 바로 이러한 아동의 욕구에 관심을 가지고 이러한 욕구를 적절히 충족하게 하는 다양한 방법을 모색한다.

5) 적 응

아동은 태어나면서부터 사회화(socialization)하면서 성장한다. 아동이 속한 사회나 문화의 지배를 받고 이에 적응해 나가는 존재로서 이러한 적응의 과정은 성인이 된 이후에도 지속된다. 그러나 아동기는 다른 어느 시기보다도 교육과 학습을 필요로 하는 시기로서 이는 아동이 독립된 하나의 인간으로서 제대로 기능하기 위해서 사회생활에 필요한 지식과 기술을 습득하고 사회적 인간으로 성장해 나가야 하기 때문이다. 생물학적인 성장과 발달만으로는 완전한 인간으로서 성장했다고 볼 수 없으며 가정, 학교, 또래집단, 이웃 등의 사회화집단을 통해 교육과 지도를 받아야 한다. 따라서 아동은 사회적 동물로서 한 사회에서 요구되는 다양한 지식들을 습득함으로써 발달하는 존재인 것이다.

이러한 적응의 과정은 아동이 적극적인 삶의 주체자가 되고 창의적인 인간으로 성장하는 데 기초가 된다. 그리고 이러한 적응 과정에서 발생하게 되는 다양한 문제들은 아동만이 아니라 아동을 교육시키는 다양한 성인집단들의 위기이며 동시에 이것이 적절하게 해결될 경우 아동의 발달에 도움을 주는 긍정적 기회가 될 수 있다. 그러한 적응에 실패한 아동은 비행 및 문제아동, 학교부적응아동, 반사회적 아동, 범죄소년 등으로 나타날 수 있다.

3. 아동관의 변천

아동에 관한 사회적 인식의 변화는 아동의 삶에 있어서도 직접적 영향을 줄 뿐 아니라, 아동복지의 내용에도 변화를 가져오게 한다. 20세기는 아동의 세기라고 할 만큼 1900년대는 이전 시대와 달리 아동과 관련된 연구는 물론 복지제도의 확립, 사회적 인식의 변화 등 아동의 존재가 발견되는 시기였다고 할 수 있으며, 21세기의 아동은 가족과 국가 존속에 있어서 매우 중요하게 고려되는 존재가 아닐 수 없다. 따라서 여기서는 과거의 전통적 의미의 아동관에서 현대적 의미의 아동관으로의 변화를 살펴보면서, 아동의 개념이 지닌 의미를 생각해 보도록 한다.

1) 전통적 아동관

고대 및 중세의 오랜 시기 동안 아동은 '아동으로서의 존재성'을 인정받지 못하고 단지 부족, 종족, 가문, 국가에 기여하는 도구적인 존재로만 인식되었다. 고대사회의 경우 기형아, 불구아, 허약아 등은 유기되거나 살해되기도 하였으며, 봉건제 사회인 중세사회에서는 부모의 신분에 따라 아동도 차별적 대우를 받았으며 신분이 낮은 계층의 아동들은 경제적 · 군사적인 노동력으로 취급되었다. 또한 아동을 성인의 축소판 정도로 생각하여 성인과 다른 아동만의 발달특성이 고려되지 않았고 독립된 인격체로 대우하지 않았으며 부모나 가문의 종속물로 여겼다. 상류계층의 자녀라 하더라도 부모가 아닌 제3자에 의해 양육되는 것이 일반적이었으며, 아동에게 적합한 교육이라기보다는 성인기의 준비를 위한 교육이 전부였다.

산업혁명 이후 근대화를 통한 자본주의 사회의 도래는 아동노동력의 착취라는 사회문제를 초래하게 되었으며, 이에 따라 아동을 보호하고자 하는 국가적 차원의 제도 확립이 이루어지게 되었으나, 아동에 관한 현대적 의미의 아동관과 아동복지 제도가 확립된 것은 20세기에 들어서면서부터라 할 수 있다.

2) 현대적 아동관

현대적 의미의 아동관을 확립하는 데는 여러 가지 요인이 작용하였다. 첫째는 아동에 관한 많은 학자들의 연구 축적과 아동기의 중요성에 대한 강조가 있었다는 점이다. 둘째는 1, 2차 세계대전을 지나면서 국민의 복지에 대한 국가책임의식이 증진되어 각종 복지제도가 확립되기 시작한 점이다. 셋째는 아동노동력의 이용이 감소되고 아동보호와 교육에 대한 사회적 관심이 증진된 점을 들 수 있다. 넷째는 아동복지와 관련된 단체의 출현과 아동권리에 관한 국제사회의 관심과 노력 등이다.

이러한 배경 하에 출현한 현대적 의미의 아동관은 가능성의 존재, 인격체의 존재, 독자적 존재(이경희 · 이경희, 1996)로 구분하여 설명할 수 있다.

(1) 가능성의 존재

아동은 무한한 가능성을 지닌 존재이다. 아동이 지닌 무한한 잠재력은 아동이 더 이상 약하고 무능한 존재가 아니며, 계발의 여지와 가능성이 있는 존재임을 말한다. 따라서 인생의 초기 단계에 있는 아동기야말로 이후 성인기의 기초가 되는 중요한 시기로서, 각 아동이 지닌 잠재능력을 계발하여 적절한 교육을 통해 이를 발휘하도록 하는 것이 부모 · 교사 · 국가의 책임이다.

(2) 인격체의 존재

아동 역시 성인과 마찬가지로 소중한 하나의 생명을 지닌 독립된 인격체이다. 부모의 소유물도 아니며, 성인의 축소판도 아닌 한 인간으로서의 아동 존재를 존중해 주어야 함을 의미한다. 아동은 아동답게 자랄 권리가 있으며, 이를 위해 부모 및 사회로부터 적절한 보호를 받을 권리가 있다. 따라서 인격체로서의 아동을 존중하고 보호하기 위한 노력을 해야 하는 것이 아동복지의 중요한 목표 중 하나이다.

(3) 독자적 존재

모든 아동은 각자 나름대로의 특성을 지닌 독자적 존재이다. 쌍생아나 형제자매라 하더라도 아동들은 모두 다르다. 이러한 개인차는 아동의 신체, 언어, 정서, 인지, 도덕성, 성격, 흥미, 관심, 동기 등 모든 측면에서 나타난다. 아동은 나름대로의 발달특성을 보이고 이에 따라 다양한 경험을 하며 발달의 속도에 있어서도 개인차가 있다. 따라서 아동들을 비교하거나 동일시하는 것은 아동의 개인차를 무시한 바람직하지 못한 행동이다. 개인차의 인정은 아동의 잠재력 계발과 인격 존중과도 밀접한 관련이 있으며, 부모는 물론 교사, 친척, 이웃 등 아동들이 접하는 모든 성인들이 가져야 할 중요한 관점이다. 또한 개인차를 고려한 보육과 교육 및 아동복지 제도가 이루어져야 할 것이다.

제2절 아동복지의 개념

1. 아동복지의 정의

아동에 관한 정의를 내리는 것이 어렵듯이, 아동복지가 무엇인가에 대한 정의 또한 내리기 어려운 일이다. 시대의 흐름에 따라, 각 국가나 사회가 처한 상황에 따라 아동복지의 정의는 물론 그 본질까지도 다양하게 나타날 수 있기 때문이다.

아동복지는 아동(child)과 복지(welfare)의 합성어로서 아동이 편안하게 잘 지내는 상태라고 할 수 있다. 다시 말해서 아동복지란 사회의 구성원인 아동 그리고 인생의 초기 과정에 있는 하나의 인간으로서의 아동이 행복하게 잘 살 수 있도록 하는 제반의 노력들을 말한다. 아동을 위한, 아동에 대한 성인들의 노력으로서의 아동복지는 좁게는 가족에서, 넓게는 지역사회와 국가에서 이루어지는 체계적인 활동의 과정이다.

아동복지사업지침(보건복지부, 1995)에 의하면 아동복지란 "사회의 특별한 보호가 필요한 보호대상아동을 포함한 모든 아동들이 가족 및 사회의 일원으로서 육체적·정신적으로 건강하게 성장, 발달할 수 있도록 보호, 지원하여 그들의 건전육성을 도모하는 것"으로 정의하였다.

카두신(Kadushin, 1980)은 아동복지를 협의와 광의로 정의하였다. 좁은 의미의 아동복지는 "부모가 아동양육 책임을 이행할 수 없거나 지역사회가 아동 및 가족이 요구하는 자원과 보호를 제공하지 못할 때 그러한 아동이나 청소년에 대하여 사회봉사를 하는 것으로 부모가 그 역할 수행에 어려움을 지니는 기능을 강화, 보완, 대리하는 것"을 말하며, 넓은 의미의 아동복지는 "일반아동과 그 가족의 복지를 다루고 지역사회욕구와 조화를 이루어 아동의 생리적·심리적·사회적 가능성의 발전을 추진시키는 대책을 다루는 것으로 현존의 사회제도를 수정하거나 새로운 제도를 조직함으로써 아동과 그 가족의 조건을 향상시키는 것"이라 정의하였다.

프리드랜더(Friedlander, 1961)는 "아동복지란 단지 빈곤, 방치, 유기, 질병, 결함 등을 지닌 아동 혹은 환경에 적응하지 못하는 비행아동들에게만 관심을 두는 것이 아니라, 모든 아동이 신체적·지적·정서적 발달에 있어서 안전하고 행복할 수 있도록 위험으로부터 지키고 보호할 수 있도록 공·사 제 기관에서 실시하는 사회적·경제적·보건적 제 활동"이라고 정의하고 있다.

코스틴(Costin, 1979)에 의하면, "아동복지는 아동과 그 가족의 복지증진은 물론 모든 아동과 청소년의 복지증진을 위한 것으로서, 이를 위해서는 가정생활을 강화할 필요가 있다"고 정의하였다.

이러한 정의를 종합해 보면 첫째, 아동복지의 대상은 보호대상아동 중심의 협의의 개념에서 모든 아동을 대상으로 하는 광의의 개념으로 점차 인식되고 있음을 알 수 있다. 아울러 아동들에게 주어지는 복지 대책의 경우, 단순한 보호와 민간 차원의 서비스를 포함한 사회제도의 차원에서 아동복지를 인식하고 있다. 따라서 아동복지의 주체는 부모는 물론 민간단체와 국가기관을 비롯한 공공단체의 노력을 포괄하고 있으며 그 관심 분야도 아동의 욕구, 즉 생리적·신체적·정신적·사회적 욕구와 이로 인한 사회적 문제에 두고 있다.

따라서 이러한 정의를 토대로 아동복지의 정의를 내리면 다음과 같다. "아동복지는 모든 아동과 그들의 가족이 지닌 욕구와 문제를 해결하고 행복한 생활을 할 수 있도록 공·사단체 및 국가에 의해 이루어지는 일련의 계획적이고 조직적인 활동을 포함한 제도를 총칭한다."

2. 아동복지의 의의

아동복지는 3가지 측면에서 그 중요한 의미를 지닌다. 첫째, 아동 개개인의 기본적 생활보장이며, 둘째, 미래 인력의 보호와 육성이며, 셋째, 이를 통해 장차 발생할 수 있는 다양한 사회문제를 예방할 수 있다는 점이다. 이를 구체적으로 살펴보면 다음과 같다(이순형 외, 2003:18-20 재인용).

1) 기본적 생활 보장

인간은 성숙한 개체로 기능하기까지 장기간 타인의 보호와 양육을 필요로 한다. 특히 출생에서 2세 정도까지의 영아기에는 가장 기본적인 음식 섭취와 배설물의 통제도 혼자 힘으로 하기 어려우므로 타인의 도움이 없이는 생존 자체가 불가능하다. 유아기와 아동기에는 생리적 욕구 해결이나 언어에 의한 의사소통이 어느 정도 가능하지만 혼자서 지낼 수 없고 노동 능력도 없어서 여전히 의존적인 특성을 보인다. 즉, 한 인간이 스스로 자립한 사회적 인간으로 성숙하기 위해서는 일정한 기간 동안 타인의 도움이 절대적으로 필요하다.

예전에는 대체로 부모와 가족에 의해서 자립할 수 있을 때까지의 기본적 생활이 보장되었으나, 현대사회에서는 핵가족화 및 여성의 취업 증가로 인한 가족의 구조와 기능의 변화, 그리고 가치관의 변화로 부모나 가족이 아동의 보호와 양육을 적절히 수행하지 못하는 경우가 늘어나고 있다. 이러한 현대 가정의 기능 변화에 따라 자녀양육 및 교육의 문제를 개별 가정만의 문제로 인식하기보다 사회적·국가적 책임으로 보아야 한다는 관점이 확산되고 있다. 부모나 가족이 당면한 신체적·정서적·사회적 또는 경제적인 어려움으로 양육의 기능을 다하지 못할 경우, 이러한 부모나 가족을 도와 아동이 기본적 생활을 유지하여 건전하게 성장·발달할 수 있도록 보장하는 사회의 노력이 요구된다. 따라서 모든 아동이 그가 처해 있는 환경에 관계없이 건강한 발달을 이루어 갈 수 있도록 기본적 생활을 보장하는 사회적 체계를 갖추는 것이 아동복지의 일차적 의의이다.

2) 미래 인력의 보호와 육성

아동은 미래 사회를 이끌어 갈 주역으로, 이들을 적절히 보호하고 교육하는 것은 장차 나라의 장래와 직접적인 관련을 갖는다. 따라서 아동이 전문적 지식과 건전한 인격을 갖춘 인간으로 성장하는 것은 한 사회와 국가의 발전을 위한 기본전제가 된다. 그러나 처해 있는 환경상의 제약으로 건강한 발달을 도모할 수 있는 기회를 박탈당한 채 성장하고 있는 아동들이 늘어나고 있는 실정이며, 이러한 현상은 산업화 및 도시화의 진전으로 앞으로 더 심화될 것으로 예측된다.

환경적 박탈로 인해 불이익을 당하고 있는 아동의 복지증진을 위해 현재 세계 여러 나라들은 각종 교육 · 문화 · 의료시설을 설치하고 이들의 건전육성을 도모하고 있다. 예를 들어 미국에서 1960년대 중반과 1970년대 초반까지 강력하게 추진되었던 헤드스타트(Head Start)운동은 미국의 복지정책의 성공 사례 중 하나로 손꼽힌다. 이의 기본 취지는 문화실조를 경험하고 있는 빈곤가정의 자녀에게 정부가 교육혜택을 제도적으로 보장함으로써 사회적 계층 상승을 가능케 하는 고등교육의 기회를 넓히자는 것이었다. 이는 부모의 가난이 자녀세대에게 전수되는 구조적인 빈곤의 악순환을 단절시킬 수 있는 방책인 동시에 미래 인력의 질을 향상시킴으로써 국가 발전에 이바지할 수 있는 모범적인 아동복지정책이었다.

1980년대 이후부터 우리나라에서도 영유아 보호 및 교육에 대한 관심과 이를 위한 제도 등이 마련되고 있는 바, 이는 아동들이 사회와 국가의 주역임을 인정하고 이들을 보호 · 육성하려는 노력의 결실이라 볼 수 있다. 따라서 미래의 동량으로서 아동을 유능한 사회 성원으로 발달시키는 제도의 확충 역시 아동복지의 큰 의의라 하겠다.

3) 사회문제의 예방

아동은 성인과 마찬가지로 다양한 욕구를 가지고 있으나, 스스로는 이러한 욕구를 충족할 수 있는 능력이 없으므로 가족이나 사회에서 이를 충족시켜 주어야 한다. 아동의 욕구가 적절히 충족되지 않으면 사회의 유능한 성원이 되기 위한 건강한 발달을 도모하기 어렵다. 따라서 아동기에는 적절한 의식주 생활을 통한 기본적인 생리적 욕구 및 다양한 환경이나 장난감에 접하거나 놀이를 함으로써 즐거움을 누리는 등의 문화적 욕구가 충족되어야 한다. 만일, 환경적인 결핍으로 계속되는 욕구의 좌절을 경험하면 정서불안이나 신체적 이상을 경험하기 쉽고, 청소년기의 비행이나 가출 등으로 연결되기도 한다.

산업화 · 도시화로 인해 증가하고 있는, 빈민층이나 결손가정의 아동은 욕구를 적절히 충족시키는 것과는 거리가 먼 환경에서 성장하는 경우가 많다. 이들이 처해 있는 부적절한 환경은 아동의 잠재력이나 가능성을 개발할 기회를 박탈하고 계속되는 좌절감을 경험하게 하므로, 결국 비행이나 일탈 등의 부정적 행동 유형을 습득케 하여 다양한 사회문제를 야기시킨다.

복지란 인간의 욕구를 충족시키거나 사회문제를 해결하기 위한 각종의 서비스를 말하며, 아동복지의 목적은 아동이 신체적 · 정신적으로 적응하여 자신의 잠재력을 최대로 실현함으로써 행복한 상태가 되도록 하는 데 있다. 이러한 관점에서 아동복지란 아동들이 가지고 있는 욕구를 충족시켜 행복감과 만족감을 누리게 함으로써 사회문제를 미연에 방지하거나 해결하기 위한 각종 활동 및 제도의 정비로 볼 수 있다. 그러므로 환경적 박탈을 경험한 아동이 성장해서 야기할 사회문제의 발생을 미연에 방지하기 위한 예방책으로서도 아동복지는 의의를 갖는다.

제 3 절 아동복지의 학문적 위상

1. 아동복지의 범위

아동복지는 아동의 행복한 삶과 건전한 성장 · 발달을 위해 아동을 둘러싼 환경에 대한 이해를 매우 중요하게 다루고 있다. 인간은 항상 사회적 환경 속에 존재하는 유기체적 존재로서, 인간을 둘러싼 환경 중 어느 한 부분의 이상이나 문제는 인간에게 중요한 영향을 미치게 된다. 아동 역시 아동을 둘러싼 환경과 상호작용을 하면서 환경의 영향을 받기도 하고 역으로 환경에 영향을 주기도 한다. 따라서 아동복지가 아동에 대한 정확한 이해를 바탕으로 적절한 서비스를 실행하기 위해서는 이러한 환경에 대한 이해가 선행되어야 한다.

아동을 둘러싼 환경은 곧 아동복지의 범위가 된다. 즉, 아동복지의 목표를 달성함에 있어 고려해야 할 아동 주변의 환경 요인이 아동복지의 범위로서, 때로는 아동문제의 원인으로, 때로는 아동문제의 해결책으로, 또는 아동을 이해하는 관련 변인으로 고려된다. 다시 말해서 아동복지의 범위는 아동복지의 대상이라 할 수 있는데, 아동복지를 연구하고 정책 및 서비스를 개발 · 적용하고 아동의 욕구와 문제를 파악하는 데 중요한 기준이 된다.

구체적으로 아동복지의 범위는 체계이론에 입각하여, 아동을 둘러싼 다양한 체계들을 제시한 래어드와 하트만(Laird & Hartman, 1985)의 예를 들어 설명할 수 있다. 이들은 브론펜브레너(Bronfenbrenner)의 생태체계의 관점을 기초로 아동복지의 범위를 구성하였는데, 이를 제시하면 [그림 1-1]과 같다.

그림에서 볼 수 있듯이, 아동을 둘러싼 체계는 가족과 같은 내체계에서부터 사회의 정치 · 경제 · 문화적 환경에 이르는 외체계에 이르기까지 매우 광범위하며, 아울러 이러한 체계들은 한 사회의 역사적 맥락의 영향을 받고 있음을 알 수 있다. 따라서 아동복지를 위해서는 다양한 환경체계 요인들에 대한 충분한 고려를 기초로 한 '아동에 대한 이해'가 선행되어야 하며, 이러한 과정을 통해서만 비로소 아동복지가 구체적으로 실현될 수 있다. 아동복지의 범위에 관한 이해야말로 아동복지를 이해하는 길이 된다.

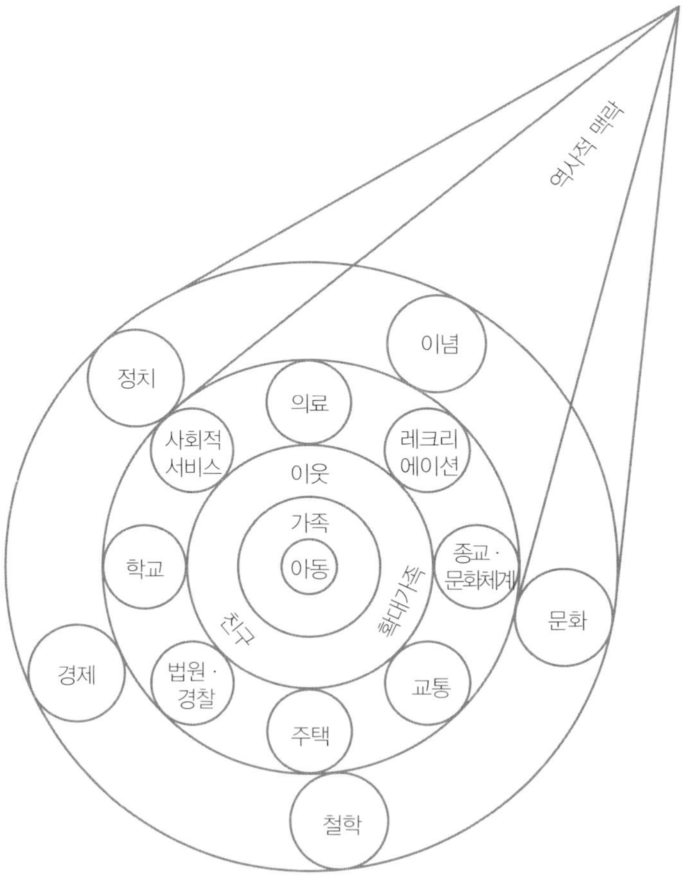

[그림 1-1] 아동복지의 범위

자료 : Laird & Hartman, 1985:3

2. 아동복지의 이론 체계

아동복지의 기초가 되는 관련 이론들은 매우 다양하다. 응용학문이며 실천과학으로서의 아동복지는 다양한 관련 학문과의 교류를 통해, 그 이론 체계를 형성해 왔다. 아동복지와 관련된 이론으로 가장 많이 언급되는 것은 아동심리 · 발달이론으로 정신분석주의 · 행동주의 · 인본주의 심리학 등이다. 또 하나는 아동에게 있어 가장 중요한 환경인 부모와 가족 관련 이론, 즉 가족체계이론, 부모역할이론 등이 있다. 그러나 이들 이론들이 아동복지와 관련된 이론을 종합하는 이론 체계라 할 수는 없다. 따라서 여기서는 아동복지와 관련된 이론 몇몇을 설명하기보다는 아동복지를 위해 필요한 이론들을 종합하는 이론 체계를 구성해 보았고, 구체적인 이론에는 어떤 것이 있는지 간략하게 살펴보았다.

아동복지의 이론 체계는 아동복지에서 다루는 대상 및 범위에 따라 관련 이론들을 구체화할 수 있는데 아동복지의 기초, 아동복지의 실천방법, 아동복지 서비스, 기타 광의의 아동복지 등 4가지의 기준에 따라 구성할 수 있다(송주미, 2001:106). 이러한 기준은 아동복지의 이론 체계를 단순히 아동발달 및 심리이론에만 국한시키지 않고, 아동복지가 관심을 두고 있는 모든 분야(대상, 범위)를 고찰함으로써 아동복지에 관한 이해의 폭을 넓히고자 하는 데 있다.

〈표 1-3〉 아동복지의 이론 체계

<table>
<tr><th colspan="2">연구대상 및 범위</th><th>이론 체계</th></tr>
<tr><td rowspan="6">아동복지의 기초</td><td>아동이해</td><td>아동발달 및 심리이론 : 정신분석 · 행동주의 · 인본주의 등 발달 영역별(언어, 인지, 정서, 사회성 등) 관련 이론, 체계이론, 상징적 상호작용주의이론, 이상심리이론 등</td></tr>
<tr><td>가족 및 가족관계의 이해</td><td>가족관계이론 : 가족체계이론, 기능론과 갈등론, 가족구조의 기능과 주기이론 등</td></tr>
<tr><td>아동을 둘러싼 사회의 이해</td><td>아동을 둘러싼 사회의 이해 : 학교, 지역사회 관련 이론, 복지국가(사회)론, 문화 · 경제 · 정치 등 제도 관련 이론</td></tr>
<tr><td>사회문제로서 아동문제 이해</td><td>사회병리, 일탈행위, 낙인이론 등 사회문제 관련 이론, 아동문제 관련 이론</td></tr>
<tr><td>아동복지의 기초 이론</td><td>아동복지의 기초 : 아동복지의 개념, 이념, 가치, 역사 관련 이론, 아동복지 서비스의 모델 이론 등</td></tr>
<tr><td>아동복지의 연구 방법</td><td>통계적 방법, 현상학 및 해석학 등 질적 연구방법, 아동연구방법</td></tr>
</table>

연구대상 및 범위		이론 체계
아동복지의 실천방법 1	개별적 아동복지 실천	아동(가족)상담 및 치료 : 아동 및 가족상담 일반 이론, 놀이치료, 미술치료, 음악치료 등
	집단적 아동복지 실천	아동, 부모 및 가족 대상의 집단상담과 활동 관련 이론
	지역사회 중심 아동복지 실천	지역사회 아동복지 관련 이론 : 아동복지관 및 서비스 관련 이론, 아동복지 관련 사회운동, 자원봉사 관련 이론
	사례 관리를 통한 아동복지 실천	사례 관리
아동복지의 실천방법 2	아동복지의 정책 및 행정체계	정책과정 및 분석론, 아동복지행정론, 비교아동복지론
	아동복지의 법률체계	아동복지의 법률 해석, 법의 역사 연구, 비교법 체계 연구, 법 정책 연구, 법 과정 연구 등
아동복지 서비스	아동복지 실천 분야	지지적 · 보충적 · 대리적 서비스 관련 이론, 실천분야별 이론과 서비스 모델 등
	아동복지 프로그램	아동복지의 각종 프로그램의 개발 및 평가 관련 이론
기타 (광의의 아동복지)	여성과 아동, 교육과 아동, 의료, 주택 등	여성과 아동, 여성학 관련 이론, 여성 관련 정책 및 서비스 관련 이론, 의료 서비스와 아동, 주택정책과 아동, 교육서비스 관련 정책

제2장

아동복지의 이념과 아동권리

Child Welfare

제1절 아동복지의 이념

아동을 보는 시각은 다양하다. 그리고 아동의 욕구와 문제를 해결하고자 하는 방식 또한 시대나 문화에 따라 여러 가지가 있을 수 있다. 이러한 다양한 아동관이나 복지에 대한 관점은 한 사회의 가치나 태도를 의미하는 것으로, 그 사회의 특성과 상호작용을 하면서 사회를 변화시키기도 하고 사회의 영향을 받기도 하는 이데올로기라 할 수 있다. 이념(ideology)이란 한 개인, 또는 한 집단이나 계층의 성원들에 의해서 공통으로 소유되는 신념의 일체이다. 그것은 소유집단의 사회적 위치나 상황, 집단이 지향하는 목표나 미래상 또는 가져야 할 이미지에 관한 신념체계이며, 집단성원들은 이것을 모든 행동의 근거로서 받아들이게 된다. 아동복지 이념 역시 아동과 관련된 사회의 가치나 신념체계를 일컫는 것으로 한 사회의 아동복지를 이해하는 기준이 될 수 있다. 한 국가의 아동복지는 그 사회가 아동과 가족의 역할에 대해 어떠한 가치체계를 공유하고 있는지에 영향을 받는다.

아동복지의 이념을 고찰함에 있어 하딩(Harding, 1991)의 관점을 근거로 국가-가족-아동과의 관련 속에서 아동복지의 이념을 네 가지 유형으로 살펴본다(송주미, 1998; 한성심 외, 2012). 이 관점은 하딩이 제시한 아동복지정책 수립의 기초가 되는 아동에 대한 국가와 부모의 역할과 책임에 대한 기준을 중심으로 재편성한 것이다. 하딩은 아동의 복지에 대한 가족과 국가의 책임을 한 연속선상에서 논의하는데 한 끝에는 가족의 권리를 극대화하고 국가의 아동보호에 대한 권리를 최소화하는 관점이 있고, 다른 한 끝에는 아동의 권리를 극대화하는 관점이 있다. 그 중간에는 국가 개입과 가족 옹호의 상대적 중요성에 따라 몇 가지 관점이 위치하고 있다. 그에 따르면 가족과 국가의 아동에 대한 권리와 책임에 따라 아동복지의 관점은 자유방임주의와 가부장제 관점, 국가부권주의와 아동보호 관점, 가족중심주의와 부모의 권리 옹호 관점, 아동권리 및 아동해방의 관점 등으로 나누어진다(Harding, 1991).

1. 자유방임주의와 가부장제 관점(Laissez-faire and Patriarchy)

19세기에 형성되어 20세기 후반에 유행한 자유방임주의와 가부장제 관점의 핵심은 국가역할의 최소화에 있다. 아동보호에 있어 정부의 역할은 최소화되어야 하며 반면, 부모-자녀관계의 신성성과 은밀성은 중요시되어야 한다는 것이다. 이 관점의 저변에는 정부(국가)에 대한 불신과 정부권력의 위험성에 대한 인식이 깔려 있다. 특히 가족과 가족생활은 상대적으로 사적인 장소로 간주되며, 형사사건과 관련된 법적인 사건 외에는 정부가 침해해서는 안 되는 장소로 본다.

가족학자인 마운트(Mount)는 가정을 수세기 동안 지켜온 바람직한 사적 단위로 보았으며, 개인들은 가정에 큰 가치를 두고, 정부와 교회라는 거대한 기관의 침입에 대항하여 왔다고 하였다. "가족만이 역사를 통하여 존속되어 왔고 여전히 존속되며 정부를 약화시켜 왔고, 가족은 모든 계급과 교회와 이데올로기의 영원한 적"이라고 언급했다. 가족의 문제에 대한 정부의 불간섭 원칙은 결국 가정의 권력이 남편과 아버지의 역할을 맡은 남성에게 주어져야 한다고 본 것이다. 따라서 '가부장제'란 가정에서 여성과 아동에게 군림하는 성인 남성의 권력을 일컫는 말로 자유방임주의와 가부장제는 같은 맥락에서 이해될 수 있다.

그러나 아동보호에 대한 정부의 불간섭주의가 필연적으로 가부장제를 인정하는 것은 아니다. 즉, 여성과 아동에 대한 남성의 제도화된 권력이 필수적으로 수반되는 것은 아니라는 점이다. 이미 남성에게 큰 권한이 부여되고 있는 기존 사회에서 정부의 불간섭은 곧 가부장제와 연계되는 경향이 있다는 것이다. 한편, 정부의 아동보호에 관한 불간섭은 가부장제적 가족에 극히 제한된 개입만을 함으로써 실제로 가부장제를 강화시키고 가부장제가 가치 있다는 신념을 통해 아동복지에 관한 정부개입의 불필요성을 강화시킨다고 본다.

아동복지에 있어 자유방임주의의 관점을 지지하는 학자들의 주요 입장을 정리해 보면 다음과 같다.

첫째, 가족문제에 대하여 최소한으로 개입하는 작은 정부의 사회가 유익하다는 의미이다. 정부가 약할수록 가족은 더 강해지며 개인은 더 자유로워진다. 따라서 약한 정부가 유리하다고 본다.

둘째, 성인이 선택한 방식으로 아동을 양육하는 정상적인 가정생활은 자녀를 포함해서 가족에게 가치 있다는 믿음이다. 극단적인 경우에 정부가 개입할 필요가 있지만, 이러한 유대를 방해하는 것은 해로운 것이라고 생각한다.

이들은 부모-자녀관계와 아동의 심리를 고려할 때, 생물학적 유대도 중요하지만 그보다는 심리적인 유대를 강조한다. 정부는 아동들이 적어도 한 사람의 부모를 갖도록 보장해야 한다고 주장한다. 아동이 정상적인 가정에서 가족의 구성원으로 존재하는 한 아동의 최상의 이익은 보장되고, 생물학적 유대에 기초하지 않은 심리적 유대 역시 보호되어야 하며, 국가는 바로 이러한 아동의 보호조건이 성립되지 않는 경우에만 개입하게 된다는 것이다. 즉, 아동보호의 문제가 발생하거나 국가가 아동을 개입해야 하는 상황은 부모 개인의 심리적 결함이나 경제적 어려움 등으로 부모로서의 자질에 문제가 발생할 경우이다.

자유방임주의적 전통에 입각할 때 국가의 복지는 개인의 자유에 대한 억압이다. 따라서 국가에 의한 어떠한 조치도 구속이나 통제이며 이러한 것으로부터의 보장이 국가의 역할인 것이다. 국가는 '아동'의 부모는 아니다. 아동의 부모가 지닌 우선적 책임에 동의한다(Archad, 1993). 마지막으로 이 관점은 권리의 관점에서 본다면 부모의 권리가 중시되고 있는데, 자녀양육의 책임자로서 부모의 권리를 국가가 옹호 또는 중시해야 한다는 견해를 유지하고 있다.

2. 국가부권주의와 아동보호 관점(State Paternalism and Child Protection)

19세기 후반과 20세기 초 복지에 관한 국가개입의 성장과 더불어 형성된 관점으로 아동보호에 관한 광범위한 국가의 개입을 인정하고, 부모-자녀 간의 생물학적인 유대는 평가 절하되며, 부모의 보호가 부적절할 때 국가는 때로 개입 자체가 권위주의적이라 하더라도 가족과 아동에게 개입할 수 있다고 본다.

'paternalism'은 한 개인의 자유를 제한, 침해하는 타인의 간섭을 모두 지칭하는 말이다. '권위를 가진 사람에 의하여 행해지는 간섭주의'라 할 수 있다(김정래, 1999).

이 관점은 부모보다는 아동의 복지에 관심이 많다. 국가는 부모의 보호가 부적절하다고 판단될 경우 양질의 보호가 제공되는 새로운 영구적 가정에서 아동이 양육되는 것을 선호한다. 부모의 권리와 자유에 관한 우선권은 낮은 반면, 아동이 가장 중요하게 된다. 구체적으로 아동의 양육과 보호의 안정성에 관한 아동의 권리가 보장되어야 하는 것이 중요한 관건이 된다.

혈연관계보다 심리적 유대에 근거한 부모-자녀관계를 중시하며, 부모와의 분리나 어떤 형태의 개입이든 미래에 심리적 결속이 형성될 수 있는 좀 더 나은 보호자인 타인에게 아동을 맡김으로써 아동의 복지를 좀 더 일찍 준비하고 문제 있는 보호의 위협을 줄이는 것이 중요하다고 본다.

입양이나 위탁보호를 통한 대리보호에 대해 긍정적이며, 특히 입양은 아동보호를 위한 최선의 해결책으로 보는 경향이 있다. 이 관점은 입양과 위탁보호에 과잉-이상적 기대를 갖고 있다는 비판을 받을 수도 있다. 뿐만 아니라 아동보호에 관한 전문가의 판단을 강조하는데, 실제로 그러한 판단이 부당하고 강제적일 수도 있음을 간과하기도 한다. 아동양육에 관한 감시와 개입을 강조하는 국가의 역할 역시 시민의 자유를 무시 또는 불필요한 아동-부모 간의 분리를 초래할 수 있다는 문제점을 내포하고 있다. 따라서 국가의 아동보호기제는 이 관점에 있어 잠재적으로 권위주의적 특성을 지닌다. 이 관점의 또 다른 용어는 '아동구제주의(child salvationist 또는 child rescue)' 이다.

이 관점의 극도의 결론은 부모기에 관한 자격 부여의 개념이라고 할 수 있다. 운전하는 사람에게 자격증을 주는 것과 같은 비슷한 논리적 근거로 부모에게 자격을 부여하는 것이 이미 지지되고 있음을 주장한다.

이 관점에서 아동은 가족과 부모와 구별되는 존재로 아동복지(양육과 보호)에 있어 최우선이 된다. 국가는 미래의 사회를 나타내는 아동에 관심을 갖는다는 도구주의적인 입장도 반영되어 있으며, 동시에 아동과 성인 간의 관계는 아동의 선택에 의한 것이 아니며 아동은 자신을 방어하기에는 약한 존재이므로 이를 보호할 특별한 도덕적 의무를 국가가 갖고 있다는 것이다.

부모기는 자유방임주의의 관점처럼 신성불가침의 영역이 아니며, 사회적으로 인정할 수 있는 부모기란 양질의 아동보호를 공급하는가에 달려 있을 뿐이다. 부모가 되는 것 자체에는 특별한 권리를 부여하지 않는다. 부모기에 관한 권리들은 적절한 의무를 수행하느냐에 달려 있다. 따라서 성인의 자유는 오히려 아동의 존재에 의해 제한된다.

3. 가족중심주의와 부모의 권리 옹호 관점

(Pro-family/Defence of the Birth Family and Parent' s Rights)

2차 세계대전 이후 복지국가의 팽창과 더불어 형성 · 발전된 관점으로 생물학적 부모-자녀관계에 가치를 두고 이를 보호 · 유지하는 데 도움을 주는 지지적 측면의 국가 역할을 강조한다.

생물학적 가족이 아동이나 부모 모두에게 중요하며, 가능하다면 이는 보호되고 유지되어야 하는데, 이때 국가의 역할은 국가부권주의와 같은 간섭주의도 아니며 자유방임주의와 같은 불간섭주의도 아니다. 즉, 국가는 생물학적 가족이 유지되도록 다양한 종류의 서비스를 제공하면서 가족을 지지해 주는 역할을 해야 하며, 이것이야말로 국가의 이상적인 형태라고 본다.

심리적 부모-자녀관계를 소홀히 다루지는 않으나, 주된 관심은 생물학적 부모-자녀관계의 유지에 있다. 따라서 부모로부터 아동을 분리해서 대리적 보호를 제공하기보다는 아동이 대리적 보호가 필요하지 않도록 국가가 가족을 지지할 수 있는 서비스를 제공할 것을 강조한다. 이는 위기에 처한 가족을 지원하는 경우일 수도 있으며, 아동이 속한 가족 자체를 위한 광범위한 사회정책일 수도 있다. 따라서 국가의 역할을 최소한으로 억제하려는 입장과는 매우 다른 관점이다.

국가는 아동이 속한 가족을 돕는 데 적극적이어야 하며, 이는 국가부권주의에서 정의한 국가의 강제적인 개입에 비하면 국가역할의 강조가 상대적으로 약하다고 볼 수 있다. 그러나 강제적이지는 않지만 광범위한 국가개입을 주장한다. 국가역할에 관한 낙관적인 관점을 취하고 있다는 점에서 두 관점은 유사하나, 국가의 역할에 있어 가족중심주의는 덜 권위적이면서 예방적이고 지지적인 역할을 강조하고 있다.

아동이 어쩔 수 없이 국가의 보호를 받게 되는 경우, 입양이나 위탁을 강조하는 국가부권주의와는 달리 아동이 다시 자신의 가정으로 돌아갈 수 있도록 가족을 돕고 유지시키야 하며, 결국 아동은 자신의 가정으로 돌려보내져야 한다는 점을 전제로 한다. 아동의 최선의 이익은 친부모와 함께 있는 것으로 보고 있다. 그러므로 최악의 경우를 제외하고 아동은 대리 보호되어서는 안 되며, 가능한 한 친부모에게로 돌려보내져야 한다.

이 관점의 기초는 아동을 임신하고 출생하게 한 부모의 중요성에 있다. 부모의 관심과 욕구를 무시하지 않고 부모를 곧 아동복지의 목적에 이르는 수단으로 다룬다. 따라서 아동보호의 문제가 발생되는 원인은 부모 개인의 심리적 결함이나 병리 때문이 아니라 사회적 환경의 영향 때문이라고 본다. 그러므로 '취약한 부모, 즉 한부모와 가난한 부모, 그리고 기타 불행한 조건에 처한 부모'에게 상당한 동정심을 갖고 있다. 국가는 이러한 관점을 반영하여 폭넓은 역할을 수행할 수 있을 것으로 보는데, 강제적이고 차별적이기보다는 지지적이며, 복지국가의 개념을 강조한다. 그리고 국가는 아동에게 효과적인 도움을 줄 수 있는 잠재력이 있는 것으로 보여진다.

자유방임주의에서 아동 자신의 견해는 강하게 제시되지 않았으며, 아동의 복지는 다른 사람, 즉 부모를 통해 투입되는 것으로 여겨졌다. 국가부권주의에서 아동은 기본적으로 성인과 다른 욕구와 권리를 지닌 존재로 성인의 보호와 지도를 필요로 하는데 부모가 부적절한 경우 이를 국가가 책임져야 한다고 본다. 반면 가족중심주의에서 아동에 관한 의사결정을 할 수 있는 의미 있는 성인은 주로 부모로서 국가는 이들의 관계를 유지하기 위해 지지적이어야 한다고 주장한다.

그러나 이 관점은 국가가 지지적이면서도 덜 강제적인 관점에서 아동과 부모를 위해 많은 것을 해야 하는 부담을 안겨주고 있다. 예를 들어 이 관점에서 국가는 사회보장체제를 통해 가족수당을 증가시키고, 아동이 보호기관에 입소하는 것을 예방하기 위해 취약한 가족에 대한 정부의 지급을 확대하고, 아동보육에 관한 공여를 확대시키며 기타 아동 및 가족을 위한 서비스를 증가시켜야 한다. 따라서 이를 위해서는 많은 비용이 들며, 비용에 비해 효과를 얻지 못한다는 비난이 있을 수 있다.

그리고 혈연관계가 어느 정도 그리고 왜 가치 있고 보호받아야 하는지가 분명하지 않다는 점도 있다. 모든 부모-자녀관계가 좋은 것은 아니며, 아동들도 부모와 마찬가지로 부모를 거부할 수 있다. 아동이 부모를 부인한다면 혈연이 아동에게 유익하다고 할 수 있을까? 이 경우 생물학적 부모의 중요성은 보호받을 필요가 있는가? 이 관점에서는 아동이 적절한 보호를 받을 권리는 있지만 선택할 권리는 없다. 그런 의미에서 부모의 친권이 우선시된다. 그러나 이는 자녀의 이익을 위해 행동할 수 있는 부모의 절대적인 능력을 믿는 데 근거한 것으로 부모에 대한 지나친 신뢰가 전제된다.

4. 아동의 권리와 해방 관점(Children's Right and Child Liberation)

아동복지에 있어 다소 극도의 관점인 아동권리와 아동해방은 가장 주변적인 견해로 몇몇 시기와 장소에서 영향력을 발휘해 온 유형이라 할 수 있다. 이 관점은 아동 자체의 시각과 희망의 중요성을 강조하는데, 성인과 같은 자유와 자율을 지닌 하나의 독립된 존재로 아동을 본다. 따라서 성인이나 국가를 통해 아동을 통제하고자 하는 생각에는 의문을 제기한다.

이 관점의 가장 급진적인 경우는 아동도 성인과 같은 권리를 부여받아야 한다는 것이다. 아동은 성인과 같은 지위가 좀 더 많이 허락될수록 성인의 억압으로부터 자유로워진다고 본다. 따라서 아동의 자율과 자유 그리고 자기결정권은 주요 개념이 된다. 다시 말해서 아동은 성인과 다른 존재가 아니며, 이는 아동의 행동, 감성, 사고, 지식, 기술 등 모든 측면에 적용된다고 하겠다.

이 관점은 아동에게 투표, 근로, 여행, 생활의 장소와 더불어 살고 싶은 사람에 대한 선택 등 시민의 모든 권리를 부여함으로써 아동이 성인으로부터 자유를 얻을 수 있도록 국가가 보장해 주어야 한다는 것이다. 정부는 연령으로 구분하지 말고 성인이 법적으로 할 수 있는 모든 것을 아동에게도 허용해야 한다고 주장한다. 심지어는 재산 소유와 성적 선택권도 아동의 결정권에 포함된다(Archard, 1993).

일반적으로 성인이 통제하고 제한하는 사회는 아동의 사고, 감정, 말을 진지하게 받아들이지 않고 아동이라는 이유로 아동의 행동에 다른 의미를 부여한다고 본다. 따라서 성인의 의무는 아동의 행동을 허락하고 아동의 말을 듣고, 원하는 것을 존중해 주는 것이다. 아동의 권리는 보호나 복지의 개념보다는 자유, 자기결정, 자율성 등과 함께 적용되는 것이다.

아동에게 투표권, 근로권, 소유권, 여행권, 보호자 선택권, 수입보장권, 법적 책임에 관한 권리, 학업조정의 권리, 약물복용의 권리, 운전권 등을 보장해야 한다고 강조하며, 권리란 누구든지, 어떤 연령이든지 모두에게 부여되어야 한다고 주장한다. 그러나 이 관점에 관한 비평에 따르면 아동의 의사결정능력에 관한 의문을 심리학적 연구를 바탕으로 제기할 수 있다는 점이다. 실제적으로 아동은 성인과 인지, 감정, 행동의 패턴에 있어 다른 특별한 단계에 있다는 사실이다.

이 관점은 또한 앞의 세 가지 관점에 비하면 국가정책에 관해 구체적으로 다루고 있지 않다. 다만 국가의 역할에 있어서, 국가는 아동의 권리 확보를 위해서는 적극적이어야 하나 그 외에는 최소한의 개입을 해야 한다는 입장을 지닌다. 이는 표면적으로는 작은 국가를 지향하며 국가역할에 대해 회의적인 자유방임주의 시각과 유사하며, 아동의 권리 보장을 위해서는 국가역할이 크다는 점에서는 차이가 있다.

아동의 권리를 극대화시키는 것이 곧 아동의 복지라고 보는 이 관점은 부모의 권리에 대한 비중을 낮게 둔다. 오히려 부모와 같은 성인의 권리를 아동에게도 부여하는 것이 우선이며, 따라서 부모는 오히려 아동의 문제를 해결하는 데 방해가 될 수 있으며, 아동이 성인의 구속으로부터 자유로워진다면 국가의 역할과 부모의 역할은 소멸된다고 본다.

이러한 '권리' 중시 관점은 20세기 초부터 출현하여 1989년 아동권리에 관한 국제협약으로 결실을 맺게 되었다. 이제 전 세계적으로 아동복지의 과제는 '권리보호'

에 맞춰지고 있다. 그러나 이념형(ideal type)의 한 유형으로 분류한 '아동권리와 해방의 관점' 과 현재의 아동권리에 관한 국제협약의 실제와는 차이가 있을 수 있다. 아동권리에 관한 국제협약에 관해서는 다음 절에서 자세히 살펴보기로 하겠다.

위에서 살펴본 아동복지 이념의 4가지 유형을 아동 및 가족, 아동복지, 아동보호 문제의 원인, 국가의 역할, 아동의 권리의 관점에 입각하여 비교·분석하면 다음 〈표 2-1〉과 같다(송주미, 1998).

〈표 2-1〉 아동복지 이념의 유형

구분 \ 유형		자유방임주의	국가부권주의	가족중심주의	아동권리주의
아동 및 가족	아동관	의존적 존재, 부모의 보호를 받아야 하는 존재	성인의 보호를 받아야 하는 존재, 성인과 다른 욕구와 권리를 지닌 존재	의존적, 미성숙, 부모의 보호를 받아야 하는 존재	성인과 같은 자유와 자율을 지닌 존재, 자기결정권과 선택권을 지닌 존재
	부모-자녀관계	부모-자녀 간의 심리적 유대 강조 외부로부터 자유로운 가족	심리적 유대에 기초한 가족 중시 대안적 가족(입양)에 의한 양육에 적극적	생물학적 부모-자녀관계 중시	아동의 선택이 반영된 가족 중시 대안적 가족의 형태(집단가정, 지역사회보호 등) 선호 아동 견해가 배제된 부모-자녀관계 반대
	아동보호 문제의 원인	부모 자신의 심리적 결함 입양 등 대리보호에 대해 호의적	부모 자신의 심리적 결함 입양 등 대리보호에 호의적	사회적 환경과 관련, 부모는 사회의 희생자(빈곤, 스트레스, 자원의 결여는 외부 환경에 기인) 대리보호에 대해 회의적	성인의 부당한 아동대우(성인의 아동취급이 원래 부정적) 아동이 선택한 보호형태 강조 및 인정
	아동의 권리	아동의 권리보다 부모의 권리를 옹호(부모 및 가족에 관한 불간섭)	양육·보호에 대한 아동의 권리 강조(이에 대한 부모권리는 비중을 낮게 둠)	부모의 친권을 강조(아동권리에 관해서는 부모친권 강조로 대신함)	아동권리 강조(성인과 같은 권리를 지닌 존재로서의 아동 강조) 부모권리에 대한 비중을 낮게 둠

구분		자유방임주의	국가부권주의	가족중심주의	아동권리주의
아동복지	아동복지 정의	부모-자녀관계의 심리적 안정 중시 외부의 침해로부터 이를 보호하는 것이 복지	부적절한 부모의 보호로부터 아동을 보호하는 것이 복지 가능한 최선의 보호를 위해 대리양육자에 대해 호의적	생물학적 부모-자녀관계 유지를 위한 보호와 지원이 복지	아동의 자유, 즉 결정과 선택의 자유보장과 보호가 복지
	아동복지 대상	이탈된 아동만 대상 보호대상아동(잔여적)	보호대상아동(잔여적)	가족(부모의 보호하에 있는 아동)	아동(성인과 대립되는 개념으로서, 독립적 개인으로서 인간)
	아동복지 서비스	1차적(보호) 서비스 2차적(변화와 치료) 서비스 대리적 서비스	1차적(보호) 서비스 2차적(변화와 치료) 서비스 대리적 서비스	2차적(변화와 치료) 서비스 3차적(예방과 강화) 서비스 보완적 서비스와 지지적 서비스	아동권리 보장을 위한 가능한 모든 서비스
국가의 역할	국가개입 시기	사후(문제 발생 후)	사후	사전, 사후	사전, 사후
	국가개입 정도	최소한의 개입(작은 국가 지향)	강제적 개입(부적절한 가족에 대한 강제적, 광범위한 개입)	지지적 개입(아동 및 가족에 관한 지지적 개입 강조)	강제적 개입(아동권리 보장에는 강제적이나 그 외에는 최소 개입)
	국가-가족-아동 간 관계 및 복지책임	가족과 아동 간의 강한 동맹(책임)관계 형성 및 강조 근본적으로 가족 및 부모(심리적 부모 강조)책임, 국가는 최소한의 보호의 책임	국가와 아동 간의 강한 동맹(책임)관계 형성 및 강조 근본적으로는 부모의 책임, 부모의 문제(부적절한 보호) 발생 시 국가가 책임(보호에 대한 국가의 책임 강조)	가족과 아동 간의 강한 동맹(책임)관계 형성 및 강조 근본적으로 가족 및 부모(생물학적 부모 강조)책임, 국가는 지원의 책임	가족과 아동 간의 약한 동맹(책임)관계 형성 및 강조 근본적으로 아동 자신이 책임, 국가는 아동권리를 보장하는 책임
	국가개입 및 역할에 관한 견해	회의적	낙관적 권위주의적이며 강제적 개입에 대해 긍정적	낙관적 복지국가의 개념 : 다양한 서비스를 통한 광범위한 복지를 제공하는 국가역할 강조	회의적(아동권리확보에 적극적인 국가역할 강조) 권리확보 이후에의 국가역할은 최소

제2절 아동의 권리

아동복지는 아동의 권리를 보장하는 것이다. 아동이 건강하고 바람직하게 성장할 수 있기 위해서는 아동이 지닌 다양한 욕구들이 충족되어야 함은 물론이고 이러한 욕구충족과 관련하여 사회의 구성원으로서 아동의 이러한 욕구들과 관련된 권리를 표현하고 정당하게 누릴 수 있도록 하는 것이 아동복지의 과제라 할 수 있다. 아동의 권리보장은 아동복지의 중요한 과제이며 사상이다. 과거 소극적 의미의 아동복지사업은 아동의 보호에 불과한 매우 수동적이고 초보적인 수준에 머물렀으나 20세기에 접어들면서 점차 아동의 존재에 관한 학문적, 사회적 발견을 통해 아동을 하나의 인격체와 권리의 주체자로 인식하면서 이를 보장하기 위한 국제적인 움직임이 일게 되었다. 따라서 아동복지의 중요한 이념으로 자리잡기 시작한 아동권리에 관해 본 절에서는 아동권리의 발전 과정과 한국에서의 아동권리사상 및 아동권리 내용을 중심으로 고찰해 본다.

1. 국제사회 아동권리사상의 발전

1) 제네바선언(1924년, 1948년)

영국의 에글렌타인 젭(Eglantyne Jebb) 여사는 1919년에 세이브더칠드런(Save the Children)을 설립하고, 1922년에 5개 항으로 된 아동권리선언(Declaration of the Rights of the Child)을 작성, 선포하였다. 이것이 1924년 제네바에서 개최된 국제연맹 총회에서 아동권리선언문으로 채택되었다. 이 선언문은 아동권리에 관한 최초의 선언문으로, 제네바선언으로 알려져 있으며 1948년에 7개 조문으로 개정되었다.

제네바선언 5개항(1924년)

1. 어린이는 신체적으로 정신적으로 정상적인 발달을 위해 요구되는 모든 수단을 강구해야 한다.

2. 굶주린 어린이에게 먹을 것을, 병든 어린이에게 치료의 혜택을, 지능발달이 뒤늦은 어린이에게 도움을, 불량한 어린이에게는 감화를, 고아와 부랑아에게는 주거를 마련하여 보호해 주어야 한다.
3. 위기에 직면하였을 때, 최우선으로 어린이를 구해야 한다.
4. 어린이에게 장래 설계를 세울 수 있는 지위로 이끌며, 모든 종류의 착취에서 보호를 받을 수 있어야 한다.
5. 어린이에게 자기의 능력은 인류동포에게 봉사하기 위한 것이라는 자각을 주며 교육을 해야 한다.

제네바선언 7개항(1948년 개정)

1. 어린이는 인종, 국적 및 종교적 신조의 문제를 초월하여 보호되어야 한다.
2. 어린이는 하나의 실체로서의 가정을 존중하며 보호를 받아야 한다.
3. 어린이는 물질적, 도덕적, 정신적으로 정상적인 발달을 위해 필요한 조건이 충족되어야 한다.
4. 굶주린 어린이는 먹여야 하며, 병든 어린이는 간호를 받아야 하고, 신체적으로 정신적으로 장애가 있는 어린이는 도움을 받아야 하며, 부적응 어린이는 재교육을 받아야 하며, 고아나 부랑아는 수용 보호되어야 한다.
5. 어린이는 위험을 당했을 때 제일 먼저 구조되어야 한다.
6. 어린이는 사회복지나 사회보장의 혜택을 받아야 하며 적절한 시기에 생계를 세울 수 있는 훈련을 받아야 하며 모든 형태의 착취로부터 보호를 받아야 한다.
7. 어린이는 그의 능력을 동포를 위해 봉사해야 한다는 자각 속에서 양육되어야 한다.

2) 유엔 아동권리선언(1959년)

1924년의 제네바선언, 1948년 유엔에서 개정 · 선포한 제네바선언을 기초로 1959년에 10개 조항으로 구성된 '유엔 아동권리선언'이 선포되었다. 법적 구속력은 없으나 전 세계 각국의 어린이들의 권리보장과 이를 위한 각 국가의 각성과 노력에 영향을 미치게 되었다.

유엔 아동권리선언(1959)

제1조

아동은 이 선언에서 열거된 모든 권리를 갖는다. 모든 아동은 어떠한 예외도 없이 자기나 가정의 누구에게도 그 인종, 피부색, 성, 언어, 종교, 정치적 견해, 국가적 또는 사회적 출신, 재산, 문벌, 기타의 지위로 인하여 처벌받는 일이 없이 이들 권리가 부여되어야 한다.

제2조

아동은 특별한 보호를 받으며 또한 건전하고 정상적인 방법 및 자유와 존엄의 상태 하에서 신체적, 지능적, 도덕적, 정서적 및 사회적으로 성장할 수 있는 기회나 혜택이 법률과 기타의 수단으로써 제공되어야 한다. 이 목적을 위해 법률을 제정함에 있어 아동의 최선의 이익에 대하여 최대한의 고려가 주어져야 한다.

제3조

아동은 그 출생 시부터 이름과 국적을 가질 권리를 갖는다.

제4조

아동은 사회보장의 혜택을 받을 권리를 갖는다. 아동은 건전하게 발달하여 성장할 권리를 갖는다. 이러한 목적을 위해 아동과 그 어머니에게 출산 전후에 있어 적당한 보호를 포함하는 특별한 보호를 제공해 두어야만 한다. 아동은 적당한 영양, 주거, 오락 및 의료를 제공받을 권리를 갖는다.

제5조

신체적, 정신적 또는 사회적으로 장애가 있는 아동은 그 특수 사정에 의해 필요되는 특별한 치료, 교육 및 보호를 제공받아야 한다.

제6조

아동은 그 인격의 완전하며 조화적인 발전을 위해 애정과 이해를 필요로 한다. 아동은 가능한 한 양친의 사랑과 책임하에 또한 어떠한 경우에도 애정과 도덕적 및 물리적 보장이 있는 환경하에서 양육되어야 한다. 아동은 예외적인 경우를 제외하고 그 어머니로부터 분리시켜서는 안 된다. 사회 공공기관은 가정이 없는 아동 및 적당한 생활유지의 방법이 없는 아동에 대해서 특별한 양육과 보호를 해줄 의무를 지니고 있다. 자녀들이 많은 가정에 속하는 아동들을 돕기 위해서는 국가나 기타 기관이 비용을 부담하는 것이 바람직하다.

제7조

① 아동은 교육을 받을 권리를 갖는다. 그 교육은 적어도 초등 단계에서는 무상 또는 의무적이어야 한다. 아동은 그의 일반적 교양을 높이며 기회균등의 원칙에 입각하여 그 능력, 판단력 및 도덕적 또는 사회적 책임감을 발달케 하여 사회의 유용한 일원이 될 수 있도록 교육받을 수 있게 해야 한다.

② 아동의 교육 및 지도에 대해 책임을 갖는 자는 아동에게 최선의 유익함을 제공하는 것을 그 지도의 원칙으로 삼아야 한다. 그 책임은 첫째로 양친에게 있다.
③ 아동은 유희 및 오락을 위한 충분한 기회를 제공받을 권리를 갖는다. 그 유희나 오락은 교육과 동일한 목적을 갖고 지향해야 한다. 사회나 공공기관은 그 권리의 향유를 촉진하도록 노력해야 한다.

제8조
아동은 어떠한 상황에서도 우선 보호와 혜택을 받는 사람들 속에 포함되어야 한다.

제9조
① 아동은 어떠한 방임이나 학대 및 착취 등으로부터 보호를 받아야 한다. 아동은 어떠한 형태에서도 매매의 대상이 되어서는 안 된다.
② 아동은 적당한 최적연령에 도달하기 전에 고용되어서는 안 된다. 아동은 어떠한 경우에도 그 건강과 교육에 유해하거나 또는 신체적, 정신적 또는 도덕적 발달을 가로막는 직업 또는 고용에 종사케 하거나 종사하는 것을 허용하여서는 안 된다.

제10조
아동은 인종적, 종교적 기타의 형태에 의한 차별을 조장할 우려가 있는 관습으로부터 보호되어야 한다. 아동은 이해, 관용, 국민들 간의 우애, 평화 및 세계시민의 정신으로 또는 그 힘과 재능을 인류를 위하여 헌신해야 한다는 충분한 의식 속에서 육성되어야 한다.

3) 유엔 아동권리협약(1989년)

1959년 유엔 총회에서 아동권리선언을 채택(서명국가들의 법적 의무는 없음)하였고 폴란드 정부가 아동권리협약 초안을 유엔인권위원회에 제출하였다. 이후 1979년을 '세계아동의 해'로 정하고 아동권리선언의 이행을 촉구하였다. 10년이 지난 1989년 11월 20일 유엔 총회에서 아동권리협약(UN Convention on the Rights of the Child: CRC)을 만장일치로 채택하였는데 이는 지구촌 모든 어린이들의 권리를 지켜 주기 위한 국제사회의 약속이다. 이 협약은 1990년 9월 2일부터 국제법으로 효력을 발휘하였고 2010년 전 세계 192개국(2010년 기준)이 비준함으로써 국제협약 사상 가장 많은 국가들이 협약 당사국이 된 국제협약이 되었다.

(1) 유엔 아동권리협약의 구성과 내용

이 협약의 주요 규정은 모든 아동에게 필요한 보호와 도움을 제공하기 위하여 아동의 인격발달과 복지 증진을 위하여 가정, 사회, 국가 모두 다 특별한 배려를 해야 한다고 되어 있고, 적용 대상은 18세 미만의 아동이다. 즉, 어린이는 신체적, 정신적으로 발달 단계에 있기 때문에 어른과는 달리 적절한 법적 보호를 포함한 특별한 보호와 배려가 필요하다. 따라서 기본적인 인권에 더하여 국가와 사회, 그리고 부모와 어른들이 지켜 주어야 하는 권리가 무엇이며 이를 구체적으로 어떻게 해줄 것인가를 명확히 밝혀 법으로 보장할 필요가 있다는 내용이다. 또한 모든 어린이가 안전하고, 행복하며 충족된 환경에서 자신이 가진 잠재력을 충분히 발휘하기 위해 필요한 것들을 총망라해 놓은 것이 유엔 아동권리협약이다. 국제인권법의 원칙들은 어린이와 어른 모두에게 적용되지만 유엔 아동권리협약은 다른 국제법들이 명시하고 있는 어린이들의 권리뿐 아니라, 어린이의 특수성과 필요에 맞춘 기준들을 담고 있다(http://www.unicef.or.kr).

유엔 아동권리협약은

- 어린이의 권리 보호만을 목적으로 만들어진 국제사회 최초의 협약이다.
- 어린이도 권리를 가진 주체로 인정한 유일한 협약이다.
- 국제협약 중 가장 많은 국가의 비준을 받은 협약으로 미국과 소말리아를 제외한 모든 유엔 가입국이 비준하였다.
- 시민 · 정치적 권리부터 경제 · 사회 · 문화적 권리까지 모든 인권의 영역을 포괄하고 있는 최초의 국제협약이다.

아동의 권리에 관한 국제협약은 전문과 54개 조항으로 되어 있고, 54개 조항의 제1부(1~41조)에서는 아동의 권리와 국가의 아동보호 의무를 규정하고 있으며, 제2부(42~45조)는 협약의 이행조치로서 국가보고제도와 아동권리위원회의 활동에 관해 규정하고 있고, 제3부(46~54조)에서는 서명, 가입, 비준서 기탁, 개정 절차, 유보, 폐기, 원본 등에 관해 규정하고 있다. 협약의 적용 대상 아동은 18세 미만의 자국 아동뿐 아니라 자국 관할 내의 모든 아동을 포함하고 있다.

〈표 2-2〉에 협약의 내용 중 아동에 대한 실질적인 규정을 담고 있는 내용을 정리해 보았다.

<표 2-2> '유엔 아동권리협약'의 구성

구 분	내 용	해당조항
아동의 정의	18세 미만	제1조
협약이행 방법	당사국, 위원회의 의무	제4조, 제42조, 제44~46조
일반 원칙	차별금지, 아동이익 최우선, 아동생명, 생존과 발전 보장, 아동의사 존중	제2조, 제3조, 제6조, 제12조
자유권적 권리	생명권, 국적, 신분보존, 표현, 사상, 양심, 종교의 자유, 정보접근권	제7조, 제8조, 제13~17조, 제37조
사회권적 권리	가정생활과 대안양육	제5조, 제9조, 제11조, 제18~21조, 제25조, 제27조, 제29조
	기초보건과 복지	제16조, 제18조, 제23~24조, 제26~27조
	교육, 여가, 문화	제28~29조, 제31조
	특별보호조치	제22조, 제32조, 제34~40조

자료 : Horwath, J. (2001); 오정수 · 정익중 (2008:41 재인용)

(2) 유엔 아동권리협약의 기본 원칙

유엔 아동권리협약이 담고 있는 모든 아동들이 가진 권리는 다음 4가지의 기본 원칙을 바탕으로 하고 있다.

무차별의 원칙 (Non-discrimination)	모든 어린이는 부모님이 어떤 사람이건, 어떤 인종이건, 어떤 종교를 믿건, 어떤 언어를 사용하건, 부자이건 가난하건, 장애가 있건 없건 모두 동등한 권리를 누려야 한다.
아동 최선의 이익 원칙 (Best Interests of the Child)	아동에게 영향을 미치는 모든 것을 결정할 때는 아동의 이익을 최우선적으로 고려해야 한다.
생존 및 발달 보장의 원칙 (Survival and Development Rights)	생애 시기에서 특별히 생존과 발달을 위해 다양한 보호와 지원을 받아야 한다.
참여의 원칙 (Participation Rights)	책임감 있는 어른이 되기 위해 어린이 자신의 능력에 맞게 적절한 사회활동에 참여할 기회를 가지고, 자신의 생활에 영향을 주는 일에 대하여 의견을 말할 수 있어야 하며 그 의견을 존중받을 수 있어야 한다.

(3) 유엔 아동권리협약의 기본 권리

유엔 아동권리협약이 담고 있는 권리는 다음 4가지 기본권으로 나누어 볼 수 있다.

생존의 권리 (Right to Survival)	적절한 생활수준을 누릴 권리, 안전한 주거지에서 살아갈 권리, 충분한 영양을 섭취하고 기본적인 보건서비스를 받을 권리 등 기본적인 삶을 누리는 데 필요한 권리
보호의 권리 (Right to Protection)	모든 형태의 학대와 방임, 차별, 폭력, 고문, 징집, 부당한 형사처벌, 과도한 노동, 약물과 성폭력 등 어린이에게 유해한 것으로부터 보호 받을 권리
발달의 권리 (Right to Development)	잠재능력을 최대한 발휘하는 데 필요한 권리; 교육받을 권리, 여가를 즐길 권리, 문화생활을 하고 정보를 얻을 권리, 생각과 양심과 종교의 자유를 누릴 권리
참여의 권리 (Right to Participation)	자신의 생활에 영향을 주는 일에 대하여 의견을 말할 수 있어야 하며 그 의견을 말하고 존중받을 권리; 표현의 자유, 양심과 종교의 자유, 의견을 말할 권리, 평화로운 방법으로 모임을 자유롭게 열 수 있는 권리, 사생활을 보호받을 권리, 유익한 정보를 얻을 권리

2. 한국 아동권리사상의 발전

1) 아동의 권리공약 3장(1923년)

한국은 '제네바선언(1924년)' 보다 일 년 앞선 1923년 '아동의 권리공약 3장' 을 발표하였다. 당시 우리는 주권을 일본에게 빼앗긴 가운데에서도 민족의 새싹인 어린이를 사랑하고 씩씩하게 키우기 위하여 '어린이날' 을 제정하였다. 바로 그해 5월 1일 어린이날 기념식장에서 '소년운동협회' 가 '소년운동선언' 에서 '아동의 권리공약 3장' 을 선포하였다. 그 내용은 어린이에게 완전한 인격적 예우를 하고, 14세 이하의 어린이에게 무상 또는 유상 노동을 폐지하며, 어린이에게 배우고 놀 수 있는 가정 또는 사회적 시설을 행하도록 역설한 것이다(한국청소년개발원, 1997).

아동의 권리공약 3장

1. 어린이를 재래의 윤리적 압박으로부터 해방하여 그들에 대한 완전한 인격적 예우를 허(許)하라.

2. 어린이를 재래의 경제적 압박으로부터 해방하여 만 14세 이하의 그들에 대한 무상 또는 유상의 노동을 폐(廢)하라.
3. 어린이에게 그들이 고요히 배우고 즐거이 놀 만한 각양(各樣)의 가정 또는 사회적 시설을 행(行)하라.

2) 어린이헌장(1957년 제정, 1988년 개정)

아동의 권리공약 3장의 정신은 이후 제정된 어린이헌장(1957년 제정, 1988년 전면 개정), 청소년헌장(1990년 제정, 1998년 전면 개정)으로 이어졌다. 어린이헌장은 제네바선언, 아동의 권리공약 3장, 유엔 아동권리선언의 내용을 종합하여 9개의 조항으로 제정되었다가 1988년 11개의 조항으로 개정되었는데, 인간의 존엄성 존중, 건전한 가정에서의 보호, 영양, 교육, 문화, 놀이와 오락에 관한 권리, 학대와 노동으로부터의 보호에 관한 권리, 장애아동에 관한 보호 등이 포함되어 있다.

대한민국 어린이헌장

대한민국 어린이헌장은 어린이날의 참뜻을 바탕으로 하여, 모든 어린이가 차별 없이 인간으로서의 존엄성을 지니고, 나라의 앞날을 이어나갈 새 사람으로 존중되며, 바르고 아름답고 씩씩하게 자라나가도록 함을 길잡이로 삼는다.

1. 어린이는 건전하게 태어나 따뜻한 가정에서 길러져야 하며, 가정이 없는 어린이에게는 이를 대신할 수 있는 적절한 환경에서 길러져야 한다.
2. 어린이는 몸과 마음이 튼튼하게 자라도록 필요한 영양을 공급하고, 질병의 예방과 치료를 받으며 공해 없는 깨끗한 환경에서 길러져야 한다.
3. 어린이는 누구나 교육을 받을 수 있어야 하고, 어린이를 위한 교육시설이 우선적으로 마련되어야 하며, 개인의 능력과 소질에 따라 교육이 이루어져야 한다.
4. 어린이는 빛나는 우리 문화를 이어 받아 미래를 가꾸는 새로운 문화를 발전시키도록 이끌어야 한다.
5. 어린이는 즐겁고 유익한 놀이와 오락을 위한 시설과 환경을 제공받아야 한다.
6. 어린이는 예절과 질서를 지키며 스스로 책임을 다하는 민주시민으로 길러져야 한다.
7. 어린이는 자연과 예술을 사랑하고 과학을 탐구하는 마음과 태도를 길러야 한다.
8. 어린이는 위협으로부터 먼저 보호되어야 하고 안전을 지킬 수 있는 훈련을 받아야 한다.
9. 어린이는 학대를 받거나 버림을 받아서는 안 되고, 나쁜 일과 힘겨운 노동에 이용되지 말아야 한다.

10. 몸이나 마음에 장애를 가진 어린이는 재활되어야 하고, 빗나간 어린이는 선도되어야 한다.
11. 어린이는 우리의 내일이며 희망이다. 겨레의 앞날을 짊어질 한국인으로 또한 인류의 평화에 이바지할 수 있는 세계인으로 키워야 한다.

3) 청소년헌장(1990년 제정, 1998년 개정)

한국에서 청소년에 관심을 갖기 시작한 것은 1980년대로 청소년의 발달적 특성은 물론 그들의 욕구와 문제에 관심을 갖고 그들을 위한 다양한 대책을 논의하기 시작하였다. 이러한 사회적 관심은 1990년 5월 청소년헌장을 제정, 공포하게 이르렀고 1998년 10월에 개정, 선포되었다.

청소년헌장

청소년은 자기 삶의 주인이다. 청소년은 인격체로서 존중받을 권리와 시민으로서 미래를 열어갈 권리를 가진다. 청소년은 스스로 생각하고 선택하며 활동하는 삶의 주체로서 자율과 참여의 기회를 누린다. 청소년은 생명의 가치를 존중하며 정의로운 공동체의 성원으로 책임 있는 삶을 살아간다.
가정 · 학교 · 사회, 그리고 국가는 위의 정신에 따라 청소년의 인간다운 삶을 보장하고 청소년 스스로 행복을 가꾸며 살아갈 수 있도록 여건과 환경을 조성한다.

청소년의 권리

1. 청소년은 생존에 필요한 기본적인 영양 · 주거 · 의료 · 교육 등을 보장받아 정신적 · 신체적으로 균형 있게 성장할 권리를 가진다.
1. 청소년은 출신 · 성별 · 종교 · 학력 · 연령 · 지역 등의 차이와 신체적 · 정신적 장애 등을 이유로 차별받지 않을 권리를 가진다.
1. 청소년은 물리적 폭력뿐만 아니라 공포와 억압을 포함하는 정신적 폭력으로부터 보호받을 권리를 가진다.
1. 청소년은 사적인 삶의 영역을 침해받지 않을 권리를 가진다.
1. 청소년은 자신의 생각과 느낌을 자유롭게 펼칠 권리를 가진다.
1. 청소년은 자유로운 의사에 따라 건전한 모임을 만들고 올바른 신념에 따라 활동할 권리를 가진다.
1. 청소년은 배움을 통해 진리를 추구하고 자아를 실현해 갈 권리를 가진다.
1. 청소년은 일할 권리와 직업을 선택할 권리를 가진다.
1. 청소년은 여가를 누릴 권리를 가진다.

1. 청소년은 건전하고 다양한 문화예술활동에 자유롭게 참여할 권리를 가진다.
1. 청소년은 다양한 매체를 통하여 자신의 삶에 필요한 정보에 접근할 권리를 가진다.
1. 청소년은 자신의 삶과 관련된 정책결정 과정에 민주적 절차에 따라 참여할 권리를 가진다.

청소년의 책임

1. 청소년은 자신의 삶을 소중히 여기며 자신이 선택한 삶에 책임을 진다.
1. 청소년은 앞 세대가 물려준 지혜를 시대에 맞게 되살려 다음 세대에 물려줄 책임이 있다.
1. 청소년은 가정 · 학교 · 사회 · 국가 · 인류공동체의 성원으로서 자신과 다른 삶의 방식도 존중할 줄 알아야 한다.
1. 청소년은 삶의 터전인 자연을 소중히 여기고 모든 생명과 더불어 살아간다.
1. 청소년은 통일시대의 주역으로서 평화롭게 공존하는 방법을 익힌다.
1. 청소년은 남녀평등의 가치를 배우고 이를 모든 생활에서 실천한다.
1. 청소년은 가정에서 책임을 다하며 조화롭고 평등한 가족문화를 만들어 간다.
1. 청소년은 서로에게 정신적 · 신체적 폭력을 행사하지 않는다.
1. 청소년은 장애인을 비롯한 소외받기 쉬운 사람들과 더불어 살아간다.

1998년 10월 25일

4) '유엔 아동권리협약'에 가입(1991년)

아동권리협약이 유엔에서 채택되자 우리나라에서도 협약 가입을 위한 준비를 하였는데, 국제협약이 국제법으로서의 효력을 갖고 있으므로 협약의 내용과 국내법의 상충 여부를 검토해야 했으며 관련 부처 간의 의견 조정을 거쳐 1990년 서명하였고 1991년 11월에 비준하여 협약의 당사국이 되었다. 따라서 우리나라에서도 협약의 내용을 준수할 의무를 가지며 이행 사항을 보고서를 통해 세계에 알릴 필요성을 갖게 되었다.

협약에 가입한 국가는 이행 상황에 대한 최초 국가보고서를 가입 후 2년 내에 제출하고 그 후에는 5년마다 제출해야 한다. 이에 따라 우리나라는 1994년과 2000년에 1차, 2차 국가보고서를 제출하였고, 1996년과 2003년에 유엔아동권리위원회로부터 아동권리협약의 이행 상황에 대한 심의를 받았다. 이후 3차 국가보고서는 2004년에 제출해야 했지만 '유엔아동권리위원회'는 자체 심사 일정 등을 고려하여 예외적으로 「제3·4차 통합국가보고서」 형태로 2008년 12월에 제출하였다(아동·청소년백서, 2008).

유엔아동권리위원회는 2003년에 실시된 2차 보고서 심의에서 가정폭력처벌특별법 제정(1997년), 청소년보호법 제정(2000년), 국가인권위원회의 설립(2001년) 등 아동권리의 향상을 위한 대한민국 정부의 노력을 높이 평가하였다. 그러나 1차 보고서 심의(1996년)에서 지적된 권고 사항의 이행 미흡, 상설 아동권리조정기구의 미설립, 아동권리협약의 유보조항 철회 노력 부족, 시민사회와의 협력 부족, 아동권리협약의 교육홍보 미흡 등에 대해 우려를 표명하였다(아동 · 청소년 백서, 2008).

이러한 권고 사항에 따라 정부는 아동정책조정위원회를 구성하여 협약의 국내 이행 수준을 점검하고, 2006년 10월부터 아동권리모니터링센터를 시범운영하고 있으며, 아동옴브즈퍼슨·아동옴브즈키드를 위촉하여 아동권리 모니터링 활동을 강화하였다. 아울러 아동권리협약의 교육홍보를 위해 2008년부터 아동권리 교육교재 개발, 교육커리큘럼 신설, 교육인력 풀 등을 추진하고 있으며, 아동권리주간을 운영하고 있다.

이 밖에도 2007년 민법을 개정하여 혼인 동의 연령을 18세 미만(과거 남 18세, 여 16세)으로 조정하였고, 협약 비준 당시 유보되었던 부모면접교섭권에 대한 철회 절차를 추진(유엔 권고 사항은 자녀의 면접교섭권 보장)하고 있다. 즉, 부모에게만 인정하던 면접교섭권을 자녀에게도 인정될 수 있도록 민법 개정이 추진되고 있다. 그리고 유엔권리위원회는 우리나라의 입양제도에 대해 국가의 허가를 통한 완전한 입양제도 설치를 권고하였다. 2005년 민법 개정을 통해 친양자제도를 신설하여 부분적으로 입양허가제가 이루어지고 있으나 실제적으로 입양은 비밀입양 중심으로 이루어지고 있으며, 국가의 허가에 의해 입양이 이루어지는 경우는 드물다.

3, 4차 통합국가보고서가 제출되고, 이와 관련한 유엔의 심의에서 한국은 협약 비준 이후 더욱 폭넓은 인권의 시각으로 아동의 권리를 바라보기 시작하였으나 아직도 아동에 관한 편견과 아동 권리 위반의 사례들이 있는 것으로 평가받았다. 심의 위원회 전문가들은 한국 정부에서 아동의 권리를 개선하기 위해 법률 개정, 새로운 제도 도입 등 몇몇의 비중 있는 계획들을 실행하였지만, 입법적 체계, 정부 부처들과 프로그램들 간의 조화문제, 아동들의 빈곤문제, 이주아동, 체벌, 발언권, 입양 이슈와 헤이그협약(Hague Convention), 우울증과 자살 등 청소년들이 겪는 이슈들, 아동권리를 담당하는 옴부즈맨, 미혼모들의 상황, 차별문제, 미성년 노동, 낙태 등의 이슈들이 남아 있음에 문제를 제기하였다. 아동권리의 국내 상황에 대한 객관적 평가와 더불어 앞으로의 계획이 또다시 수립 · 보완될 것이다. 이러한 과정을 거치면서 국내의 아동복지 상황은 보다 많은 발전을 경험하게 될 것이다. 우리나라는 물론 전 세계적 차원에서 "아동권리의 보호"는 아동복지의 핵심 주제이며 이념으로 자리잡게 된 것이다.

3. 아동권리의 내용 및 유형

아동권리의 내용은 '3P의 개념', 즉 제공(provision), 보호(protection), 참여(participation)의 개념을 들 수 있다(이재연, 1996; 장인협 · 오정수, 1999). 제공의 개념은 아동이 필요로 하는 인적 및 물적 자원의 제공과 이를 사용할 권리로서, 성명, 국적, 의료, 교육, 여가 등을 즐길 권리와 보호대상아동 및 장애아동이 보호받을 권리를 의미한다. 보호의 개념은 아동이 유해한 행위 및 환경으로부터 보호받을 권리로서 학대 및 부모로부터의 격리 등으로부터 보호받을 권리이다. 참여의 개념은 아동이 자신의 인생에 중요한 영향을 미치는 결정에 대해 알 권리와 성인기에 대한 준비로서 사회활동에 참여할 기회를 갖아야 할 권리를 의미한다.

아동권리의 유형은 다음 네 가지로 정리할 수 있다(한인섭, 1992; 안동현, 1997, 재인용).

첫째, 복지권(welfare rights)으로 모든 아동은 의식주를 제공받고, 건강하고 위생적인 삶을 누리며, 교육적이고 문화적인 생활을 할 권리를 갖는다. 이것은 아동의 생존 및 발달에 절대적이기 때문에 매우 중요하고, 현실적으로 적절한 영양과 쾌적한 주거 환경, 의료적 · 복지적 급부를 사회, 국가 및 부모는 아동에게 제공하여야 한다.

둘째, 보호받을 권리(protective rights)로 모든 아동은 폭력과 공포로부터 자유롭게 살 수 있어야 한다. 이 중 중요한 것은 육체적 · 정서적 · 성적으로 고통받지 아니할 권리로서, 아동에 대한 학대와 유기를 방지하기 위한 각종 노력이 주어져야 한다는 것이다.

셋째, 성인으로서의 권리(adult rights)로서 현행 법제하에서 성인에게만 해당되는 권리를 아동들도 향유할 수 있어야 한다는 것이다. 이것은 성인에게만 해당하는 권리를 부여하는 연령 기준이 매우 자의적이고 합리적이지 못한 경우가 적지 않다는 주장에 의한 것이다. 선거권, 피선거권, 독립적으로 결혼할 수 있는 권리, 증언할 수 있는 연령 등 그 근거가 무엇인가를 더욱 면밀히 검토할 필요가 있다.

넷째, 부모에 대한 권리(rights against parents)는 부모와 자녀의 관계가 언제나 조화로울 수 없음을 전제로 하기 때문에 문제가 된다. 아동의 요구, 욕망, 관심사, 이익이 부모의 것과 반드시 일치하는 것이 아니고 양자 간에 크고 작은 갈등을 가져올 수 있다. 아동들은 만약 부모와 자녀의 이익이 대립될 때 다른 제3자에게 호소할 수 있는 권리, 다시 말해서 자기결정권을 확보할 수 있어야 함을 의미한다.

제3장

아동복지의 발달사

Child Welfare

제1절 외국의 아동복지발달사

1. 외국의 아동복지 변천 과정

외국의 아동복지는 크게 산업화 이전의 시기와 산업화 이후의 시기로 구분하여 살펴본다. 산업화 이전, 즉 고대 및 중세사회에서의 아동복지는 산업혁명 이후 자본주의 사회가 발전하기 시작한 산업화 이후의 시기와 아동관이나 아동복지의 책임 주체 및 서비스에 있어서 상당한 차이를 보이고 있다.

1) 산업화 이전의 아동복지

고대사회에서 아동은 부족이나 종족 혹은 집단의 생존과 보호에 기여할 수 있는 존재인지에 따라 그 가치를 인정받았으므로 아동의 생명은 성인에 의해 결정된다고 해도 과언이 아닐 정도로 아동기는 무시되었다. 따라서 허약하거나 질병이 있거나 장애를 지닌 아동은 출생과 동시에 버려지거나 살해되는 경우가 종종 있었다.

카두신(Kadushin)에 의하면, 아마존 강 유역의 인디언들은 아기가 태어나면 강물에 아이를 넣어 건강한 아이만을 끄집어내고 그렇지 않은 아이들은 그대로 내버려두는 생존시험을 했다는 보고나, 비정상아를 죽이는 것은 당연하며 현명한 소치라고 말한 세네카(Seneca)의 말에서 볼 수 있듯이 영아 살해, 유기, 낙태, 아동매매는 여러 가지 이유에서 오랫동안 여러 지역에 걸쳐 자행되었음을 알 수 있다. 여러 가지 이유란 인구수와 자원 간의 균형을 유지하고, 기근이나 질병, 기타 재난에 부모들이 대비하기 위해 그리고 먼저 태어난 자녀들을 제대로 키우기 위해서였다(성영혜 · 김연진, 2002:60). 또한 당시 부모들은 아이들을 강이나 광장 등에 버림으로써 자녀가 없는 사람들이 주워 기르도록 하는 관행이 있었으며, 아동매매도 성행하여 가난한 부모는 자녀를 팔 권리가 있었다.

중세사회는 고대사회와 달리 종교의 영향이 강한 신분제 사회라고 할 수 있다. 따라서 이 시기의 아동복지는 기독교적 관점에 의한 자선사업의 일환으로 전개되었다. 기독교는 자선기관을 설립하여 이 기관들을 통해 부모가 없는 아동이나 버려진 아동들을 보호하는 일을 주로 하였다. 당시 아동의 지위는 엄격한 신분제 사회의 영향으로 부모의 지위에 따라 그 보호의 차원이 달랐으며, 장원(莊園) 내의 구성원으로서 장차 장원을 유지하기 위한 경제력과 군사력의 수단으로 여겨졌다. 따라서 중세의 아동복지는 고대사회보다는 다소 발전된 보호 차원의 자선사업이 주를 이루었으며, 아동의 발달적 특성이나 욕구 등을 고려한 아동 자체의 존엄성에 관한 인식은 아직 발달되지 않았다.

2) 산업화 이후의 아동복지

영국에서 산업혁명이 일어난 이후 전 세계는 빠른 속도로 변화를 거듭하게 되었다. 봉건제 사회의 붕괴로 대부분의 농노들은 공장의 노동자가 되었으며, 이 과정에서 아동들 역시 크고 작은 공장에서 장시간 노동하는 중요한 인적 자원이 되었으며, 자본가계층과 시민계층이 형성되어 사회는 새로운 계층현상이 나타나게 되었다. 따라서 중세의 종교 중심 세계관은 점차 인간 중심의 사고로 변화되어 가면서 새로운 시민계층의 욕구들이 사회적 차원에서의 해결을 모색하는 과정에서 국가는 이들을 위해 다양한 복지정책을 제시하지 않으면 안 되었던 것이다. 가난한 사람들의 문제, 장시간의 노동과 열악한 근로 조건에서 일하는 노동자들과 아동들, 봉건제의 몰락으로 정착하지 못하고 떠돌아다니는 부랑자들의 문제를 해결하기 위해 국가가 나서야 했다. 1601년의 엘리자베스 구빈법(Elizabethan Poor Law)의 제정은 이러한 문제들을 국가가 해결하기 위한 최초의 시도이다. 이 법에 의해 보호대상아동들이 위탁보호 및 거택보호를 받았다. 이 법은 미국은 물론 유럽의 여러 나라에 영향을 주었으며, 이후 300여 년간 구빈사업의 기본이 되었다.

아동복지에 관한 보다 구체적인 제도의 정착이나 서비스의 개발 및 적용은 19세기가 되면서 조금씩 시작되었다가 20세기에 비로소 정립되었다. 서유럽의 경우 19세기 말부터 모성이 강조되면서 자녀를 양육하는 어머니의 역할과 의무가 더욱 중시되었는데, 영국에서는 1839년 유아보호법을 제정하여 여성이 별거한 후에 무책임한 남편으로부터 자녀를 보호하고 양육할 수 있는 권리를 인정하게 되었으며, 1834년에는 사생아에 대한 구빈법의 제정으로 자녀양육의 책임을 지고 있는 모성을 보호하게 되었다. 그러나 이러한 법률의 제정은 모성의 책임을 더욱 강조하여 여성들의 부담을 더욱 가중시키기도 하였다. 프랑스에서는 18세기 후반부터 19세기까지 아동의 양육과 교육 및 의료 제도에 관한 많은 연구들이 쏟아져 나왔는데, 아동보호를 주제로 하는 이러한 연구와 책들은 당시 고아원 시설과 상류계급 아동들의 교육을 하인이 주로 맡는 문제점을 지적한 것으로, 하인에 의해 양육되던 아동들의 보호에 어머니들의 관심과 참여가 증대되었으며 주로 하류계층의 자녀나 부모 없는 아동들을 수용하던 고아원의 교육적 효과를 높일 수 있는 방안들이 모색되었다. 반면 19세기에는 여전히 영아 살해와 유기가 성행하였는데, 일반인들이 피임술의 혜택을 받게 된 것이 20세기 들어와서이므로 소수의 상류계층만 산아제한의 방법을 사용할 수 있었고 여성들의 의도적인 유아 살해와 유기 및 낙태가 공공연하게 이루어졌다. 영국에서는 원하지 않는 아이를 없애는 방법으로 인공유산이나 살해 또는 대리양육을 사용하였다. 이러한 사회문제를 해결하기 위해 1872년에는 유아생명보호법(The Infant Life Protection Act)이 제정되었고 1880년대에는 어린이에 대한 부모의 학대를 방지하기 위한 법이 제정되기에 이르렀다(조은 외, 1997: 117-136).

20세기에 들어서 아동은 비로소 아동으로서의 존재를 인정받게 되었으며 이들의 욕구와 관심에 대한 사회적인 예방과 대책이 체계적이고 조직적으로 이루어졌다. 그러나 이러한 관심과 노력은 21세기가 도래한 현재에도 지속되고 있으며, 아동들의 삶이 점차 행복한 상태로 발전되어 가고 있기는 하나 여전히 많은 문제들이 남아있거나 새롭게 발생하고 있다. 세계의 아동들은 아직도 전쟁과 기근 및 질병과 스트레스 속에서 죽어가고 있다. '20세기는 아동의 세기' 라고 한 엘렌 키(Ellen Key)의 말처럼 20세기는 수많은 학자들이 아동을 연구하고 아동들을 위한 다양한 복지제도들을 확립하기 위해 노력하였으며 이러한 노력들은 21세기에도 지속될 것이다.

다음은 산업화 이후 나타난 아동복지의 주요 특징들을 정리한 것이다.

① 아동복지에 대한 국가적 책임의식의 발전

1601년 영국의 엘리자베스 구빈법 이래 국가는 국민의 보호를 위한 보다 구체적인 제도의 수립에 적극적인 입장을 갖게 되었다. 1800년대와 1900년대를 거치면서 서유럽을 비롯한 미국에서 현대 아동복지의 기반이 되는 다양한 법률들이 제정되고 이에 따라 아동복지정책이 입안되고 각종 서비스들이 개발되어 왔다. 현대사회에서 국가는 인간의 기본권을 보장하고 더 나아가 삶의 질과 행복을 보장하는 중요한 도구로서 작용하게 되었으며 이러한 국가의 기능은 복지제도의 구현을 통해 나타나게 된 것이다. 따라서 국가의 정책 중 그 어느 것도 국민의 복지를 고려하지 않은 것은 없으며 아동들을 위한 정책 역시 아동이 속한 가족과 부모들의 욕구 충족을 위해 지속적으로 변화를 거치면서 발전되어 오고 있다. 아동의 보호에 관한 책임은 점차 부모에게서 부모 및 국가의 공동책임으로 변모되어 가고 있다.

② 취업여성과 그 자녀를 위한 보호정책의 발전

19세기에 들어서면서 대부분의 유럽 국가들에서의 여성취업률은 지속적으로 증가하였으며, 1, 2차 세계대전 이후 20세기 후반부터 전 세계는 취업여성들로 인한 맞벌이 가족의 증가와 이들 자녀의 육아문제가 아주 중요한 사회문제로 나타나게 되었다. 이에 따라 각국에서는 보육시설을 늘리고 이들에 대한 정부의 지원을 확대하는 한편 취업모들을 위한 유급휴가제도를 만들게 되었다. 유럽의 대부분의 국가에서 취업모가 있는 가정은 공보육의 혜택을 받고 있으며, 어머니는 물론 아버지들도 원한다면 휴가를 통해 자녀를 돌볼 수 있는 시간적 기회를 얻을 수 있게 되었다.

③ 아동수당제도의 발전

아동수당 혹은 가족수당은 자녀가 있는 가족에게 양육비를 지원하는 보편적인 사회보장제도의 하나이다. 대부분의 유럽 국가들이 이 제도를 채택하고 있으며 부여되는 급부의 정도는 아동의 수와 출생순위에 따라 국가별 차이가 있다. 미국의 경우에는 자녀를 혼자 키우는 가난한 여성들을 위한 제도가 발달되어 있으나 이는 아동이 있는 모든 가정에 지급되는 보편적인 가족보장제도는 아니다. 벨기에, 룩셈부르크, 프랑스, 덴마크, 네델란드, 독일, 영국, 스페인, 이탈리아, 포르투갈 등의 유럽 국가에서 실시되고 있다.

④ 보상교육의 실시

미국에서는 1960년대부터 헤드 스타트(Head Start) 프로그램을 통해 빈곤계층 아동과 부모들의 교육을 실시하고 있다. 빈곤은 아동들의 정상적인 교육 기회의 박탈은 물론 건강한 성장과 발달을 저해하는 중요한 장해 요인의 하나로, 부모의 계층에 따라 아동들의 미래가 결정된다 해도 과언이 아닐 정도로 아동에게 중요한 영향을 미친다. 따라서 이러한 빈곤계층의 자녀와 그들의 부모를 위한 특별한 교육 기회의 제공은 아동 자신은 물론 국가 전체의 미래에도 긍정적으로 작용한다. 미국에서 시작된 이러한 보상교육 운동은 다른 여러 나라에도 영향을 주게 되어 빈곤계층의 아동복지에 크게 기여하게 되었으며 이러한 관점은 현대 아동복지의 중요한 과제로 여겨지게 되었다.

⑤ 아동권리사상의 발전

20세기는 아동의 권리에 관한 관심과 이를 보장하기 위한 사회적 노력이 형성된 시기이다. 1989년 아동권리에 관한 국제협약을 기점으로 아동권리에 관한 기존의 관심들이 하나로 통합되고 국가별로 아동의 권리를 보장하기 위한 다양한 시도들이 실시되었다. 아동을 단순히 보호의 대상으로 보았던 초보적 관점에서 아동을 권리의 주체로 인정하고 이를 보장하기 위한 인식이 20세기 말부터 발전되었던 것이다. 이러한 아동관은 아동을 위한 각종 서비스와 정책의 개발에도 영향을 주게 되어 아동복지의 본질을 향상시키는 데 크게 기여하고 있다.

⑥ 다양한 서비스의 개발 및 질적 향상

산업화 이후 아동복지 서비스는 구빈 차원의 시설아동복지에서 탈바꿈하게 되었다. 아동복지의 주를 이루었던 시설보호사업은 시설아동수의 감소로 인해 서비스의 질적 향상을 모색하게 되었고, 이를 통해 소규모 시설의 발달이나 가정위탁보호 및 입양제도의 발달이 동시에 이루어지게 되었다. 시설보호는 아동을 양육하고 보호하는 데 부적합하다는 관점이 팽배하면서 시설의 질을 높이기 위한 다양한 시도들이 이루어졌으며, 아동을 시설이 아닌 가정에서 양육받도록 하기 위해 위탁과 입양가정에 경제적 혜택을 주게 되었다. 뿐만 아니라 학대로부터 아동을 보호하기 위해 법률을 제정하고 학대자나 피학대 아동을 위한 각종 치료 프로그램이나 일시보호시설들이 증가하게 되었다.

신체적 · 정신적인 장애를 가진 아동들을 위한 법이 제정되고, 이들을 위한 특수교육시설과 프로그램이 마련되기 시작하였고, 전문적인 상담 및 치료 서비스의 혜택을 받게 되었다. 아동뿐 아니라 부모들에 대한 다양한 교육과 상담의 기회가 제공되고 부모의 문제와 욕구를 해결하기 위한 정책의 개발이 시행되고 있다. 아울러 아동복지를 전문으로 하는 전문가들이 증가하고 있으며, 이들을 통한 다양한 서비스의 개발이 활발하게 진행되고 있다.

2. 각국의 아동복지

1) 영국의 아동복지

영국의 아동복지는 아동복지에 관한 최초의 국가적 대책이 마련되었다는 점과 더불어 다른 여러 나라의 아동복지에 영향을 주고 있다는 점에서 주목할 만하다. 영국

아동복지의 시작은 엘리자베스 구빈법(The Elizabethan Poor Law)이라 할 수 있다. 1598년에 기틀이 마련되어 1601년에 법제화된 이 법은 국가가 복지의 주체로 공식적으로 등장했다는 점은 물론 이후 영국 복지제도의 기초와 현재까지 진행되어 온 복지입법에 많은 영향을 미쳤다. 이 법은 빈곤한 사람을 일할 수 있는 건전한 빈곤인, 일할 수 없는 무력한 빈곤인, 의지할 곳 없는 보호대상아동으로 분류하여 가족이나 친족에 의해 부양되지 못하는 빈곤한 사람들을 국가가 구호하고 관리할 것을 명시하고 있다. 이 법은 이후 300여 년간 영국의 복지제도의 근간을 이루어 왔으며, 이에 따라 보호자가 없는 빈곤아동에 관한 복지가 이루어져 왔던 것이다.

산업혁명에 의해 영국이 자본주의 국가로 변화되어 가는 과정 속에서 가장 많이 희생된 것은 아동이라 할 수 있다. 당시 아동들은 비인도적인 상황 속에서 과도한 노동력의 착취로 인해 심각한 상황에 빠져들게 되었다. 가정에서의 자녀양육 기능도 약화되고 방임상태에 놓인 아동들이 증가함에 따라 아동문제는 점차 사회문제로 대두되게 되었다. 이러한 상황을 개선하기 위하여 1780년경부터 일요학교(혹은 유아학교)가 설립 · 보급되어 영국에서의 공교육의 기틀을 마련하는 계기가 되었다(성영혜 · 김연진, 2002). 또한 공장에 고용된 아동들의 건강을 보호하고 열악한 노동 조건들을 개선하기 위한 운동들이 전개되어 1833년 공장법(The Factory Act of 1833)이 제정되었다. 이 법은 1847년 개정되어 9세 미만의 아동은 노동을 금지하고, 18세 미만의 아동과 여성의 일일 노동 시간을 최고 10시간으로 제한하게 되었다. 1884년에는 방임되고 학대받는 아동들을 구제하기 위해 런던에 아동학대방지협회가 설립되었고, 1889년에는 아동학대방지법이 제정되었다.

1900년대에 들어서 영국에서는 아동에 관한 몇 가지의 입법이 이루어지는데, 1906년 학교아동급식법, 1907년 학교아동보건법, 1908년 아동법이 그것이다. 이 중 아동법은 학교아동 보건을 지원하는 것으로 부모에 의한 아동건강의 방관이나 태만을 불법으로 규정하고, 아동의 건강 확보를 복지의 중심으로 하였다. 이 법에 의해 아동의 법적 권리가 명확하게 수립되었으며, 특히 부모의 태만에 의한 아동복지의 결여는 사회 전체의 책임으로 간주되기 시작하였다(함세남 외, 1996). 이 법은 1948년 신아동법으로 체계가 정비되었는데 부모가 없는 아동, 유기된 아동, 부모와 떨어져 사는 아동, 특히 부양능력이 없는 부모인 정신질환자, 정서적 문제를 가진 자, 알코올 중독자, 약물 중독자 등의 부모의 자녀들은 지역사회와 공동단체가 부모역할을 담당하도록 규정하고 있다.

또한 1945년에는 가족수당제도가 도입되었고 1974년에는 가족수당제도의 개선책으로 모든 아동을 대상으로 하는 아동수당법이 제정되어 가정의 경제적 수준이나 기여 여부에 관계없이 아동을 가진 모든 가정에 아동급여를 제공하는 소득보장제도가 실시되었다. 아동수당법은 아동복지정책 중에서도 가장 보편적이며 일반적인 혜택을 주는 주요 제도로서 영국을 비롯한 독일, 프랑스, 스웨덴, 일본 등의 국가에서 실시되고 있는 아동급여라 할 수 있다.

현재 영국의 아동복지의 체계를 제공하고 있는 대표적인 법은 1948년의 아동법을 근거로 아동보호와 양육과 관련된 기존의 분산된 법들을 하나로 정비한 1989년 아동법(The Children Act)이다. 1989년 아동법은 부모는 자녀양육의 책임을 지며, 법원이나 지방정부에서 아동보호를 담당하게 될 경우에는 아동의 최선의 이익을 우선적으로 고려되어야 하고, 아동의 의견이 존중되고 미래에 대한 의사결정에 참여할 수 있어야 하며, 아동이 가정을 떠날 수밖에 없을 경우 지방정부는 시설이 아닌 대리가정에서 보호될 수 있어야 한다는 '아동의 권리에 관한 국제협약'의 원칙을 포함하고 있다(김현용 외, 1997).

현재 영국의 대표적인 아동복지정책 및 서비스를 보면 첫째는 아동수당이다. 둘째는 아동보건서비스이다. 영국은 국민보건서비스가 국가적 차원에서 이루어지고 있는 대표적인 국가로서 아동의 건강보호 역시 출생과 더불어 대부분 무료로 제공받게 되어 있다. 셋째는 빈곤가정을 지원하기 위한 가족신용대부(family credits)제도이다. 부양가족이 있는 저소득근로자의 근로 의욕을 고취하기 위해 봉급생활자와 자영업자를 대상으로 재정지원을 하는 것으로 아동의 수와 연령, 가족의 소득에 따라 차등적으로 지급되고 있다. 넷째는 공공보육이다. 지방 행정부에 운영되는 대부분의 공립보육시설은 무료이다. 다섯째는 위탁보호사업으로 부모가 없거나 부모의 적절한 양육이 이루어지지 않는 가정의 아동은 시설이나 위탁보호가정으로 위탁이 되는데, 영국에서는 보호대상아동의 50% 이상이 위탁가정에 맡겨지고 있다. 여섯째는 입양에 의한 대리보호이다. 위탁가정보호와 더불어 입양은 시설에 의한 대리보호의 대안으로 현대사회의 중요한 아동복지사업의 하나가 되었다. 영국의 경우 1976년에 입양법, 1983년 시행령, 1984년 시행세칙, 1989년 아동법에 의해 입양에 관한 규정을 정하고 있으며, 양부모에게는 위탁가정에게 지급되는 수준의 생계비수당을 지원하고 있다. 일곱째는 아동학대에 관한 대책이다. 아동학대는 20세기 후반 세계 아동복지의 최대 관심사 중 하나였으며, 아동권리에 관한 국제협약에도 분명히 명시된 보호 조항이다. 영국에서도 1989년 아동법의 제정으로 아동학대에 관한 국가적 개입과 보호의 의무를 명시하게 되었다. 이에 따라 아동을 학대한 자에게는 다양한 처벌을 가하고 학대받은 아동들을 지원하기 위한 전문요원 양성과 서비스들을 개발하고 있다.

2) 미국의 아동복지

미국의 역사에서 남북전쟁은 매우 중요한 의미를 갖는데, 아동복지 역시 남북전쟁 이전 시대인 1860년대 이전에는 영국의 구빈법의 영향에 의한 빈민구제와 시설보호를 통한 아동보호가 전부였다. 남북전쟁 후 미국은 급속한 경제성장을 통해 경제대국으로 변모되어 갔으며, 외교적 관계에서도 점차 중요한 위치를 차지하게 되었다. 그러나 이러한 성장의 이면에는 빈곤문제, 인종문제, 교육문제 등 다양한 사회문제들이 내재하고 있었다.

1800년대까지 주를 이루었던 시설을 통한 보호 차원에서의 아동복지는 아동을 사회에 필요한 구성원으로 성장시키고 실제적으로 아동들의 욕구를 제대로 충족시키지 못한다는 비판을 받게 되었으며, 점차 아동에 대한 사회적인 관심이 증가하게 되면서 1850년대 위탁가정보호사업이 전개되었다. 위탁은 시설에 있는 아동들을 보다 개선된 차원에서의 대리보호를 위해 일반가정에 아동의 양육을 맡기는 것으로 민간 차원에서 이루어진 하나의 사회운동이었다. 20세기에 들어서면서 가장 큰 아동문제 중 하나는 노동문제였다. 아동노동은 남북전쟁 이전부터 존재했던 것으로 1900년대 초까지도 심각한 사회문제였다. 따라서 이들을 보호하기 위한 제도적 장치의 필요성이 인정되면서 1912년에는 아동국(The Children's Bureau)이 신설되었다. 이보다 앞선 1909년 워싱턴에서는 제1회 백악관회의가 개최되었는데, 국가적 차원에서의 관심은 물론 보다 발전된 아동복지사업이 전개되는 계기를 갖게 되었다. 백악관회의는 매 10년마다 열려 시급한 아동문제를 논의하고 적절한 국가적 대책을 마련하고 전개해 나가는 데 중요한 역할을 하였다.

1921년에는 미국아동복지연맹(The Child Welfare League of America)이 결성되어 국가 전체 차원에서 아동복지에 관한 다양한 문제들을 논의하고 실천하고 연구하는 조직체로서의 역할을 해오고 있다. 제1회 백악관회의에서 제시된 원리들을 살펴보면 다음과 같다(성영혜 · 김연진, 2002:73-74).

- 가난하다는 이유 때문에 아동이 가정으로부터 이탈되어서는 안 된다.
- 가정을 떠나야만 될 충분한 이유가 있을 경우에는 차선책으로 잘 선정된 위탁가정이 필요하다.

- 필요에 의해 시설을 이용할 경우 소숙사제도(cottage system)가 좋으며 아동의 의존성이 나타나지 않도록 해야 한다.

현재 미국 아동복지의 근간은 1935년에 제정된 사회보장법(Social Security Act of 1935)이다. 이에 따라 보호대상아동부조(Aid to Dependent Children)가 시작되어 빈곤계층의 여성과 그 자녀들을 위한 국가 차원에서의 생계보조가 이루어지게 되었으며, 1960년대에 보호대상아동가정부조(Aid to Families with Dependent Children)로 명칭을 바꿨다. 부 또는 모가 사망, 이혼, 별거 등으로 자녀와 함께 생활하지 않는 경우, 부 또는 모가 자녀를 유기한 경우, 부모가 미혼인 경우, 부 또는 모가 경제지원이나 보호를 해주지 못하는 경우에 아동을 양육하는 가정에 지원하는 것으로 실제적으로 가난한 여성과 그들의 18세 미만의 자녀에게 혜택이 주어지고 있다. 이 제도는 연방정부나 주정부 차원의 지출이 많은 복지제도 중의 하나로 종종 비판과 논란의 대상이 되기도 하였으며 실제적으로 클린턴 정부 하에서는 이에 관한 논의를 통해 새롭게 변화를 가져오게 되었다.

1996년의 복지개혁으로 인해 빈곤가정 일시부조(Temporary Assistance to Needy Families: TANF)가 AFDC를 대신하게 되었는데, TANF는 AFDC와는 달리 복지 수혜자들의 자립을 강조하고 이들이 지원받을 수 있는 자격과 기간 등에서 보다 제한을 두게 되었다. AFDC는 기본 요건을 가진 가구에는 현금부조를 제공하고 교육과 직업훈련을 받는 가정에는 보육서비스를 1년간 제공하였는데, TANF는 기본요건을 갖추더라도 반드시 제공받는다는 보장이 없으며, 일생에 걸쳐 최대 60개월 동안만 수급이 가능하고, 주정부가 규정하는 일에 수혜자는 반드시 참여하여야 하며 보육서비스는 제공하지 않고 있다. 그러나 이 제도는 현재까지도 미국의 대표적인 국가 차원의 아동복지정책이라 할 수 있다.

미국의 아동복지사업에서 중요한 것 중 다른 하나는 1960년대에 시작된 보상교육이다. 헤드 스타트 프로그램(head start program)으로 불리는 보상교육은 1965년 존슨 대통령 당시 '위대한 사회 건설과 빈곤퇴치' 라는 슬로건 아래 빈곤가정의 취학 전 아동과 그 부모를 대상으로 실시한 특별한 교육적 조치로서 가정환경으로 인해 교육적 환경이 조기부터 박탈된 아동들을 위해 국가가 대처하기 시작한 중요한 아동복지사업이라 할 수 있다. 이 외에도 1965년 초등 및 중등교육법, 고등교육법, 1974년 청소년처우 및 비행 예방법, 아동학대방지 및 치료법, 1975년 장애아동교육법, 1980년 입양보조 및 아동복지법, 1988년 가족지원법 등이 제정되었다. 1993년

가족보존 및 지원서비스법, 1997년 입양 및 가족안전법 등이 제정되었다(Cohen, 2000:15-49; Pecora et al., 1992:13-21).

현재 미국의 아동복지는 아동의 권리 보호에 관심을 갖고 아동학대 및 방임으로부터의 보호와 아동의 다양한 욕구에 대한 '아동권리' 차원에서의 시도를 하고 있으며, 이는 1989년 아동권리협약 이후 세계적 추세이기도 하다. 또한 아동문제의 해결은 가족에게 그 해결책이 있음을 중시하고 아동복지의 대책을 가족 전체로 확대하여 가족 중심의 서비스를 제공하기 위해 서비스를 확대시켜 나가고 있다. 아울러 1990년대 이후에는 기존의 가족보존(family preservation) 개념을 보다 확대시켜 가족의 범주를 확대가족과 가족이라 불릴 수 있는 모든 의미의 가족 개념으로 사용하여 아동을 이러한 가족의 관계망 속에서 보호하는 것이 바람직하다는 관점(family continuity)이 아동복지의 사업에 적용되고 있다(Downs et al., 2000:314-316).

3) 스웨덴의 아동복지

스웨덴은 대표적인 복지선진국으로 알려져 있다. 그러나 스웨덴이 복지국가로 발전해 오는 과정에는 스웨덴의 지리적 · 역사적 특수성과 국민성이 작용하였으며, 오랜 세월 동안의 고난과 노력이 있어 왔다고 할 수 있다. 전통적인 입헌군주국으로서 스웨덴은 19세기 말부터 복지의 기틀을 형성하기 시작하였으나, 현대적 의미의 스웨덴 복지는 1, 2차 세계대전 직후부터 발달하였다. 그 이전까지의 복지는 1763년 제정된 구빈법에 의한 보호사업이 전부였다고 할 수 있으며, 아동복지 역시 구빈 대책의 일환으로 이루어지다가 1800년대에 어린이집이 자선시설로 설립이 되고, 1881년 노동금지법이 제정되어 아동의 노동 보호에 관한 국가적 규정이 정비되기에 이르렀다.

1902년 구빈법의 수혜 대상으로 취급되어 오던 아동에 관한 법이 독립되어 아동복지법이 제정되었고, 이후 이 법은 수차례의 개정을 거치면서 아동복지에 관한 대표적인 법으로 존재하게 되었다. 1924년 개정된 아동복지법에서는 아동과 청소년의 보호를 위한 기관이나 시설의 관리 및 설치 추진을 위한 아동복지위원회가 설립되었다. 이후 1934년에는 청소년보호법이 제정되었고, 1937년에는 특별아동수당이 지급되었고, 1944년부터 보육시설에 대한 정부의 지원이 이루어졌으며, 장애아를 위한 학교 설치가 의무화되었고, 1948년에는 아동수당이 도입되었다. 이후 1960년대와 70년대 초까지 스웨덴은 공공복지 부문에 있어 엄청난 발전을 가져오게 되는

데 공공보육시설의 확대, 무료출산 실시, 교육 및 주택수당의 확대 등이 이루어졌다. 특히 1960년 신아동복지법이 제정되었고, 장애아 가정에 대한 보조법의 제정, 1968년 신정신박약자법 등이 제정되었다.

스웨덴의 현재 대표적인 아동복지사업으로는 아동수당, 건강보험에 의한 부모지원, 영유아 교육 및 보육 서비스의 확대, 보호대상아동에 관한 지원 등으로 들 수 있다. 1948년 처음 도입된 아동수당(child allowance)은 계급이나 임금에 관계없이 16세 이하의 모든 아동에게 지급되는 보편적 아동복지제도로서 1980년대에 제도 정비를 통해 더욱 발전하게 되었다. 아이가 셋 이상인 가족들은 자녀수당을 더 지급받으며, 편부모의 경우 만약 함께 살지 않는 부모가 약속된 부양금을 지불하지 않거나 지불할 수 없으면 국가에 신청하며 국가는 생계비를 빌려주기도 한다. 또한 주택수당(housing allowance)은 자녀가 있는 모든 가족 중 임금, 자녀수, 기타 특정한 한계를 지닌 주택 비용을 고려하여 지원하는 것으로 1987년에 약 25%의 자녀가 있는 가정에서 경제적 지원을 받았다.

건강보험의 한 형태인 부모보험(parental insurance)은 아동의 출산과 양육으로 인한 수입의 손실을 보장해 주고 지원하는 것으로 부모가 자녀를 출산하고 양육하는 데 있어 겪는 경제적 어려움 및 심리적 부담을 완화시켜 주고 있다. 부부가 자신의 희망과 요구에 따라 결정하는 시간의 배분을 통해 부모 모두에게 부모휴가가 가능하며, 휴가를 선택한 부모가 이전 직장에 복귀할 수 있도록 법으로 보장하고 있으며, 신생아의 출산이나 입양을 통해 휴가가 필요한 부모에게는 정상임금의 90%를 지급하고 360일간의 휴가가 부여된다. 뿐만 아니라 새로 아버지가 되면 정규 병가수당을 받은 부모휴가가 10일간 주어지고, 자녀가 12세가 될 때까지 자녀가 아프거나 자녀를 돌보는 사람이 아플 경우 병가를 통해 유급으로 자녀를 돌볼 수 있게 하였고, 일년에 아이당 60일까지를 사용할 수 있다(테레사 굴라빅 외, 2000:232-235). 이러한 부모휴직제도는 1974년부터 도입되었다.

아울러 스웨덴 아동복지사업 중 중요한 하나는 보육사업으로 오늘날 전형적인 스웨덴 가족의 모습은 두 명의 일하는 부모와 국가가 지원하는 보육시설에 다니는 자녀들로 구성된다고 할 정도로 매우 중요한 아동 및 가족복지사업이 되었다. 스웨덴 최초의 보육시설은 1850년대에 설립되었는데, 주로 빈곤층의 일하는 어머니를 지원하기 위해 민간단체에서 운영되었으며, 1930년대 이후 점차 국가적 지원이 확대되어 갔다. 1973년에 와서는 취학전 교육법을 제정하여 1975년부터 시행되었다. 이 법은 6세까지의 어린이를 대상으로 하여 보육의 목적을 "가정과 긴밀하게 협조하여 아동의 전인적 인격발달과 신체적 · 사회적 발달을 도모함"으로 규정하였다. 또한 이 법령은 지방자치단체가 6세 이하 유아를 위한 유아원과 보육시설을 마련하고 특별한 지원과 교육이 필요한 장애아들을 위해 보육서비스를 제공할 것을 의무로 규정하였다. 그후 이 법은 1977년에 개정되었는데, 대상을 12세 아동까지 확대하여 취업부모와 공부하는 부모의 자녀를 보호할 지방자치단체의 책임을 명시하였다(양옥승 외, 1999).

보육사업은 1990년대에 더욱 활성화되었는데, 1995년부터 각 시를 중심으로 영유아보육을 책임지도록 강조하고 있으며, 시의 재정지원을 통해 영유아보육시설이 활성화되고 이를 통해 많은 아동들이 안전한 보육서비스의 혜택을 누리게 되었으며, 방과후 아동보호(after school program)의 혜택을 받고 있다. 스웨덴 여성은 약 90% 정도(1980년대 기준)가 노동시장에 참여하고 있으며 이들 중 학령 전 어린 자녀를 둔 여성은 약 85%이다. 따라서 보육은 국가 차원에서의 대책이 마련되어야 하는 중요한 아동복지사업이 되었다.

보호대상아동을 위한 사업으로는 위탁을 통한 아동보호가 활성화되고 있으며, 아동학대 및 방임에 관해서는 강력한 제재법을 갖고 있다. 또한 장애아를 위해서는 경제적 지원은 물론 장애아 부모에 대한 각종 지원의 강화와 장애아 통합교육과 재활치료에 필요한 사항을 규정한 법률을 제정하였다.

현재 스웨덴의 아동복지는 1981년 입법화된 사회사업법(Social Service Act)을 근간으로 하고 있으며, 이 법은 기존의 1763년 구빈법으로 제정되어 발전해 온 사회복지법과 1960년의 아동복지법, 1976년에 제정된 아동보호법 등을 하나로 통합한 법이다.

4) 프랑스의 아동복지

프랑스는 유럽 국가 중에서도 아동 및 가족정책에 있어 선두에 있는 국가라고 할 수 있다. 프랑스의 아동복지는 20세기에 들어오면서 사회보험제도와 가족수당제도의 정착과 더불어 발달하게 되는데, 다른 나라와 마찬가지로 19세기까지는 주로 공적부조에 의한 구빈체제의 아동복지에 불과하였다.

12세기부터 자선단체를 중심으로 유모에 의한 보육사업이 시작되어, 유모의 자격과 활동에 관한 규정이 만들어지기도 하였으나, 아동의 중요성에 대한 인식과 아동복지에 관한 시각이 조금씩 나타나기 시작한 것은 18세기부터라고 할 수 있다.

18세기에는 프랑스 최초의 보육시설이 설립되었고, 루소와 같은 철학자들의 영향으로 아동기에 관한 관심이 싹트는 시기였다. 19세기에는 1881년에 초등 무상교육제도가 도입되어 영유아의 보호를 위한 복지사업으로서의 역할을 보육시설이 담당하게 되었다. 20세기에 들어서면서 1903년 사회보험법의 제정과 더불어 질병, 출산, 장애, 노령, 사망 등 사회적 위험에 처한 국민들을 보호하기 위한 국가정책이 수립되고, 1904년 아동보호관련법의 제정, 1932년에는 가족수당제도를 규정한 법률이 제정되었다.

가족수당제도는 유럽의 다른 나라에도 영향을 주게 되었으며, 현재 중요한 사회보장제도의 하나로 자리잡게 되었다. 이러한 가족수당제도가 프랑스에서 독자적인 위치를 차지하게 된 것은 인구문제 때문이라고 할 수 있다. 1930년대 프랑스는 출생률이 현저하게 저하되었으며 그러한 추세로는 미래 프랑스의 인구는 상당히 감소할 것이라는 예측 때문에 국가가 적극적으로 이에 대한 대책을 수립할 필요가 있었던 것이다. 현재의 프랑스 역시 인구문제는 가족수당과 밀접한 관련이 있다.

가족수당은 아동수당이라고도 하며 가정의 경제적 수준과 관계없이 자녀를 양육하는 모든 가정에 지급된다. 프랑스는 가족수당 외에도 장애아가 있는 가정에게 특수교육비를 지급하는 특수교육수당(special education allowance), 편부나 편모에게 지급되는 편친수당(single-parent allowance) 등 다양한 혜택을 가족에게 지원하고 있다. 가족정책을 전체적으로 평가하면 유럽에서는 프랑스와 벨기에가 최선두(현택수, 1997)라고 할 정도로 프랑스는 광범위하면서도 우수한 서비스를 실시해 왔다고 할 수 있다.

특히 프랑스는 취업모와 그 자녀를 위한 제도적 지원이 확립된 나라로 여성들이 자녀를 출산한 후에도 직장에서 일을 계속할 수 있게 하기 위하여 출산과 관련된 다양한 혜택을 주고 있다. 그 제도에 따르면 우선 여성들은 처음 두 명의 아이를 낳을 때까지는 출산 전 6주와 산후 10주의 출산휴가를 받는다. 출산휴가 기간 동안 여성들은 평상시 급여의 90%에 해당되는 보수를 받고 아버지도 출산 시 3일간의 출산휴가를 받는다. 출산휴가 외에도 부모휴가가 있는데, 이는 직장에 최소한 1년 이상 근무한 경력이 있는 아버지나 어머니가 출산휴가가 끝난 때부터 2년 내에 신청할 수 있으며, 자녀가 3세가 될 때까지 전체 휴가(full-time leave)를 받을 수도 있고, 그렇지 않으면 부분 근무제로 일할 수도 있다. 부모 휴가는 아버지나 어머니 중 누구나 한 사람이 받을 수 있지만 실제로 이 휴가를 아버지가 받는 경우는 매우 드물다(이영 외, 1997).

프랑스의 영유아보육을 위한 시설은 1770년에 처음 설립되었으며, 당시 목재 작업장에서 일하는 여성들을 위한 목적으로 오베르랑(Oberlin)에 의해서 시작되었다. 이후 3세 이하 아동을 대상으로 하는 보육서비스가 보편화되었는데, 이들 보육시설들은 부분적으로 국가가 재정지원을 하고 있으며, 지방자치단체에 의해 운영되는 시설과 사립시설들로 구성되어 있다. 아울러 부모가 없거나 부모가 자녀를 양육할 수 없는 가정의 아동들은 시설에 수용되거나 위탁가정에 맡겨지는데, 시설보호아동보다 위탁가정에 배치된 아동이 더 많을 정도로 위탁서비스가 활성화되어 있다. 이 외에도 아동학대에 관한 대책으로 'hot-line'을 통한 신고 및 상담서비스 제공과 학대자에 대한 법적 처벌을 규정하고 있으며, 취업모가 자녀의 임신과 출산으로 인해 직장에서 부당한 대우를 받지 못하도록 국가가 적극적으로 개입하고 있다. 따라서 임신과 출산으로 인해 직장을 잃게 되는 경우는 없으며, 근로시간에 대한 임의조정이 임산부에게 가능하며, 산모와 아동에 대한 모자보건서비스 역시 1990년 이후 강화되었다.

5) 일본의 아동복지

일본의 아동복지는 입헌군주국으로 출발한 19세기 말 메이지 시대부터 시작되었는데, 1874년에 제정된 휼구규칙에 의해 13세 미만의 아동이 공적부조의 대상으로 규정되어 제한된 범위에서의 혜택을 받아 왔다. 그 후 이 법은 1929년 구호법의 제정으로 50여 년간 일본 구빈정책의 근간을 이루다 소멸하게 되었으며, 아동복지에 관한 국가적 관심이 확대되고 이와 관련된 구체적인 법률이 제정되기 시작한 것은 20세기에 들어서이다. 상호부조를 기초로 제정된 1929년의 구호법은 구호기관과 구호 내용에 관한 규정을 통해 이전의 휼구규칙에서는 볼 수 없었던 구체적 구호의 사항을 포함하게 되었다.

1918년에 선교사들에 의해 유아원이 설립된 이후부터 공립보육시설이 설립되기 시작하였고, 1921년에는 아동보호법안이 작성되어 임산부를 비롯하여 영아, 고아, 기아, 미아, 빈곤가정의 영유아, 위탁아, 불량아, 부랑아, 심신장애아의 보호 및 아동의 학대에 관한 사항을 규정하였다. 1930년 세계공황 이후 아동 및 모성보호를 위한 모성보호법(1937)의 제정으로 가난하거나 부의 부양능력이 상실된 가정의 여성과 그 13세 이하의 자녀에게 다양한 부조가 이루어졌다. 또한 대공황을 거치면서 떠돌아다니며 구걸하는 아동의 숫자가 증가하고, 아동학대의 사례가 속출하게 되어 1933년에는 소년교호법이 제정되어 불량행위를 하거나 불량행위를 할 우려가 있는 아동들에 대한 대책을 마련하였으며, 같은 해에 아동학대방지법이 제정되어 아동을 학대하거나 아동의 보호를 소홀히 하는 자들에 대한 처벌규정을 만들고 피학대아동에 대한 대책을 마련하였다. 소년교호법은 이후 1942년 소년법으로 바뀌었다.

2차대전 후 일본은 부랑아와 고아문제에 대한 대책이 요구되었다. 1945년에는 '전쟁고아 등 보호대책 요강'이 발표되었고, 1946년에는 '부랑아 외의 아동보호 등 응급조치 실태에 관한 건'이 발표되었다. 뒤이어 아동보호의 근본적인 해결의 필요성이 인지되면서 아동복지에 관한 포괄적인 사항을 규정하는 새로운 법의 필요성이 대두되었다. 이에 따라 보호대상아동뿐 아니라 일반아동의 건전한 성장과 발달을 보장하는 것을 골자로 하는 아동복지법이 1947년에 제정된다. 이 법에는 아동복지위원회, 아동복지사 및 아동위원, 아동상담소 등에 관한 규정과 영유아의 보건지도 및 일반아동에 관한 규정 등이 포함되어 있다. 1947년에는 장애아동을 위한 특수교육의 의무화를 교육기본법 및 학교교육법에 명시하였다. 아동복지법의 제정에 이어 1948년에는 소년법 및 소년원법, 1949년 신체장애자복지법이 제정되었으며, 1951년에는 어린이헌장이 선포되었다.

1960년대 이후 일본은 고도의 경제성장과 더불어 가족의 변화와 아동학대, 미혼모 문제, 비행아동문제, 결손가족 문제 등 다양한 사회문제가 나타나기 시작하면서 아동복지도 기존의 보호 차원에서의 대책에 변화를 가져오게 되었다. 이에 따라 1964년에서 1969년 사이 아동복지는 제도적으로 많은 발전을 이룩하게 되는데, 1965년 모자보호법이 제정되었고, 1966년에는 특별아동부양수당법이 제정되어 장애아동에 대한 지원이 이루어지게 되었으며, 1967년에는 아동복지법의 일부 개정이 이루어졌다. 1971년부터 아동수당법이 제정되어 1972년부터 아동수당제도가 실시되었는데, 자녀가 있는 일반가정은 물론 장애아를 둔 가정을 위한 특별아동부양수당과 아버지가 없는 아동들을 위한 아동부양수당 등이 함께 실시되고 있다.

일본의 아동복지 전문기관은 아동상담소와 복지사무소를 들 수 있다. 아동상담소는 각 현과 지정 도시에 의무적으로 설치하도록 되어 있으며, 아동 및 부모상담, 보호대상아동의 배치, 일시보호소의 운영을 통한 보호대상아동 일시보호 등의 업무를 담당하고 있다. 아동복지사, 전문상담심리사, 정신과 의사, 보모 등으로 구성된 전문가들이 아동복지 서비스를 주고 있다. 한편 복지사무소에서는 가정아동상담실이 있어 장애아복지, 빈곤가정의 복지, 모자복지 등에 관한 포괄적 업무를 담당하고 있다.

일본은 1933년에 이미 아동학대방지법을 제정한 바 있어 아동학대에 관한 사회적 관심이 일찌감치 발달되었다고 할 수 있으며, 아동학대에 관한 이러한 규정들은 현재 일본의 아동학대 대책에 많은 영향을 주었다. 그러나 아동학대에 관한 구체적인 서비스는 정부보다는 민간 아동복지기관들을 중심으로 이루어지고 있는 실정이다. 또한 최근 일본은 아동학대와 더불어 등교거부문제, 이지메문제, 비행 및 청소년 범죄 문제 등에 관심을 갖고 예방대책 모색에 노력을 기울이고 있다.

한편 일본의 영유아보육제도는 명치시대(1868~1912)인 1875년 초등의무교육을 실시하는 과정에서 아동들이 수업을 받는 동안 그들이 데려온 어린 동생을 돌보아 주는 시설인 고모리 가코(Komori gakko)를 연 데서 비롯되었다. 그 후 1889년에 근대화로 나타나기 시작한 방적, 염색, 견직공장에서 기혼여성들의 노동력 확보를 위해 공장 안에 직장보육시설을 개설하면서 보육시설이 증가하기 시작하였다(이영 외, 1997). 이후 1900년대에 들어서 1919년에 공립보육시설이 설립되고 1938년에는 복지부 아동국에서 아동보육사업을 담당하게 되었다. 1947년 아동복지법의 제정으로 보육사업은 아동복지사업으로 인정받게 되었으며 공적 자금의 지원이 이루어지게 되었다. 이후 1974년에는 장애아보육을 위한 제도가 마련되었으며, 1980년 이후에는 부모의 다양한 욕구를 충족시키기 위해 보육서비스의 질적 향상과 더불어 연장보육, 야간보육 등의 보육 다양화를 시도하게 되었다.

1994년에는 엔젤플랜(Angel Plan)을 수립하여 출산율 저하에 대한 대책으로 자녀양육지원정책을 강화하였으며, 1997년에는 아동복리법이 개정되어 아동권리, 자립지원, 자녀양육지원체계 등이 강화되었다.

현재 일본의 아동복지 주관부서는 후생성으로 아동가정국과 사회국을 통해 아동 및 임산부, 모자가정, 장애아동, 저소득계층의 가족과 아동들에 관한 행정업무를 담당하고 있다.

제2절 한국의 아동복지발달사

1. 한국의 아동복지 변천 과정

한국의 아동복지는 크게 전통사회의 아동복지(고대~일제시대)와 현대의 아동복지(해방 이후~현재)로 구분하여 살펴본다.

1) 전통사회의 아동복지(고대사회~일제시대)

우리나라에서 각종 부조활동이나 구제제도가 나타나기 시작한 것은 삼국시대 들어와서부터인데, 『삼국사기』에 의하면 신라 2대 남선왕 15년(서기 18)에 백성들이 기근으로 굶주림을 당할 때 국고를 열어 이들을 구휼했다는 기록이 있고, 3대 유리왕 5년에 관리에게 명하여 홀아비(鰥), 홀어미(寡), 고아(孤), 아들 없는 이(獨), 늙은 이(老), 병든 이(病) 등 자활할 수 없는 자를 위문하여 식료품을 주어 부양케 하였더니 이에 이웃나라 사람들이 소문을 듣고 오는 자가 많았다는 기록이 있다(권오구, 1997). 당시의 구제사업은 그것을 전문적으로 담당하는 부서나 기관이 있었던 것은 아니고 그때 그때에 따라 왕의 어진 정치를 베푸는 한 방편으로 구제사업이 행해졌다(함세남 외, 1996)고 할 수 있다.

고려시대의 사회제도는 엄격한 신분제 사회로 홀아비, 과부, 고아 및 노인[사궁(四窮)]은 매우 가난한 천민의 생활을 하거나 고아들은 인신매매, 유괴 등으로 인해 노비로 전락되는 경우가 많았다. 이 시대의 빈곤정책 중 특별한 관심을 보인 대상은 고아였다. 성종 10년(991)에는 부모나 친척이 없는 아동으로 병이 있는 자는 관곡을 급여하여 이를 진휼하게 하였으며, 동 13년에는 양육자가 없는 고아로 10세 이하에 한해서는 관(동서대비원, 각 관위)에서 급양하고 그 연령이 지난 자는 본인의 원하는 바에 따라 거주를 정할 수 있도록 해주었다. 특히 고려 말에는 해아도감이 설치되어 고아들을 수용하여 보호 · 양육(하상락 편, 1997)하도록 하였다. 해아도감은 충목왕 3년(1347)에 설치된 구빈기관으로 우리나라 사상 최초의 관설 영아원으로 생각된다(함세남 외, 1996).

고려시대에는 또한 병란과 흉년으로 떠돌아다니거나 구걸하는 아동, 버려진 아동 등을 사원에서 수용, 양육하여 승려 또는 사역승(使役僧)으로 양성하는 일이 성행하게 되었다. 이를 본받아 민가에서도 널리 행하여졌으니, 양육 후에는 양자녀 또는 노비로 삼았다(성영혜 · 김연진, 2002:81). 자선을 행하는 자비심과 복을 만든다는 복전(福田)사상에 기초한 고려의 국교인 불교는 가난한 백성과 제대로 보호받지 못하는 아동의 구휼에 많은 기여를 했다.

조선시대에는 비로소 아동구휼에 관련된 법령이 만들어지게 되는데, 대표적인 아동복지 관련 법령은 조선 후기 정조 7년(1783)에 반포된 자휼전칙(字恤典則)이다. 자휼전칙은 요구호 아동의 보호에 있어 국가의 책임과 역할을 어느 정도 인정하고 있다는 점에서 의의가 있는데, 그 9개 절목의 내용을 간단히 소개하면 다음과 같다(하상락, 1997).

1. 나이 및 구제기간
2. 행걸아 구제에 있어서 1차적으로 친족 책임의 원칙
3. 행걸아 구제 방법
4. 유기아 발견, 보고 절차
5. 유기아 구휼에 있어서 젖먹이제도
6. 행걸아, 유기아 입양과 추거(推去 : 본래의 연고자가 찾아가는 것)
7. 행걸아, 유기아 죽 먹이고 젖 먹이는 절차와 진휼청 낭관(郎官)에 의한 사후 감독
8. 의복과 의료 시행
9. 지방에서의 절차와 재정

조선시대 아동복지의 주요 내용을 살펴보면 다음과 같이 정리할 수 있다(성영혜 · 김연진, 2002:83-86; 함세남 외, 1996).

① 태아의 보호

조선시대 형법전인 대명률(大明律)에 '부인 범죄자가 임신 중인 경우'에는 친족에게 책임지워 맡겨 두었다가 출산하여 백일이 지난 뒤에 비로소 처형하는 규정이 있었다. 사형이 확정된 임산부는 감옥에 구금했다가 산후 백일에야 비로소 사형을 집행하는 법이 있었는데, 만약 이를 법관이 위반할 경우 중벌을 받도록 하였다. 태아의 생명보호와 태교의 중요성에 관한 인식이 있었던 것이다.

② 친족부양의 책임

자휼전칙에 행걸아(行乞兒)는 반드시 부모, 친척 또는 주인이 없어 무의무탁(無依無托)한 것을 기준으로 하게 되어 있고, 성종 원년(1470)에 편찬된 법전인 『경국대전』에도 "춥고 배고파 떠돌아 다니며 걸식하는 자 중 친족이 없는 자와 노인으로서 부양할 사람이 없는 자는 의료와 식량을 나라에서 지급하여 구제한다."고 규정함으로써 친족부양의 책임을 제일로 정하고 있다.

③ 양자제도

조선시대 양자제도는 대를 잇기 위한 동종의 양자관계와 고아를 위한 민가수양의 방법이 있다. 입양(수양)과 관련된 법령인 수양임시사목(收養臨時事目)에 의하면 아동을 수양하기를 원하는 사람은 아동의 연령, 용모를 적어서 서울이면 당해부(서울의 행정지역 5부)와 지방이면 군현(郡縣)에 신고하여 공인을 얻어 관에서 정해 주는 대로 수양관계를 확정했다. 아울러 정식으로 수양관계가 성립된 후에는 그 아동이 원래 노비였던 경우라도 옛 주인이 이를 도로 찾아가지 못하게 하여 수양관계를 특별히 보호하였으며, 부모 · 친척이라 하더라도 3개월 이내에만 찾아갈 권리를 인정하고 또한 찾아가려면 수양에 소요된 비용을 상환하도록 하고 있다. 그리고 강탈, 유괴, 수양을 빙자한 인신매매, 사기 등의 행위는 엄하게 다스릴 것을 규정하고 있다.

④ 집단수용보호

자휼전칙에 의하면 부랑 걸식하는 유기소아에 대해 진휼청을 통해 수용, 보호하도록 하였는데, 풍년이든 흉년이든간에 3세까지 진휼청유접소(서울)와 임시구호소(지방)에 아동을 보내 구호하도록 하였다. 집단수용보호를 위한 근대적인 의미의 고아시설은 조선 말 고종 25년(1888)에 프랑스 신부가 명동 천주교회에 설치한 것이 최초이며, 당시 기아, 고아 및 빈곤아동을 수용, 보호하였다. 한국인에 의한 시설로는 1905년 이필화가 세운 경성고아원이 처음이다.

일제시대의 아동복지사업을 살펴보면, 불량성이 있는 연소자를 수용 · 교호하기 위한 시설로 영흥학원 · 목포학원 등의 설립(1920년대)과 맹아학교(평양)의 운영, 탁아시설과 모자보호시설의 운영 등이 있었다. 당시 각종 구호사업을 지휘 · 감독하던 기관은 총독부의 사회과였고, 1930년대 들어서면서부터 보육원을 비롯한 아동 관련 시설들이 전국적으로 설치되기 시작하였다. 1944년에는 조선구호령이라는 법령이 제정되어, 생활이 빈곤한 임산부와 13세 이하의 아동을 대상으로 가택구호(家宅救護)를 원칙으로 규정하고 가택구호가 불가능하거나 부적당하다고 인정되는 경우에는 개인가정에 위탁하거나 구호시설에 수용하도록 조치하였다. 그러나 이러한 구호활동은 명목상의 대책에 불과하였으며, 전쟁으로 인한 일본의 위기 극복 수단으로 사용된 일종의 유화정책으로, 단편적이고 임시조치적인 특성을 지녔다고 볼 수 있다.

1932년부터 일본에서 실시하던 구호법을 원용하여 모자보호법과 의료보호법을 일부분 부가하여 제정된 조선구호령은 근대적인 의미의 공적부조의 시초라 할 수 있다. 이는 해방과 더불어 시작된 미군정기의 복지사업에 지속적 영향을 주었으며, 1961년 제정된 생활보호법의 모태가 되었다. 이 법령의 적용 대상은 ① 65세 이상의 노쇠자, ② 13세 이하의 유아, ③ 임산부, ④ 불구, 폐질, 질병, 기타 정신 또는 신체의 장애로 인하여 노동을 하기에 지장이 있는 자로 규정되어 있으며, 급여의 내용으로는 ① 생활부조, ② 의료, ③ 조산, ④ 생업부조, ⑤ 장제부조가 있다.

2) 현대의 아동복지(해방 이후~현재)

해방 후 현재까지의 아동복지의 변천 과정에 대해서는 학자들에 따라 다양하게 구분되고 있다. 본 절에서는 한성심 · 송주미(2003)의 분석을 근거로 2000년 이후의 아동복지 시대를 다음 네 가지, 즉 구호적 아동복지 시기(1945~1960년), 잔여적 아동복지 시기(1961~1980년), 보편적 아동복지 시기(1981~1999년), 권리 중심의 보편적 아동복지 시기(2000년~현재)로 구분하였다.

(1) 구호적 아동복지 시기(해방 후~1960년)

이 시기에 있어 복지와 관련된 제도는 없었다. 대한민국의 수립과 더불어 비로소 헌법(1947)이 제정되었으며, 국가조직이 구성되고 정착되는 데는 시간이 걸렸을 뿐 아니라 전쟁과 그에 관한 수습만 해도 당시 정부의 역량으로는 역부족이었다. 따라서 복지 관련 법은 일제시대나 미군정시대의 것을 답습하는 수준이었다.

1946년 1월자로 발부된 행정각서는 일반 공공구호의 조건을 규정하고 있는데, 이에 의하면, 구호는 가족이나 친척이 없는 빈곤자, 취업이 불가능한 빈곤자, 공공시설 외에 갈 곳이 없는 빈곤자로서, 65세 이상 노인이거나 13세 미만 아동, 6세 미만 아동을 양육하고 있는 여성, 만성질병자, 임산부, 장애자 중 한 범주에 속해야 공공구호의 대상이 될 수 있었다. 이른바 자격 있는(deserving, worthy) 빈민만이 그 대상이 될 수 있음을 명확히 하고 있다. 이 규정은 1944년, 해방 전 일본이 발표한 조선구호령과 거의 같고, 그리고 1961년 제정된 생활보호법과도 그 원칙과 내용에 있어 일치하고 있다(이혜경, 1992).

그러나 이 시기는 정부 차원의 복지가 없는 대신 민간 차원, 즉 외국 민간단체의 지원과 사업을 통한 복지가 가장 활발한 시기였다고 하겠다. 구미의 자선구제사업이 들어와 초보적 수준의 아동보호사업이 형성되기 시작한 것은 조선 말엽부터이다. 이러한 구미의 사회사업은 현금이나 현물 등의 형태로 지원되면서 해방 후 구호사업의 중요한 부분을 차지하게 되는데, 주로 종교단체 중심의 이들 외국 원조단체들은 이 시기 복지사업에서 없어서는 안 되는 재원 및 서비스 제공원이었던 것이다. 특히 전쟁 이후 한국의 아동복지는 전쟁고아를 위한 시설 중심의 구호사업이 주를 이루게 되는데, 그 재원과 서비스는 주로 외원이나 민간 차원의 원조와 서비스에 의존하게 되었던 것이다. 아동수용보호시설이 전체 수용시설의 80% 이상을 차지했고, 그 대부분이 해외로부터의 재정지원으로 운영되었다(이혜경, 1992).

이 시기 아동복지의 관점을 알 수 있는 대표적인 정책은 1947년 과도정부 보건후생부장이 제시한 '후생시설의 운영에 관한 건'으로, 수용보호시설에 관한 국가와 민간 간의 협조를 강조한 점으로 보아 당시 아동구호는 정부보다는 민간 그리고 외원에 의한 구호가 주를 이루었음을 알 수 있다(보건사회백서, 1981:211).

이 외에도 1946년 '아동노동법규'와 1947년 '미성년자보호법'은 아동을 과도한 노동으로부터 보호하기 위한 조치들로서 아동의 건전 발달과 권리의 보장이라는 의미에서 아동보호에 대한 국가의 개입이 입법화된 예라고 할 수 있다.

아울러 해방되기 전 일제시대부터 가져오던 아동관은 있었는데, 그것은 아동은 국가의 원동력이며 미래이며, 어른의 바람직한 돌봄 속에서 건강하게 자라야 할 존재라는 것이다. 이러한 아동관은 해방 후 면면히 이어오다가 1957년 5월 5일 '한국동화작가협회'가 작성한 '어린이헌장'이 정부에 의해 선포되기에 이른다(김만두, 1991).

이 시기 아동복지의 대상과 특성을 당시의 아동복지 주요 사업별로 살펴보면 다음과 같다.

〈표 3-1〉 아동복지사업별 대상과 특성

사업 종류	대 상	특 성
시설보호 (영 · 육아시설, 모자시설 등)	전쟁고아, 빈민아동	잔여적
위탁 및 입양	시설보호아동 및 빈민아동	잔여적
탁아	빈민아동	잔여적

〈표 3-1〉을 통해 알 수 있듯이 이 시기 아동복지의 대상은 전쟁고아와 빈민아동으로 경제적인 기준과 개인적 문제, 예를 들어 부모의 부적절한 양육과 아동의 문제 등에 의해 대상자를 선정하고 있음을 알 수 있다. 복지 대상자의 선정 기준에 의한 이 시기 아동복지의 특징은 보호필요대상 중심의 잔여적 성격을 띠고 있는 아동구호형이라 할 수 있다.

(2) 잔여적 아동복지 시기(1961～1980년)

복지의 측면에서 볼 때 이 시기는 근대적 성격의 복지가 시작된 시기라고 할 수 있는데, 제1기(해방 후부터 1960년까지)에는 부재하던 각종 복지 관련 법들이 제정되면서 사회복지의 기본 구조를 형성하기 시작하게 된다. 1961년 생활보호법, 아동복리법, 고아입양특례법, 1963년 사회보장에 관한 법률, 아동복지법 시행규칙, 보호시설에 있는 고아의 후견직무에 관한 법률 시행령, 산업재해보상보험법, 1967년 고아입양특례법 시행령, 1970년 사회복지사업법, 1976년 입양특례법 등 법의 무더기 제정을 통해 사회복지의 기초를 성립하게 되었다.

그러나 이러한 법률의 무더기 제정 배경에는 당시 군사쿠데타에 의해 집권한 정부의 정당성과 정통성을 공고히 하고자 하는 정권의 의도가 담겨 있는 것으로, 복지 자체가 목적이기보다는 정권의 유지를 위한 수단이었다. 따라서 1961년부터 1963년 말 총선에 이르기까지 일련의 과감한 사회 · 경제적 조치들을 단행하였으나 이 시기를 지나서 정치적 안정기를 이루는 60년대 중 · 후반에는 별다른 사회복지의 입법 조치도 이루어지지 않고 기존의 제도 또한 발전한 것 같지 않다(하상락, 1997).

아울러 1960년대까지 아동복지의 핵심은 외원에 의한 구호사업 중심이었으며, 정부는 이를 관리하는 정도이거나 법률을 제정하기에 바쁜 시기였다. 따라서 법률은 제정과 더불어 후속조치에 의한 실행이 따라 주어야 하는데 이 시기에 제정된 법률이 현실적으로 그 혜택을 국민에게 주기까지는 오랜 시간이 걸리게 되었던 것이다.

아동복지사업의 내용을 보면, 1962년부터 시작된 가정위탁보호사업과 1976년부터 적극 추진해 온 국내입양사업은 아동보호에 있어 대리가족의 중요성이 정책에 반영된 예이다. 정부는 탈시설정책의 일환으로 아동에게 있어 가족의 중요성을 강조하면서 불가피하게 생물학적인 가족과 살 수 없는 보호대상아동들을 위해서는 대리적인 가족을 통한 심리적 유대관계의 형성을 위해 노력해야 함을 강조하였다. 아울러 아동은 가족과 국가의 보호 하에 있어야 하는 존재이며 이를 국가는 정책을 통해 부분적으로나마 보장해야 한다고 보고 있다.

1976년 '불우아동 건전육성대책' 수립에 이어 같은 해에 비시설사업으로 '불우아동결연사업'을 전개하게 된 것 역시 시설보호의 대안이자 부모의 부적절한 보호의 대안으로 시작된 사업 중 하나이며, 이러한 탈시설 보호정책의 의미는 아동보호에 관한 대안가족의 중요성을 강화시켜 주는 예인 것이다.

불우아동 발생의 예방을 목적으로 하는 아동상담사업은 1965년 1월부터 시작되었는데(보건사회백서, 1981), 입양, 위탁, 거택보호 및 일시보호사업은 물론 아동의 지도와 감독의 기능을 담당하도록 하고 있다.

1961년 12월 30일 법률 제912호로 제정된 아동복리법은 법의 대상을 '보호대상아동'으로 제한하여 입법화되었으며, 이렇게 입법화된 「아동복리법」은 1981년 동법이 개정되기까지 '보호대상아동'의 보호법으로서 큰 역할을 수행하게 된다(김만두, 1991).

이 시기 아동복지 주요 사업에 따른 대상과 특성을 살펴보면 다음과 같다.

<표 3-2> 아동복지사업별 대상과 특성

사업 종류	대 상	특 성
시설보호사업 (외원 감소로 인한 정부지원 확대)	보호대상아동 (전쟁고아 및 불우아동)	잔여적
아동지원사업 (불우아동 결연사업 : 1977년부터 시작, 성장 고아 직장 주기 사업)	보호대상아동	잔여적
위탁 및 입양 (1962년부터 위탁보호, 1976년부터 국내입양 적극 추진)	보호대상아동	잔여적

사업 종류	대 상	특 성
아동상담사업	보호대상아동	잔여적
아동애호사상 구현(어린이날 행사)	모든 아동(가족)	제도적
탁아사업	빈곤가족의 자녀	잔여적

〈표 3-2〉에서 알 수 있듯이 이 시기는 제1기에 비해 아동복지사업이 좀 더 다양해지기는 하나 그 대상은 보호대상아동 중심으로 별다른 차이를 보이지 않고 있다.

한편 보호대상아동의 보호 및 발생을 예방하기 위한 사업의 하나인 아동상담사업은 아동상담소의 설립과 아동복리지도원의 배치를 통해 불우아동의 상담 및 적절한 조치 등을 목적으로 운영되었는데 입양이나 위탁 그리고 상담 등 아동복지 관련 다양한 업무를 수행함으로써 정부 차원의 아동복지 전문기관의 시초가 되었다.

(3) 보편적 아동복지 시기(1981년~1999년)

이 시기 역시 사회복지 관련법들의 제정과 개정이 활발하게 이루어졌다. 예를 들어 1981년 아동복지법 제정, 1982년 유아교육진흥법 제정 및 생활보호법 개정, 1983년 사회복지사업법 전문 개정, 1986년 모자복지법, 최저임금법, 국민연금법 제정 및 사회보장법 전문 개정, 1987년 청소년육성법, 남녀고용평등법 제정, 1989년 장애인복지법 전문 개정, 모자복지법 제정, 1991년 영유아보육법 제정, 1992년 사회복지사업법 전문 개정, 1993년 노인복지법 전문 개정, 1994년 영유아보육법 개정, 아동복지법 시행령 개정, 1995년 장애인 복지법 개정, 사회보장기본법 제정, 청소년기본법 전문 개정, 입양촉진 및 절차에 관한 특례법 제정(구자헌, 1970; 권오구, 1997) 등 다양한 종류의 복지 관련 법률의 제·개정 작업을 거치면서 정부 차원의 사회복지 실천을 표명하고 있다.

그러나 실제에 있어서는 복지사업 간의 부조화 현상과 복지의 주체에 있어서도 국가와 민간 그리고 전문기관의 사이에서 서로 다른 복지의 발전 속도를 보이고 있는 것이 이 시기의 특징이다.

이 시기의 아동복지는 1981년 정권의 교체와 더불어 제정된 복지 관련 입법들 중의 하나인 아동복지법이 제정되면서, 1961년 이후 보호대상아동 중심의 복지를 내세운 아동복리법의 전면 폐지를 경험하게 된다. 이 법의 의미는 이제부터 모든 아동(1조 목적과 2조 용어의 정의)의 복지를 위해 국가와 가족이 공동 책임진다(3조

책임)는 전제하에 국가가 해야 할 사업 및 역할을 규정하고 있다. 아동복지의 보편주의를 표방한다는 점에서 의미 있는 변화이다.

이 시기 주요 사업의 내용을 보면, 불우아동 건전육성대책인 결연후원사업의 경우, 시설보호아동은 물론 소년소녀 가정세대, 모자가정 등 불우아동에 대한 후원으로 확대함으로써 가족의 테두리에서 아동을 보호하면서 아동의 생활을 지원하도록 하였다. 한편 입양사업의 경우, 1989년 양부모의 자격 기준을 완화하여 국내입양을 활성화시키고자 했으며 이를 적극적으로 홍보하기에 이르렀다(보건복지백서, 1991).

따라서 정부의 정책은 기존의 탈시설정책을 지속시켜 입양, 특히 국내입양과 위탁사업을 활성화시키면서, 다른 한편으로는 가족을 지원하고 강화시킬 수 있는 사업을 시작하게 된다. 예를 들어 아동상담사업과 보육사업 그리고 결연사업 등은 아동이 가족에서 성장할 수 있도록 가족을 지원하는 사업이라 할 수 있다. 특히 보육사업은 1990년 이후 저소득층을 대상으로 시작되었으나 이 시기에 이르러 점차 일반가정의 아동에게로 확대되면서 대표적인 가족보충사업으로 자리를 잡게 되었다.

이 시기 아동복지의 주요 사업에서 규정하는 대상과 특성을 살펴보면 다음과 같다.

〈표 3-3〉 아동복지사업별 대상과 특성

사업 종류	대 상	특 성
아동애호사상구현 및 건전육성 (어린이날 행사, 아동 전용시설 설치)	모든 아동	제도적
불우아동의 발생 예방 (아동상담지도, 불우가정 거택구호)	보호대상아동(빈민아동)	잔여적
보호대상아동의 보호 · 선도 (가정보호-소년소녀가정세대 보호, 국내 · 외 입양, 가정위탁, 시설보호)	보호대상아동	잔여적
아동지원사업 (결연사업, 자립생활관, 아동복지 자립지원센터)	보호대상아동	잔여적
보 육	모든 아동	제도적

〈표 3-3〉에서 알 수 있듯이, 모든 아동들을 대상으로 하는 아동복지법의 규정은 사업의 구체화에 있어서는 보호대상아동 중심 사업이 주를 이루면서 대상 규정에

있어서의 보편성과는 달리 내용상으로는 보호대상아동 중심의 잔여적 아동복지가 1981년 이후 현재까지 지속되고 있다 .

예외적으로 보육사업의 경우 그 대상아동이 일반아동으로 확대되면서 아동복지사업의 중요한 부분으로 자리잡게 되었으며, 이 시기의 가장 대표적인 보편적 아동복지사업이 되었다.

이 시기 사업의 특징 중 다른 하나는 소년소녀 가정세대에 관한 지원을 들 수 있다. 이전에는 보호대상아동 발생 시 시설보호와 입양을 통한 보호사업에만 주력하였다면 이 시기에는 부모의 부재나 부적절한 양육으로 인해 부득이하게 아동으로만 구성된 가족을 대상으로 하는 소년소녀가정세대 보호사업이 보호대상아동을 위한 또 하나의 대안으로 자리잡게 되었다. 정부의 지원대상으로 집계된 소년소녀가장의 수는 1985년 11,125명에서 1995년 15,118명으로 10,000명이 넘는 수의 소년소녀가장이 가장으로서의 역할을 하며, 최저한의 생활을 보장받고 있다(보건사회백서, 1991~1996).

한편 입양의 경우, 1986년 아시안게임과 1988년 올림픽을 치르면서 해외입양에 관해 국내 · 외적으로 사회문제가 되면서 정부에서는 국내입양의 활성화를 정책 방향으로 설정하고 관련 시책을 만들었으며, 가정위탁보호사업을 또 하나의 입양의 대안으로 보고 이를 권장하기 위한 노력을 기울이게 된다.

이에 따라 1990년대 중반 전체 입양에서 국내입양이 차지하는 비율이 38.3%로 1970, 80년대의 약 25%보다 증가하였다. 그러나 국내입양의 비율이 점차 증가한다 하더라도 국외입양아의 수는 여전히 국내입양아의 수보다 많다.

(4) 권리 중심의 보편적 아동복지 시기(2000년~현재)

2000년에는 아동복지법이 개정되어 학대아동에 관한 법적 조치가 강구되어 관련기관이 설치되고 처벌 조항이 강화되었으며, 1990년대 후반 IMF로 발생한 빈곤아동에 대한 적극적 보호를 위한 다양한 근거(지역아동센터)가 마련되었다. 또한 아동권리에 관한 국제협약의 당사국으로서 권리 중심의 아동복지정책을 수립하기 위해 국내법을 검토하고 관련부처 간의 협의를 지속적으로 실시하고 있으며, 국내이행보고서를 UN에 제출하고 있다. 아동복지법 개정(2000년)에 따라 국무총리실 산하에 아동정책조정위원회가 신설되었으며, 민간 주도의 빈곤아동지원사업인 위스타트(We Start)가 2004년에 시작되었다.

또한, 2004년에는 아동보육의 주관부서가 보건복지부에서 여성가족부로 이관되면서 보육정책 기능이 강화되었고 2008년에 다시 여성가족부에서 보건복지부로 이관되어 보편적 보육을 위한 정부의 재정지원이 확대되는 변화를 가져왔다.

이 시기 아동복지 주요 사업에 따른 대상과 특성을 살펴보면 다음과 같다(아동복지사업안내, 2008).

<표 3-4> 아동복지사업별 대상과 특성

사업 종류		대 상	특 성
아동안전 및 권리 (아동안전 증진, 권리 보장, 학대 예방, 실종아동 등 보호, 희망스타트 등)		모든 아동	제도적
아동복지사업	가정보호 (입양, 가정위탁보호, 소년소녀가정지원, 공동생활가정보호)	보호대상아동	잔여적
	지역사회 아동보호 (아동급식, 지역아동센터, 아동복지교사지원, 결연사업, 아동복지 네트워크 구축 및 운영, 아동위원)	보호대상아동	잔여적
	아동시설 보호 및 자립 지원 (시설지원, 시설퇴소아동 자립지원, 디딤씨앗통장 아동발달지원계좌)	보호대상아동	잔여적
보육		모든 아동	제도적

이 시기의 주요 특징은 기존의 아동복지사업 외에 아동안전과 권리사업에 대한 강화를 들 수 있다. 그러나 아동복지사업안내(보건복지부, 2011)에 의하면 보호대상아동 중심의 가정보호, 지역사회 아동보호, 아동시설보호 및 자립지원사업만을 아동복지사업으로 규정하고 있어, 잔여적 아동복지 관점이 정부의 정책 방향에 남아 있다고 할 수 있다. 그러나 2000년 이전의 시기와 비교할 때 이 시기는 아동권리에 대한 국가 · 사회적 관심의 확대, 정책 차원의 개입이 강화된 점, 보편적 보육의 강화, 기존 잔여적 복지사업의 내실화와 다양화 등의 특징을 보이고 있어 권리보장을 위한 보편적 아동복지로 나아가고 있다고 볼 수 있다.

세계화 시대에 따른 결혼이민자와 외국인 근로자가 급속히 증가하는 추세에 대응하여 다문화가족 구성원이 안정적인 가족생활을 영위할 수 있도록 이들의 삶의 질 향상과 사회통합을 목적으로 2008년 '다문화가족지원법' 을 제정하여 다문화가정의 아동들의 복지증진을 위해 다양한 지원책을 마련하여 제공하고 있다.

과거 우리나라의 아동복지정책은 요보호아동 중심의 보호서비스에 치중해 왔다는 점에서 한계가 있고, 이를 극복하기위해 최근 아동의 빈곤, 결식, 학대 등의 문제를 해결하기 위한 새로운 아동복지서비스가 도입되어 시행되어 왔으나 이에 대한 법적 근거가 미약하고, 관련 정책을 총괄 조정 · 심의하기 위한 정책 추진 체계가 미흡한 실정이었다. 또한 기존의 시설아동보호, 아동학대 예방 등의 아동보호서비스의 경우에도 사회적 여건 변화에 따라 아동의 친가정복귀 지원, 아동학대 사전예방 및 학대 방지를 위한 서비스의 강화가 필요한 상황에 처했다.

이러한 기존 법령과 제도의 한계점을 극복하고자, 2011년에 '아동복지법' 의 전면개정으로 아동종합실태조사를 시행하여 이에 기반하여 아동정책기본계획을 수립 · 시행토록 하고, 아동복지정책 추진체계를 강화하며, 또한 아동복지시설 관련 전달체계 및 아동복지시설 유형 개편을 통해 보다 효율적이며 수요자 중심적인 아동복지서비스 제공이 가능하도록 하는 단계까지 이르렀다.

제4장

아동복지의 체계

Child Welfare

제1절 아동복지 대상

아동복지의 대상은 모든 아동이다. 모든 아동들은 같은 환경 속에서 성장하는 것이 아니고, 아동마다 저마다의 성격적 특성과 능력 및 욕구가 있다. 아동복지는 각기 다양한 상황과 속성을 가진 아동들의 개별적인 욕구들을 충족시켜 주어야 하며 한편으로 아동 대다수가 지니고 있는 문제들을 해결해 주어야 한다. 따라서 아동복지 서비스가 보다 현실성 있게 실현되기 위해서 아동복지의 대상 아동들을 어떻게 분류하고 정의하는가가 중요하다.

일반적으로 행정주의 편의상 아동복지 서비스의 대상을 보호대상아동과 일반아동으로 구분한다. 그러나 모든 아동은 부모의 보호를 필요로 하는 미성숙한 존재이기 때문에 부모가 아동복지 대상에 포함되어야 한다. 과거 아동복지의 주요 대상이 보호필요아동이었으나, 현대에 와서는 보편적 서비스로 일반아동을 포함하고 있다. 보호필요아동이나 일반아동 모두 부모의 보호와 양육을 통해 비로소 건강한 성장과 발달이 가능하다는 점에서, 아동복지는 보호필요아동이나 일반아동뿐 아니라 아동의 부모도 복지의 대상에 포함시켜야 한다. 따라서 아동복지 서비스는 아동을 직접 대상으로 할 뿐만 아니라 그 부모를 대상으로 실시하기도 한다. 즉, 아동복지의 대상은 보호대상아동과 일반아동, 그리고 부모라 할 수 있다.

1. 보호대상아동

1) 가정환경상의 문제를 지닌 보호대상아동

모든 아동은 자기가 태어난 가정에서 부모의 사랑을 받으며 건강하게 자라는 것이 가장 바람직하다. 그러나 여러 가지 이유로 인해 가정환경이 양육의 기능을 충분하게 수행할 수 없을 경우 아동과 그 가족은 보호를 받아야 한다. 이러한 가정의 형태로는 빈곤가정, 결손 및 부모부재 가정, 병리가정 등이 있다.

(1) 빈곤가정

빈곤가정은 최저생계비 미만의 저소득으로 인하여 아동의 성장과 발달에 필요한 영양, 보건, 교육 등의 기회가 결핍되거나 박탈당한 경우를 초래하므로 아동양육상 많은 어려움을 겪는다. 빈곤가정의 부모 역시 자녀의 양육은 물론 자신의 삶을 영위하는 데 있어 좌절과 불만족을 경험하고 있다. 우리나라의 경우 빈곤가정을 위한 사회보장제도가 있으나 이들 가정의 아동에 대한 구체적인 대책은 없는 실정이다. 국가의 경제력이 향상되었다 하더라도 빈곤가정은 여전히 존재하고 있으며, 이들의 자녀양육 환경은 지속적이고 신속한 대책이 필요하다.

(2) 결손 및 부재 가정

결손가정이란 이혼 또는 사망으로 인하여 부모의 일방 또는 쌍방이 없는 가정이며, 부재가정이란 해외 취업 또는 교도소 복역, 질병 등으로 인한 장기입원 등으로 인해 부모 중 일방이 장기간 동거하지 않는 가정을 말한다. 부모와 함께 동거하더라도 부모의 역할을 제대로 수행하지 않는다면 넓은 의미의 부모부재가정이라 할 수 있다. 결손가정과 부재가정의 아동은 일반가정의 아동보다 욕구불만, 정서불안에 빠지기 쉬우며 한부모의 지나친 애정이나 무관심으로 인해 성격적 결함이 생길 가능성이 있다. 가족구조상의 결손은 그 기능상의 변화를 가져오게 하여 가족으로서의 제 역할을 감당하기 어려운 상황이 종종 발생하게 된다. 현대 가족의 특징 중 하나인 가족해체 현상의 증가와 더불어 결손 및 부재 가정 아동의 수가 점차 증가함을 고려한다면 이들에 대한 올바른 이해와 대책이 시급하다.

(3) 병리가정

병리가정은 문제가정이라 불리기도 하는데, 사회집단으로서의 가족조직이 약화되고 기능상의 장애를 일으키는 가족을 말한다. 병리가족은 가족의 구조적인 결손이 없음에도 불구하고 가족관계의 갈등으로 인해 혹은 역기능적인 가족구조로 인해 가족구성원 상호 간의 역할수행이 바람직하지 못하게 이루어지며 부적응과 부조화를 경험하게 되고 가족의 해체를 불러오기도 한다. 이러한 병리적 가족의 형태로는 부부갈등, 별거 및 이혼으로 인한 문제, 유기, 학대 등이 있으며 아동의 성장과 발달에 매우 치명적이고 부정적인 영향을 주게 된다.

2) 발달상의 장애를 지닌 보호대상아동

장애아동이란 선천적이든 후천적이든 신체·정신적 능력의 결여 때문에 개인 혹은 사회생활에 필요한 것을 스스로 확보할 수 없는 아동을 말하는데, 신체장애아동, 정서장애아동, 정신지체아동 등이 있다. 장애를 지닌 아동은 본인의 장애와 관련된 의료적 처지는 물론 사회의 구성원으로 어울려 살아가기 위해서는 적절한 교육과 훈련이 필요하다. 이를 위해서는 관련 정책을 통해 장애아동과 그 가족이 무료 혹은 최소한의 비용으로 치료와 교육을 받을 수 있고 가정에서 장애아동을 적절히 돌볼 수 있도록 경제적 지원을 해야 할 것이며 교육기관, 의료기관, 상담기관 등을 통해 전문적 서비스가 제공되어야 할 것이다.

3) 사회적·법적 보호가 필요한 보호대상아동

가정환경상의 문제를 지닌 아동과 장애아동 역시 법적·제도적 대책을 필요로 한다. 그러나 문제의 특성상 사회적·법적 보호의 대책이 무엇보다 중요시되는 아동의 상황은 가출 및 비행아동, 미혼모와 그 자녀 등이다. 미혼모와 그 자녀 특히 십대 미혼모의 증가는 커다란 사회문제로 자리잡고 있으며 입양 대상 아동의 대부분을 차지하게 된다. 따라서 미혼모와 그 자녀를 위한 법률상담, 의료혜택, 직업 및 교육상담, 생계비 보호, 정서적 문제를 해결하도록 돕기 위한 심리치료 서비스 등이 제공되어야 한다. 가출 혹은 비행아동들은 법적인 문제해결과 상담서비스가 요구되므로 우선적으로 법과 사회적 보호의 차원에서 보호를 받아야 한다. 소년원이나 소년교도소 등의 법집행기관들은 비행아동의 선도 및 교화를 위한 양질의 복지서비스를 개발하여야 하며, 비행아동들의 반복비행을 예방하기 위한 다양한 대책이 마련되어야 한다.

2. 일반아동

일반아동은 특별한 보호가 필요하지 않은 일반 가정의 아동을 말한다. 그러나 아동복지의 궁극적 목표가 모든 아동들의 보다 행복한 생활의 보장이라고 한다면 보호대상아동 외에 일반아동에 대해서도 관심을 두지 않으면 안 된다. 일반아동은 잠재적으로 문제를 표출할 가능성이 있는 아동이기도 하고, 또한 그들의 생활이 이상적인 상태에 있다고도 볼 수 없기 때문이다. 단지 현재 뚜렷한 문제를 지니지 않고 있다는 것이지 그들의 기본적인 욕구가 모두 충족되어 있다고 할 수 없다. 따라서 아동으로서의 기본적인 욕구를 충족시킬 수 있는 권리보장을 위해 부모와 사회는 지속적으로 노력하여야 한다. 아동들이 가지게 될 문제를 예방하기 위해 노력하여야 하고, 아동집단의 권리보호를 위해 환경을 감시하고 바로잡아야 하며, 아동의 이익을 대변하는 전문가집단의 요구에 귀기울여야 하고, 아동들을 위한 제도적 장치를 확립하여야 하며, 아동에 대한 인식과 아동관을 새로이 하여 아동들도 사회의 구성원으로 당당하게 살아갈 수 있는 사회를 만들어야 한다.

3. 부모

아동의 환경 중 1차적이면서 가장 중요한 환경은 부모이다. 부모는 아동복지에서 아동 외에 가장 먼저 관심을 두어야 하는 복지의 대상이다. 따라서 아동의 행복을 보장하기 위해서는 부모로서 자녀양육의 책임에 대한 준비 및 이를 위한 상담과 지도 프로그램을 모든 계층의 부모에게 제공해야 한다. 부모교육은 아동을 건전하게 키우기 위한 부모들에 대한 교육으로서 아동발달의 이해, 자녀와의 대화기법, 부모역할과 가정환경의 중요성 등을 주지시켜 자녀양육에 도움이 되도록 하는 데 목적이 있다. 즉, 부모로서 갖추어야 할 지식과 기술에 대한 교육을 통해 아동은 물론 부모 자신의 성장에도 도움을 줄 수 있어야 한다. 부모를 통한 아동복지의 실현은 곧 아동욕구 및 문제의 해결인 것이다.

제2절 아동복지 종사자

1. 아동복지 종사자의 개념

아동복지 종사자의 개념은 협의와 광의의 개념으로 볼 수 있다. 협의의 개념으로는 아동복지 관련법에 의해 규정된 자격 요건을 갖춘 사람을 말하며, 광의로는 아동복지 관련 분야에 종사하는 모든 사람, 즉 법적 자격을 갖춘 사람을 포함하여 각종 심의 및 자문위원회에 참여하는 전문가와 관련 행정기구 종사자, 아동복지 민간기관이나 단체 및 시설에서 봉사하는 자원봉사자, 아동복지를 연구하는 학자 및 연구자들을 총칭한다.

2. 아동복지 종사자의 종류와 자격

1) 아동복지 관련 행정 담당자의 종류와 자격

아동복지 관련 행정 담당자는 중앙정부 및 지방행정기관의 종사자와 산하기관 및 협력기관에 종사하는 사람을 들 수 있다. 예를 들어 중앙정부의 보건복지부와 여성가족부 및 관련 부처(교육부, 법무부, 고용노동부 등)에 종사하는 사람과 일선 구청 및 동사무소에서 사회복지 및 가정복지 업무를 담당하고 있는 사회복지 전문요원 등이 대표적이다. 정부 및 지방행정기관의 종사자는 공무원 채용을 통해 충원하며 사회복지 전문요원은 별정직 공무원으로 별도의 선발 과정을 통해 모집하고 있다.

2) 아동복지 관련법에 규정된 종사자의 종류와 자격

- 유아교육법에 의한 교직원 : 이 법에 규정되어 있는 교직원으로는 원장, 원감, 유치원교사가 있다.
- 영유아보육법에 의한 보육교직원 : 이 법에는 어린이집의 보육교직원인 원장,

보육교사, 그 밖의 직원이 있고, 육아종합지원센터의 센터장과 보육전문요원 등이 있다.

- 아동복지법에 의한 종사자 : 이 법에 규정되어 있는 종사자로는 아동복지전담 공무원이 있고, 아동복지시설 종사자로 시설장, 총무, 보육사, 생활지도원 또는 상담지도원, 직업훈련 교사, 임상심리 상담원, 자립지원 전담요원, 아동보호전문기관의 상담원 등이 있다.
- 장애인복지법에 의한 종사자 : 이 법에 규정되어 있는 종사자는 장애인복지상담원을 둔다고 규정하고 있다.
- 사회복지사업법에 의한 종사자 : 이 법에 규정되어 있는 종사자로는 사회복지 전담공무원, 사회복지사 자격을 가진 자이다.
- 장애인 등에 대한 특수교육법에 의한 종사자 : 이 법에 규정되어 있는 종사자로는 특수교육교원이 있다.
- 한부모가족지원법에 의한 종사자 : 이 법에 규정되어 있는 시설의 근무 자격 기준은 사회복지사와 건강가정사 자격을 가진 자이다.
- 청소년기본법에 의한 종사자 : 이 법에 규정되어 있는 자격 기준은 청소년상담사와 청소년지도사 자격을 가진 자이다.

3) 기 타

아동복지 종사자는 위와 같이 관련 행정업무를 담당하는 공무원이나 법에 의한 자격 요건을 갖춘 전문가들 외에 각종 학회 차원에서 교육, 훈련을 통해 부여되는 자격을 취득한 종사자들도 많다. 우리나라의 경우 한국아동학회, 한국놀이치료학회 등 관련 학회에서 주는 아동상담사, 놀이치료 전문가, 아동발달 전문가 등이 그 예가 된다. 뿐만 아니라 아동복지기관 및 시설에서 봉사하는 자원봉사자들도 매우 중요한 자원이 되며 이들 역시 광의의 아동복지 종사자라 할 수 있다. 정부의 재정적 지원 없이 개인 및 단체 차원에서 소규모로 운영되는 시설의 종사자들이나 결연 · 후원을 통해 아동들을 지원하는 사람들 모두는 아동복지사업의 중요한 주체들이다. 아동복지를 연구하고 교육하는 교수 및 연구자 역시 아동복지 영역에서 없어서는 안될 중요한 종사자라 할 수 있다.

3. 아동복지 종사자의 명칭과 주요 업무 및 법적 근거

아동복지에 종사하는 대표적인 종사자의 명칭과 주요 업무 및 법적 근거에 의한 자격 규정에 관해 살펴보면 〈표 4-1〉과 같다.

〈표 4-1〉 아동복지 종사자 유형별 주요 업무 및 자격과 법적 근거

분 류	명 칭	주요 업무	자 격	법적 근거
아동복지 전문인력 (법률규정 있음)	아동복지 지도원	1. 아동 및 가족에 대한 상담 2. 보호를 필요로 하는 아동에 대한 보호조치 3. 아동복지시설에 대한 조사, 지도, 감독 4. 아동에 대한 개별, 집단지도 및 알선 5. 비행청소년 예방, 지도, 원조 등	지방 일반직 공무원(사회복지직렬) 또는 별정직 공무원으로 전문대학 또는 이와 동등 이상의 학교에서 아동복지 또는 사회복지 교과목을 이수하고 졸업한 자 중 지방자치단체의 장이 임용한다. * 특별시, 광역시, 도, 시, 군, 구(자치구) 및 아동상담소(지방자치단체가 설치한 아동상담소에 한함)에 각각 1인 이상 둔다.	아동복지법
	아동보호 전문기관의 상담원	1. 학대아동의 발견, 보호, 치료 2. 아동학대자 예방 및 방지를 위한 홍보 3. 아동학대자 상담 및 교육 4. 아동학대자 혹은 학대자로 신고된 자와 그 가정에 대한 조사	1. 사회복지사 1급 이상의 자격을 가진 자 2. 대학 또는 이와 동등 이상의 학력이 있다고 교육부장관이 인정하는 학교에서 심리학 또는 아동복지 또는 사회복지 관련 교과목을 이수하고 졸업한 자 3. 아동보호전문기관의 임상치료 전문인력은 임상심리사 자격이 있거나 놀이치료, 미술치료, 음악치료, 심리상담 등 전문적인 치료를 할 수 있는 등 학대아동의 심리치료를 할 수 있는 자	아동복지법

분 류	명 칭	주요 업무	자 격	법적 근거
아동복지 전문인력 (법률규정 있음)	아동보호 전문기관의 상담원		*1, 2에 해당하는 자로서 보건복지부장관이 인정한 비영리법인에서 개설, 운영하는 별도의 교육과정(아동복지법 시행규칙에 명시)을 수료한 자. 다만 대학에서 교과목의 일부를 이수한 경우에는 그 이수과목에 대한 교육을 면제함	아동복지법
	사회복지사	사회복지법인 및 시설의 업무, 사회복지전담공무원	대학 또는 동등 이상의 학력이 인정된 학교에서 사회복지 관련 교과목을 이수한 자 (1급, 2급, 3급으로 구분되며, 1급은 국가시험에 합격한 자)	사회복지 사업법
	아동복지 시설 종사자	아동복지법에 규정된 시설(아동양육시설, 아동일시보호시설, 보호치료시설, 아동직업훈련시설, 자립지원시설, 아동단기보호시설, 아동상담소, 아동전용시설, 아동복지관, 지역아동센터)에 근무, 관련 업무의 수행	시설장, 총무, 보육사, 생활복지사 또는 상담지도원, 직업훈련교사, 임상심리상담원, 자립지원전담요원 (아동복지법 시행령 참고)	아동복지법
	어린이집 원장 · 보육교사	아동의 보호와 교육	대학(전문대학 포함) 또는 이와 동등 이상의 학교에서 보육 관련 교과목 및 학점을 이수하고 졸업한 자(2급)	영유아 보육법
	청소년 지도사 · 청소년 상담사	수련시설 및 청소단체에서 청소년의 건전한 수련 활동의 지도, 상담	대학(전문대학 포함) 졸업 또는 동등 이상의 학력이 있는 자로 해당 자격검정에 필요한 과목을 이수하거나, 청소년 육성 관련 종사 경력이 있는 자로 자격검정시험에 합격한 자(청소년지도사 및 청소년상담사 모두 1급, 2급, 3급으로 구분)	청소년 기본법

분 류	명 칭	주요 업무	자 격	법적 근거
	건강가정사	건강가정지원센터의 업무	대학 또는 이와 동등 이상의 학교에서 사회복지학 · 가정학 · 여성학 등 보건복지부령이 정하는 관련 교과목을 이수하고 졸업한 자	건강가정 기본법
일반 공무원 · 사회복지 전담 공무원	보건복지부, 및 특별시, 광역시, 도, 시, 군, 구의 사회(아동) 복지 관련 전담공무원	아동복지사업계획 및 행정업무처리, 업무관리 및 평가, 인사관리, 외부활동, 보육업무	* 일반직 공무원은 공무원 자격에 준함 * 사회복지전담공무원은 사회복지사의 자격을 가진 자(대통령령으로 규정)로서, 시, 도, 시 · 군 · 구 및 읍 · 면 · 동의 복지사무 전담기구에 사회복지전담 공무원을 둘 수 있다고 규정	국가공무원 임용령 지방공무원 임용령 사회복지 사업법
아동복지 관련 전문가 (법률규정 없음)	놀이치료 전문가	놀이를 통한 아동상담 및 치료	대학 또는 전문대학에서 관련 학과를 졸업한 자로서 학회에서 정한 교과목을 이수하고 일정 기간의 수련 과정을 거쳐 시험에 합격한 자	한국놀이 치료학회
	아동상담사	아동상담 및 치료	위와 같음	한국아동학회

제3절 아동복지 서비스

1. 아동복지 서비스의 분류

아동복지의 체계는 수급관계를 중심으로 전개된다. 아동복지에 있어서 가장 중요한 과제 중 하나는 아동복지의 욕구가 무엇인가를 파악하고 그것을 기초로 욕구의 충족과 문제해결을 위한 아동복지 서비스를 어떻게 공급해야 할 것인가를 추진하는 데 있다.

아동복지 서비스는 매우 다양하나 서비스가 행해지는 장소, 서비스의 대상, 서비스의 기능, 방어선의 위치 등에 따라 분류할 수 있다.

1) 서비스 제공 장소에 의한 분류

대상아동이 어떠한 장소에서 아동복지 서비스를 제공받느냐에 따라 분류하는 방법이다. 대상아동이 원가정에서 생활하면서 서비스를 제공받을 경우 가정 내 서비스(재가서비스)라 하고, 원가정이 아닌 다른 곳에서 생활하면서 제공받을 경우 가정 외 서비스라 한다.

(1) 가정 내 서비스(재가서비스)

가정 내 서비스(in-home service)는 아동이 가정 내에 머물면서 필요한 서비스를 제공받는 것으로, 가족이 아동에게 필요한 기본적인 욕구를 충족시키지 못하거나 부모-자녀관계에 장애가 있는 경우 외부로부터 지원을 받는 서비스이다. 예로 상담서비스와 프로텍티브(protective) 서비스를 들 수 있다.

(2) 가정 외 서비스

가정 외 서비스((out-of-home service)는 아동이 원가정을 떠나 일정 기간 동안 위탁가정이나 시설 또는 기관 등에서 생활하면서 제공받는 양육 및 보호서비스를 말한다. 또한 원가정에서 생활하지만 특정 시간 동안 가정 밖의 기관에서 양육과 보호를 받는 경우도 이에 해당된다. 예를 들면, 어린이집에서의 보육서비스, 가정위탁보호, 입양, 시설보호서비스 등을 들 수 있다.

2) 서비스 기능에 의한 분류

아동복지 서비스는 아동의 발달특성상 부모에 의해 1차적으로 수행되기 때문에 기본적으로 가정 내 복지가 보장 또는 강화되어야 한다. 아동을 보호하고 양육할 우선적 책임은 부모 혹은 가정에 있기 때문에 아동복지 서비스는 궁극적으로 아동이 부모와 함께 생활하면서 부모로부터 적절한 보호와 양육을 받아 건강하게 성장, 발달할 수 있도록 지원하는 데 있다.

아동의 복지를 위협하는 대부분의 문제가 일차적으로 가정환경의 결함과 그로 인한 부모의 역할 부재로부터 비롯됨을 고려할 때 가정의 기능 특히 부모의 역할 기능을 국가나 사회가 지지, 보충, 수정, 재조정, 대리해 주는 서비스 기능이 아동복지 실천에서 요구되는 것이다(성영혜 · 김연진, 2002; 장인협 · 오정수, 1999, 이순형 외, 2003).

이러한 점에서 카두신(Kadushin, 1980)은 아동복지 서비스의 기능을 가정 내 부모의 역할 기능을 토대로 지지적 서비스, 보충적 서비스, 대리적 서비스로 분류하였다. 이 분류는 아동의 양육 기능의 1차적 책임은 부모에게 있다는 것을 전제한 것으로 부모가 아동양육의 책임을 다하지 못할 때, 서비스가 가정의 역할 수행에 어떤 기능을 하는가에 따라 가정의 역할을 지원하는 지지적 서비스(supportive service), 가정의 역할을 보충하는 보충적 서비스(supplementary service), 가정을 대신하는 대리적 서비스(substitute service)로 구분한 것이다. 이를 3S모델이라 부르기도 한다. 아동복지 서비스를 기능에 따라 분류한 카두신(Kadushin, 1980)의 3S 모델 유형을 구체적으로 살펴보면 다음과 같다.

(1) 지지적 서비스(supportive service)

지지적 서비스는 가정의 역할을 지원, 강화하는 서비스로서 부모의 역할을 보다 향상시키고, 부모 역할의 긴장이나 장애, 부모-자녀관계에서 발생하는 갈등 상황 등을 외부에서의 지원을 통해 극복할 수 있도록 하는 서비스이다. 그러나 부모와 가족이 처한 상황에 대한 원조일 뿐 가족에 대한 책임은 근본적으로 부모와 가족에게 있다. 즉, 지지적 서비스는 가족의 적응기능을 향상시키고, 가족 스스로 건강한 가정을 가꾸어 가는 데 필요한 지원을 하는 서비스이다.

지지적 서비스를 제공하는 아동복지기관은 부모나 아동의 역할 수행을 전적으로 대행하기보다는 상담서비스를 통해 부모나 자녀의 역할 기능이 제대로 수행되도록 부분적으로 원조하는 데 초점을 둔다. 즉, 별거나 이혼, 유기 등의 가족 내 해체문제가 일어날 가정을 대상으로 가정의 기능을 강화시키고 가족관계의 긴장을 완화시킴으로써, 아동이 부모와 함께 가정에서 생활하면서 지지적이고 수용적인 부모-자녀관계를 형성하고 유지할 수 있도록 지원한다.

지지적 서비스의 의의는 가족관계의 개선을 통해 아동이 자신의 가정에서 부모와 함께 지속적인 생활을 할 수 있도록 지원하는 데 있다. 한편 지지적 서비스는 이미 가정을 이룬 경우를 대상으로 할 뿐만 아니라 미혼남녀를 대상으로 하는 예비부모교육 등을 통해 아동 및 가정의 문제를 예방하는 활동도 포함한다.

지지적 서비스의 구체적 복지 실천 내용으로는 아동상담, 가족상담 및 가족치료(장애아동 및 부모, 학대피해아동 및 부모, 이혼 및 재혼가정), 부모교육 및 상담(장애아 부모, 미혼부모, 일반부모 등), 지역사회 프로그램 등이 있으며, 아동 및 가족상담소, 아동보호기관, 지역사회 정신건강상담소 등에서 제공되고 있다.

(2) 보충적 서비스(supplementary service)

보충적 서비스는 여러 가지 여건으로 인해 부모나 가족이 적절한 아동양육을 수행하기 어려운 경우에 이러한 역할 및 기능을 일부 보조 또는 보완하는 서비스이다. 부모로서의 역할을 제대로 수행할 수 없는 상황이 발생할 경우, 즉 부모의 실업, 질병, 장애, 취업 등으로 자녀양육의 기능을 하기 어려운 상황일 때 가족의 형태를 그대로 유지하면서 부적절하고 부족한 부모의 역할을 보충해 주거나 일부 보완해 주는 서비스이다.

보충적 서비스의 의의는 사회가 부분적으로 양육 책임을 분담함으로써 아동이 가정과 부모로부터 분리되지 않은 채 가정에서 부모와 생활할 수 있도록 보장함에 있다.

보충적 서비스의 구체적 복지 실천 내용으로는 빈곤가정을 지원하는 소득보충사업(공공부조) 및 각종 연금과 보험과 같은 경제적 지원, 취업부모를 위한 보육사업, 부모의 질병이나 부재중에 아동을 돌보아 주는 가정봉사원파견사업(home maker service), 장애 및 비행아동을 위한 복지사업, 학대 및 방임아동을 위한 보호사업 등이 있다.

(3) 대리적 서비스(substitute service)

대리적 서비스는 부모와 가족이 당면한 문제를 해결할 수가 없어서 양육기능을 일시적 또는 영구적으로 포기한 경우, 위탁가정이나 입양 또는 시설수용을 통해 부모역할을 대리함으로써 아동을 보호해 주는 서비스이며, 가정위탁보호서비스, 입양서비스, 시설보호서비스 등이 이에 속한다. 부모의 사망이나 유기, 질병 등의 사유로 가정이 와해되거나 부모역할을 포기하게 되는 경우, 부모역할의 전부를 대신하는 대리적 서비스가 주어지게 된다.

대리적 서비스는 정상화의 원리에 따라 가급적 시설보호보다는 가정위탁보호나 입양에 의한 보호를 우선하며, 부득이하게 시설보호를 해야 할 경우 지역사회 중심의 소사제(cottage system)를 활용하려고 노력한다(이소희, 2002). 아동의 양육기능을 상실한 부모와 가족을 대신하여 국가나 사회가 아동의 생존권 및 생활권을 보장하려는 대리적 서비스는 아동복지 서비스에 있어 최후의 복지 대책이라 할 수 있다.

3) 방어선의 위치에 의한 분류

이 개념은 카두신(Kadushin)의 저서 『아동복지 서비스』(1974)에서 부분적으로 제시된 바 있으며, 쥬크만(Zuckerman)의 저서 『아동복지』(1983)에서 방어선의 개념에 의해 아동복지 서비스를 분류한 것이다(장인협 · 오정수, 1999). 1차 방어선으로서의 가정지원 서비스, 2차 방어선으로서의 대리가정 서비스, 3차 방어선으로서의 시설보호 서비스로 분류한다.

(1) 제1차 방어선으로서 가정지원 서비스

가정은 아동에게 있어 가장 중요한 장소로 가정에 대한 서비스야말로 아동복지의 기초가 된다. 가정지원 서비스는 아동의 기본적인 욕구를 충족시키지 못할 위험에 처하거나 부모-자녀의 역할관계에 장애가 있을 경우, 가정의 사회적 기능을 회복 · 유지 · 강화함으로써 제1차 방어선으로서 역할을 수행하는 것으로 예방 및 치료의 효과를 동시에 볼 수 있다. 따라서 상담 및 교육서비스, 보육서비스, 프로텍티브 서비스, 지역사회 중심의 아동복지사업, 소득보완사업 등 대부분의 아동복지사업이 이에 속한다.

(2) 제2차 방어선으로서 대리가정 서비스

가정이 정상적인 기능을 수행할 수 없을 경우 아동은 가정이 아닌 다른 곳에서 보호를 받아야 한다. 그러나 이를 대신했던 시설보호사업은 아동들의 정상적인 성장과 발달에 적합한 환경을 제공하지 못하고 있는 실정이다. 따라서 가정과 유사한 환경, 즉 생물학적인 친부모가 아니라 하더라도 지속적으로 자녀를 돌보아 주는 대리부모를 통해 일반아동과 마찬가지로 가정생활을 누릴 수 있도록 하는 것이 제2차 방어선으로서의 대리가정 서비스이다. 위탁보호서비스와 입양서비스가 대표적인 것으로 1차 방어선이 무너진 경우 취할 수 있는 최선의 서비스라 할 수 있다.

(3) 제3차 방어선으로서 시설보호 서비스

아동이 원가정이나 위탁보호 및 입양으로 인한 대리가정에서 생활할 수 없는 경우 제3차 방어선으로서의 시설보호 서비스가 주어진다. 집단보호의 형태로 이루어지는 시설보호는 그 유형이 점차 다양화되어 소규모 집단시설 및 가정이 증가하고 있는 추세이다. 아울러 시설보호가 단순히 보호의 차원을 넘어 양질의 서비스로 제공되기 위하여 다양한 프로그램들을 개발하고 적용하고 있다. 그러나 시설보호 서비스는 아동이 받을 수 있는 최후의 서비스로서 3차 방어선에 도달하기 전 예방 차원의 아동복지 서비스가 더욱 확충되어야 할 것이다.

제4절 아동복지 기관 및 시설

아동복지의 실천은 현장을 통해서 이루어진다. 아동복지와 관련된 다양한 이론과 지식은 현장에서 전문가들에 의해 이루어져야 한다. 이러한 현장이 바로 아동복지 기관과 시설이라 할 수 있다. 아동복지 기관 및 시설의 종류는 크게 정부기관과 민간기관 및 단체, 시설, 국제기구 등으로 나누어진다. 주로 정부기관에서는 입법이나 행정 절차를 통해 주요 정책을 실행하며, 민간기관 및 단체들을 지원하는 역할을 한다. 물론 정부가 직접 아동복지기관을 운영할 수도 있으나 우리나라를 비롯하여 대부분의 국가에서는 정부가 재정지원을 하고 민간이 운영하는 기관의 형태이다. 민간기관 및 단체의 역할은 아동복지에서 정부만큼이나 중요한 비중을 차지하고 있다. 아동복지의 실제적 서비스의 대부분은 민간기관 및 단체, 그리고 자원봉사자들을 통해 이루어진다고 해도 과언이 아닐 정도로 그 역할이 크다. 따라서 정부와 민간기관과의 유기적인 연대와 협력관계가 아동복지의 성패를 좌우한다고 할 수 있다.

국제기구 역시 전 세계 아동들의 복지를 위해 많은 노력을 하고 있다. 20세기에 들어 국제기구의 설립으로 여러 국가의 아동들의 삶과 문제에 관한 관심이 높아지면서 다양한 활동들을 하고 있다. 민간 차원에서도 전 세계 아동들을 대상으로 전 지구적인 아동복지사업을 추진하고 있는 국제적 규모의 민간기구들이 많이 있다.

이러한 아동복지기관들을 보다 구체적으로 살펴보면 다음과 같다.

1. 정부기관

정부 차원의 대표적인 아동복지 전담기구는 보건복지부, 여성가족부, 교육부에서 주 업무를 담당하고 있다. 그 역할로는 아동 및 청소년복지 일반행정, 아동의 건전육성 및 불우아동보호업무, 보육업무, 방과후 아동지도 등을 포함하고 있다.

2. 민간기관 및 단체

민간기관 및 단체에서 실시하는 사업은 기관의 성격과 상황에 따라 매우 다양하게 이루어지고 있다. 일반아동을 대상으로 하는 사업(부모교육, 아동애호사상 등)을 실시하기도 하지만 주로 보호대상아동을 대상으로 하는 입양 및 가정위탁보호사업, 학대피해아동보호사업, 문제아동의 상담 및 치료사업, 결손가정아동 결연 및 후원사업, 무료 의료사업, 미아찾아주기 사업 등 다양한 아동복지 서비스들이 각 기관별로 시행되고 있다. 이러한 민간기관들은 본부를 중심으로 경우에 따라서는 지부를 두기도 하고, 종합사회복지관이나 아동상담소, 어린이집 등을 운영하기도 한다.

1) 민간기관 및 단체의 유형

민간기관들은 사회복지사업법, 아동복지법, 장애인복지법 등에서 규정하고 있는 아동복지시설(관련시설)이라고 할 수 있다. 따라서 이러한 시설들의 운영 시에는 반드시 법에서 규정한 일정 정도의 조건을 갖추지 않으면 안 된다. 다시 말해서 민간 차원에서의 아동복지사업이라 하더라도 정부정책이나 법률의 규정을 준수하여야 한다.

현재 우리나라에는 약 60여 개의 아동 · 청소년 관련 단체들이 활동을 하고 있는데, 이들 단체들은 순수 민간 차원에서 임의로 구성된 조직체로 주로 기부금이나 단체 자체의 재원에 의해 운영된다. 따라서 이들의 활동도 단체의 설립 배경이나 목적에 따라 매우 다양하다. 이러한 민간 차원에서 이루어지고 있는 순수한 목적의 아동복지사업들은 정부 차원이나 전문화된 기관에서 이루어지고 있는 아동복지만큼이나 그 비중이 크다.

아동복지 서비스를 하고 있는 민간기관의 현황을 살펴보면 다음과 같다.

(1) 사회복지관

사회복지관은 지역사회 주민들의 다양한 욕구에 맞게 종합적인 복지서비스를 제공하는 지역사회복지사업의 중요한 장이라고 할 수 있다. 아동복지사업은 사회복지관의 여러 사업 중에서도 매우 중요한 비중을 차지하고 있는데, 어린이집 및 방과후 시설의 운영, 아동 및 가족상담, 장애아동 상담 및 치료, 후원사업, 아동선도 및 사회교육 등 다양한 아동 관련 서비스를 제공하고 있다.

(2) 아동보호전문기관

아동보호전문기관은 학대받거나 학대의 위험에 놓여 있는 학대피해아동의 권리와 안전을 보장하기 위한 기관으로 상담, 격리보호 및 의료 서비스 제공, 부모교육 및 실무자 · 전문가 교육, 사례연구 발표회 등의 서비스를 제공하고 있다. 아동학대 전문상담원, 사회복지사, 놀이치료사 등 전문 상담치료인력이 배치되어 있다.

(3) 아동상담소

아동 및 그 가족의 복지를 보장하기 위해 시 · 도 · 군에 설치되어 있는 기관으로 보호대상 아동의 일시보호 및 상담, 부모상담 등의 서비스를 제공하고 있다.

(4) 지역아동센터

2003년 아동복지법의 개정에 의해 빈곤지역 아동 및 보호대상 아동의 복지를 위해 설치 · 운영되는 기관으로 학습지도, 급식사업, 결연사업, 가족기능 강화 등의 서비스를 제공한다.

(5) 가정위탁지원센터

아동복지법에 의해 가정위탁사업을 활성화하고 지역 간 연계 구축을 위해 중앙가정위탁지원센터와 지역가정위탁지원센터를 설치 · 운영하고 있다.

(6) 건강가정지원센터

건강가정기본법에 의해 시 · 도, 시 · 군 · 구에 설치 · 운영되고 있는 건강가정지원센터는 가정문제의 예방, 상담 및 치료, 건강가정의 유지를 위한 프로그램의 개발,

가족문화운동의 전개, 가정 관련 정보 및 자료 제공 등의 서비스를 제공하고 있다. 전문인력으로는 건강가정사, 사회복지사, 상담전문가 등이 배치되어 있다.

(7) 장애아동지원센터

2011년 8월에 제정된 장애아동복지지원법에 의하면 장애아동의 특별한 복지적 욕구에 적합한 지원을 통합적으로 제공하기 위해 중앙장애아동지원센터와 지역장애아동지원센터를 설치·운영할 수 있다고 규정되어 있다.

(8) 장애인복지관

장애인복지관은 장애인을 대상으로 치료와 재활 등의 종합적인 서비스를 제공하는 기관이다. 이 기관에서는 장애아동에 관한 의료, 심리, 교육, 진로 및 취업 등 종합적인 상담서비스를 제공하고 있다.

(9) 시 · 도 청소년상담지원센터(시 · 군 · 구 청소년지원센터)

청소년기본법에 의해 중앙 및 16개 시·도에 청소년상담, 정보 제공, 다양한 프로그램 제공 등을 위해 설치·운영되고 있는 기관이다. 사회복지사, 임상심리사, 청소년지도사, 상담전문교사 등이 배치되어 있다. 그 외에 청소년 관련 기관으로 청소년쉼터, 청소년수련관 및 청소년회관 등이 있으며, 학교폭력상담센터, 학교사회복지사 파견 학교, 성폭력상담소, 가정폭력상담소, 정신보건센터, 종합병원 및 개인병원의 정신과, 흡연상담센터, 인터넷중독상담센터, 그리고 민간 차원의 다양한 아동상담치료센터 등을 들 수 있다.

2) 대표적인 아동복지 민간기관 및 단체

우리나라의 대표적인 아동복지 민간기관 및 단체를 살펴보면 다음과 같다.

(1) 어린이재단

1948년 기독교아동복리회 한국지부의 지원으로 설립되었으며, 불우아동결연사업, 지역사회복지관사업, 중증장애아동교육사업, 아동학대예방사업 등을 실시하고 있다.

(2) 굿네이버스(한국이웃사랑회)

1991년 설립되어 아동학대상담 및 예방사업, 결식아동지원사업, 아동복지시설지원사업, 북한 및 해외지원사업, 지역사회복지관사업 등을 실시하고 있다.

(3) 홀트아동복지회

1955년 미국인 해리 홀트가 아동들을 미국에 입양시키면서 시작되어 1960년 재단법인 홀트씨양자회를 설립, 1972년 홀트아동복지회로 명칭이 변경되어 오늘에 이르고 있는 대표적인 입양기관이다. 입양 외에 지역사회복지관, 특수학교 등을 운영하고 있다.

(4) 대한사회복지회

1954년 설립되어 아동・가정복지 증진과 지역사회 개발 및 보건 향상 등의 사업을 운영하고 있다.

(5) 동방사회복지회

1975년 설립되었으며 아동복지사업, 장애인 재활 및 의료복지사업 등을 실시하고 있다.

(6) 부스러기 사랑나눔회

1986년에 설립되었으며 빈곤아동 및 여성・가족에 대한 자립지원과 교육 기회제공, 조사연구사업 등을 실시하고 있다.

(7) 월드비전

1953년 설립되었으며 기독교 국제구호기구로서 국내, 해외 및 북한의 아동돕기사업, 빈곤아동구호사업 등을 실시하고 있다.

(8) UNICEF 한국위원회

1993년에 설립되어 세계 아동의 생존・보호・발달을 위한 광범위한 복지활동 및 운동을 전개하고 있다.

(9) 한국아동복지협회(구 한국아동복지시설연합회)

1952년에 설립되어 2008년 7월 사단법인 한국아동복지협회로 명칭을 변경하였으며 보호대상아동을 위한 대표적인 전문기관으로서 역할을 담당하고 있다. 1993년부터 중앙아동자립지원센터 위탁운영, 2007년부터 중앙가정위탁지원센터 위탁운영, 2008년부터 아동발달지원계좌(CDA) 사업부를 보건복지부로부터 위탁받아 운영하고 있고, 퇴소아동자립지원사업 등 기존의 시설보호아동사업 외에 다양한 사업을 실시하고 있다.

(10) 한국아동단체협의회

우리나라가 1991년에 UN 아동권리협약에 가입한 것을 계기로 국내외 아동·청소년 관련 단체들이 연계하여 1998년 사단법인 한국아동단체협의회를 출범시켰다. 현재 협의회에 가입한 회원단체는 36개(아동·청소년백서, 2008)이며, 한국아동복지협회, UNICEF 한국위원회, 전국지역아동센터협의회, 한국보육시설연합회, 한국아동학대예방협회, 한국수양부모협회 등이 가입되어 있다.

한국아동단체협의회는 2001년 9월 국제아동복지포럼(IFCW)에 가입하였으며, 2005년 아동권리 국제 네트워크(Child Right International Network:CRIN)에 가입하여 국제 관련 단체와 정보를 공유하고 있다(아동·청소년백서, 2008).

위와 같은 주요 단체 외에도 〈표 4-2〉 아동단체협의회의 회원단체에서 볼 수 있듯이 다양한 기관들이 아동복지를 위해 활동하고 있다.

<표 4-2> 한국아동단체협의회 회원단체 현황

번호	단체명	설립 연월일	설립 목적	홈페이지
1	UNICEF 한국위원회	1993. 12. 08	세계아동의 생존, 보호, 발달을 위해 광범위한 지지기반을 마련하기 위한 운동 전개	http://www.unicef.or.kr/
2	국민독서 문화진흥회	1992. 02. 18	독서문화 고양 및 아동청소년의 독서생활진작	http://www.readingnet.or.kr/
3	굿네이버스	1991. 03. 28	굶주림 없는 세상, 더불어 사는 세상을 만들기 위해 빈곤과 재난과 억압으로 고통받는 이웃의 인권을 존중하며 그들이 희망을 갖도록 북돋우어 자립적인 삶을 살아갈 수 있도록 도움	http://www.goodneighbors.kr/
4	대한사회 복지회	1954. 01.	아동 및 가정의 복지 증진과 지역사회의 개발 및 보건 향상 등을 위한 사업을 운영함으로써 국민의 복지 향상에 기여	http://www.sws.or.kr/
5	동방사회 복지회	1975. 8. 13	아동복지사업, 심신장애자 재활사업 및 의료사업을 통하여 요보호 아동 및 임산부의 복지 증진과 지역사회 주민의 보건 향상에 기여하고 나아가 복지사회 구현	http://www.eastern.or.kr/
6	부스러기 사랑 나눔회	1986. 12. 09	가난한 사람(빈곤 · 결손 · 결식 · 위기 가정의 어린이 · 청소년, 부모, 빈민 여성)에 대한 자립자활지원과 교육의 기회를 제공하고, 그들이 안고 있는 문제에 대한 전반적인 조사와 해결을 통해 사회발전에 기여	http://www.busrugy.or.kr/

번호	단체명	설립 연월일	설립 목적	홈페이지
7	서울가톨릭 사회복지회	1976. 05. 24	그리스도의 복음과 사회복지에 관한 교회의 가르침에 따라 총체적 인간발전을 기본 목표로 사회복지사업을 수행하여 사회복지 증진과 복지사회 건설에 기여	http://www.caritasseoul.or.kr/bokji/
8	서울 YMCA	1903. 10. 28	젊은이들이 그리스도의 뒤를 따라 함께 배우고 훈련하며 역사적 책임의식을 계발하고 사랑과 정의의 실현을 위하여 일하며 민중의 복지 향상과 새 문화 창조에 이바지함으로써 이 땅에 하나님 나라를 이룩하려는 것을 목적으로 함	http://www.ymca.or.kr/
9	세이브 더칠드런 코리아	1983. 07. 06	아동이 건강하게 출생하여 행복한 환경에서 올바르게 성장할 수 있도록 아동복지사업을 수행함으로써 아동복지 증진에 이바지	http://www.sc.or.kr/
10	세이프키즈 코리아	2003. 01. 27	14세 이하 어린이들이 비의도적인 손상으로 다치거나 사망하는 것을 예방하기 위해 세이프키즈 월드와이드 16개 회원국과 연계하여 과학적이고 체계적인 활동 전개	http://www.safekids.or.kr/
11	아이들과 미래	2000. 03. 28	뜻 있는 벤처기업들이 기금을 마련해 설립된 민간 독립재단으로 단순히 재정적, 물질적으로 지원해 주는 것을 넘어서 아이들이 스스로 자신의 미래를 설계해 나갈 수 있도록 지원	http://www.kidsfuture.or.kr/
12	아이코리아	1981. 05. 21	어린이들을 장차 건전한 국민으로 육성	http://www.aicorea.org/

번호	단체명	설립 연월일	설립 목적	홈페이지
13	어린이문화 진흥회	1990. 10. 30	어린이 문화 · 예술인의 친목 도모와 권익 옹호 및 신장과 발전을 위한 제반 사업이 개발 · 시행	
14	월드비전	1953. 05. 20	가난과 불의의 문제를 극복하기 위해 어린이, 가정, 지역사회와 함께 일하며 종교, 인종, 민족, 성별을 초월하여 소외된 사람들과 동역하는 일에 헌신하는 기독교 국제구호개발옹호기구로서 현재 국내, 해외, 북한의 도움을 필요로 하는 아동들을 돕기 위한 구호, 개발, 옹호사업 등을 시행	http://www.worldvision.or.kr/
15	육영재단	1969. 04. 14	어린이 복지사업을 목적으로 설립	http://www.yookyoung.org/
16	은평천사원	1959. 03. 18	6 · 25전쟁이 발발하면서 부모형제를 잃어 심신의 고통을 안고 방황하는 어린이들이 급증하면서 무의무탁한 전쟁고아들에게 안락한 거처를 마련하여 주고, 그들을 교육시켜 건전한 시민으로 자립할 수 있도록 보호 · 육성	http://www.angelshaven.or.kr/
17	전국지역 아동센터 협의회	2003. 03. 11	빈곤 등으로 지역사회 안에서 보호와 양육을 필요로 하는 빈곤아동들의 전인적 발달과 권리보장을 위해 통합교육 및 사회복지활동을 하며 전국적인 지역사회 공동체망을 형성하고 있는 아동복지법 제16조 1항에 의한 지역아동센터를 운영하는 자로 구성된 회원 상호간의 연대활동과 유기적 협력관계 구축	http://www.jckh.org/

번호	단체명	설립 연월일	설립 목적	홈페이지
18	청소년폭력예방재단	1995. 11. 01	학교폭력 예방활동을 중심으로 청소년 수련활동 비행청소년 선도·교화활동, 청소년 유해환경 정화활동, 청소년복지 증진사업 등 건강한 청소년 육성 및 건전한 청소년 문화를 조성·발전	http://www.jikim.net/
19	한국걸스카우트연맹	1946. 05. 10	잠재력 계발과 민주시민 자질 함양 및 봉사 실천	http://www.girlscout.or.kr/
20	한국어린이집총연합회	1992. 03. 07	영유아 보육사업의 원활한 추진 도모	http://www.koreaeducare.or.kr/
21	어린이재단	1948. 10. 15	기독교 정신에 입각하여 보호를 필요로 하는 사람을 건전한 민주시민으로 성장하도록 도와줌으로써 복지사회 건설에 기여	http://www.childfund.or.kr/
22	한국사회정보연구원	1992. 09. 07	우리 사회가 안고 있는 제반 문제점을 해결하고 미래를 전망하며 국제경쟁력에 뒤지지 않기 위해서는 시시각각 변화하는 국내외의 정보를 신속히 파악하고, 이를 이용할 수 있는 지원체제 마련	
23	한국수양부모협회	1998. 04. 04	자신의 가정에서 적절한 보호를 받을 수 없는 아동들을 일시적으로 건전한 가정에 위탁하여 가정적인 분위기에서 성장할 수 있도록 도우며 아동복지 및 권리 향상을 도모	http://www.ngopower.net/
24	한국스카우트연맹	1922. 10. 05	청소년들에게 스카우트 방법에 의한 교육과 훈련을 통하여 민주시민으로서의 자질을 향상케 하며, 투철한 국가관과 민족의 주체성을 향상시킴으로써 세계 평화와 인류복지에 기여	http://www.scout.or.kr/

번호	단체명	설립 연월일	설립 목적	홈페이지
25	한국아동 문학학회	1988. 07. 30	아동문학의 이론에 관한 연구 및 발표를 통하여 민족정신의 기반을 다져 아동문화에 기여	
26	한국아동 청소년 그룹홈 협의회	2000. 04.	가정해체, 빈곤 등으로 인한 사회적 보살핌이 필요한 아동들을 보호하는 공동생활가정 및 그 아동들의 지원하며, 회원 간의 연대활동과 그룹홈 아동복지사업을 발전시키기 위한 제반 활동	http://www.grouphome.or.kr/
27	한국 아동학대 예방협회	1989. 03. 24	아동학대 예방과 학대를 받고 있거나 학대의 위험에 놓여 있는 아동의 권리와 안전보장을 도모하고 아동이 신체적, 정신적으로 건강한 민주시민으로 성장할 수 있도록 함으로써 아동복지, 궁극적으로 인간복지의 실현에 기여	http://www.kapcan.com/
28	한국장난감 도서관협회	1983. 03.	취학 전 정신지체아동, 자폐아동, 정서장애아동 등에 대한 재활능력을 개발, 장애인의 복지 증진에 기여	
29	한국장애인 복지시설 협회	1998. 05. 30	장애인복지시설의 육성과 발전을 통하여 장애인의 건전한 사회 참여를 유도함으로써 장애인복지 증진에 기여	http://www.kawid.or.kr/
30	한국종이 접기협회	1989. 07. 24	우리나라의 전통문화예술인 종이접기공예를 비롯한 종이문화의 계승 발전을 위하여 국내 각계와 연구단체의 자율적 참여와 유대를 도모하여, 종이접기 등 종이문화의 연구개발을 통하여 창작공예 및 종이놀이문화를 보급·홍보함으로써 국민정서 고양	http://www.origami.or.kr/

번호	단체명	설립 연월일	설립 목적	홈페이지
31	한국청소년 문화연구소	1992. 06. 01	청소년 육성과 교육에 기여함을 목적으로 설립되어 청소년들의 문화활동을 연구함으로써 건전한 청소년 육성 방안을 모색	http://www.youth.re.kr/
32	한국 청소년연맹	1981. 03. 19	청소년들에게 심신의 수련을 통하여 올바른 국가관과 윤리관을 심어 주고 우리의 전통문화를 계승 발전시키며, 세계로 뻗어 가는 진취적 기상을 함양케 함으로써 민족의 통일번영과 국제사회에 이바지할 수 있는 건전한 미래세대 육성	http://www.koya.or.kr/
33	한국 아동복지 협회	1952. 02. 15	전국 아동복지시설의 발전과 합리적인 운영관리를 위하여 제반 사항을 지원하고 법인 또는 시설 간의 연락 협조 및 조직적인 활동을 촉진시키고, 시설아동 및 지역아동의 복지 증진에 기여	http://www.kfcw.or.kr/
34	국제한국 입양인 봉사회	1999. 04. 26	인류 박애정신으로 해외입양인의 권익보호와 대한민국의 민족의 일원이라는 자긍심을 가지고 그 사회에 정착할 수 있도록 지원하며 입양인 및 입양가족들의 협력사업을 통하여 국제우호와 우리나라 이미지 제고에 이바지	http://www.inkas.or.kr/
35	종이 문화재단	2005. 09. 22	국가발전과 민족의 번영에 기여하고 사회 일반의 이익에 공헌함으로써 종이문화산업의 육성과 기술연구개발 및 관련 문화예술산업 발전의 중흥에 기여	http://www.paperculture.or.kr/

자료 : 아동 · 청소년백서(2008:428-431) 발췌 · 보완

3. 아동복지 관련 시설

1) 아동복지법에서 규정하는 시설

아동복지법 제52조 아동복지시설의 종류와 내용은 다음과 같다.

(1) 시설의 종류

① 아동양육시설 : 보호대상아동을 입소시켜 보호, 양육 및 취업훈련, 자립지원 서비스 등을 제공하는 것을 목적으로 하는 시설

② 아동일시보호시설 : 보호대상아동을 일시보호하고 아동에 대한 향후의 양육 대책 수립 및 보호 조치를 행하는 것을 목적으로 하는 시설

③ 아동보호치료시설 : 아동에게 보호 및 치료 서비스를 제공하는 다음의 시설

가. 불량행위를 하거나 불량행위를 할 우려가 있는 아동으로서 보호자가 없거나 친권자나 후견인이 입소를 신청한 아동 또는 가정법원, 지방법원소년부지원에서 보호위탁된 19세 미만인 사람을 입소시켜 치료와 선도를 통하여 건전한 사회인으로 육성하는 것을 목적으로 하는 시설

나. 정서적 · 행동적 장애로 인하여 어려움을 겪고 있는 아동 또는 학대로 인하여 부모로부터 일시 격리되어 치료받을 필요가 있는 아동을 보호 · 치료하는 시설

④ 공동생활가정 : 보호대상아동에게 가정과 같은 주거 여건과 보호, 양육, 자립지원 서비스를 제공하는 것을 목적으로 하는 시설

⑤ 자립지원시설 : 아동복지시설에서 퇴소한 사람에게 취업 준비 기간 또는 취업 후 일정 기간 동안 보호함으로써 자립을 지원하는 것을 목적으로 하는 시설

⑥ 아동상담소 : 아동과 그 가족의 문제에 관한 상담, 치료, 예방 및 연구 등을 목적으로 하는 시설

⑦ 아동전용시설 : 어린이공원, 어린이놀이터, 아동회관, 체육 · 연극 · 영화 · 과학실험전시 시설, 아동휴게숙박시설, 야영장 등 아동에게 건전한 놀이 · 오락, 그 밖의 각종 편의를 제공하여 심신의 건강 유지와 복지 증진에 필요한 서비스를 제공하는 것을 목적으로 하는 시설

⑧ 지역아동센터 : 지역사회 아동의 보호 · 교육, 건전한 놀이와 오락의 제공, 보호자와 지역사회의 연계 등 아동의 건전육성을 위하여 종합적인 아동복지 서비

스를 제공하는 시설

(2) 시설의 사업 내용

이러한 아동복지시설들은 각 시설의 고유 업무 외에도 다음과 같은 사업을 실시할 수 있도록 하고 있으며, 통합시설로 설치할 수 있도록 규정하였다.

① 아동가정지원사업 : 지역사회아동의 건전한 발달을 위하여 아동, 가정, 지역주민에게 상담, 조언 및 정보를 제공해 주는 사업
② 아동주간보호사업 : 부득이한 사유로 가정에서 낮동안 보호를 받을 수 없는 아동을 대상으로 개별적인 보호와 교육을 통하여 아동의 건전한 성장을 도모하는 사업
③ 아동전문상담사업 : 학교부적응아동 등을 대상으로 올바른 인격 형성을 위한 상담, 치료 및 학교폭력 예방을 실시하는 사업
④ 학대아동보호사업 : 학대아동의 발견, 보호, 치료 및 아동학대의 예방 등을 전문적으로 실시하는 사업
⑤ 공동생활가정사업 : 보호를 필요로 하는 아동에게 가정과 같은 주거 여건과 보호를 제공하는 것을 목적으로 하는 사업
⑥ 방과후 아동지도사업 : 저소득층 아동을 대상으로 방과후 개별적인 보호와 교육을 통하여 건전한 인격 형성을 목적으로 하는 사업

2) 영유아보육법에서 규정하는 어린이집

영유아보육법 제10조에서 규정하는 어린이집의 종류는 다음과 같다.

① 국 · 공립어린이집 : 국가나 지방자치단체가 설치 · 운영하는 어린이집
② 사회복지법인어린이집 : 「사회복지사업법」에 따른 사회복지법인이 설치 · 운영하는 어린이집
③ 법인 · 단체등어린이집 : 각종 법인(사회복지법인을 제외한 비영리법인)이나 단체 등이 설치 · 운영하는 어린이집으로서 대통령령으로 정하는 어린이집
④ 직장어린이집 : 사업주가 사업장의 근로자를 위하여 설치 · 운영하는 어린이집 (국가나 지방자치단체의 장이 소속 공무원을 위하여 설치 · 운영하는 어린이집 포함)
⑤ 가정어린이집 : 개인이 가정이나 그에 준하는 곳에 설치 · 운영하는 어린이집
⑥ 부모협동어린이집 : 보호자들이 조합을 결성하여 설치 · 운영하는 어린이집

⑦ 민간어린이집 : 제1호부터 제6호까지의 규정에 해당하지 아니하는 어린이집

3) 한부모가족지원법에서 규정하는 시설

한부모가족지원법 제19조에서 규정하는 시설은 다음과 같다.

① 모자가족복지시설 : 모자가족에게 다음의 어느 하나 이상의 편의를 제공하는 시설

가. 기본생활지원 : 생계가 어려운 모자가족에게 일정 기간 동안 주거와 생계를 지원

나. 공동생활지원 : 독립적인 생활이 어려운 모자가족에게 일정 기간 동안 공동생활을 통하여 자립을 준비할 수 있도록 주거 등을 지원

다. 자립생활지원 : 자립 욕구가 강한 모자가족에게 일정 기간 동안 주거를 지원

② 부자가족복지시설 : 부자가족에게 다음의 어느 하나 이상의 편의를 제공하는 시설

가. 기본생활지원 : 생계가 어려운 부자가족에게 일정 기간 동안 주거와 생계를 지원

나. 공동생활지원 : 독립적인 생활이 어려운 부자가족에게 일정 기간 동안 공동생활을 통하여 자립을 준비할 수 있도록 주거 등을 지원

다. 자립생활지원 : 자립 욕구가 강한 부자가족에게 일정 기간 동안 주거를 지원

③ 미혼모자가족복지시설 : 미혼모자가족과 출산 미혼모 등에게 다음의 어느 하나 이상의 편의를 제공하는 시설

가. 기본생활지원 : 미혼 여성의 임신 · 출산 시 안전 분만 및 심신의 건강 회복과 출산 후의 아동의 양육 지원을 위하여 일정 기간 동안 주거와 생계를 지원

나. 공동생활지원 : 출산 후 해당 아동을 양육하지 아니하는 미혼모 또는 미혼모와 그 출산 아동으로 구성된 미혼모자가족에게 일정 기간 동안 공동생활을 통하여 자립을 준비할 수 있도록 주거 등을 지원

④ 일시지원복지시설 : 배우자(사실혼 관계에 있는 사람을 포함한다)가 있으나 배우자의 물리적 · 정신적 학대로 아동의 건전한 양육이나 모의 건강에 지장을 초래할 우려가 있을 경우 일시적 또는 일정 기간 동안 모와 아동 또는 모에게 주거와 생계를 지원하는 시설

⑤ 한부모가족복지상담소 : 한부모가족에 대한 위기 · 자립 상담 또는 문제해결 지

원 등을 목적으로 하는 시설

4. 아동복지 국제기구

국제연합의 대표적인 산하아동복지 국제기구로는 세계보건기구(WHO), 국제노동기구(ILO), 국제연합 교육 · 과학 · 문화기구(UNESCO), 국제아동기금(UNICEF) 등이 있으며 아동들을 위해 다양한 활동을 하고 있다.

1) 세계보건기구(WHO)

세계보건기구는 1948년 설립되었으며 우리나라는 1949년에 가입하였다. 이 기구는 전 세계의 모든 사람들의 건강과 관련된 사업을 실시하는데, 아동복지와 관련하여 모자보건의 향상을 위한 교육과 훈련, 의료기기와 용품의 지원, 각종 캠페인(모유 먹이기) 등을 실시하고 있다. 방역조사사업, 보건교육과 훈련사업들을 원조하고 있다.

2) 국제노동기구(ILO)

1919년 발족한 국제노동기구는 노동자의 완전고용과 생활 수준의 향상을 목적으로 설립되었는데, 노동 시간 규정, 실업대책, 연소근로자 및 부녀노동자의 보호, 고용으로 인해 발생한 질병과 장애에 관한 보호 등을 주요 사업으로 추진하고 있다.

3) 국제아동기금(UNICEF)

1946년 설립된 국제아동기금은 대표적인 국제연합 산하의 아동복지기구이다. 2차 세계대전 후 고아, 난민, 미아 등의 구호를 위해 설립된 이 기구는 이후 개발도상국 및 후진국의 아동복지를 위해 각종 원조사업을 주로 해왔다. 우리나라의 경우 1950년 가입하였으며, 6 · 25 전쟁 이후 아동구호사업에 많은 지원을 받았다. 최근에는 사업을 보다 확장하여 비상구호, 모자보건, 비상급식, 의료지원 외에도 아동교육 및 보육과 부모교육, 학대아 보호사업 등 전반적인 아동복지사업에 관심을 갖고 지원사업을 실시하고 있다.

4) 국제연합 교육 · 과학 · 문화기구(UNESCO)

1946년 설립된 국제연합 교육·과학·문화기구는 교육, 과학, 문화의 보급 및 교류를 통해 세계 여러 나라를 이해하고 협력관계를 촉진하여 궁극적으로 세계평화에 이바지할 것을 목적으로 한다. 교육 부분에서는 문맹퇴치와 의무교육의 실시와 확대, 과학 부분에서는 환경문제, 문화 부분에서는 세계문화유산의 보존사업에 역점을 두고 있다. 우리나라는 1950년에 가입하였다.

제2부

Child Welfare _

아동복지의 실천방법

제5장

아동복지 실천의 전제조건과 원칙

Child Welfare

제1절 아동복지 실천의 전제조건

아동복지 실천은 아동이 지닌 다양한 욕구를 충족시킬 수 있도록 지원하는 것이라 볼 수 있다. 아동의 욕구야말로 아동복지 실천의 대상이라 할 수 있으며 욕구 충족이 제대로 이루어지지 않으면 이는 곧 아동의 문제가 된다. 길(Gil, 1985)은 아동의 건전한 발달과 아동의 복지에 대한 필수조건으로서 기본적인 물질적 재화와 서비스, 의미 있는 인간관계, 가치 있는 생산 과정에의 참여, 안전감, 자기실현 등의 다섯 가지 욕구를 제시하고 있다(김현용 외, 1997).

프리드릭슨(Fredericksen)은 부모의 계몽, 가정생활의 보존과 강화, 심신보건시설의 증진, 경제적 안정, 종교, 교육, 놀이, 위험한 착취에서의 해방, 특수욕구를 지닌 아동에 대한 특별한 서비스 등을 들고 있다(장인협 · 오정수, 1999). 본 절에서는 아동복지 실천 현장에서 기본적으로 다루어야 할 아동의 욕구, 즉 아동복지의 기본 전제가 되는 아동복지의 조건을 성영혜와 김연진(2002:94-108)이 분류한 것을 토대로 살펴본다.

1. 안정된 가정생활의 강화

가정은 아동에게 많은 것을 준다. 물리적인 측면뿐 아니라 심리적인 편안함을 제공하는 중요한 장소이다. 가정환경은 아동이 태어나서 최초로 경험하는 생활환경으로 아동의 성장과 발달에 필수불가결한 요소이다. 인간의 발달에 있어 어린 시절의 경험일수록 중요시되며, 부모와의 상호작용은 일생을 결정하는 중요한 의미를 갖는다. 따라서 아동의 성장, 발달, 교육 및 안정을 위해서는 부모와 함께 하는 가정이 있어야 한다. 행복한 가정생활이야말로 더할 나위 없는 복지의 조건이 된다. 빈곤한 가정, 부모가 없거나 병든 가정, 자녀를 학대하는 부모가 있는 가정 등 가정생활 자체의 문제는 곧 아동의 문제라고 하겠다.

2. 경제적 안정

아동의 복지를 위해서 각 가정에서 생활에 필요한 최저한도의 물질적 욕구가 충족되어야 하며, 아동의 기본 욕구인 의 · 식 · 주의 문제를 해결할 수 있어야 한다. 경제적 불안정은 최저한의 아동의 욕구마저 충족할 수 없는 상태로 아동의 성장과 발달의 장애 요인이 된다. 아동의 심신의 건강은 물론 교육 기회, 정서발달 등 다양한 측면에서 상처를 받기 쉽다. 따라서 가정의 안정을 도모하기 위해 빈곤에 대한 각종 복지 대책이 마련되어야 한다.

3. 심신건강의 증진

아동복지법 제1조에 의하면 아동이 건전하게 출생하여 행복하고 건강하게 육성되도록 그 복지를 보장함을 목적으로 한다고 되어 있다. 아동복지의 기반은 아동의 신체적 · 정신적 건강에 있다. 임신, 출산 시는 물론 생후 건강한 성인으로 성장하기까지 아동의 신체적 및 정신적 건강은 보호받고 보장되어야 한다. 적절한 보건 및 의료보호 서비스와 그 혜택이 모든 아동과 가정에 대해 이루어져야 한다. 또한 아동의 건강을 해칠 수 있는 신체적 · 정신적 요인을 예방할 수 있는 노력도 중요하다.

4. 교 육

아동의 권리 중 교육을 받을 권리는 헌법(제27조)에도 명시된 조항으로, 아동 자신의 능력, 필요성, 흥미에 따라 교육의 기회가 부여되어야 한다. 아울러 전인격적 교육을 목표로 삼아 교육 시설 및 교육 내용에 있어서도 아동의 관점을 반영한 아동을 위한 교육이 이루어져야 한다.

5. 놀이 및 오락

놀이는 아동의 본능적인 활동이며, 아동은 놀이를 통해서 가장 효과적인 학습 및 제반 발달이 이루어진다. 아동이 자신들의 감정과 생각을 마음껏 발휘할 수 있고 육체적 활동을 자연스럽게 할 수 있는 놀이와 오락은 아동의 중요한 권리이다. 아동교육 및 보호 관련기관에서는 적절한 교육적 놀이시설을 마련해야 하며, 사회적 차원에서도 아동의 놀이문화를 위한 적절한 배려가 이루어져야 한다.

6. 노동으로부터의 보호

아동은 아직도 성장 · 발달하고 보호받아야 하는 미성숙한 대상이다. 모든 아동은 유해노동이나 기타 착취적 노동으로부터 보호받아야 한다. 근로아동 및 청소년들이 장시간 노동, 저임금, 비위생적인 작업환경, 영양실조 등으로 질병과 비행 등의 문제를 보일 수 있다. 따라서 근로청소년에 대한 적절한 대책 및 노동으로부터 아동을 보호하기 위한 법률적 · 사회적 보호 대책이 강구되어야 한다.

7. 특수보호

아동복지는 모든 아동을 대상으로 그들의 복지 증진을 위해 노력한다면, 특수한 보호를 필요로 하는 아동을 위한 개별적이고 전문적인 보호도 실시되어야 한다. 장애아동은 물론 빈곤가정 및 결손가정의 아동, 취업모의 자녀, 미혼모와 그 자녀, 맞벌이 부부의 자녀, 비행아동, 가정위탁보호 및 입양 대상아동 등 여러 가지 이유로 인해 사회적 차원에서의 특수보호가 필요한 아동을 위한 대책이 필요하다.

제2절 아동복지 실천의 원칙

아동복지를 행함에 있어 기본적으로 지켜야 할 원칙들이 있다. 이러한 원칙은 아동복지 종사자들은 물론 정책 입안자들이나 관련 행정체계 종사자들 모두 고려해야 할 것들이다. 아동복지의 원칙은 대체로 다섯 가지로 볼 수 있는데, 즉 권리와 책임의 원칙, 보편성과 선별성의 원칙, 개발적 기능의 원칙, 통합성의 원칙, 전문성의 원칙 등이다.

1. 권리와 책임의 원칙

아동복지에 있어 권리와 책임의 원칙은 아동, 부모, 국가(사회) 3자 모두의 권리와 책임을 의미하며, 이들 3자 간의 권리와 책임 간의 조화를 의미한다. 경우에 따라 아동의 권리행사는 부모의 양육책임과 갈등관계에 있을 수도 있으며, 부모의 권리는 국가의 개입 및 권리 행사로 경쟁관계에 놓이기도 한다. 따라서 권리와 책임은 아동과 부모 및 국가 간 조화를 통해 실현되어야 하는 중요한 아동복지의 원칙이다.

1) 아동의 권리와 책임

최근 UN에서 채택한 아동권리에 관한 국제협약을 정점으로 아동권리에 관한 관심은 20세기를 거치면서 지속적이면서도 중요한 아동복지의 주제 중 하나였다. 아동을 단순히 보호하고 도움을 주는 대상에서 권리의 주체로 보기 시작한 것은 아동복지 사상의 변화는 물론 아동복지 서비스의 변화에도 영향을 주게 된 것이다. 아동은 부모와 사회로부터 안정된 생활을 보장받아야 할 권리뿐 아니라 학대 및 착취로부터 보호받아야 하고, 교육을 받아야 하며, 자신의 의견을 표현할 권리 등을 지닌다. 장애를 가진 아동은 특수교육이나 적절한 치료를 받을 권리를 지닌다.

권리의 주체로서의 아동은 자신의 권리를 주장할 수 있으면서 동시에 책임을 다해야 한다. 정당한 권리의 향유는 그에 따르는 책임을 있다는 사실을 알 필요가 있으며 아동은 이를 배우고 실천할 수 있어야 한다. 이러한 책임감의 이행은 아동의 바람직한 성장과도 관련된다. 아동은 사회의 구성원으로서 자신의 본분을 지킬 수 있어야 하며 부모나 사회에서 규정하고 있는 질서를 지킬 의무가 있다. 아울러 자녀로서 부모의 양육과 보호를 따를 책임도 있는 것이다.

2) 부모의 권리와 책임

아동의 보호와 양육은 1차적으로 부모의 책임이다. 특히 현재와 같이 가정의 기능을 사회가 대신하게 되기 이전까지 부모의 권리와 책임은 거의 절대적이었다. 사회가 변한다고 하더라도 아동에 대한 부모의 역할 및 중요성은 여전히 중요하다. 복지국가라 하더라도 아동의 복지는 국가와 더불어 부모에게 그 책임이 있는 것으로 간주한다. 20세기에 들어서면서 복지국가의 발전과 더불어 아동과 가족을 대상으로 하는 복지정책이 개발되기 시작하였으나 여전히 아동복지의 책임은 부모에게 있다. 따라서 부모는 아동의 보호와 양육을 위한 부모로서의 권리들을 국가나 사회에 주장하게 된다. 자녀를 잘 키울 수 있도록 지원하는 것은 부모의 이러한 권리들을 보호하기 위한 국가의 의무라고 할 수 있다. 또한 부모는 자녀에게 많은 영향력을 행사한다. 자녀를 돌보고 양육하는 보호자 혹은 후견인으로서 부모는 자녀에게 정당한 부모로서의 권리를 행사하게 되는 것이다. 자녀의 발달 및 성장과 관련된 중요한 사항을 결정하고 자녀의 잠재력을 계발하며 바람직한 인성 형성을 위해 부모는 끊임없이 자녀에게 영향력을 행사하게 되는 것이다. 만약 부모의 권리와 책임이 제대로 이행되지 않을 경우 국가와 사회는 아동의 복지를 위해 적절한 개입을 하게 된다.

3) 국가(사회)의 권리와 책임

자유방임주의에서는 아동보호의 모든 책임을 부모, 특히 아버지에게 있는 것으로 보고 국가나 사회의 개입을 불필요한 것으로 본다. 그러나 국가의 중요성이 커지고 국가의 역할 중 하나로 국민의 복지 향상에 그 비중을 두고 있는 현대 대부분의 국가에서 아동복지의 책임은 더 이상 부모에게만 있지 않다. 국가는 적극적으로 가족에 개입한다. 가족의 기능이 약화되거나 소멸된 경우 이 기능들을 국가가 대신한다. 자녀 양육의 사회화가 그 대표적인 예인데, 현재 아동들은 가정에만 머물러 있지 않고 가정 아닌 다양한 기관에 맡겨지고 있다. 국가와 사회는 이렇게 아동의 보호를 위해 구체적인 서비스를 제공할 뿐 아니라 부모의 부적절한 양육에 대해 규제를 하기도 한다. 이러한 국가의 권리와 책임은 다양한 정책이나 법의 제정을 통해 이루어지는데, 이는 아동복지의 주체로서 아동 자신은 물론 부모와 더불어 국가와 사회의 중요성과 역할이 얼마나 큰가를 새삼 인식하게 한다. 아동은 국가가 직·간접적으로 개입해야 하는 복지의 대상인 것이다.

2. 보편성과 선별성의 원칙

아동복지의 원칙 중 하나는 보편성과 선별성이다. 보편성이란 모든 아동, 즉 계층, 인종, 민족, 장애 유무, 부모 유무 등 아동들을 구분하는 모든 요인들과 상관없이 모든 아동에게 동등한 복지서비스를 주어야 한다는 원칙이다. 반면 선별성이란 보호를 필요로 하는 아동으로, 가난하거나 부모가 없거나 장애를 지녔거나 학대 등과 같은 위험에 노출되어 있거나 불치병으로 고생을 하고 있는 등 위기에 처한 아동들에게 우선적으로 복지 혜택을 주는 것을 말한다. 과거 아동복지는 주로 선별성의 원칙에 입각하여 이루어져 왔다. 특히 한국의 경우 아동복지 서비스는 주로 빈곤아동과 고아 등을 대상으로 매우 제한적으로 실시해 왔다. 이러한 선별성의 원칙은 예방보다는 치료에 중점을 둔 사후서비스로서 보다 근본적인 문제해결에는 제약이 있다. 따라서 아동복지의 기본 원칙은 선별성에 의한 보호대상아동의 보호는 물론 예방과 치료를 모두 고려한 보다 광범위한 차원의 보편적 아동복지가 이루어져야 한다. 보편성의 원칙은 모든 아동의 행복한 삶의 보장을 위해 모든 아동들의 욕구를 고려하여 다양하게 이루어지는 것이라고 할 수 있다. 영국을 비롯한 유럽의 국가에서 시행하고 있는 아동수당(child allowance)은 보편성에 입각한 대표적인 복지제도라 할 수 있다.

3. 개발적 기능의 원칙

아동복지는 다른 말로 아동의 문제를 해결하는 것이라 할 수 있다. 그러나 아동의 문제는 아동 자신은 물론 부모와 학교, 또래, 지역사회 및 전체 사회와 관련된 것이어서 해결이 쉽지 않다. 아동의 문제를 단순히 아동과 부모의 문제로 본다면 그 해결책도 가정 안에 있을 것이다. 그러나 아동의 문제는 전체 사회와 매우 유기적으로 관련을 맺고 있어 아동복지의 대책을 강구하는 데 있어 다양한 측면에서 고려되어야 한다. 개발적 기능의 원칙이란 바로 이러한 아동복지의 거시적 측면을 고려할 수 있어야 함을 말한다. 아동의 문제 해결을 위해 사회의 변화 및 사회문제의 해결을 도모해야 하며 아동복지와 관련된 다양한 부분과의 유기적 관계를 고려할 수 있어야 한다는 것이다. 따라서 아동복지 관련 전문가들은 매우 거시적 안목으로 아동과 사회를 바라볼 수 있어야 하며, 아동의 복지를 위해 적극성을 가져야 한다.

사후치료적인 아동복지가 아니라 예방을 함께 고려할 수 있어야 하고, 아동 개인뿐 아니라 전체 사회의 변화를 고려할 수 있어야 하며, 사회와의 유기적 관계 속에 있는 아동의 문제를 보다 다양한 측면에서 접근하기 위한 적극성을 가져야 한다. 복지와 개발은 하나라고 할 수 있다. 아동의 개발, 가정의 개발, 더 나아가 사회의 개발 모두는 아동복지의 기본 원칙이 아닐 수 없다.

4. 통합성의 원칙

과거 아동복지는 주로 보호대상아동들을 위한 보호 및 치료서비스에 불과했다. 아동복지에 종사하는 전문가들 대부분은 아동을 어떻게 잘 보호하고 건강하게 성장할 수 있도록 할 것인가 하는 구체적인 지식과 기술에만 의존했다. 이들은 한 아동을 위해 지원되고 있는 국가의 정책이나 법률체계 등에 관해서는 소홀하기 일쑤였다. 또한 아동을 둘러싸고 있는 환경에 대한 총체적인 시각이 부족했다. 예를 들어 빈곤아동의 경우, 빈곤으로 인한 건강상의 문제, 문화실조로 인한 학교 적응의 실패, 부모의 실업이나 질병, 자아정체감 및 자존감의 문제, 비행문제, 또래문화 등 빈곤으로 인해 발생할 수 있는 다양한 문제들에 대한 총체적인 접근과 해결이 이루어져야 하는데, 현재까지의 아동복지 서비스는 이러한 통합성에 크게 미치지 못하고 있는 현실이다. 장애아동의 경우, 교육은 물론 재활 및 치료, 부모지원 등의 총체적 서비스가 이루어져야 하는 것이 원칙이다. 따라서 아동복지의 통합성의 원칙이란 한 아동에 대한 복지 대책이 부모 및 가정, 학교, 노동, 오락 및 놀이, 보건, 특수보호 등과 같은 아동의 욕구 모두를 동시에 고려해야 함을 의미한다. 아동을 둘러싼 가능한 한 모든 환경의 조사를 토대로 가능한 한 모든 서비스의 통합적 제공이 이루어져야 한다는 것이다.

5. 전문성의 원칙

아동복지는 아동복지 전문가와 전문기관에 의해서 이루어져야 한다는 원칙이다. 아동복지는 아동과 이를 둘러싼 환경의 이해를 토대로 모든 아동의 행복을 위해 노력하는 공·사단체 및 전문가의 전문화된 서비스이다. 아동복지 관련 종사자들은 전문직으로서의 자질과 윤리의식을 갖추어야 한다. 아동복지법 및 영유아보육법 등에서 아동복지 관련 종사자들에 관한 자격 규정을 두고 있으나 아직 우리나라의 경우 아동복지를 전문으로 하는 전문가들의 수와 그 양성기관이 많지는 않다. 그럼에도 불구하고 아동복지의 중요성이 강조되고 있는 요즘 아동복지 전문가를 필요로 하는 현장은 점차 증가하고 있는 실정이다. 아동복지의 전문성을 확보하기 위해 아동복지 전문가에 관한 보다 구체적인 규정과 더불어 이들을 양성할 수 있는 전문교육기관이 증가해야 할 것이다. 아울러 아동과 그 부모를 대상으로 하는 전문아동복지관이 증가하여 지역사회 아동들의 복지 향상에 기여해야 할 것이다. 뿐만 아니라 기존의 아동복지시설들을 보다 전문화할 수 있는 방안이 모색되어야 하며 아동과 부모의 욕구를 보다 전문적으로 충족시킬 수 있는 아동복지 관련기관들이 지속적으로 증가되어야 하며, 이에 관한 국가의 정책적 지원이 확대되어야 할 것이다.

제6장

제도적 접근을 통한 실천방법

Child Welfare

제1절 아동복지정책

제2절 아동복지 관련법

제3절 아동복지행정

제1절 아동복지정책

1. 아동복지정책의 개념

『사회복지사전』에 의하면 '정책이란 추상적으로 어떤 특정 목적을 달성하기 위한 방침'을 말하는데, 최근에는 계획과 같은 의미로 사용되는 경우가 있다. 사회복지정책이란 넓은 의미에서는 사회복지의 추진 · 수행을 위한 국가 · 지방 공공단체 혹은 기타 공 · 사의 제 단체 · 기관의 방침(계획)으로 간주될 수 있으나, 협의로는 국가 · 지방 공공단체가 계획하는 사회복지의 목적 달성을 위한 방법, 절차 등을 포함한 방침으로 한정하는 경우가 많다. 그리고 이 정책을 구체적으로 수행하기 위한 방법, 절차 등을 명확히 정한 것을 일반적으로 제도라고 부르고 있다(대구대학교, 1995).

사회복지정책이 무엇이냐에 대해서는 학자들의 견해가 다르기 때문에 합의된 정의는 없다. 이유는 두 가지로 들 수 있다. 하나는 사회복지의 개념에 대한 합의가 없다는 점 때문이고, 다른 하나는 정책에 대한 정의에서도 학자들의 견해가 엇갈리고 있기 때문이다. 사회복지정책은 크게 두 가지 측면에서 이해될 수 있는데, 첫째는 사회복지정책을 사회복지에 대한 행동계획으로 이해하는 것이고, 둘째는 사회복지정책을 사회복지에 대한 정부 또는 공공의 정책으로 이해하는 측면이다. 다시 말하면 사회복지정책이란 특정한 사회적 욕구를 해결하기 위한 정부나 공공기관의 계획과 행동으로 볼 수 있다(김만두 · 한혜경, 1994). 그러나 사회적 욕구를 해결하기 위한 모든 계획과 행동을 사회복지정책이라고만 할 수 없을 것이다. 국가나 공공기관의 모든 정책을 사회복지 정책으로 본다면 사회복지 정책의 의미는 매우 광범위해지기 때문이다. 따라서 사회복지정책이란 사회복지에 대한 국가나 관련 공공단체 및 기관의 구체적인 행동계획 및 지침으로 한정하여야 할 것이다.

아동복지정책의 정의는 어떠한가? 앞의 여러 정의들을 종합해 볼 때 '아동복지정책은 아동과 그 가족을 위한 국가나 공 · 사단체 및 관련기관의 구체적인 행동지침 혹은 행동계획'이라고 할 수 있다. 그러나 아동복지정책이라 할 때 흔히 정부 또는 공공기관에 의해 행해지는 아동복지 방침으로 국가 차원의 아동복지 서비스 제공을 규정하는 계획과 행동으로 민간 차원의 정책을 제외한 공공정책을 아동복지

정책으로 보는 경우가 많다.

국가나 공공기관에 의해 이루어지는 아동복지정책의 대표적인 예는 사회보장제도를 들 수 있다. 사회보장제도는 우리나라의 경우 공공부조, 사회보험, 사회복지서비스로 구분하고 있으며, 외국의 경우 대표적인 사회보장제도로 사회보험과 공공부조 외에 사회수당을 들고 있다. 따라서 본 절에서는 사회보험과 공공부조 및 사회수당을 중심으로 아동복지정책을 살펴보기로 한다. 사회복지서비스와 관련된 내용은 '아동복지의 실천분야'에서 다루기로 한다.

2. 사회보장제도와 아동복지정책

1880년 이후 1900년대 초반까지를 복지국가의 탄생 시기라고 할 수 있다. 이 시기에 현대적 의미의 사회보장제도가 처음으로 출현하여 국민의 최저생활의 보장이나 질병, 노령 등의 예기치 않은 문제들에 대처하기 위한 국가적 차원에서의 방안이 모색되기에 이르렀다. 사회보장제도란 공공부조, 사회보험, 사회수당이나 사회적 서비스를 통하여 국민의 최저생활을 보장하고 실업이나 질병, 노령 및 산업재해 등의 문제로부터 소득의 상실을 보충하기 위한 다양한 보장제도를 의미한다. 따라서 전 세계 대부분의 국가에서 차이는 있으나 각 국가의 사정에 따라 다양한 사회보장제도를 실시하고 있으며, 이는 국가의 복지정책의 핵심이라고 할 수 있고 한 국가의 복지정책의 방향을 짐작할 수 있는 지표가 된다.

사회보장제도는 일반적으로 아동에게 간접적으로 적용되는 경우, 즉 부모나 가족을 대상으로 하는 경우와 아동을 직접적인 수혜자로 하는 경우가 있다. 미국의 AFDC(Aid to Families with Dependent Children: 요부양아동 가족부조)는 대표적인 공적부조 프로그램으로 빈곤계층의 부양아동가정을 위한 사회보장제도로서 아동을 대상으로 하는 직접적인 아동복지정책이라 할 수 있다. 기타 가족(아동)수당을 비롯한 다양한 아동 관련 수당제도와 우리나라의 소년소녀가정세대에 대한 공공부조 등이 그 예에 속한다. 반면 실업(고용)보험이나 의료(건강)보험 등의 사회보험과 빈곤계층을 위한 공공부조 등은 아동과 간접적으로 관련된 복지정책들이라 할 수 있다. 공공부조 · 사회보험 · 사회수당을 비교 · 정리하면 〈표 6-1〉과 같다.

<표 6-1> 사회보장정책 비교

범 주	사회보험	공공부조	사회수당
재원	기여	비기여/세입	비기여/세입
대상 선정 기준	비자산조사	자산조사	비자산조사
	비인구학적	비인구학적	인구학적
급여 형태	현금, 현물	현금, 현물	현금
시장 원리	시장에서의 위치 반영	비반영	비반영
관리 주체	중앙정부	중앙, 지방정부	대체로 중앙정부

1) 공공부조

공공부조(public assistance)란 사회보장제도의 하나로서 모든 국민이 인간다운 생활을 영위하도록 하기 위해 국가 및 지방자치단체의 책임하에 생활유지능력이 없거나 생활이 어려운 국민의 최저생활을 보장하고 자립을 지원하는 제도를 말한다. 공공부조란 공적부조, 사회부조, 국민부조, 빈곤구제정책, 무기여소득보장정책 등의 이름으로 일컬어지고 있으나 우리나라에서는 1995년 사회보장기본법이 제정되면서 공식적으로 그 명칭을 '공공부조'라 칭하게 되었다(김기원, 2000).

아동복지와 관련한 공공부조의 대표적인 예로 미국의 정책을 살펴보면, 우선 가장 대표적인 것으로 AFDC를 들 수 있다. 미국과 같이 사회복지 지출 총액에서 공공부조가 차지하는 비중이 높은 나라의 경우에는 복지개혁이 바로 공공부조의 개혁을 뜻하게 되는데, 실제로 미국의 복지 국가체제는 사회보험과 공공부조가 철저히 분절되어 있을 뿐만 아니라, 공공부조의 비중이 무척 커서 '공공부조 국가(The Public Assistance State)' 라는 지적을 받을 정도이다. 그중에서도 공공부조의 대종을 이루는 AFDC 프로그램(김종일, 2000)은 미국 사회의 지속적인 관심과 비판을 받아 온 대표적인 아동 및 가족정책이라 할 수 있다. AFDC는 1935년 사회보장법에 의해 도입되어 부양 아동이 있는 한부모가족들을 기본적인 지원 대상으로 하고 있으며 국가나 주정부의 막대한 예산 지출을 통해 이루어져 왔다. 따라서 1996년 「개인책임과 근로기회조정법(Personal Responcibility and Work Opportunity Reconciliation Act: PRWORA)」의 통과로 인해 AFDC는 폐지되고 한시적 보호제도인 TANF(Temporary Assistance to Needy Families: 임시적 빈곤가족부조)로 바뀌었다. TANF는 미취업상태의 성인취업자는 급여 개시 2개월 후부터 지역사회 공공근로에 참여해야 하며, 2년이 지나면 반드시 취업을 해야 하고, 수급 기간이 총 5년을 초과할 수 없도록 제한하고 있다.

TANF의 수급 자격은 다음과 같다(김기원, 2000).

- 아동은 반드시 부모 가운데 한 사람 또는 부모 모두의 사망, 부재, 무능력, 그리고 실업으로 인해 부모의 부양을 받을 수 없어야 한다.
- 반드시 18세 미만이어야 한다.
- 아동은 반드시 미국 시민이거나 1996년 8월 22일 이전에 받아들여진 합법적 영주권자이어야 한다. 아동은 한 주(州) 내에서 반드시 부모나 가까운 친척과 함께 살아야 한다. 가족은 반드시 미국의 보건복지부의 기준에 따라 재정적인 빈곤상태에 있어야 한다.

아동과 관련된 미국의 공공부조의 다른 예로, 부모 · 영유아 보충적 영양 프로그램(Women, Infants, and Children Supplemental Nutrition Program: WIC)이 있다. WIC의 목적은 저소득 부녀, 영아 및 어린 아동들의 영양을 향상시키는 것이고, 임신모, 모유양육모, 출산모, 영아 및 5세까지의 아동에게 보조식품을 제공하는 실질적인 영양교육 프로그램(김기원, 2000)으로 빈곤계층의 가족이 수혜자가 된다.

이 외에도 의료보호(medicaid)를 들 수 있다. 공공부조 대상자에게 연방정부의 재정으로 의료보호를 제공하는 것으로 저소득 가족, 저소득 노인, 장애인들이 의료서비스를 받으면 치료비를 상환해 주는 제도이다. 또한 식품권 제도(food stamp program)가 있어 빈곤계층의 영양수준을 유지하기 위해 식료품으로 교환할 수 있는 쿠폰을 제공하는 식품권 제도가 오늘날까지 지속되어 오고 있다.

영국의 경우 저소득층의 소득을 보조해 주는 소득보조(income support)제도와 부양아동이 있는 저소득 가족에게 소득을 지원해 주는 가족공제(family credit)제도가 있으며, 일본의 경우는 우리나라의 공공부조와 유사한 생활부조, 주택부조, 교육부조, 의료부조, 출산부조, 생업부조, 장제부조 등이 있다.

2) 사회보험

사회보험에 의한 아동복지정책은 아동을 직접 대상으로 하기보다는 가정의 소득을 지원함으로써 간접적으로 이루어지는 경우가 대부분이다. 이에 속하는 대표적인 사회보험으로는 실업보험, 장애보험, 연금 등이 있다.

실업보험은 가계의 수입이 중단될 경우 가족에게 소득을 지원함으로써 위험에 놓인 아동을 간접적으로 지원하는 것으로 2차 세계대전 이후 도입되기 시작한 사회보험제도이다. 정부가 강제성을 가지고 사용자와 피용자를 통해 받은 기여금을 통해 실업 이후 실업수당으로 실직가정을 지원하는 것으로 우리나라(고용보험)를 포함한 선진 복지국가에서 대부분 실시하고 있는 제도이다.

부모의 퇴직, 장애, 사망 등으로 인한 소득 단절은 아동에게 심각한 경제적 위협이 된다. 각 나라에서 다양한 형태로 실시되는 연금, 장애, 사망보험 등은 아동의 경제적 위기 상황을 지원하는 간접적 소득지원 효과를 가지고 있는데, 이에 속하는 대표적인 것으로 미국의 OASDHI(The Old Age, Survivors, Disability, and Health Insurance Provisions)를 들 수 있다. OASDHI는 퇴직, 사망, 영구 장애자가 되었을 경우 본인과 그 가족의 소득을 보장하는 미국의 가장 기본적인 프로그램이다(김현용 외, 1997). 민간기업의 사용자, 피용자, 자영업자가 강제적용되며 퇴직 시 노령급여, 사망 시 유족급여, 장해 발생 시 장해급여 등이 있다.

스웨덴의 경우에는 사회보험 중 건강보험의 일환으로 부모보험제(혹은 부모휴직제)를 실시하고 있다. 부모보험제는 부모가 자녀를 출산했을 때 부모가 자녀를 돌보기 위해 집에 머무를 수 있도록 수입의 80%를 보전해 주는 부모급부금을 제공한다. 아울러 12세 이하의 자녀가 아프거나 규칙적으로 자녀를 돌보는 사람이 아플 때도 부모가 자녀를 돌볼 수 있도록 하고 일시적인 부모현금 지원이 이루어진다(김주숙, 2000). 중요한 것은 이러한 부모보험제(부모휴직제)를 국가적 차원에서 사회보험의 형태로 실시한다는 점과 집에서 머문 후에 다시 직장에 복귀할 수 있기 때문에 고용에 대한 여성의 불안이 적다는 점, 오히려 자녀 출산 이전에 취업하는 여성이 많다는 점에서 스웨덴의 여성경제활동인구의 비율이 다른 어떤 나라보다도 높다는 것을 알 수 있다.

3) 사회수당

우리나라 사회보장기본법에 따르면 사회보장제도란 사회보험, 공공부조, 사회복지 서비스 및 관련 복지제도를 말한다. 그러나 선진 복지국가의 경우 여기에 사회수당(demagrant)을 더하여 사회보장제도를 실시하고 있다. 사회수당이란 경제 수준, 가족 상황, 고용 상태 등의 어떤 조건과도 상관없이 한 국가의 전체 국민 혹은 아동이나 노인, 장애인과 같은 특정 집단의 대상 모두에게 국가가 일정한 수준의 서비스 혹은 경제적 지원을 제공하는 보편적 수준의 사회보장제도를 의미한다.

대표적인 사회수당으로 가족수당을 들 수 있다. 아동이 있는 가정에게 현금으로 지불되는 것으로 아동에 대한 국가적 책임을 강조한 대표적인 아동 및 가족정책이라 할 수 있다. 가족수당(family allowance)은 아동수당(child allowance, child benefit)과 동의어로 사용된다. 가족수당의 발달 배경을 보면 19세기 말과 20세기 초 임금보조의 수단으로 시작되었다가 1930년대 이후에는 출산을 장려하는 정책으로 그 목적이 변화되었으며 2차 세계대전 이후부터 복지국가의 출현과 더불어 사회보장제도의 일환으로 본격적인 '아동 및 가족 정책' 개념으로 자리잡기 시작하였다. 현재 대부분의 서유럽 국가, 즉 영국, 프랑스, 독일, 스위스, 스웨덴, 네덜란드, 노르웨이, 스페인, 벨기에, 덴마크, 룩셈부르크, 포르투갈, 이탈리아, 그리스, 그리고 헝가리, 호주, 캐나다, 이스라엘 등이 가족수당제도를 실시하고 있다. 포르투갈에서는 14세, 영국·스페인·독일은 16세, 네덜란드 17세, 이외 국가에서는 18세까지 지급되고 있으며 직업교육이나 상급학교 진학 시 연장 지급되는데, 영국 19세, 프랑스 20세, 그리스 22세, 포르투갈·네덜란드·룩셈부르크·벨기에는 25세, 이탈리아 26세, 독일 27세까지이다. 그러나 이들 국가의 가족수당의 내용은 매우 다양하며 벨기에의 조사연구에 의하면 프랑스와 벨기에가 최선두에 있는 것으로 평가되었다(현택수, 1997).

가족수당은 아동이 있는 모든 가정의 소득을 보편적으로 보완하는 것으로 자산조사나 취업의 유무에 상관없이 제공되므로 아동양육비를 실질적으로 보조해 주는 기능을 하고 있다.

가족수당 외에 사회수당의 대표적인 예는 의료보장으로서 영국의 국민보건서비스(National Health Services)를 들 수 있다. NHS는 의료서비스를 받는 사람의 어떤 조건에도 상관없이 필요로 할 때면 언제나 누구든지 무료의 의료서비스를 제공받는 것이다. 1948년부터 시행되어 온 영국의 의료보장은 전 국민을 대상으로 한 포괄적인 의료서비스로서 이를 운영하기 위해서는 막대한 재원이 소요되기 때문에 이를 실시하고 있는 국가가 많지 않다. 영국과 영연방 일부 국가 및 이탈리아 등에서 실시되고 있다.

3. 한국의 사회보장제도와 아동복지정책

우리나라는 사회보장제도로서 공공부조, 사회보험, 사회복지 서비스를 실시하고 있으며, 가족수당과 같은 사회수당제도는 이루어지고 있지 않다. 공공부조와 사회보험은 아동을 직접적인 대상으로 하기보다는 아동이 속한 가족을 대상으로 지원되고 있다고 볼 수 있으며, 직접적인 보호와 지원은 다양한 아동복지 서비스를 통해 이루어지고 있다고 할 수 있다. 아동복지 서비스와 관련된 사항은 '아동복지 분야' 에서 다양한 아동복지사업을 고찰하고 있으므로 본 장에서는 생략하기로 한다.

한국의 아동복지정책은 크게 두 가지의 측면에서 검토될 수 있다. 하나는 대표적인 복지제도인 사회보장제도(공공부조와 사회보험)의 고찰을 통해 아동복지의 현주소를 파악하는 것이고, 다른 하나는 아동복지의 다양한 사업, 즉 입양, 가정위탁, 시설보호, 보육, 학대피해아동 보호 등 구체적인 사업별로 각각의 관련 정책들을 고찰하는 것이다. 앞에서도 언급한 바와 같이 후자는 아동복지 분야에서 구체적인 사업별로 고찰하게 되므로 본 절에서는 사회보장제도 중 공공부조와 사회보험을 통한 아동복지정책의 내용을 고찰하고, 아동복지 서비스는 분야별 정책의 주요 내용을 간략하게 살펴본다.

먼저 우리나라 아동 관련 사회보장 체계를 정리하면 [그림 6-1]과 같다.

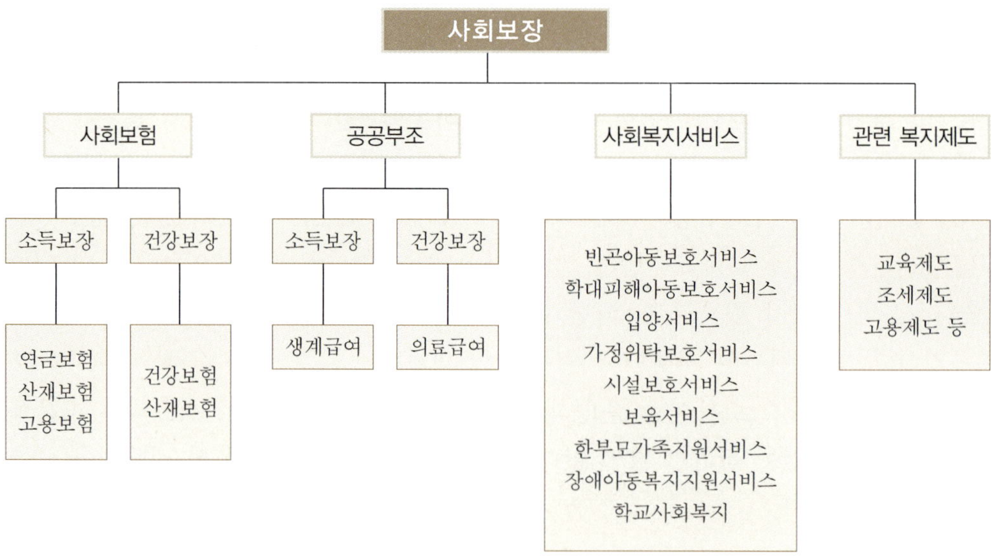

[그림 6-1] 우리나라 아동 관련 사회보장 체계도

다음은 해방 후 우리나라 아동정책의 변천 과정을 살펴보았다.

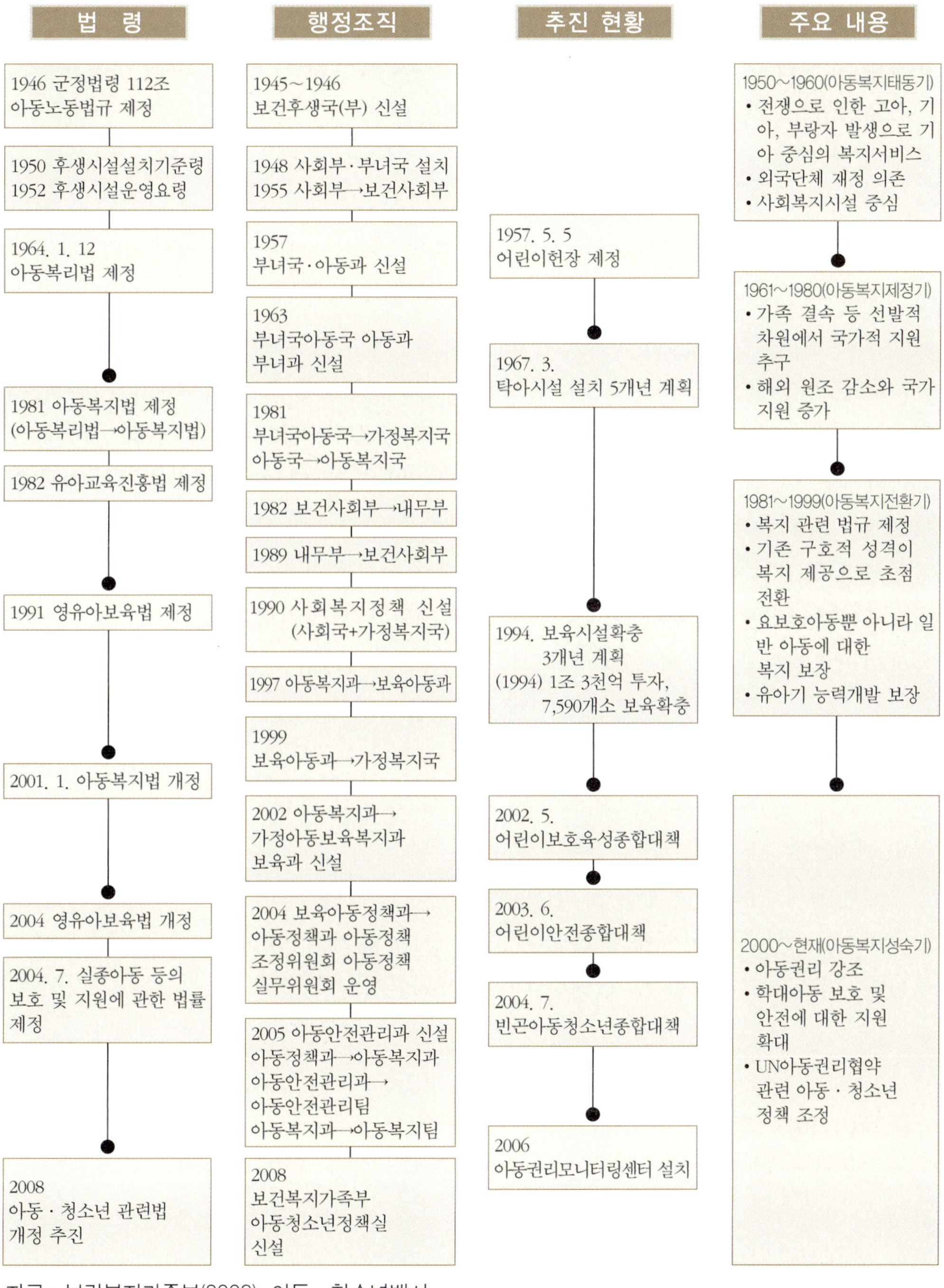

자료 : 보건복지가족부(2008). 아동 · 청소년백서

[그림 6-2] 우리나라 아동정책의 변천 과정

1) 공공부조와 아동복지

한국의 공공부조는 1961년 제정된 생활보호법을 근간으로 한 생활보호사업과 1977년 제정된 의료보호법을 중심으로 한 의료보호사업을 들 수 있다. 생활보호법은 노령, 질병, 기타 근로능력의 상실로 생활유지능력이 없는 자, 생활이 어려운 영세민 등에 대한 보호와 그 방법을 규정하여 실시되어 왔다. 그러나 생활보호대상자의 범위가 18세 미만 65세 이상이거나 근로무능력자로서 부양의무자가 없는 사람을 대상으로 실시되어 왔으므로 그 지원 대상의 범위는 매우 한정적이었다. 따라서 가난하고 부모로서의 역할을 제대로 수행할 수 없는 부모의 자녀나 부모가 없는 영세한 18세 미만의 아동 및 시설아동 등이 생활보호의 보호대상자가 되어 왔다.

1982년 전면개정을 통해 보호대상자의 범위와 보호 종류 등에서의 확대를 통해 1999년까지 지속되어 오던 생활보호법은 2000년 들어 새로운 변화를 맞이하게 되었는데, 대량실업과 같은 사회경제적 여건의 변동으로 인해 절대적 빈곤상태에 놓이게 된 18세 이상 64세 이하의 국민들에게도 공공부조의 혜택을 주고자 국민기초생활보장제도가 확립되었다. 따라서 기존의 생활보호법은 전면 개정을 통해 국민기초생활보장법으로 대체되었으며, 2000년 10월부터 실시되었다.

국민기초생활보장법에 의해 주어지는 급여의 종류로는 생계급여, 주거급여, 의료급여, 교육급여, 해산급여, 장제급여, 재활급여로서 이를 살펴보면 다음과 같다(김기원, 2000:192-194).

① 생계급여

수급자에게 의복 · 음식물 및 연료비와 기타 생활에 기본적으로 필요한 금품을 지급하여 그 생계를 유지하게 하는 것으로 한다. 생계급여는 금전을 지급함으로써 행한다. 다만, 이에 의할 수 없거나 이에 의하는 것이 적당하지 아니하다고 인정하는 경우에는 물품을 지급함으로써 행할 수 있다.

② 주거급여

수급자에게 주거안정에 필요한 임차료, 유지수선비 기타 대통령령이 정하는 수급품을 지급하는 것으로 한다. 주거급여의 기준 및 지급 절차 등에 관하여 필요한 사항은 보건복지부령으로 정한다.

③ 의료급여

별도의 법률인 의료보호법에서 정한다. 의료보호는 국가재정으로 의료 혜택을 제공함으로써 국민보건 향상에 기여하는 제도이다. 의료급여는 모든 질병이나 부상에 대하여 진찰, 처지, 수술, 분만 기타의 치료 약제 또는 치료 재료의 지급, 의료시설에의 수용, 간호, 이송, 기타 의료 목적 달성을 위한 조치 등을 지급하는 것으로 한다.

④ 교육급여

수급자에게 입학금 · 수업료 · 학용품비 · 기타 수급품을 지원하는 것으로 하되, 학교의 종류, 범위 등에 관하여 필요한 사항은 대통령령으로 정한다. 교육급여는 금전 또는 물품을 수급자 또는 수급자의 친권자나 후견인에게 지급함으로써 행한다. 다만 보장기관이 필요하다고 인정하는 경우에는 수급자가 재학하는 학교의 장에게 수급품을 지급할 수 있다. 이에 따라 학령전 아동들의 경우 저소득층 영유아 보육사업의 일환으로 만 5세 아동의 무상보육 및 교육이 단계적으로 확대 실시되고 있다. 아울러 저소득 계층의 중 · 고등학생 및 소년소녀가정세대, 시설아동에 대한 학비지원의 혜택이 점차 확대 실시되고 있다.

⑤ 해산급여

수급자에게 조산(助産)과 분만 전 · 후의 필요한 조치와 보호를 행하는 것으로 한다. 해산급여는 보장기관이 지정하는 의료기관에 위탁하여 행할 수 있다.

⑥ 장제급여

수급자가 사망한 경우 사체의 검안 · 운반 · 화장 또는 매장 · 기타 장제조치를 행하는 것으로 한다. 장제급여는 실제로 장례를 행하는 자에게 장제에 필요한 비용을 지급함으로써 행한다.

⑦ 자활급여

수급자의 자활을 조성하기 위하여 다음 급여를 행하는 것으로 한다. 자활에 필요한 금품의 지급 또는 대여, 자활에 필요한 기술 습득의 지원, 취업 알선 등 정보의 제공, 공공근로 등 자활을 위한 근로 기회의 제공, 자활에 필요한 시설 및 장비의 대여, 기타 대통령령이 정하는 자활 조성을 위한 각종 지원, 자활급여는 관련 공공 또는 민간기관 및 시설에 위탁하여 이를 수행할 수 있다. 이 경우 그에 소요되는 비용은 보장기관이 이를 부담한다.

생활보장과 더불어 공공부조의 또 다른 하나는 의료보장이다. 한국의 의료보장은 의료보호법에 의거하여 실시되고 있는데, 의료보험과 달리 자신의 질병 치료를 위한 경제적 능력이 없는 사람들에게 지급되는 국가적 차원에서의 의료보호를 의미한다. 의료보호 대상자의 범위는 국민기초생활보장법에서 규정한 기초생활보장 수급자, 독립 및 국가유공자, 중요 무형문화재 보유자와 그 가족, 이재자(재해구호 대상자), 의상자 및 의사자 유족(타인의 생명, 신체 또는 재산의 급박한 위해를 구제하다가 신체적 부상을 입거나 사망한 자와 그 가족), 북한이탈주민과 그 가족, 광주민주화운동 관련자와 그 가족이 해당된다.

2) 사회보험과 아동복지

한국의 사회보험은 산업재해보상보험, 국민연금, 의료보험, 고용보험이 있다. 산업재해보상보험은 가장 먼저 도입된 보험으로 노동자들의 근무 중 사고로 인한 질병이나 장애 및 사망 등에 대한 보호를 위해 사용자부담 원칙에 입각하여 국가가 관리하는 보험제도이다. 산업재해를 당한 노동자가 받을 수 있는 급여의 종류로는 요양급여, 휴업급여, 장해급여, 유족급여, 상병보상급여, 장의비, 특별급여 등이 있다. 장해급여나 유족급여는 부양능력을 상실한 가족의 자녀양육을 보호한다는 의미에서 아동에 대한 소득지원이 이루어지는 급여라 할 수 있다.

국민연금은 전 국민을 수혜 대상자로 하여 노령 및 기타 장해로 인해 근로능력이 상실된 이후를 대비하여 국가가 가입자인 전 국민을 대상으로 보험금을 거둬들여 이를 가입자가 일정 연령 혹은 일정 수준의 지급 기준 상황에 처하였을 경우 지급하는 제도이다. 급여의 종류로는 노령연금, 장해연금, 유족연금, 장해일시보상금, 반환일시금 등이 있다. 이 중에서 유족연금은 수급자의 가족 및 그 자녀의 생활을 보장한다는 의미에서 아동에 대한 소득 이전의 효과가 크다고 할 수 있다.

건강보험은 전 국민을 대상으로 질병을 예방하고 질병 발생 시 경제적 부담 없이 효과적인 치료와 처치를 받을 수 있도록 국가가 보호하는 보험제도이다. 따라서 전 국민 대상의 건강보험 실시는 1990년 이후 우리나라의 아동 대부분이 의료서비스를 적절히 받을 수 있도록 하였으며 이에 대한 가계의 부담이 줄게 되었다. 의료보험의 급여는 의사의 진료와 치료, 이와 관련된 서비스로서 진료, 약제 지급, 처치 등의 요양급여, 분만급여가 있으며, 분만수당이나 장제비 등의 부가급여가 있다.

고용보험은 실업으로 인한 소득의 상실을 대비하여 사용자의 보험비용 부담에 의해 실시되고 있으며, 실업 이후 일정 기간 동안 생계보조를 받게 된다. 따라서 부모의 실업으로 인해 정신적 고통은 물론 물질적 빈곤과 교육 여건의 문제 등 다양한 위기 상황에 놓이게 되는 아동들을 위한 간접적인 지원 효과가 있는 제도이다.

아동 관련 사회보험서비스의 현황을 〈표 6-2〉와 같이 정리하였다.

〈표 6-2〉 아동 관련 사회보험서비스 현황

구 분		근 거	아동 관련 급여 내용
연금	국민연금	국민연금법(1986. 12. 31) ←국민복지연금법(1973. 12. 24)	• 장해연금 • 유족연금
	공무원연금	공무원연금법(1960. 1. 1)	• 장기급여 中 장해급여, 유족급여 • 단기급여(요양비)
	사립학교 교원연금	사립학교교원연금법 (1973. 12. 30)	• 상동
	군인연금	군인연금법(1963. 1. 28)	• 상이연금 • 유족급여 • 재해보상금
건강보험		국민건강보험법(1999년)	• 진찰, 수술, 치료 및 약제의 지급 • 입원, 간호, 이송
산재보험		산업재해보상보험법 (1963. 11. 5)	• 요양급여 • 휴업급여 • 장해급여 • 유족급여 • 실업급여
고용보험		고용보험법(1993. 12. 27)	• 고용안정사업 • 직업능력개발사업

3) 아동복지 서비스

제3부 아동복지 실천분야에서 아동복지 서비스 각각에 관해 구체적으로 다루겠으나, 본 절에서는 우리나라 아동복지 서비스에 대해 개괄적으로 검토해 보았다. 분야별 아동복지 서비스의 주요 급여 내용을 대상별로 정리하면 〈표 6-3〉과 같다.

<표 6-3> 아동복지 서비스의 급여 내용

<table>
<tr><th colspan="2" rowspan="2">대 상</th><th colspan="3">주요 급여 내용</th></tr>
<tr><th>경제적 지원(현금)</th><th colspan="2">복지서비스</th></tr>
<tr><td rowspan="3">보호대상아동</td><td>시설(연장, 퇴소) 아동</td><td>- 국민기초생활보장법에 의한 생계급여(생계 및 교육 보호)
- 부가급여(관리운영비) : 1인당 월 7만 원
- 결연사업을 통한 후원금 지급(한국복지재단 위탁 운영)
- 시설퇴소아동 자립지원 : 지방이양사업(자립지원금 지급), 자립지원 센터 운영
- 아동발달지원계좌(CDA) : 월 3만 원
- 시설보호 외에 그룹홈(공동생활가정) 지원 : 현 248개소</td><td>수용 · 보호서비스, 자립지원서비스, 생활상담서비스 등</td><td rowspan="3">아동복지법에 의한 아동복지시설 서비스

- 아동양육시설
- 아동일시보호시설
- 아동보호치료시설
- 공동생활가정
- 자립지원시설
- 아동상담소
- 아동전용시설
- 지역아동센터

*아동위원(시, 군, 구에 배치)에 의한 요보호아동 발생 예방</td></tr>
<tr><td>입양아동</td><td>- 장애아동 입양 시 양육보조금(1인당 월 551천 원씩) 및 의료비(2520천 원/인. 년) 지원, 무료진료(국립의료원)
- 입양 수업료 및 입학금 면제(중, 고생)
- 주택분양 및 전세금 지원
- 의료급여법에 의한 의료급여 또는 요양비에 대한 본인부담금
- 국민건강보험법에 의한 요양급여 또는 요양비에 대한 본인부담금
- 사회복지사업법, 장애인복지법, 정신보건법 등 다른 법령에 의하여 제공되는 진료, 상담, 재활 및 치료에 소요되는 비용 등 본인부담금
- 입양 수수료 지원 : 입양가정에 입양수수료 지원(13세 미만, 200만 원/회)
- 입양아동 양육수당 지원 : 입양가정에 대한 양육수당 지원(13세 미만, 1인당 월 10만 원)
- 입양가족단체 지원(한국입양홍보회)</td><td>입양아동 보호 및 가정위탁 보호 서비스,

입양정보센터운영(해외 입양아에 대한 서비스)</td></tr>
<tr><td>가정위탁아동</td><td>- 국민기초생활보장법에 의한 수급자 선정 기준에 따라 생계, 교육 등 해당 급여 제공 : 위탁아동을 국민기초생활법에 의한 수급권자로 선정(위탁아동 지원)
- 아동 1인당 월 7만 원의 양육보조금 지원 : 대상가정의 기초생활보장 수급 여부와 관계없이 지급(위탁가정 지원)
- 결연후원금 지급
- 아동발달계좌 지원
- 가정위탁아동 상해보험료 지원 : 100천 원/인, 년
- 아동발달지원계좌 : 가정위탁 아동 월 3만 원
- 대리양육, 친인척위탁가정 전세자금 지원(건교부)</td><td>아동보호 및 양육서비스,

가정위탁지원센터(17개소)를 통한 가정위탁관리, 부모교육 서비스 등</td></tr>
</table>

<table>
<tr><th colspan="2" rowspan="2">대 상</th><th colspan="3">주요 급여 내용</th></tr>
<tr><th>경제적 지원(현금)</th><th colspan="2">복지서비스</th></tr>
<tr><td rowspan="3">보호대상아동</td><td>장애아동</td><td>- 장애아동수당 : 국민기초생활보장법상의 수급자 및 차상위계층의 18세 미만 재가 등록 장애아동(기초수급 중증 장애인-1인당 월 20만 원, 기초수급 경증 장애인-1인당 월 10만 원, 차상위 중증 장애인-1인당 월 15만 원, 차상위 경증 장애인-1인당 월 10만 원)
- 장애인 자녀 교육비 : 중·고등학생 입학금 및 수업료 전액, 고등학생의 교과서대(106천 원, 연 1회), 중학생의 부교재비(32천 원, 연 1회), 중학생, 고등학생 학용품비(44천 원, 학기당 22천 원씩 연 2회)
- 의료비 : 의료급여법에 의한 의료급여 대상자인 장애인
- 장애아 보육 : 취학전 장애아 무상 보육, 장애아 보육시설 지원
- 아동발달지원 계좌-장애인 시설 아동</td><td>교육서비스 : 장애인 등에 대한 특수교육법에 의거, 초·중학교 의무교육 보장, 유아교육 및 고등교육은 무상으로 확대,

장애인복지법에 의거 장애인복지시설을 통한 보호, 의료, 생활지도와 기능회복훈련 등의 서비스</td><td rowspan="3">아동복지법에 의한 아동복지시설 서비스

영유아보육법, 한부모가족지원법 등에 의한 시설 서비스</td></tr>
<tr><td>학대피해아동</td><td>- 학대아동 중 위탁아동 : 양육수당지급(위탁아동 지원과 동일)
- 아동복지법에 의한 아동보호전문기관 비용보조(인건비, 운영비, 사례관리 프로그램 운영, 학대아동치료비, 학대예방홍보비, 성학대전문상담원 양성 교육비 등)</td><td>아동보호전문기관(아동학대예방센터 위탁 운영 : 20개소)을 통한 학대 예방 및 치료, 개입서비스, 그룹홈(아동학대예방센터 직영)을 통한 보호, 양육서비스, 위탁양육서비스</td></tr>
<tr><td>실종아동</td><td>- 실종아동 전문기관(1개소) 지원(인건비, 운영비 등)
- 일시보호시설 설치 운영(1개소)</td><td>실종아동 전문기관과 일시보호시설을 통한 서비스(일시보호 및 부모 찾기 서비스, 가족 지원서비스, 예방 및 홍보서비스, 긴급방송프로그램 서비스 등)</td></tr>
</table>

<table>
<tr><th colspan="2" rowspan="2">대상</th><th colspan="3">주요 급여 내용</th></tr>
<tr><th>경제적 지원(현금)</th><th colspan="2">복지서비스</th></tr>
<tr><td rowspan="3">보호대상아동</td><td>한부모가정아동</td><td>- 한부모가족지원법에 의한 자녀양육비 및 학비 지원, 생업자금 융자
- 국민기초생활보장법에 의한 생계급여
- 결연후원금 지급</td><td>한부모복지시설(보호, 자립지원시설)을 통한 자활 및 자립서비스, 급식지원서비스</td><td rowspan="5">상동</td></tr>
<tr><td>소년소녀가장아동</td><td>- 국민기초생활보장법에 의한 생계급여(주 · 부식비, 연료비, 피복비, 학비, 교통비 등)
- 의료급여법에 의한 의료급여
- 부가급여 : 월 7만 원 지급
- 결연후원금 지급
- 아동발달지원 계좌</td><td>방과후서비스, 위탁보호서비스, 후견인 지정, 급식지원서비스</td></tr>
<tr><td>빈곤아동</td><td>- 아동복지법에 의한 저소득층 아동 대상 지역아동센터(공부방) 운영
- 인건비, 운영비, 프로그램비 소요비용 국가 지원
- 급식지원-18세 미만 취학 및 미취학 저소득 가정 아동
- 지역아동센터에 아동복지 교사 파견
- 결연사업
- 아동발달지원 계좌</td><td>보호, 교육, 건전한 오락과 놀이의 제공, 급식 제공(종합적인 아동복지 서비스 제공)</td></tr>
<tr><td rowspan="2">일반아동</td><td>보육아동</td><td>- 보육료 지원 : 법정저소득층 자녀 및 기타 저소득층 자녀 보육료 지원, 만 5세아 무상 보육료 지원) 장애아 무상 보육료 지원</td><td>보육서비스</td></tr>
<tr><td>아동권리 및 안전사업, 기타 일반아동복지</td><td>- 아동 관련 행사지원-어린이날 행사, 어린이주간 행사
- 아동권리 및 홍보 모니터링-아동권리협약 이행 모니터링 위탁, 아동옴브즈퍼슨 등 아동권리 보호, 아동권리연구용역, 아동권리교육사업
아동안전사고예방 사업-연구개발 및 운영
- 사회보험제도에 의한 아동 급여(국민연금, 의료보험, 산재보험, 고용보험에 의한 아동 관련 급여)</td><td>어린이날 행사, 어린이주간 행사, 아동안전 및 권리 교육서비스</td></tr>
</table>

제2절 아동복지 관련법

1. 아동복지 관련법의 유형

아동복지의 거시적인 접근 방법 중 하나는 관련법 체계이다. 법은 사회질서를 유지하고 사회 구성원 모두의 권리를 보장하며, 이해관계의 갈등 등을 해결하는 수단으로서, 복지 측면에서의 관련법 체계 역시 복지 대상자의 욕구와 권리 및 문제를 해결할 수 있는 가장 기초적인 사회적 합의를 담고 있다. 아동복지와 관련된 법 체계 또한 직접적으로는 아동을 대상으로, 간접적으로는 아동이 포함된 가족이나 기타 아동과 관련된 구성을 대상으로 제정 혹은 개정되어 아동의 행복한 삶을 보장하고 있다. 아동복지정책과 서비스 및 프로그램을 수행하기 위해서는 근거법이 마련되어야 한다.

우리나라의 아동복지와 관련된 법 체계를 정리하면 [그림 6-3]과 같다. 우리나라의 아동복지 관련법 체계의 기초는 최상위 법인 헌법이다. 이 헌법에 근거하여 「사회보장기본법」, 「사회복지사업법」인 총괄적인 사회복지법이 존재하고, 아동복지의 기본법인 「아동복지법」과 다양한 아동복지 관련법이 존재한다.

아동복지의 관련법 중 가장 대표적인 법은 1961년 제정되어 오늘날에 이르고 있는 「아동복지법」이다. 아동복지법은 모든 아동들의 건강한 성장과 발달을 부모는 물론 국가와 사회가 함께 책임을 진다는 사회적 책임의 원칙을 표방한 핵심적인 법률이다. 아동을 일차적 대상으로 한 가장 직접적인 아동 관련법이다. 이 외에도 「영유아보육법」, 「입양특례법」, 「청소년보호법」, 「장애아동복지지원법」 등은 아동을 일차적 대상으로 이들의 복지와 관련된 사항을 규정한 대표적 법이며, 「한부모가족지원법」, 「모자보건법」 등은 가족 및 모성을 대상으로 한 법률로 아동에게 간접적인 영향을 주는 관련법이다. 기타 「국민기초생활보장법」, 「장애인복지법」, 「사회복지사업법」, 「국민연금법」, 「국민건강보험법」, 「가정폭력방지 및 피해자보호 등에 관한 법률」, 「남녀고용평등과 일 · 가정 양립지원에 관한 법률」 등을 아동복지 관련법으로 분류할 수 있다.

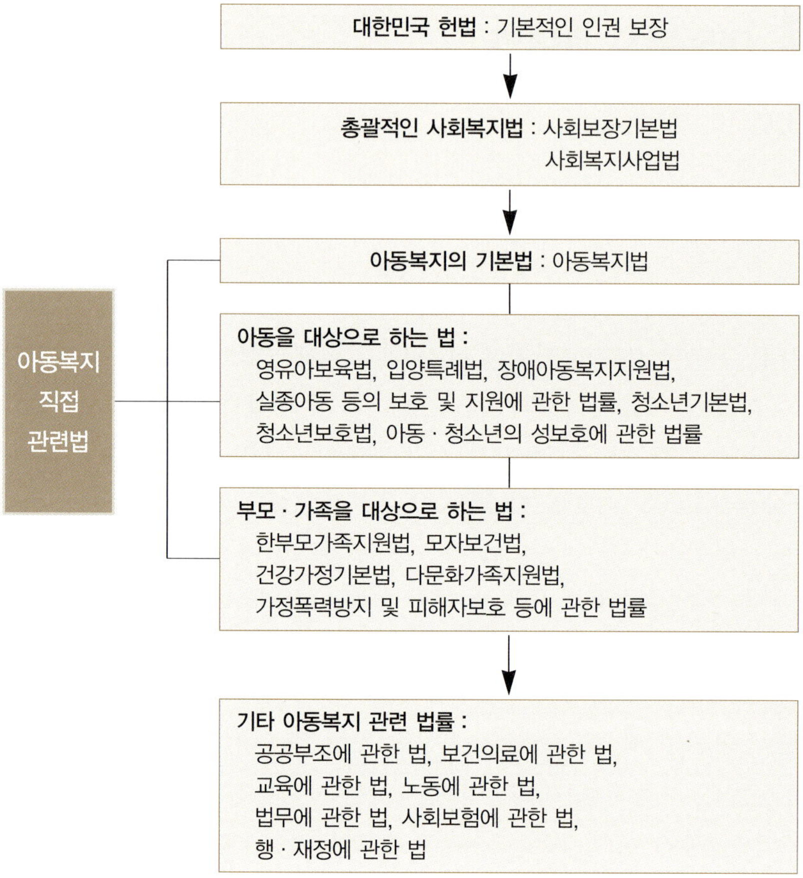

[그림 6-3] 우리나라 아동복지 관련법 체계

아동복지 관련법 체계는 아동을 직접적 대상으로 하는가 또는 간접적인 대상으로 하는가 등의 법의 기본 방향과, 보호대상아동을 중심으로 하는가 또는 일반아동 전체를 대상으로 하는가와 같은 대상 구분에 입각하여 분류할 수 있다.

<표 6-4> 아동복지 관련법의 유형 I

대상 / 기본 방향	보호대상아동	일반아동 (보호대상아동 포함)
아동을 일차적 대상으로 하는 법률	입양특례법 소년법 보호소년 등의 처우에 관한 법률 장애인 등에 대한 특수교육법 보호시설에 있는 미성년자의 후견직무에 관한 법률 실종아동 등의 보호 및 지원에 관한 법률 장애아동복지지원법	아동복지법 영유아보육법 청소년보호법 청소년기본법 청소년복지지원법 교육기본법 유아교육법 학교보건법 아동 · 청소년의 성 보호에 관한 법률
아동을 이차적 대상으로 하는 법률 (가족 및 모성을 일차적 대상으로 하는 법률)	한부모가족지원법 다문화가족지원법 가정폭력방지 및 피해자보호 등에 관한 법률	모자보건법 저출산 · 고령사회기본법 건강가정기본법
기타 아동복지 관련 법률	국민기초생활보장법 산업재해보험법 장애인복지법 장애인고용촉진 및 직업재활법 정신보건법 의료급여법 성매매알선 등 행위의 처벌에 관한 법률	사회복지사업법 사회보장기본법 국민연금법 국민건강보험법 남녀고용평등과 일 · 가정 양립 지원에 관한 법률 근로기준법 지역보건법 민법

다음은 아동복지의 법 체계를 아동복지와 관련 있는 분야별로 고찰해 보았다.

〈표 6-5〉 아동복지 관련법의 유형 II

아동복지 분야	관 련 법
아동과 직접 관련되는 법	아동복지법, 영유아보육법, 한부모가족지원법, 모자보건법, 입양특례법, 청소년기본법, 청소년보호법, 청소년복지지원법, 장애아동복지지원법, 다문화가족지원법, 보호시설에 있는 미성년자의 후견직무에 관한 법률
공공부조 및 아동복지 서비스와 관련되는 법	국민기초생활보장법, 사회복지사업법, 사회보장기본법, 장애인복지법, 성매매알선 등 행위의 처벌에 관한 법률
보건의료와 관련되는 법	국민건강보험법, 의료급여법, 정신보건법, 지역보건법, 학교보건법
교육과 관련되는 법	교육기본법, 유아교육법, 장애인 등에 대한 특수교육법, 학교급식법
노동과 관련되는 법	근로기준법, 직업안정법, 최저임금법, 장애인고용촉진 및 직업재활법
법무와 관련되는 법	소년법, 보호소년 등의 처우에 관한 법률, 보호관찰 등에 관한 법률, 민법, 가족관계의 등록 등에 관한 법률, 가사소송법
사회보험에 관한 법	국민연금법, 고용보호법, 산업재해보상보험법, 국민건강보험법
행 · 재정에 관한 법	사회복지공동모금회법, 지방재정법

2. 아동복지 관련 주요 법률

1) 아동복지법

아동복지법은 1961년 아동복리법으로 제정되었다. 한국전쟁을 통해 발생한 전쟁고아, 빈곤아동, 부랑아동 등의 사회적 보호를 목적으로 제정되어 보호대상아동을 중심으로 한 아동복지사업의 발전에 기여하였다. 그러나 국가경제의 성장과 더불어 다양한 가족해체 및 가족문제가 발생하고 여성취업률이 증가하면서 아동문제가 보다 다양해짐에 따라 기존의 아동복리법은 보호대상아동의 복지를 해결하기에 한계가 발생하게 되었다. 그에 따라 1981년에 그 대상을 일반 아동 전체로 확대시키면서 그 명칭을 아동복지법으로 바꾸고, 아동 전체의 건전육성과 복지에 가족과 더불어 국가 및 사회가 책임질 필요가 있음을 강조하였다. 아울러 1998년의 개정에서는 아동상담소, 영아시설, 육아시설 등 아동시설을 설치하고자 할 때 종전의 시장 · 군수 · 구청장의 인가제를 신고제로 완화조치하였으며, 대통령령이 정하는 접객업소에 종사를 금지하는 아동의 연령을 14세에서 18세 미만으로 조정하였다.

이어 2000년에는 아동복지법이 전부 개정되었다. 개정 이유는 우리 사회의 아동복지 수요에 능동적으로 대응하고 최근 심각한 사회문제로 지적된 바 있는 학대아동에 대한 보호 및 아동안전에 대한 제도적 지원을 공고히 하기 위하여 아동복지지도원을 별정직공무원에서 사회복지전담공무원으로 그 신분을 변경하고, 아동학대에 대한 정의와 금지 유형을 명확히 규정하며, 아동학대에 대한 신고를 의무화하는 등 기타 현행 규정의 운영상 나타난 일부 미비점을 개선 · 보완하였다.

2004년에는 아동의 권리증진과 건강한 출생 및 성장을 위해 종합적인 아동정책을 수립하고 관계부처의 의견을 조정하며 그 정책의 이행을 감독하고 평가하기 위하여 국무총리 소속하에 아동정책조정위원회를 두도록 하고, 상습적으로 아동을 학대행위를 한 자 등에 대한 형을 2분의 1까지 가중하도록 하는 등 현행제도의 운영상 나타난 일부 미비점을 개선 · 보완하기 위해 일부 개정되었고, 2005년에는 보호를 필요로 하는 아동에 대한 가정위탁보호를 활성화할 수 있도록 가정위탁지원센터 등을 두고, 아동학대를 근절하기 위하여 현재 아동학대 신고의무자로 되어 있는 교원, 의료인, 아동복지시설 종사자 등의 자격취득 교육과정에 관계 중앙행정기관의 장으로 하여금 아동학대 예방 및 신고와 관련된 교육내용을 포함시키도록 하는 등 현행 제도의 운영상 나타난 일부 미비점을 개선 · 보완하기 위해 일부 개정되었고, 2006년과 2008년에 일부 개정되었다.

2011년에 전부 개정은 아동종합실태조사를 시행하여 그 결과를 바탕으로 아동정책기본계획을 수립 · 시행하고, 아동학대의 예방과 방지, 아동학대행위자의 계도를 위한 교육 등에 관한 홍보영상을 방송할 수 있도록 하며, 아동복지서비스의 안정적 추진을 위한 근거와 아동정책을 효과적으로 수행하기 위한 정책적 기반을 마련하여 아동의 복지증진을 통해 아동이 건강하고 행복하게 자랄 수 있도록 하고자 하였다.

2012년에 일부 개정에 이어 최근 2014년 1월에 일부 개정되어 아동학대에 대한 강력한 대처 및 예방을 위하여 제정된 「아동학대범죄의 처벌 등에 관한 특례법」에 따라 관련 조문을 정비하고, 아동학대 관련 범죄전력자가 아동관련기관에 취업하는 것을 10년 동안 제한하는 등 아동학대의 예방 및 피해자 지원에 관한 내용을 정하여 아동들이 행복하고 안전하게 자라날 수 있도록 하였다. 이번 개정의 주요 내용은 다음과 같다(국가법령센터, http://www.law.go.kr).

① 「아동학대범죄의 처벌 등에 관한 특례법」제정에 따라 관련 조문을 정리함(제3조 등)
② 아동학대를 신고할 수 있는 긴급전화의 설치주체를 지방자치단체로 하여 사무주체를 명확히 함(제22조제2항)
③ 아동학대가 의심되는 경우 경찰관이 아동보호전문기관에 통보하도록 의무화하여 아동학대 조기발견을 위한 체계를 구축하도록 함(제27조의2 신설)
④ 아동학대 피해아동을 아동학대 관련 보호시설 및 의료기관에 보호 또는 치료를 의뢰하는 경우 정당한 사유 없이 이를 거부하지 못하도록 함(제27조의3 신설)
⑤ 아동학대 피해아동의 취학이 원활하게 이루어질 수 있도록 취학을 위한 조치 등을 할 수 있는 근거를 마련함(제29조제5항 신설)
⑥ 아동학대범죄전력자는 아동관련기관에 형 확정 후 10년간 취업을 제한하는 규정을 신설함(제29조의3부터 제29조의5까지 신설)

아동복지법의 주요 내용을 〈표 6-6〉과 같이 정리하였다.

〈표 6-6〉 아동복지법의 주요 내용

목 적	• 아동이 건강하게 출생하여 행복하고 안전하게 자랄 수 있도록 보장함을 목적으로 한다.(제1조)
기본 이념	• 아동은 어떠한 종류의 차별도 받지 않아야 하며, 안정된 가정환경에서 행복하게 자라야 하고, 아동에 관한 모든 활동에서 아동의 이익이 최우선되어야 하며 보호와 지원을 받을 권리를 가진다.(제2조)
대 상	• 적용 대상은 18세 미만의 사람을 말한다.(제3조)
책 임	• 국가와 지방자치단체는 아동의 복지 증진을 위한 정책 수립, 시책 강구, 교육 지원을 하여야 한다.(제4조) • 아동의 보호자는 아동의 성장 시기에 맞추어 건강하고 안전하게 양육하여야 하고 모든 국민은 아동의 권익과 안전을 존중, 건강하게 양육하여야 한다.(제5조)
복지서비스의 내용	• 아동보호서비스 : 보호조치(제15조), 퇴소조치 등(제16조), 아동의 발달에 해하는 금지행위(제17조), 친권행사의 제한 및 친권상실 선고의 청구 등(제18조), 아동의 후견인 선임 청구 등(제19조)

복지서비스의 내용	• 아동학대의 예방 및 방지 : 아동학대의 예방과 방지 의무(제22조), 아동학대신고의무자에 대한 교육(제26조), 아동학대 등의 통보(제27조의2), 피해아동 응급조치에 대한 거부금지(제27조의3), 사후관리 등(제28조), 아동학대정보시스템(제28조의2), 피해아동 및 그 가족에 대한 지원(제29조), 아동학대행위자에 대한 상담·교육 등의 권고(제29조의2), 아동관련기관의 취업제한 등(제29의3), 아동학대관련범죄전력자 취업의 점검·확인(제29조의4), 취업자의 해임요구 등(제29조의5) • 아동 안전 및 건강지원 : 안전에 대한 교육(제31조), 아동보호구역에서의 영상정보처리기기 설치 등(제32조), 아동안전 보호인력의 배치 등(제33조), 아동긴급보호소 지정 및 운영(제34조), 건강한 심신의 보존(제35조) • 취약계층 아동 통합서비스 지원 및 자립지원 등 : 통합서비스 지원(제37조), 자립지원(제38조), 자립지원전담기관의 설치·운영 등(제40조), 자산형성지원사업(제42조) • 아동보호전문기관의 설치와 업무(제45조, 제46조) • 가정위탁지원센터의 설치와 업무(제48조, 제49조) • 아동복지시설의 설치 및 휴 · 폐업 등의 신고(제50조, 제51조) • 아동전용시설의 설치(제53조) • 아동복지시설 종사자의 교육훈련(제55조) • 아동복지전담기관 및 아동복지시설에 대한 관리·처분(제57조, 제58조)
서비스 전달 인력	• 아동정책조정위원회(제10조) • 아동복지심의위원회(제12조) • 아동복지전담공무원(제13조) • 아동위원(제14조) • 아동복지시설 종사자(제54조)
서비스 전달 조직	• 보건소(제36조) • 아동보호전문기관(제45조) • 가정위탁지원센터(제48조) • 아동복지시설(제52조) • 아동전용시설(제53조) • 아동복지단체(제58조)
재 정	• 국가 및 지방자치단체의 비용보조(제59조) • 비용의 징수(제60조) • 보조금의 반환명령(제61조) • 국유 · 공유재산의 대부 등(제62조) • 면세(제63조)
기 타	• 비밀유지의 의무(제65조) • 조사 등(제66조) • 권한의 위임(제68조) • 유사명칭의 사용 금지(제69조) • 금지행위 위반에 대한 벌칙(제71조) • 상습범, 미수범의 처벌(제72조, 제73조) • 양벌규정, 과태료(제74조, 제75조)

2) 영유아보육법

1961년 제정된 아동복리법에는 탁아시설에 관한 규정이 있어 빈곤계층의 자녀를 위한 탁아사업이 실시되었다. 그러나 맞벌이 부부의 증가와 학령전 아동보육 및 교육에 관한 관심이 증대하면서 1982년에 제정된 유아교육진흥법으로 적용하였고 기존의 탁아시설이 새마을유아원으로 전환되어 시설의 수가 증가되었다. 또한 1987년에는 남녀고용평등법이 제정되어 직장탁아제의 도입과 권장이 이루어졌으며, 1980년대 후반부터 아동보육에 관한 사회적 관심이 증대되면서 보다 현실성 있게 실현하기 위해 영유아보육법이 1991년 1월에 보육사업의 근간이 되는 대표적인 법으로 제정되었다.

이 법은 1997, 1999, 2004년에 일부 개정, 2004년에 전부 개정, 2005, 2007, 2008, 2011, 2013, 2014년에 일부 개정을 통해 오늘에 이르고 있다. 최근 2014년 5월 일부 개정 이유 및 개정 내용을 보면, 어린이집 설치·운영자에 대한 결격사유의 체계를 정비하고 현행 결격사유 규정을 형평성에 맞도록 개선하여 안전보육을 실현하고자 하는 한편, 징역형 대비 불합리한 벌금형을 정비함으로써 벌금형을 현실화하고자 하였다. 또한 저출산에 따른 인구감소로 노동공급의 축소, 특히 숙련기술자의 부족 및 기업의 생산성 저하 문제를 해결하기 위해 일정규모 이상의 사업장으로 하여금 직장어린이집을 의무로 설치·운영하도록 하고 있으며, 어린이집을 설치할 수 없을 때에는 지역의 어린이집에 위탁하거나 근로자에게 보육수당을 지급하도록 하고 있으나, 직장어린이집의 직접 설치·운영하고 있는 비율이 적어 이들 대체수단의 정비가 필요한 실정이므로, 보육수당의 지원에 관한 규정을 삭제하여 시설을 확충하도록 유도하는 등 관련 제도를 정비하는 한편, 의무 미이행 사업장에 대해 이행강제금 등을 부과할 수 있도록 하였다.

영유아보육법의 주요 내용을 〈표 6-7〉과 같이 정리하였다.

〈표 6-7〉 영유아보육법의 주요 내용

구분	내용
목 적	• 영유아의 심신을 보호하고 건전하게 교육하여 건강한 사회구성원으로 육성함과 보호자의 경제적, 사회적 활동이 원활하게 이루어지도록 하여 영유아 및 가정의 복지 증진에 이바지함을 목적으로 한다.(제1조)
대 상	• 6세 미만의 취학 전 아동을 원칙으로 만 12세까지 연장할 수 있다.(제2조, 제27조)

대 상	• 국민기초생활보장법, 한부모가족지원법, 장애인복지법, 다문화가족지원법에 의한 자녀와 그 밖에 소득수준 및 보육수요 등을 고려하여 보건복지부령으로 정하는 자의 자녀, 근로자의 자녀(직장어린이집의 경우)를 우선적으로 입소시켜야 한다.(제28조)
서비스 내용	• 보육과정(제29조) : 영유아의 신체적 · 지적 · 정서적 및 사회적 발달 등을 도모하는 내용을 포함하여야 하며, 보건복지부 장관은 표준보육과정을 개발 보급하도록 함. • 어린이집 생활기록(제29조의2) • 어린이집 평가인증(제30조) • 건강관리 및 응급조치(31조) • 어린이집 안전공제사업 등(제31조의2) • 예방접종 여부의 확인(제31조의3) • 치료 및 예방조치(제32조) • 급식관리(제33조) • 어린이집 차량안전관리(제332조의2)
서비스 전달 인력	• 보육교직원의 배치, 임면, 자격 등(제17조, 제18조, 제19조, 제20조, 제21조, 제22조) • 어린이집 원장 및 보육교사의 보수교육(제23조, 제23조의2)
서비스 전달 조직	• 어린이집(제2조), 어린이집의 종류(제10조), 어린이집의 운영 기준 등(제24조) • 보육정책조정위원회(제5조) • 보육정책위원회(제6조) • 육아종합지원센터(제7조) • 보육개발원(제8조) • 어린이집운영위원회(제25조)
재 정	• 무상보육(제34조), 양육수당(제34조의2), 보육서비스 이용권(제34조의3) • 비용의 보조 등(제36조) • 사업주의 비용부담(제37조) • 보육료 등의 수납(제38조) • 세제지원(제39조) • 비용 및 보조금의 반환명령(제40조), 보육비용 지원액의 환수(제40조의2)
기 타	• 보육실태조사(제9조) • 보육계획의 수립 및 시행(제11조) • 국 · 공립어린이집의 설치 등(제12조) • 국 · 공립어린이집 외의 어린이집 설치(제13조) • 직장어린이집의 설치 등(제14조)

기 타	• 어린이집 설치 기준(제15조), 놀이터 설치(제15조의2), 비상재해대비시설(제15조의3) • 결격사유(제16조) • 취약보육의 우선 실시 등(제26조) • 지도 및 감독(제41조, 제42조) • 벌칙(제54조), 벌금형의 분리 신고(제54조의2), 양벌규정(제55조), 과태료(제56조)

3) 한부모가족지원법

배우자가 없거나 있어도 정신·신체장애로 인해 근로능력을 상실한 여성이 가계의 책임을 지고 있는 모자가정에 대한 대책을 규정하는 법으로서 특히 저소득 모자가정의 문제인 경제적 궁핍과 자녀양육, 취업 등과 관련된 문제를 해결하는 데 기여하고 있다. 1989년 모자복지법으로 제정된 이 법은 2002년 모·부자복지법으로 명칭을 변경하고 일부 개정하여, 모자가정뿐 아니라 저소득 부자가정을 지원하게 되었으며, 2006년 일부 개정되었다. 모·부자복지법은 2007년에 한부모가족지원법으로 제명을 변경하고, 자녀가 취학 중인 경우 자립능력이 갖추어지지 아니한 상태로 학비 등으로 인한 생활비 지출이 증가될 수 있는 시기라는 점을 고려하여 자녀가 취학 중인 때에는 22세 미만까지 확대하여 지원하도록 하며, 65세 이상의 고령자들과 손자녀로 구성되어 있는 조손가족의 경우도 이 법에 따른 보호대상자로 함으로써 조손가족의 생활안정과 복지증진을 도모하였다. 이후 2010년, 2011년, 2012년, 2013년, 2014년에 일부 개정되었다. 최근 2014년의 개정은 최근 이혼, 사별, 미혼부모, 별거 등으로 인한 급속한 가족환경의 변화로 한부모가족이 급증하는 추세에 따라 한부모가족에 대한 지원을 강화함으로써 한부모가족의 생활 안정과 복지 증진에 기여하기 위한 것이다.

한부모가족지원법의 주요 내용을 〈표 6-8〉과 같이 정리하였다.

<표 6-8> 한부모가족지원법의 주요 내용

목 적	• 한부모가족이 건강하고 문화적인 생활을 영위할 수 있도록 한부모가족의 생활 안정과 복지 증진에 이바지함을 목적으로 한다.(제1조)
대 상	• 법의 대상인 "모" 또는 "부"라 함은 배우자와 사별 또는 이혼하거나 배우자로부터 유기된 자, 정신 또는 신체장애로 인해 장기간 근로능력을 상실한 배우자를 가진 자, 미혼자를 의미한다.(제4조 1항) • "모·부자가족"이라 함은 제1항에 해당하는 모 또는 부가 세대주인 가족을 말한다.(제4조 3항, 4항) • "아동"이라 함은 제1항의 모 또는 부에 의해 양육되는 18세 미만(다만, 취학 시에는 22세 미만)의 자를 말한다.(제4조 5항)
서비스 내용	• 지원대상자의 조사 등(제10조) • 복지급여의 신청 및 내용(제11조, 제12조) • 복지자금의 대여(제13조) • 고용의 촉진(제14조), 고용지원 연계(제14조의2) • 공공시설에 매점 및 시설조치(제15조) • 시설 우선 이용(제16조) • 가족지원서비스(제17조), 청소년 한부모에 대한 교육지원(제17조의2), 자녀양육비 이행지원(제17조의3), 창소년 한부모의 자립지원(제17조의4) • 국민주택의 분양 및 임대(제18조)
서비스 전달 조직	• 한부모가족복지단체의 육성(제9조) • 한부모가족복지시설(제19조) : 시설의 종류로는 모자가족복지시설, 부자가족복지시설, 미혼모자가족복지시설, 일시지원복지시설, 한부모가족복지 상담소 등이 있다.
재 정	• 비용 보조(제25조), 부정수급자에 대한 비용의 징수(제25조의2), 보조금 등의 반환명령(제26조)
기 타	• 벌칙(제29조), 양벌규정(제30조), 과태료(제30조의2)

4) 입양특례법

외국인이 우리나라 고아를 양자로 함에 있어서 필요한 요건 등에 관하여 민법의 특례를 정함과 동시에 간이한 절차를 가질 수 있도록 하기 위해 1961년 고아입양특례법이 제정되어 해외입양의 요건과 절차를 규정하였고 당시 전쟁고아의 해외입양을 위한 법적 기반이 되었다. 이어 1976년에 입양특례법이 제정되었다. 보호시설에 수용되어 있는 불우아동의 입양절차를 간소화하고 양자로 된 자는 양친의 성과 본을 따르게 하는 등 민법에 대한 특례를 정하는 동시에 현행 고아입양특례법에 의한 국외입양의 추진에 있어서의 미비점을 보완하여 이를 이 법에 흡수·규정함으로써 당해 불우아동의 국내외 입양을 촉진하고, 양자로 되는 자의 안전과 복리증진을 도모하고자 한 것이다.

이 법은 1995년에 법률의 제명을 「입양촉진 및 절차에 관한 특례법」으로 변경하고 전부 개정이 이루어졌다. 이 후 1997, 1999, 2004, 2005년에 일부 개정을 거쳐 2011년에 제명을 다시 「입양특례법」으로 변경하고 전부 개정을 하였다. 개정 이유는 아동입양의 절차가 아동의 복리를 중심으로 이루어질 수 있도록 국가의 관리·감독을 강화하고, 최선의 아동 보호는 출신가정과 출신국가 내에서 양육되어야 한다는 것을 기본 패러다임으로 국가 입양 정책을 수립할 필요가 있기 때문이었다.

국내외 입양 모두 법원의 허가를 받도록 하며, 친생부모에게 양육에 관한 충분한 상담 및 양육정보를 제공하는 등 부모의 직접 양육을 지원하고, 아동이 출생일부터 1주일이 지나고 나서 입양동의가 이루어지도록 하는 한편, 양자가 된 사람에게 자신에 대한 입양정보 접근권을 부여하고, 국내입양의 우선 추진 의무화 등을 규정함으로써 아동의 권익과 복지를 증진하였다.

입양특례법의 주요 내용을 〈표 6-9〉와 같이 정리하였다.

〈표 6-9〉 입양특례법의 주요 내용

구분	내용
목 적	• 요보호아동의 입양에 관한 요건 및 절차 등에 대한 특례와 지원에 필요한 사항을 정함으로써 양자(養子)가 되는 아동의 권익과 복지를 증진하는 것을 목적으로 한다.(제1조)
대 상	• 18세 미만의 보호를 필요로 하는 아동이며, 입양된 아동(제2조) • 양자가 될 자격으로 보호자로부터 이탈된 자, 부모 또는 후견인이 입양을 동의하여 입양기관에 보호 의뢰한 자, 법원에 의하여 친권상실의 선고를 받은 자로 보장시설에 보호 의뢰된 자, 기타 부양의무자를 알 수 없는 경우 보장시설에 보호 의뢰된 자(제9조)
책 임	• 국가와 지방자치단체, 모든 국민(제3조)
서비스 내용	• 입양의 날(제5조) • 정보시스템 구축·운영(제6조) • 국내입양 우선 추진, 국외입양의 감축(제7조, 제8조) • 양친 될 자격 등(제10조) • 입양의 효력 발생(제15조)

서비스 내용	• 국내에서의 국외입양(제18조), 외국에서의 국외입양(제19조) • 입양기관(제20조), 입양기관의 장의 후견직무(제22조) • 가족관계 등록 창설(제23조), 입양알선이 곤란한 사람 등의 보호(제24조) • 사후서비스 제공(제25조) • 아동의 인도(제31조), 요보호아동의 발생 예방(제33조) • 사회복지서비스(제34조)
서비스 전달 조직	• 중앙입양원의 설립 및 임직원 등(제26조, 제27조) • 중앙입양원의 지도 · 감독(제30조)
재 정	• 비용 보조(제28조) • 비용의 수납 및 보조(제32조) • 양육보조금 등의 지급(제35조)
기 타	• 벌칙(제44조), 양벌규정(제45조)

5) 기타 법률

(1) 모자보건법

이 법은 모성 및 영유아의 생명과 건강을 보호하고 건전한 자녀의 출산과 양육을 도모함으로써 국민보건 향상에 이바지함을 목적으로 1973년에 제정되어, 1986년에 전부개정, 1999년, 2005년, 2009년, 2012년에 일부 개정되었다.

적용 대상은 임산부, 모성, 영유아, 신생아, 미숙아, 선전성이상아 등(제2조)이며, 주요 내용으로는 국가와 지방자치단체의 책임(제3조), 모성 등의 의무(제4조), 사업계획의 수립 및 조정(제5조), 모자보건심의회(제6조), 모자보건기구의 설치(제7조), 임산부의 신고 등(제8조), 모자보건수첩의 발급(제9조), 임산부 · 영유아 · 미숙아 등의 건강관리 등(제10조), 난임 극복 지원사업(제11조), 인공임신중절 예방 등의 사업(제12조), 인공임신중절수술의 허용한계(제14조), 산후조리업의 신고(제15조), 협회(제16조), 동일명칭의 사용 금지(제20조), 경비의 보조(제21조), 국유재산의 무상 대여(제22조), 비밀 누설의 금지(제24조), 권한의 위임(제25조), 벌칙(제26조), 과태료(제27조) 등이다.

(2) 보호시설에 있는 미성년자의 후견직무에 관한 법률

이 법은 보호시설에 있는 미성년자의 후견인에 관한 사항을 규정함을 목적으로 1961년에 「보호시설에 있는 고아의 후견직무에 관한 법률」로 제정되어, 2000년 법률의 제명을 「보호시설에 있는 미성년자의 후견직무에 관한 법률」로 변경하고, 2012년에 일부개정되었다.

후견인은 국가나 지방자치단체가 설치·운영하는 보호시설에 있는 미성년자인 고아에 대하여는 그 보호시설의 장이 된다. 국가 또는 지방자치단체 외의 자가 설치·운영하는 보호시설에 있는 미성년자인 고아에 대하여는 대통령령으로 정하는 바에 따라 그 보호시설의 소재지를 관할하는 특별자치시장·시장(「제주특별자치도 설치 및 국제자유도시 조성을 위한 특별법」에 따른 행정시장을 포함한다. 이하 같다)·군수·구청장(자치구의 구청장을 말한다. 이하 같다)이 후견인을 지정한다. 보호시설에 있는 고아가 아닌 미성년자에 대하여도 제1항과 제2항을 준용하되, 대통령령으로 정하는 바에 따라 법원의 허가를 받아야 한다(제3조)고 규정하고 있다.

(3) 장애인복지법

이 법은 1981년 심신장애자복지법으로 제정되었고 1999년에 장애인복지법으로 전부 개정되고 2008, 2011년 일부 개정되었다. 장애인의 인간다운 삶과 권리의 보장을 위한 국가와 지방자치단체 등의 책임을 명백히 하며, 장애 발생의 예방과 장애인의 의료, 교육, 직업재활, 생활환경 개선 등에 관한 사업을 정함으로써 장애인복지대책의 종합적 추진을 도모하며, 장애인의 자립, 보호 및 수당의 지급 등에 관하여 필요한 사항을 정함으로써 장애인의 생활 안정에 기여하는 등 장애인의 복지 증진 및 사회활동 참여 증진에 기여함을 목적으로 한다.

신체적·정신적 장애로 인해 장기간에 걸쳐 일상생활 또는 사회생활에 상당한 제약을 받는 자를 대상(제2조)으로, 장애 발생 예방(제17조), 의료·재활치료(제18조), 사회적응훈련(제19조), 교육(제20조), 직업(제21조) 등의 기본 시책의 강구에 관한 규정(2장)과 장애인의 실태조사(제31조), 장애인 등록(제32조), 의료비의 지급(제36조), 자녀교육비의 지급(제38조), 장애인 보조견의 훈련 및 보급지원(제40조) 등에 관한 복지조치(3장)에 관한 규정 등의 서비스 내용을 담고 있다. 그리고 자립생활 지원(제53조), 중증장애인자립생활지원센터(제54조) 등에 관한 자립생활 지원(4장), 복지시설과 단체(5장), 장애인 보조기구(6장), 장애인 복지 전문인력(7장), 보칙(8장)으로 구성되어 있다.

(4) 청소년보호법

이 법은 청소년에게 유해한 매체물과 약물 등이 청소년에게 유통되는 것과 청소년이 유해한 업소에 출입하는 것 등을 규제하고, 청소년폭력 · 학대 등 청소년유해행위를 포함한 각종 유해한 환경으로부터 보호 · 구제함으로써 청소년이 건전한 인격체로 성장할 수 있도록 함을 목적으로 1997년에 제정되었다. 1998, 1999, 2000, 2005, 2006, 2008, 2012년 일부 개정을 거쳤다.

이 법의 대상은 19세 미만 청소년(제2조)으로서, 청소년 유해 매체물의 심의 · 결정(제8조), 유해매체물의 자율규제(제12조), 판매금지 등(제17조), 방송시간 제한(제19조), 광고선전제한(제20조), 청소년 유해매체물 목록표 작성 · 통보(제21조), 청소년통행금지 · 제한구역의 지정 등(제25조), 청소년 유해약물 등으로부터의 보호(제26조), 청소년유해행위의 금지(제26조의 2) 등의 서비스 내용을 담고 있다. 청소년보호위원회와 그 산하의 청소년보호센터(4장), 지방청소년사무소의 설치 등(제47조)에 관한 규정이 있으며, 기타 벌칙(6장)에 관한 규정과 검사 및 조사와 보고, 시정명령, 과징금(5장 보칙)에 관한 규정 등이 있다.

(5) 청소년기본법

이 법은 1987년 청소년육성법으로 제정되었고 1991년 청소년기본법으로 전면 개정되어 1993, 1994, 1995, 1997, 1999, 2005, 2008, 2011년에 일부 개정을 거쳤다. 청소년의 권리 및 책임과 가정 · 사회 · 국가 및 지방자치단체의 청소년에 대한 책임을 정하고, 청소년육성정책에 관한 기본적인 사항을 규정함을 목적으로 한다.

이 법의 대상은 9세 이상 24세 이하의 모든 청소년(제3조)이며, 주요 서비스의 내용을 보면 청소년육성정책의 총괄(2장), 청소년시설 설치 및 운영(4장), 청소년 지도자 등(5장), 청소년단체(6장), 청소년활동 및 복지 등(7장), 청소년육성기금(8장), 보칙(제9장), 벌칙(제10장) 등이 있다.

서비스의 전달조직을 보면 보건복지부 장관이 관계 행정기관의 장과 협의하여 정책을 총괄하고(제9조), 한국청소년단체협의회, 지방청소년단체협의회를 법정단체로 규정하고 있으며(제40조), 한국청소년상담원의 설립을 규정하였다(제42조). 아울러 한국청소년진흥센터(제31조)를 설치하도록 규정하고 있으며, 청소년 시설의 설치(4장)에 관한 내용이 있다. 전달인력으로는 청소년지도사(제21조), 청소년상담사(제22조), 청소년지도위원(제27조)에 관한 규정이 있다.

재정에 관해서는 국가 및 지방자치단체의 재정조달의 책임(제8조) 규정, 청소년

육성기금의 설치, 조성 및 운용에 관한 규정(제53~56조), 청소년단체의 수익사업(제30조)에 관한 규정이 있다. 기타 벌칙(10장)에 관한 조항이 있다.

(6) 청소년복지지원법

이 법은 청소년의 복지 증진에 관한 사항을 규정하기 위해 2004년에 제정되었고 2005, 2008, 2010년에 일부 개정되었다. 청소년의 인권보장 및 복지 향상(2장), 건강보장(3장), 특별지원청소년지원(4장), 교육적 선도(5장)를 주요 내용으로 하고 있으며 청소년기본법에서 정한 청소년, 즉 9세 이상 24세 이하의 청소년을 법의 대상으로 하고 있다. 청소년보호법, 청소년기본법과 더불어 청소년 관련 주요 법이며 청소년복지를 규정한 대표법이라 할 수 있다.

(7) 건강가정기본법

건강가정기본법은 급변하는 현대사회에서 제기되고 있는 다양한 가족문제를 예방 및 해결하기 위하여 가정문제를 효율적으로 해결하고 건강한 가정을 구현하기 위하여 가정 중심의 통합적 복지서비스 체계를 확립할 수 있는 행정적 · 제도적 기틀을 마련하기 위해 2004년에 제정하였으며, 자녀양육지원사업의 안정적 추진을 위한 관련 법적 근거와 예산지원 근거 마련 등을 위해 2011년 일부 개정하였다.

이 법은 건강한 가정생활의 영위와 가족의 유지 및 발전을 위한 국민의 권리 · 의무와 국가 및 지방자치단체 등의 책임을 명백히 하고, 가정문제의 적절한 해결 방안을 강구하며 가족 구성원의 복지 증진에 이바지할 수 있는 지원정책을 강화함으로써 건강가정 구현에 기여하는 것을 목적(제1조)으로 한다. 기본이념(제2조)은 가정은 개인의 기본적인 욕구를 충족시키고 사회통합을 위하여 기능할 수 있도록 유지 · 발전되어야 한다고 명시하고 있다.

(8) 아동 · 청소년의 성보호에 관한 법률

최근 우리 사회의 심각한 사회문제로 부각되어 온 청소년을 대상으로 하는 성행위, 성폭력 및 음란물의 제작 · 유통이 더 이상 방치할 수 없는 실정에 이르렀다. 이에 2000년 「청소년의 성보호에 관한 법률」을 제정하여, 청소년의 성을 사는 행위, 성매매를 조장하는 온갖 형태의 중간매개행위 및 청소년에 대한 성폭행행위의 대상이 된 청소년을 보호 · 구제하는 장치를 마련하였다. 청소년들의 인권을 보장하고 건전한 사회구성원으로 복귀할 수 있도록 하는 한편, 청소년을 대상으로 하는 성매매 및 성폭행 행위자의 신상을 공개함으로써 범죄예방효과를 극대화하는 등 상업적 청소년 성착취 근절 대책을 강화해 나가는 국제적 추세에 부응하고자 하였다.

2009년 「청소년의 성보호에 관한 법률」에서 「아동·청소년의 성보호에 관한 법률」로 개정하였다. 아동·청소년의 성보호에 관한 법률의 목적은 아동·청소년 대상 성범죄의 처벌과 절차에 관한 특례를 규정하고 피해아동·청소년을 위한 구제 및 지원절차를 마련하며 아동·청소년대상 성범죄자를 체계적으로 관리함으로써 아동·청소년을 성범죄로부터 보호하고 아동·청소년이 건강한 사회구성원으로 성장할 수 있도록 함에 있다.

법 개정의 이유는 아동도 이 법에 따른 보호대상임을 명확히 하였고, 아동·청소년을 대상으로 한 유사성교행위 및 성매수 유인행위 처벌 규정을 신설하며, 성범죄 피해자 및 보호자에 대한 합의 강요행위를 처벌하는 규정을 신설하여 아동과 청소년의 성보호를 더욱 강화하고자 함이다. 특히, 아동·청소년 성범죄자는 재범 가능성 및 범죄의 경중 등을 고려하여 정보통신망을 통하여 신상정보를 공개하도록 함으로써 아동·청소년 성범죄에 대한 경각심을 제고하는 한편 잠재적 피해자를 보호하려는 것이다. 또한 양벌규정을 보완하고, 의무의 실효성 확보를 위한 과태료를 신설하는 등 제도 전반의 미비점을 개선하고 보완하려는 것이다.

제3절 아동복지행정

1. 아동복지행정의 개념

아동복지행정이란 아동복지와 관련된 정책과 법을 구체적인 서비스로 전달하는 과정을 말한다. 각종 아동복지조직과 복지전문요원들이 서비스를 효과적으로 기획하고 실천하며 평가하도록 지원해 주는 아동복지 실천의 전달체계이며 아동복지 정책과 관련법에 따라 다양한 조직들이 복지서비스를 아동에게 효과적으로 제공하도록 하는 과정이다.

아동복지행정은 광의로는 공공아동복지행정과 아동복지기관행정 모두를 의미하며, 협의로는 아동복지기관행정을 의미한다. 공공아동복지행정의 주체는 국가 및 지방자치단체이며, 아동복지기관행정의 주체는 민간복지기관이다. 민간복지기관은 법인의 형태로 운영되는 것과 종교단체 혹은 기업이나 자원봉사단체 등에 의해 운영되는 것이 있다. 따라서 아동복지행정은 한 국가의 아동복지정책을 공공조직을 통해 아동과 그 가족들에게 혜택이 돌아가도록 하는 과정이라 할 수 있으며, 다른 하나는 아동복지기관이나 시설과 같은 서비스 실천 기관들이 정부의 아동복지정책에 입각한 각종 서비스를 전달하거나 기관 나름대로의 목적과 목표를 달성하기 위하여 이루어지는 다양한 과정을 의미한다.

국가든 아동복지기관이나 시설이든 추구하고자 하는 정책 방향과 구체적 내용이 있을 것이며 이러한 지침들은 실제 서비스로 전달되는 과정인 행정적 뒷받침이 함께 이루어지지 않으면 안 된다. 따라서 아동복지행정은 아동복지정책과 관련 법률과 밀접한 관련을 맺고 있으며, 공공조직이나 민간조직과 같은 서비스 전달을 위한 구체적인 체계가 필요한 것이다.

아동복지의 이상이 실현되기 위해서는 아동복지의 방법론에 관한 연구와 지식은 물론 이를 실제적으로 현실화할 수 있는 정책적 접근 역시 매우 중요하다. 정책적 접근 중에서도 제대로 만들어진 법률과 정책이 아동에게 실질적인 혜택을 주기 위해서는 이를 운영하는 전달체계, 즉 행정조직의 아동복지행정이 제대로 이루어져야 한다.

2. 공적 아동복지행정

아동복지정책을 주관하는 중앙정부의 부처는 보건복지부이다. 물론 타 부서에서도 아동 관련 정책을 담당하기도 하지만 대부분이 보건복지부에서 기획하고 시행되고 있다. 공적 아동복지행정은 중앙정부인 국가수준에서의 조직과 지방자치단체에서의 조직 등 공공조직에 의해 이루어지는 아동복지행정을 말한다.

1) 중앙정부의 아동복지 행정조직

현행 우리나라에서 중앙정부의 아동복지행정조직은 주무부서인 보건복지부를 위시하여, 교육부, 여성가족부, 노동부, 행정자치부 등 거의 모든 부서가 관여하고 있다. [그림 6-4] 보건복지부의 조직도에서 보듯이, 아동복지 관련 업무는 저출산고령사회정책실 인구아동정책관과 보육정책관에서 주로 담당한다.

인구아동정책관은 고령사회정책과, 저출산정책과, 아동복지정책과, 아동권리과에서 다음과 같은 아동복지 관련 업무를 담당하고 있다.

① 저출산·고령사회기본계획 및 시행계획의 수립·평가·총괄
② 저출산·고령사회정책 개발 및 총괄·조정
③ 저출산·고령사회위원회의 운영 지원
④ 저출산·고령화 관련 홍보·대외협력 및 민간 활동 지원
⑤ 베이비부머 세대에 관한 종합계획의 수립 및 조정
⑥ 노후의 소득·건강·교육·주거·환경·여가 및 문화 등에 관한 정책의 수립·조정
⑦ 인구 관련 정책의 총괄 및 조정
⑧ 고령친화산업 관련 개발 지원 및 종합계획의 수립·조정
⑨ 아동복지에 관한 종합계획의 수립·조정 및 아동정책조정위원회 운영
⑩ 빈곤아동 맞춤형 통합서비스 제공, 아동발달계좌(CDA), 결식아동 지원 등 빈곤아동 지원에 관한 사항
⑪ 아동건강관리에 관한 사항
⑫ 아동권리증진, 아동학대 예방·보호 및 아동권리 관련 국제협약에 관한 사항
⑬ 아동의 안전 및 실종에 관한 종합계획의 수립·시행에 관한 사항
⑭ 입양에 관한 종합계획 수립·시행 및 국제협약, 아동의 입양 및 사후관리 등에 관한 사항
⑮ 아동양육시설, 지역아동센터, 그룹홈 등 아동복지시설 관리·운영에 관한 사항
⑯ 아동의 가정위탁, 소년소녀가정 등 가정보호에 관한 사항
⑰ 어린이날, 어린이 주간, 아동 총회 등 아동행사에 관한 사항
⑱ 아동 관련 법인 및 단체에 관한 사항

보육정책관은 보육정책과, 보육사업기획과, 보육기반과에서 다음과 같은 보육 업무를 담당하고 있다.

① 중앙행정기관 및 지방자치단체의 영유아 정책(유아교육정책은 제외한다. 이하 같다)의 협의·조정 총괄
② 영유아 정책에 대한 평가 및 제도 개선
③ 보육예산의 편성 및 집행의 관리

④ 보육행정 전산화 및 보육서비스 이용권 제도 운영·관리
⑤ 보육교직원의 양성 및 자격 관리
⑥ 영유아 보육료·양육수당 지원 및 가정양육 지원에 관한 사항
⑦ 영아·장애아·다문화가정 영유아 등 취약보육 서비스 등의 지원에 관한 사항
⑧ 표준보육과정 및 보육프로그램의 개발·보급
⑨ 어린이집의 평가인증
⑩ 국립·공립 어린이집 등의 확충 및 환경 개선
⑪ 어린이집의 설치 및 인가 기준에 관한 사항
⑫ 어린이집의 지원 및 지도·감독

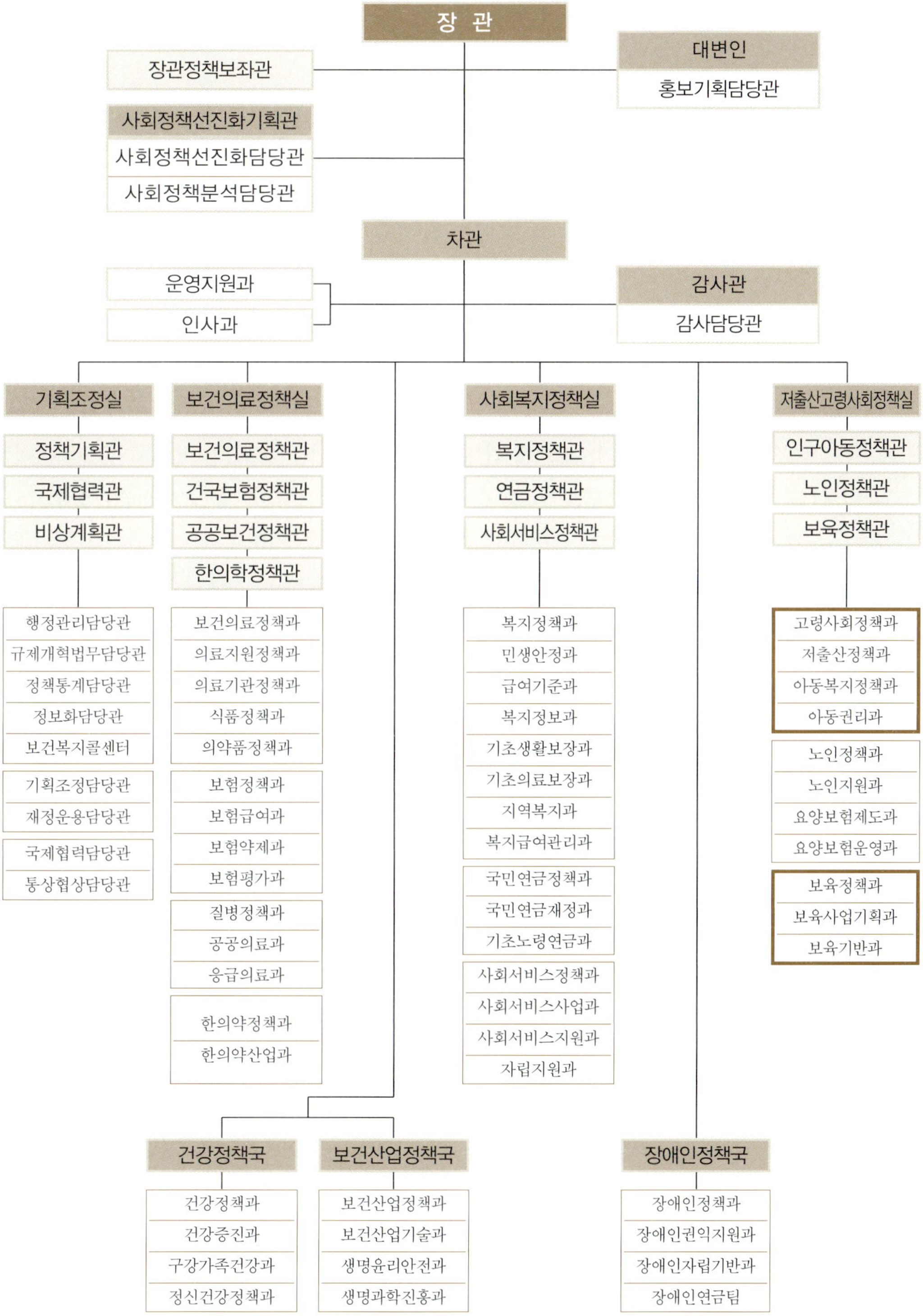

[그림 6-4] 보건복지부 조직도

2) 지방자치단체의 아동복지 행정조직

일선의 아동복지 서비스의 제공은 행정자치부의 조직을 통하여 이루어지고 있다. 각 시 · 도 및 시 · 군 · 구에 따라 아동복지 담당부서의 구성과 명칭은 다양하다. 서울시의 경우 여성가족정책관 내 저출산대책담당관, 보육담당관, 아동청소년담당관에서 아동복지 관련 업무를 담당하고 있다.

중앙정부, 시 · 도, 시 · 군 · 구를 거친 대부분의 아동복지 서비스는 일선 읍 · 면 · 동사무소의 사회복지 전담공무원과 민간 사회복지시설에 의해 아동 및 아동의 가정에 전달된다. 사회복지 전담공무원의 업무는 보건복지부 훈령에 근거하여 기초생활보장업무, 아동복지 관련 업무를 수행하고 있다. 아동복지업무는 보호대상아동에 대한 조사 및 보호의 결정에 관한 사항, 아동상담 지도 등 업무, 후원자개발 등을 위한 업무와, 관련 업무로는 한부모가정의 실태조사, 한부모가정의 상담지도 업무, 모부자가정보호에 관한 지원 업무 등이 있다. 공공복지 관련 서비스 전달은 아직 별도의 전달체계를 갖고 있지 않으며 행정자치부가 관할하는 지방자치단체의 일반 행정체계에 기초하여 이루어지고 있다.

3. 민간 아동복지행정

민간 아동복지는 주로 민간 아동복지기관 및 시설을 중심으로 이루어지고 있다. 아동복지기관 및 시설로 아동양육시설을 비롯하여 아동상담소, 아동보호전문기관, 건강가정지원센터, 가정위탁지원센터, 장애아동복지지원센터, 어린이집 등 여러 종류의 기관 및 시설들이 있으며, 각 기관들은 중앙부처와 각 지방자치단체의 사업운영 지침에 따라 기관을 관리하고 서비스를 제공하고 있다.

민간 차원에서 이루어지고 있는 아동복지행정은 정부조직 중심의 복지행정이 가질 수 없는 다음과 같은 장점을 지니고 있기 때문에 유용한 방법이 아닐 수 없다.

첫째, 정부의 사회복지 서비스 프로그램에 대한 보완적 역할을 한다는 점이다.

둘째, 시범적이며, 융통성이 있고, 전문적이면서 봉사적이라는 특징을 갖고 있다.

셋째, 민간복지 부문에 대한 관심과 참여 욕구를 수렴하는 데 용이하다는 점이다.

넷째, 주민의 사회복지 서비스에 대한 관심과 참여 욕구를 수렴하는 데 용이하다는 점이다.

다섯째, 정부의 사회복지 서비스 전달활동에 대한 압력단체의 역할을 수행한다는 점이다.

여섯째, 국가의 사회복지비용을 절약할 수 있게 한다는 점이다. 따라서 정부 못지 않게 아동복지의 실현을 위해 큰 몫을 담당하고 있는 부문이 바로 민간 차원의 아동복지라 할 수 있다(조홍식 · 남세진, 1995).

민간 아동복지조직은 민간단체와 외국의 원조단체로 구성되어 있는데, 민간단체는 수혜자에게 아동복지 서비스를 직접 전달하고 있으며, 외국의 원조단체는 국내의 아동복지기관이나 시설에 금품이나 기타 서비스를 제공하고 있다. 특히 외국의 원조단체는 한국 전쟁 이후 우리나라 아동복지 재원의 대부분을 차지할 정도로 그 비중이 컸었다.

민간 부문의 아동복지행정을 보면 민간 아동복지시설의 행정, 민간 아동복지기관의 행정, 각종 아동복지 관련 협의회를 들 수 있다. 이들 각 행정조직은 직 · 간접적으로 아동복지 서비스를 복지대상자에게 전달하게 되는데, 아동복지 서비스를 효과적이고 효율적으로 전달하기 위해서는 정부조직만큼이나 조직적이고 체계화된 복지서비스의 전달을 위한 행정체계를 갖추어야만 한다. 따라서 민간 아동복지기관의 종사자들은 아동복지 서비스를 전달하는 전문가인 동시에 자신이 속한 기관의 행정을 실천하는 구성원이기도 하다. 기관의 행정이 어떻게 이루어지고 있는가가 곧 아동복지 서비스의 성패를 좌우한다 해도 과언이 아니다.

1) 민간 아동복지시설 행정

아동복지시설은 주체에 따라 공공 아동복지시설과 민간 아동복지시설 및 그 혼합체로 구분할 수 있으며, 아동복지법의 규정에 따라 아동양육시설, 아동일시보호시설, 아동보호치료시설, 아동직업훈련시설, 자립지원시설, 아동단기보호시설, 아동상담소, 아동전용시설, 아동복지관, 공동생활가정, 지역아동센터 등이 설치 · 운영된다. 아동복지법에서는 이러한 시설의 설치 기준과 시설장 및 종사자의 자격 기준 등에 관한 규정을 통해 아동복지시설의 운영에 대한 제한을 두고 있다(아동복지법 및 시행령과 시행규칙 참고).

우리나라의 경우 이러한 아동복지시설은 공공 아동복지시설보다 민간 아동복지시설의 수가 절대적으로 많다. 따라서 민간 아동복지시설 간의 편차를 줄이고 모든 시설이 일정 수준 이상의 아동복지 서비스를 전달하도록 하기 위해서는 그 행정의 근간을 제공하는 국가 차원에서의 정책과 법률이 뒷받침되어야 할 것이다.

2) 민간 아동복지기관 행정

민간 아동복지기관은 자발적으로 설립된 조직체로서 사회복지법인인 아동복지기관이 대표적이다. 사회복지법인이라 함은 사회복지사업법에 규정한 사회복지사업을 수행할 것을 목적으로 설립하여 인가받은 법인 또는 그 연합체를 말한다. 비영리를 법인으로 공공의 이익과 사회의 이익을 목적으로 설립되는 이들 아동복지기관의 주요 사업은 아동의 권리를 보호하는 활동, 부모교육 및 상담사업, 아동상담 및 치료사업, 결손 및 빈곤가정 아동을 위한 지원사업, 장애아동과 그 부모를 위한 사업, 결연사업, 아동복지 종사자의 훈련과 교육사업, 북한 및 해외 아동 지원사업 등을 들 수 있다.

민간 아동복지기관 역시 각 기관의 설립 목적과 배경 및 주요 사업을 중심으로 기관의 행정업무가 이루어지고 있겠으나 그 기본적인 운영의 틀은 역시 국가로부터의 법적인 규정과 정책적 지원을 받는다.

제7장

기술적 접근을 통한 실천방법

Child Welfare

본서에서는 아동복지의 실천방법을 제도적 접근을 통한 실천방법(6장)과 기술적 접근을 통한 실천방법으로 구분하였다. 그러나 아동복지에서 '실천' 이란 무엇이며, 그 구체적 방법에는 어떤 것이 있는지에 대해서는 학문적으로 합의된 바가 없다. 일부 학자들은 사회복지의 실천기술을 아동에게 적용하여 '아동을 위한 사회복지 실천기술' 로, 일부는 전통적인 사회복지 3대 실천방법을 적용하여 개별아동복지, 집단아동복지, 지역아동복지로 구분한다.

일반적으로 아동복지의 실천방법을 정의할 경우에는 광의의 실천방법과 협의의 실천방법으로 구분한다. 광의의 실천방법은 아동복지정책, 아동복지행정, 아동복지 관련법과 같은 제도적 접근(거시적 접근, 간접 실천)과, 아동과 아동복지 전문가와의 전문적 원조관계에서 형성되는 실천기술을 의미하는 전문적 접근(혹은 기술적 접근, 직접 실천, 미시적 접근) 모두를 포함하는 방법을 말한다. 반면 본 장에서 다루는 전문적 접근만을 의미할 경우에는 협의의 실천방법이라고 할 수 있는데, 앞에서 언급했듯이 전문적 접근방법의 종류와 내용 등에 관해서는 좀 더 많은 연구와 논의 및 합의가 필요하다.

따라서 본 장에서는 아동복지의 미시적 실천, 즉 기술적 실천에 대해 고찰하고자 한다. 실천방법의 유형은 개별 · 집단 · 지역사회, 사례관리로 구분하였다. 최근 지역사회 중심의 실천은 중간 수준(mezzo level)으로 구분하여, 제도적 실천(macro level)과 전문적 실천(micro level)과는 별도의 실천 영역으로 다루기도 한다. 그러나 본서에서는 이와 관련된 논의는 과제로 남겨 두고 아동복지의 중심 클라이언트인 아동에 대한 직접실천방법을 개별 · 집단 · 지역사회, 사례관리 차원에서 보기로 한다.

제1절 개별적 아동복지 실천

1. 개별적 아동복지 실천의 개념

아동 및 부모 개인, 아동 및 부모 집단, 아동 및 부모가 속한 지역사회 등 클라이언트의 규모 혹은 범위에 따라 기술적 접근 방법은 네 가지 수준으로 구분하였다. 모든 아동복지 서비스는 아동 및 그 부모와의 만남에서 시작된다. 이러한 만남의 시작은 곧 상담과 치료가 시작됨을 의미하며 기초적 수준에서부터 보다 전문적 수준까지 개별면담을 통한 상담 및 치료의 기술이 적용된다. 따라서 본 절에서는 개별적 아동복지 실천으로 가장 기본이 되는 아동상담 및 치료에 대해 살펴본다.

1) 아동상담 및 치료의 개념

상담이란 도움을 필요로 하는 사람(내담자)이, 전문적 훈련을 받은 사람(상담자)과의 대면관계에서, 생활과제의 해결과 사고 · 행동 및 감정 측면의 인간적 성장을 위해 노력하는 학습 과정(이장호, 1993)이라 할 수 있다. 즉, 상담은 어떤 어려움이나 문제를 경험하고 있는 사람이 전문적 지식과 기술을 가진 상담자와의 대면접촉을 통해 스스로 문제를 해결할 수 있는 능력을 기르고, 상담자의 도움을 통해 성장해 가는 과정이다. 아동을 대상으로 하는 아동상담은 아동은 물론 그 부모 및 가족의 기능과 역할이 중요한데, 가족의 변화를 통해 혹은 가족의 지지를 통해 아동의 다양한 문제가 해결되기 때문이다. 따라서 아동상담이란 아동의 가정의 틀을 유지하며 아동의 가정 내에서의 정상적인 성장과 발달을 위하여 가족생활의 질을 보존, 강화, 향상시키도록 돕는 것(Costin, 1979)으로 정의할 수 있으며, 가정의 틀 안에서의 기능 강화를 위해 아동 및 가족성원의 기능을 신장시키도록 직접적, 간접적으로 돕는 전문적인 분야이다(이소희 · 유미숙, 1997).

상담은 치료라는 용어와 종종 혼용되거나 또는 구분되어 사용되기도 하는데, 이 둘의 차이는 각각 다루어지는 문제의 유형에 의해 구분 가능하다고 하겠다. 그러나 이러한 기준이 엄밀하게 상담과 치료를 구분하도록 하기보다는, 주로 다루고 있는 상담의 내용, 즉 어떤 문제를 지배적으로 다루는가에 따라 다소 차이가 있음을 알게 한다. 상담은 주로 행동과 태도상의 변화와 사고 및 심리적 갈등의 문제를 다룬다고 볼 수 있으며, 치료는 보다 전문적인 개입, 즉 성격 및 정신장애의 치료에 관여한다. 물론 상담도 치료와 같이 성격 및 정신장애를 다루기도 하며, 치료도 행동과 태도상의 변화와 사고 · 심리적 갈등의 해결에 관여한다(정원식 · 박성수, 1988:29-30; 이장호, 1993:5-8). 따라서 상담과 치료를 구분하지 않고 혼용하는 것은 이러한 구분이 가져오는 경계 간 불분명함 때문이며 이것은 당연한 것이라 할 수 있다. 현재 대부분의 학자와 상담 및 치료 관련 종사자들은 이 둘의 개념을 혼용하고 있으며, 이 책 역시 아동복지의 전문적 실천방법으로 아동상담 및 치료로 그 개념을 함께 사용하고 있다. 아동상담은 아동심리치료로 대신할 수 있는 것으로 보았다.

아동상담 및 치료의 방법은 그것이 아동복지의 실천기술이라고는 하나, 아동복지사업의 한 분야를 차지하기도 한다. 입양, 시설보호, 보육 등과 마찬가지로 아동복지사업의 한 분야로서, 전문상담기관을 통해 아동상담 및 치료의 서비스가 구체적으로 이루어지고 있다. 따라서 아동상담 및 치료의 방법은 첫째, 아동복지를 실천하는 모든 기관 및 단체에서 아동복지 전문가에 의해 이루어지는 가장 기본적인 기술이며 방법인 동시에 둘째, 아동복지의 한 분야로 자리잡은 하나의 사업이라고 할 수 있다.

사업의 한 분야로서의 아동상담 및 치료는 '아동복지 분야론' 에서 다루고 있으며, 여기서는 '실천방법' 으로서의 아동상담 및 치료의 방법에 관해 고찰하기로 한다. 정책적 접근과 달리 기술적 실천방법은 아동을 대면하고 직접적이고 구체적인 서비스를 주는 방법이라 할 수 있으므로 이를 아동에게 적용하기 위해서는 아동을 대상으로 하는 상담과 치료에 관한 전문지식과 기술을 가진 사람이 필요한 것이다.

아동에게 어떤 서비스가 주어지든지간에 아동복지 현장에서는 항상 아동과 그 부모 및 보호자를 만나게 되고, 그 만남 자체가 '상담과 치료' 의 과정이 된다고 할 수 있으므로 아동상담과 치료의 방법은 어떤 상황, 어떤 장소에서든 항상 적용된다 해도 과언이 아니다. 특히 성인과 달리 아동을 다룰 때는 아동에 대한 지식과 이해와 더불어 아동상담 및 치료만이 지닌 특성과 방법을 알아야 할 것이다.

2) 아동상담 및 치료의 실천분야

아동상담 및 치료의 방법이 필요한 경우는 가정생활의 위기, 부모능력 부족으로 인한 위기, 아동의 신체적 · 정신적 · 행동적 문제가 있는 경우, 지역사회 해체와 가족 및 아동의 욕구불만 위기(Costin, 1979; 이소희 · 유미숙, 1997; 표갑수, 2000), 기타의 경우 등으로 구분할 수 있다. 이를 구체적으로 고찰해 보면 다음과 같다.

(1) 가정생활에서 오는 위기

가정생활의 변화에서 오는 위기를 말한다.

- 부모의 직장 이동으로 인한 긴장 · 적응문제
- 저교육하의 조기결혼과 출산으로 인한 낮은 생활 수준
- 부모의 사망

- 가족구성원의 질병으로 인한 부담이나 부부갈등
- 원하지 않는 임신이나 장애아 출산
- 어머니의 취업이나 조부모 · 친척과의 동거로 인해 발생하는 문제

(2) 부모의 능력 부족으로 인한 위기

부모의 역할 부족에서 오는 위기를 말한다.

- 부모의 빈곤으로 인한 어려움(건강, 주거, 질병, 소외 및 우울, 좌절 등)
- 한부모가정에서의 어려움(자녀양육과 가정경제 책임의 이중부담, 아동의 성정체감 형성의 문제 등)
- 부모의 질병이나 장애로 인한 어려움
- 가족 성원 간의 부조화로 인한 가족일체감의 저해와 그에 따른 아동정서상의 문제(부부간, 고부간의 갈등 등)
- 부모의 비도덕적 행위로 인한 어려움(도벽, 거짓말, 약물남용, 도박, 폭력 등)
- 부모역할에 대한 준비의 부족으로 인한 어려움(바람직한 육아 방법의 결여, 가사능력 부족, 아동건강 보호능력 부족, 부모가 될 준비가 안 된 상태에서의 자녀 출산 등)

(3) 아동의 정신적 · 신체적 · 행동적 문제가 있는 경우

- 아동이 정신적 · 신체적 · 행동적 문제(장애)를 갖고 있는 경우(우울, 폭력, 무력감, 무단결석, 가출, 거짓말, 불안, 야뇨, 신체장애, 기타 정서 및 정신장애 등)

(4) 지역사회 해체와 가족 및 아동의 욕구불만 위기

지역사회 환경의 변화를 통해 해결될 수 있는 위기를 말한다.

- 아동 및 가족을 지원하는 사회급여가 부적절하거나 복지정책이 실패한 경우
- 사회에 대한 아동 및 가족의 욕구와 의견을 표현할 기회와 경로가 결핍된 경우
- 경찰, 법원, 학교정책 및 실제에 대한 권위적인 방법 등에 대해 사회제도나 시설의 연결에 실패한 경우

(5) 기타

아동에 관한 정보의 수집 · 제공과 관련하여 부모, 학교, 기관의 요구에 따른 상담을 의미한다.

- 아동과 관련된 정보(지능, 적성, 인성, 심리)가 요구되거나 이에 근거한 적절한 지도가 필요한 경우(위의 4가지 위기 상황에 대한 상담 및 치료 시 기초적·보조적으로 활용될 필요가 있는 경우 검사 및 상담이 이루어진다.)
- 아동의 진로, 적성, 직업 선택과 관련된 상담이 필요한 경우

위에서 고찰한 아동상담 및 치료의 대상을 중심으로 구체적인 실천분야를 정리하면 〈표 7-1〉과 같다.

〈표 7-1〉 아동상담 및 치료의 실천분야

아동상담 및 치료의 대상	실천분야
가정생활의 위기	실직자 가정 아동과 부모의 상담 및 치료 부모의 사망, 유기 등으로 인한 고아, 기아 등 상담 부모의 교육 및 상담(장애아 출산, 어머니의 취업으로 인한 역할 갈등 등)
부모의 능력 부족으로 인한 위기	결손가족아동의 적응문제 상담 및 치료 빈곤아동의 적응문제 상담 및 치료 학대피해아동과 부모의 상담 및 치료 알코올 및 약물중독 가정의 아동과 부모상담 및 치료 부모상담 및 치료(자녀양육 능력 향상, 부모 개인문제 상담 및 치료)
아동의 정신적·신체적·행동적·문제가 있는 경우	발달장애아동과 부모의 상담 및 치료 정신장애를 가진 아동의 상담 및 치료 또래폭력 피해아동의 상담 및 치료 가출, 약물남용, 비행아동 및 피해아동의 상담 및 치료
지역사회 해체와 가족 및 아동의 욕구불만 위기	아동과 가족에게 지원되는 정책과 제도상 문제로 인한 욕구불만의 상담 또는 관련기관의 알선, 의뢰 지역사회 조사 및 욕구상담
기 타	아동과 관련된 다양한 검사(지능, 심리, 적성, 인성검사 등)의 실시 및 상담 아동의 진로지도 및 상담

3) 아동상담 및 치료의 유형

(1) 일반(대면) 상담과 전화 · 인터넷 상담

아동상담 및 치료는 대부분 아동과 상담 및 치료자와의 직접적인 대면을 통해 이루어진다. 그러나 상담 및 치료라고 해서 항상 만남을 전제로 하는 것은 아니다. 많은 상담 및 치료 관련기관에서 전화상담을 실시한 지 오래이며, 최근 들어 아동 및 청소년의 인터넷 이용률이 높은 점을 이용하여 인터넷상의 사이버 상담도 호응을 얻고 있다.

전화상담이나 인터넷 상담의 경우 대면접촉에서 오는 부담감이 적을 뿐 아니라 원할 때면 언제든지 이용할 수 있다는 장점이 있기는 하나 상담 및 치료의 지속성이나 상담 내용의 진실성 등에서 많은 문제를 안고 있다. 경우에 따라서는 상담이라고 하기보다 궁금증의 해결 수준에 머무르거나 전문가에 의한 상담이 이루어지지 않고 있다. 그러나 이러한 전화 및 인터넷과 같은 통신수단을 통한 상담 및 치료는 앞으로 아동과 청소년은 물론 부모나 교사 등 많은 사람들의 관심을 지속적으로 끌게 될 것이다. 따라서 사이버 상담 및 치료 전문가들에 의한 전문적인 사이버 상담 기술이 개발되어 아동상담 및 치료의 효과를 증대시킬 수 있는 다양한 방안들이 논의될 필요가 있다.

(2) 놀이치료, 음악치료, 미술치료

아동상담 및 치료는 성인상담과 달리 다양한 매체를 이용한 상담 및 치료의 기법이 개발 · 적용되고 있다. 대표적인 방법이 놀이치료이다. 대화만을 통한 상담 및 치료는 성인과 달리 아동에게 적용하기에는 많은 문제점이 있는데, 아동은 자신의 감정과 생각을 정확하고 구체적으로 표현할 수 있는 능력이 없을 뿐 아니라, 상담 및 치료 과정 자체에 대한 심리적 부담은 상담의 효과를 가져올 수 없게 하기 때문이다. 따라서 아동의 생활 자체인 놀이 과정을 통해 상담 및 치료자는 자연스럽게 아동과 교류하게 되고 아동의 문제를 파악하며 도움을 주게 된다.

놀이치료뿐 아니라 음악을 이용한 음악치료, 그림을 이용한 미술치료 등의 방법이 아동 상담 및 치료에 사용되는데, 때로는 각각 독자적인 상담의 방법으로 적용되기도 하고 때로는 치료의 효과를 높이기 위해 이 모든 방법이 함께 적용되기도 한다. 그러나 무엇보다도 중요한 것은 이러한 아동상담 및 치료의 기법은 성인상담 및 치료의 기법과는 다른 특성과 과정을 가진다는 점이다. 따라서 이와 관련된 전문적인 지식과 경험을 통한 기술 습득이 제대로 된 전문 상담원 및 치료사의 양성이 중요하다.

아동상담 전문가 또는 아동심리치료 전문가에 관한 자격 기준과 함께 이들이 서비스를 줄 수 있는 기관 및 단체에 관한 기준을 만들어 아동복지법과 같은 관련법률에 반영할 필요가 있다. 개정 아동복지법(2000)에 아동학대를 전담할 수 있는 기관과 관련 종사자(학대상담 및 치료전문)에 관한 기준이 규정되어 있고, 아동상담소 및 아동상담요원에 관한 규정(시행령)이 있으나, 이러한 기준으로는 아동상담 및 치료에 관한 욕구를 모두 해결하기에는 부족하다. 앞으로 이에 관련된 논의가 지속적으로 이루어져서 제도적인 기반을 만들어야 한다.

2. 아동상담 및 치료의 과정

아동상담 및 치료의 과정은 다음 네 단계로 정리할 수 있다(성영혜 · 김연진, 2002:126-128).

1) 초기 면접

초기 면접은 접수조사 또는 인테이크(intake) 과정이라고 하는데, 아동복지 관련 기관이나 시설에 방문한 아동, 부모, 보호자, 교사 등을 대상으로 그들의 욕구와 문제가 무엇이며, 이를 기관에서 충족시킬 수 있는지의 여부를 먼저 가려내는 과정이다. 따라서 상담 및 치료자는 본인 또는 본인이 속한 기관에서 다룰 수 없는 사항일 경우 적절한 타 기관을 알선 · 의뢰해 주며, 직접 상담 및 치료가 가능한 경우는 다음 과정으로 진행하게 된다.

2) 조사

아동의 문제와 증상을 파악하기 위해 이에 필요한 정보를 수집하는 과정으로, 아동과 부모 · 교사 · 친척 · 이웃 등과의 면접, 가정방문, 아동행동 및 부모-자녀관계 등의 관찰, 그리고 학교 · 직장 · 행정기관에 비치된 서류상의 검토를 통해 관련 정보를 수집한다. 조사 내용은 구체적으로 지능, 성격, 심리상태, 건강, 가족관계, 생활환경, 주거 환경, 또래관계, 교육 수준 등으로 아동과 관련된 최대한의 정보를 필요로 한다.

3) 진단

수집된 자료를 중심으로 아동문제의 원인을 파악하고 상담 및 치료의 필요성과 가능성을 결정하는 단계이다. 어떤 상담과 치료의 전략이 가장 타당하고 효과적인가를 결정하기 위해 문제를 판별하는 과정이며, 진단이 정확할수록 상담 및 치료의 성과는 크다. 특히 아동의 문제를 진단하는 데는 아동을 둘러싼 가족과 학교 등의 환경 요인에 대한 고려가 매우 중요하다.

4) 상담 및 치료

정확한 진단에 따라 구체적인 아동상담 및 치료가 진행되는 단계로서, 직접개입과 간접개입의 두 가지 방법이 있다. 직접개입이란 다양한 상담 및 심리치료(psychological therapy)기법을 통해 아동의 문제해결과 심리적 성장과 변화를 유도하는 방법이며, 간접개입이란 아동보다는 주변 환경의 변화를 통해 아동의 문제를 해결하고자 하는 환경조정법(environmental modification)을 말한다. 간접개입은 아동에 대한 개입이 무의미하거나, 아동문제 해결에 도움이 된다고 판단될 때, 부모 · 교사 · 친척 · 이웃, 더 나아가서는 지역사회와 전체 사회의 도움을 받거나, 혹은 이들을 변화시킴으로써 아동의 문제를 해결하도록 하는 것이다. 경우에 따라서는 직접적인 아동상담 및 치료보다 부모 · 교사 등의 상담 · 교육 · 훈련 등을 통한 문제해결이 더 효과적일 때가 있다. 이 두 가지 방법은 일반적으로 함께 적용되는 경우가 많다.

제2절 집단적 아동복지 실천

1. 집단적 아동복지 실천의 개념

아동 및 부모들의 집단을 대상으로 적용되는 모든 활동 및 프로그램 등을 집단활동이라 부르는데, 개별 아동을 대상으로 하는 상담 및 치료의 한계를 보완하고 집단경험을 바탕으로 아동의 문제를 해결하는 또 하나의 전문적 아동복지 실천방법이다.

1) 집단활동의 개념

집단활동은 적게는 4, 5명에서 많게는 수십 명에 이르는 아동 또는 부모집단을 대상으로 다양한 프로그램을 통해 도움을 제공하는 방법이다. 다시 말해서 한 사람의 아동복지 전문가가 동시에 여러 명의 아동 또는 부모들을 대상으로 교육, 지도, 성장, 훈련, 상담, 치료하는 모든 활동을 의미한다.

집단활동의 목적을 보면 재활, 사회복귀, 교정, 사회화, 예방, 사회행동, 문제해결, 사회적 가치의 발달(Reid, 1991, 재인용)이라고 할 수 있는데, 아동을 대상으로 하는 집단실천의 목적은 이외에도 교육 및 지도, 성장 및 훈련, 상담 및 치료의 목적으로 구분해 볼 수 있다.

집단 구성원의 욕구와 문제에 따라 집단은 다양하게 구성될 수 있으며, 집단의 목표가 무엇인가에 따라 구체적인 집단활동의 과정, 즉 집단 프로그램이 달라질 수 있는 것이다. 집단활동은 개별 아동상담 및 치료의 방법과 달리 집단 자체를 이용하여 개별 구성원을 원조하는 과정으로 전문가는 집단역할에 대한 이해, 다양한 집단지도의 이론 및 실제에 대한 이해를 바탕으로 리더(leader), 관찰자, 유도자, 조언자, 교사 등의 역할을 수행할 수 있어야 한다. 집단활동의 구성 요소는 집단지도자(전문가), 집단구성원, 그리고 프로그램(구체적 활동)이다.

2) 집단활동의 유형

집단활동과 관련된 문헌을 보면, 대상이 되는 집단의 유형에 관해 다양하게 분류하고 있음을 알 수 있다.

김종옥 · 권중돈(1994)과 남세진 · 조홍식(1997)은 집단을 치료집단과 과업집단으로 구분하고, 치료집단을 다시 교육(education), 성장(growth), 치료(remediation), 사회화(socialization) 집단으로, 과업집단을 위원회(committees), 행정집단(administrative group), 협의체(delegate councils), 팀(team), 치료회의(treatment conferences), 사회행동집단(social action groups)으로 구분하고 있다. 이장호(1993)는 지도집단, 훈련집단, 상담집단, 치료집단으로 구분하고 있으며, 이장호 · 김정희(1995)는 아동대상 집단을 성장 중심 집단과 문제 중심 집단으로 분류하고 있다.

아동을 대상으로 하는 집단활동 역시 다양한 집단의 유형을 가질 수 있으나, 여기서는 앞의 분류 기준들을 토대로 다음 세 가지 집단, 즉 교육 및 지도 중심의 집단, 성장 및 훈련 중심 집단, 상담 및 치료 중심 집단을 기준으로 유형을 분류, 정리하였다.

〈표 7-2〉 집단활동의 유형

	교육 및 지도 중심의 집단활동	성장 및 훈련 중심의 집단활동	상담 및 치료 중심의 집단활동
목적	정보 제공과 학습을 통한 지식의 증가	집단 성원의 잠재력 개발 및 대인관계 경험과 정서적 성장, 자아인식, 통찰의 증진	집단 성원의 행동 및 성격의 변화, 문제해결, 대안행동의 탐색 및 실천, 이상행동의 수정, 교정, 재활
방법	강연, 토론, 직접경험	소집단 대화, 훈련, 상호작용, 역할놀이	집단상담 및 치료
대상	일반아동(부모)	일반아동(부모) 상담 및 치료 대상 아동(부모)	적응문제, 이상행동 등의 문제를 지닌 아동
집단활동	성교육집단 부모교육집단 위탁부모집단 미혼부모, 이혼부모 집단(정보 제공, 역할학습) 장애아부모 교육집단 약물남용, 폭력 등 예방교육집단	참만남집단(encounter group) 잠재력 개발 집단(human potential movement group) T집단(감수성훈련집단) 과잉행동아동 대상의 활동집단(적응 향상) 가치명료화집단	정신치료집단 학대자집단 및 학대아동집단 약물중독자집단 금연집단

2. 집단활동의 과정

집단활동의 과정은 집단의 유형에 다라 다소 차이가 있으나 대체로 다음 4가지 과정, 즉 사전 단계, 초기 단계, 중기 단계, 종료 단계로 구분된다(김종옥 · 권중돈, 1994; 남세진 · 조홍식, 1997).

1) 사전 단계

사전단계는 집단활동을 계획하는 단계로서, 전문가가 구체적인 집단활동을 진행하기 이전의 단계라 할 수 있다. 이 단계에서 전문가는 집단의 목표 설정, 잠재적 후원기관과 집단 성원에 대한 조사(assessment), 성원의 모집, 집단의 구성, 성원에게 집단을 소개 · 설명(orientation), 계약, 집단 환경의 준비, 집단계획서 작성 등의 요인을 고려해야 한다. 이를 구체적으로 살펴보면 다음과 같다.

첫째, 사전 단계에서 가장 중요한 요소는 집단의 목표 설정으로, 집단지도 전문가는 구체적 내용, 예상되는 효과, 집단에서 수용 가능한 구성원의 목적 범위 등에 관한 정보를 제공할 필요가 있다.

둘째, 집단활동을 실시하기 위해서는 소속 기관의 정책이나 목적, 전문가의 자질 등을 고려해야 하는데, 기관 내 · 외적으로 집단 운영에 필요한 후원기관(자원)을 조사하고, 잠재적 성원이 될 사람에 대한 사정도 동시에 이루어져야 한다. 기관을 방문하는 사람이나 지역사회 내 정보 수집이 가능한 사람들을 대상으로 그들의 관심과 욕구, 문제 등에 관해 기초조사를 하고 이를 집단의 목표와 연결시킨다.

셋째, 집단 구성원을 선정하는 데 있어서는 성, 연령, 과거의 배경(성장력), 인성, 욕구 및 문제 등을 고려해야 하며, 모집 절차를 거쳐 확보된 잠재적 성원들의 요구나 관심 등을 집단의 목표 설정에 반영해야 한다. 성원 모집의 방법으로는 직접 접촉을 통한 모집, 안내문 게시 및 인쇄물 배포, 방송매체 및 인터넷을 통한 홍보가 있다.

넷째, 집단을 구성할 때는 유사한 목적을 지닌 성원들로 구성해야 한다는 동질성의 원칙을 지킬 필요가 있으나, 다양성이 집단의 경험을 더욱 풍부하게 할 수 있음을 인식할 필요가 있다. 문화, 계층, 지역, 의사소통 유형 등이 다른 성원으로 집단을 구성함으로써 성원 간의 상호 학습의 기회를 증진시킬 수 있다. 집단의 크기는 일반적으로 6~7명에서 10~12명의 수준이 보통이나 교육 및 지도 중심의 집단은 그 이상일 가능성이 많다.

다섯째, 성원이 모집되고 집단이 구성되면 집단에 대한 소개가 있어야 한다. 집단 목표, 과정(프로그램), 성원의 선별 과정 등에 관해 설명해 주어야 한다. 보통 접수면접을 통해 집단 소개가 이루어지며, 경우에 따라서는 실제 집단의 관찰 · 녹화테이프의 시청, 관련 강의 및 토론 등을 통해 이루어지고 있다.

여섯째, 집단 성원과 전문가 간에는 집단활동에 관한 계약이 이루어져야 하는데, 빈도, 기간, 참여 규정, 비밀 보장, 장소, 시간, 비용 등 집단 절차에 관한 계약이 구두 또는 문서로 이루어진다. 위반 시 벌칙에 관한 사항도 명시할 필요가 있다.

일곱째, 전문가는 집단활동을 하기 위한 물리적 환경을 준비하고, 소요되는 비용에 대한 재원을 확보해야 하며, 특별히 필요한 준비물들을 갖추어 놓아야 한다.

여덟째, 사전 단계의 마지막은 집단계획서의 작성이다. 목표, 운영 방법, 전문가의 역할, 기관명 · 목적 · 자원 · 위치에 관한 정보, 대상 및 선별 기준, 모집 방법, 집단구성원과 관련된 사항, 집단 소개 절차, 기간 · 빈도 · 시간 등의 계약 내용, 집단 환경 등에 대한 내용이 포함된 계획서를 작성한다.

2) 초기 단계

초기 단계에서는 먼저 집단 구성원들의 상호 소개하는 과정이 있어야 한다. 이때 집단의 목적과 관련한 구성원의 정보를 내놓게 하는 것이 중요하다. 소개 과정이 끝나면 집단지도자에 의한 집단의 목표와 전문가의 기능에 대해 언급한다. 집단 목표에 관한 구성원의 의견과 요구를 표현할 수 있는 기회를 주고 이에 관한 토론을 통해 집단 목적 설정에 반영한다. 집단지도자는 집단의 분위기를 형성하고 유지하는 책임이 있으며, 구성원들 각자 자유로이 의견과 느낌을 나누도록 격려한다. 각 구성원들이 타인에 대해 관심을 갖고 깊이 듣고, 지지하며, 자신의 문제와 관련된 감정을 공개하도록 유도하는 것이 중요하다. 초기 단계는 이러한 활동이 잘 진행될 수 있도록 구성원의 동기와 능력을 촉진시키는 기초 과정이다. 아울러 관찰과 평가를 통해 집단 성원의 기능, 전체 집단의 기능, 집단 환경에 대한 사정이 이루어져야 한다. 이러한 사정은 집단활동에 관한 제 검토를 요구하기도 하며 중기 단계로의 진행에 대한 구체적 정보를 제공해 준다.

3) 중기 단계

집단은 초기 단계를 거치면서 성원 간의 정서적 유대, 결속력, 집단문화, 상호작용 유형 등이 형성된다. 중기 단계에서는 시험과 갈등, 성원 간의 관계 재조정과 더불어 문제해결이 이루어지는 단계이다. 집단 성원 개인에 대한 개입은 물론 전체 집단, 집단 환경에 대한 종합적인 개입을 통해 집단의 목표를 성취하도록 해야 한다. 집단활동의 계획을 실행하고 평가 과정을 통해 구성원의 감정과 느낌을 확인하고, 구성원으로 하여금 통찰력을 갖게 한다. 이때 다양한 집단활동의 기법이 활용된다.

4) 종료 단계

집단의 종료는 미리 계획된 경우도 있으며, 집단 구성원과의 토론을 통해 결정되기도 하고, 점진적인 종결(만나는 횟수를 점차 늦추다가 종결)이 이루어지는 경우도 있다. 그러나 성공한 종결 이외에도 구성원의 중도 탈락, 다른 집단으로의 이동, 집단 목표가 제대로 달성되지 않은 경우, 전문가의 문제로 인한 집단활동의 포기 등 성공적이지 못한 종결의 유형도 있다. 성공적인 종료를 위해서 전문가는 집단 성원의 집단에 대한 의존성을 감소시키고, 종결에 대한 긍정적 감정을 갖도록 하며, 성원들이 미래에 대한 계획을 세우고 실천할 수 있도록 원조해야 하고, 다른 서비스나 자원과의 연계를 통해 부가적 서비스를 받도록 지원해야 한다. 다른 기관이나 전문가에 대한 집단 성원의 의뢰는 부가적 서비스가 필요한 경우 성원이 동의할 때 이루어져야 한다.

제3절 지역사회 중심의 아동복지 실천

아동복지의 기술적 실천방법으로 지역사회를 단위로 하는 종합적 의미의 아동복지 실천과 아동의 권리 보호, 아동 이익의 대변, 아동문제의 사회문제화, 아동 관련 정책의 비판 및 대안 제시 등 사회운동과 시민운동의 성격을 띤 아동복지운동의 방법이 있다.

1. 지역사회 중심의 아동복지 실천의 개념

지방자치 시대가 도래하면서, 중앙정부의 복지정책과 그 기능의 일부 또는 전체가 지방자치단체로 이관됨에 따라 지역사회를 단위로 하는 새로운 개념의 복지가 시작되었다. 이러한 현상은 필연적인 것으로 중앙정부 중심의 정책과 전달체계는 그 수혜자인 국민 개개인에게 구체적이고 신속하게 혜택을 주기에는 많은 한계가 있다.

아동복지 서비스의 경우 관련법(아동복지법, 영유아보육법, 모자보건법 등)을 보면, 복지에 관한 책임과 재정적 지원에 있어 중앙정부는 물론 지방자치단체의 부담을 규정하고 있다. 지역사회의 복지에 관한 노력은 지방자치단체의 중요한 역할 중의 하나이다. 아울러 지역사회 자체는 그 지역사회 특성과 지역 주민의 욕구를 배경으로 한 지역사회 나름대로의 아동복지 서비스의 구상 및 지원이 이루어질 수 있도록 해야 한다.

지역사회는 그 사회의 지리적 위치, 구성원의 연령 · 성 · 직업 등의 분포, 경제적 기반, 구성원의 욕구와 문제 등에 따라 매우 다양하며, 이러한 다양성은 지역사회 복지정책은 물론 서비스에 중요한 영향을 미친다. 따라서 지역사회 아동복지가 성공적이기 위해서는 한 지역사회 내 아동과 부모, 가족, 지역사회 전체의 아동복지와 관련된 욕구 혹은 문제를 정확하게 파악해야 하며, 그 지역사회가 지닌 특성에 관한 전반적인 이해가 있어야 한다.

지역사회 중심의 아동복지 실천이란 지역사회가 지닌 아동 관련 문제 및 욕구 등을 예방하고 해결하기 위해 지역사회 지역아동복지 관련 전문가와 지역 주민에 의해 이루어지는 지역아동복지정책 및 서비스를 포함한 노력의 총체라고 할 수 있다.

이러한 정의를 보다 구체적으로 고찰해 보면 다음과 같다.

첫째, 지역사회 중심의 아동복지 실천은 특정 지역사회 내의 아동 관련 욕구와 문제를 다룬다. 즉, 지역사회 특성에 따라 지역 주민이 갖게 되는 욕구와 문제가 다양하며 이에 따라 아동복지 서비스에 관한 요구도 다를 수 있다.

둘째, 지역사회 중심의 아동복지 실천 현장에서 다루는 대상은 아동은 물론 부모 · 가족 · 전체 지역사회로서 아동에게 직접적으로 주어지는 서비스는 물론 부모와 가족 및 지역사회를 통한 간접적인 지원과 서비스가 이루어질 수 있다.

셋째, 지역사회 중심의 아동복지 실천은 전문가와 지역 주민들의 적극적인 관심과 참여에 의해 이루어지는데, 여기서 전문가란 지역사회 단위의 정책결정자, 집행자는 물론 지역 아동복지 관련기관에 종사하는 전문가 모두를 의미한다.

2. 지역사회 중심의 아동복지 실천의 유형

지역사회 중심의 아동복지가 실천되는 분야는 다음 4가지의 기준에 의해 분류할 수 있다.

① 지역사회 아동복지를 위한 지방자치단체, 지역사회 기관의 정책 중심의 지역 아동복지
② 각종 위원회, 협의회를 통한 지역아동복지
③ 모금(재정지원)을 통한 지역아동복지
④ 기관을 통한 지역아동복지

위의 분류 중 ①~③은 아동에 대해 간접적인 서비스를 제공하는 지역사회 중심의 아동복지, ④는 직접적 서비스를 제공하는 지역사회 중심의 아동복지라 할 수 있다. 이와 같은 분류 기준에 입각하여 지역사회 중심의 아동복지 실천의 구체적인 유형을 고찰하면 〈표 7-3〉과 같다.

〈표 7-3〉 지역사회 중심의 아동복지 실천의 유형

분류 기준		유 형
간접적 서비스	정책을 통한 지역사회 아동복지	지방자치단체 중심의 아동복지정책 · 행정 · 조례 등
	위원회, 협의회를 통한 지역사회 아동복지	아동복지협회, 사회복지협의회, 아동위원
	모금(재정지원)을 통한 지역사회 아동복지	공동모금회(사회복지공동모금회)
직접적 서비스	기관을 통한 지역사회 아동복지	사회복지관, 건강가정지원센터, 다문화가정지원센터, 육아종합지원센터, 기타 아동 관련 기관 및 단체

3. 지역사회 중심의 아동복지 실천 과정

지역사회 중심의 아동복지 실천의 과정은 다음과 같다.

지역사회 중심의 아동복지 실천의 과정

(1) 1단계 : 사실 조사의 단계(사실의 파악)

① 지역사회 아동 및 가족의 실태 조사

② 지역사회 아동 및 가족 관련 욕구와 문제 파악

③ 관련 자원의 확보

(2) 2단계 : 사업계획의 수립

① 지역사회 아동복지의 장 · 단기 목표 수립

② 목표의 실현 방법, 우선순위 결정

③ 목표 달성을 위한 조직, 기구, 재정, 구체적 사업의 계획

④ 지역사회와의 연계를 통한 계획의 조정 및 최종 결정

(3) 3단계 : 사업의 실시

① 사업의 홍보 및 자원 동원

② 사업의 실시

(4) 4단계 : 사업의 종료 및 평가

① 사업의 종료 및 평가

② 문제점 검토 및 수정

4. 아동복지운동

1) 아동복지운동의 개념

아동복지운동이란 "아동의 행복한 생활보장이라는 아동복지의 목표를 달성하기 위해 관련 당사자, 아동복지 전문가 및 모든 국민이 구체적인 참여, 계획, 행동의 실천을 통해 의도적으로 추진해 가는 사회운동"을 말한다. 사회운동이란 많은 사람

의 관심과 참여를 토대로 사회의 변화와 개선을 위해 체계적이고 조직적인 계획하에 추진되는 일종의 조직행동이라 할 수 있다.

1990년 이후 한국 사회는 신사회운동으로서 시민운동의 중요성과 그 역할에 관한 관심이 증대되었다. 환경운동, 소비자운동, 여성운동, 공동육아 및 대안교육운동 등 다양한 분야에서 시민운동단체들이 출현하게 되었으며 현재 시민운동이 한국사회에서 차지하는 비중은 그 활동만큼이나 커졌다. 이러한 민간자원의 비영리단체들은 이른바 NGO(Non Government Organization)로 불리며, 시민 스스로 시민의 복지를 위해 여러 분야에서 활동하고 있다.

사회복지운동의 경우, 과거 지역사회조직(community organization)에서 일부 다루어지긴 했으나, 시민운동으로서 사회복지운동이라는 개념이 나타난 것은 최근의 일이다. 특히 사회복지와 관련하여 전문가들의 관심은 주로 정책이나 법률 등의 제도화와 임상적 실천을 통한 구체적 서비스에 집중되었고, 범시민운동으로서의 복지의 개념은 매우 제한적으로 사용되어 왔다.

지금까지 사회복지운동이 전혀 없었던 것은 아니고, 사회복지운동과 밀접한 관련을 갖는 보건의료운동, 장애운동, 공동육아운동 등 적극적인 실천운동을 하고 있고, 국민의료보장 쟁취를 위한 운동, 사회복지예산확보 투쟁운동 등이 간헐적으로 일어났었다(남세진 · 조홍식, 1995). 현재 참여연대, 복지개혁 시민연합, 경실련 등의 전문사회운동단체에서 복지 관련 시민운동을 광범위하게 전개하고 있다.

사회복지운동을 비롯하여 다양한 시민운동에서 고려해야 할 중요한 대상 중의 하나는 바로 아동이다. 아동은 단순한 보호의 대상이 아니라 성인과는 달리 자신의 욕구와 문제를 표현하는 데 한계를 지닌 권리의 주체이다. 동시에 노인, 장애인, 여성, 빈민과 마찬가지로 복지의 우선 대상이 되는 사회의 주변인이다. 아동은 노인, 장애인, 여성 등의 성인과 달리 미성숙하고 발달의 과정에 있는 존재로서, 무엇보다도 이들을 위한 사회적 창구 역할을 할 수 있는 대변인, 전문가 혹은 단체 등이 더욱 절실하다.

이러한 아동복지운동은 실제로 지역사회 구성원의 인식의 고양, 참여의 확대, 서비스 혜택의 향상 등을 가져오게 함으로써 지역사회 아동복지의 발전에 기여한다. 지금까지 진행되어 온 아동복지운동과 관련된 구체적인 예를 들면, 공동육아운동, 대안교육운동, 아동권리확보운동, 아동안전사고 예방운동, 북한 및 제3세계 빈곤아동돕기운동 등이 있다.

2) 아동복지운동의 방법

아동복지운동이 아동복지의 실천방법으로 자리잡기 위해서는 여러 가지 당면과제가 있다. 첫째, 전문성을 갖춘 단체 및 기관이 설립되어야 한다. 즉, 아동복지를 대상으로 하는 전문운동단체 및 기관의 설립이 증대되어야 한다. 둘째, 아동복지와 관련된 문제를 다룰 수 있고, 이를 교육시킬 수 있는 아동복지운동 전문가가 있어야 한다. 셋째, 구체적인 아동복지운동을 전개하기 위한 주요 분야와 실천방법 등이 개발되어야 한다.

이러한 과제들 중 아동복지운동의 유형에 따라 방법을 〈표 7-4〉와 같이 고찰해 본다.

〈표 7-4〉 아동복지운동의 유형별 방법

아동복지운동의 유형	방 법
정책평가 및 제시	아동 관련 법률의 제 · 개정 시 참여 및 의견 제시, 정책평가 및 대안 제시(정책토론회, 공청회 등을 통한 의견 수렴)
시민교육 및 홍보	아동복지 관련 사항(학대, 빈곤, 권리 등의 문제)에 관한 시민 홍보와 교육을 통한 인식 변화, 참여 확대(모금, 서명운동 등)
사회행동	사회행동(캠페인, 서명, 시위 등)을 통한 관심과 참여의 확대
서비스의 제공	아동복지운동과 관련된 아동, 청소년, 부모, 시민 대상의 집단활동 프로그램의 실시 및 필요한 서비스의 제공
조사연구 및 발간	아동복지 관련 전문가들과의 공동 연구 및 조사를 통한 실태와 대책 모색, 보고서 및 인쇄물 발간
타 기관과의 연계	관련 기관들과의 연계를 통한 정보 교환, 상호 원조, 연대행동 등의 활성화

제4절 사례관리를 통한 아동복지 실천

1. 사례관리의 개념

기존의 개별 실천방법들은 개인과 지역사회를 분리시켜 개입하기 때문에 개인의 사회적 기능을 회복시키고 동시에 사회적 환경을 개선하려는 목표를 달성하기 어려웠다. 전통적인 개별 실천방법은 클라이언트와의 특별한 관계를 통한 변화에 초점을 두는 한계가 있다. 이러한 한계점을 극복하고 체계적인 문제의 사정을 거쳐서 클라이언트의 복잡한 욕구를 해결하여 주는 사례관리 방법으로 실천하고 있다.

사례관리(case management)란 복합적인 욕구를 가진 사람들의 기능 향상과 복지를 위해 총체적이고도 통합적인 일련의 다양한 서비스를 실시하는 것을 말한다. 구체적으로 문제의 심각성 정도 및 해결 과정의 수준에 따라 단계별로, 동시에 각 단계 간의 지속적인 연관성이 있도록 제공하는 문제해결 과정이다(이종복, 1999). 사례관리자와 클라이언트인 아동 사이의 관계에 기초한 대인관계 과정으로서, 사례관리자는 아동과의 상호관계에서 개발된 보호계획을 통하여 장기 원조의 욕구와 지원망에 관한 것들의 기능적인 능력을 향상시키거나 극대화시키며 연속적인 보호를 수반한 일련의 효과적인 서비스 전달을 촉진하고 보장하게 된다.

특히 사례관리는 탈시설화의 상황에서 복합적인 욕구를 지닌 장애인을 보호하기 위한 접근방법으로서, 그 기초 원리는 사례관리자가 복잡한 서비스 전달체계에 클라이언트를 연결시키며, 클라이언트로 하여금 적시에 적절한 서비스를 제공받도록 보장할 책임을 지는 것(Johnson & Rubin, 1983)이며, 아동이 지지적, 효과적, 효율적 및 비용효과적인 방식으로 필요한 서비스를 제공받을 수 있도록 보장하는 서비스망 내의 일련의 논리적인 단계 및 상호작용의 과정(Weil & Karls, 1985)으로서 서비스망 내에서의 아동과 자원 제공자(전문가 포함) 사이의 상호작용을 강조하고 있다.

즉, 사례관리는 장기간 서비스를 제공받아야 하는 복합적인 문제를 가지고 있는 아동 및 부모에게 서비스를 제공하는 중재 방법이라 할 수 있다. 복잡하고 다양한 문제나 욕구를 가진 아동이 개별적인 기관이나 전문가 등의 지역사회 내의 서비스 제공자들을 일일이 찾아다니지 아니하고 사례관리자로부터 필요한 서비스를 보다 용이하고 효과적으로 받아들일 수 있도록 필요한 자원을 활용하여 클라이언트로 하여금 지역사회 내에서 독립적인 생활을 할 수 있게 도와주는 통합적인 서비스 전달 방법이다. 사례관리는 특히 서비스의 지속성과 연계성 및 통합성을 필요로 하는 발달 초기의 아동과 그 가족을 위한 서비스 프로그램에 효과적인 방법이다.

2. 사례관리자의 역할

사례관리를 위해서는 관련 전문직과 기관의 협력이 필요하다. 사례관리자는 제시된 문제를 가진 아동과 가족의 욕구 · 문제와 관련된 모든 전문직과 사회복지서비스체계와 협력관계를 형성하고 사례 회의 모임을 통하여 한 번 이상 만나야 한다. 사례관리자는 사례에 관련된 다른 전문직과 만날 때 정보 공유에 대한 부모의 승인을 받아야 한다. 타 전문직과 정보를 공유함에 있어서, 비밀 보장의 윤리에 따라 아동의 복지에 직접적으로 관련되지 않은 가족 정보를 공유해서는 안 된다.

아동복지 실천에서 사례관리자는 상담자, 조정자 그리고 옹호자 등의 역할을 수행한다. 사례관리 모델은 다양한 수단과 방법을 통해 개별 클라이언트에게 연속적이고 지속적인 보호를 제공하는 사례관리자의 기능에 초점을 맞추고 있다. 또한 사례관리자는 클라이언트 집단의 혜택을 최적화하기 위해 집단과 지역사회 내에서 일해야 한다. 특히 복합적인 문제를 가진 저소득층 가정 · 장애 가정 · 알코올중독 가정 · 학대받은 아동들과 일할 때 사례관리자의 옹호자 역할이 강조된다(한성심 외, 2012).

3. 사례관리의 과정

사례관리의 과정을 살펴보면 사례관리는 초기 접수, 클라이언트의 욕구와 문제 사정, 사례관리의 목표 및 개입계획의 수립, 자원의 접근과 발굴 그리고 자원의 분류, 자원의 연결, 그리고 점검, 재사정 그리고 종결의 단계로 구성되어 있으며, 클라이언트의 사례관리는 각 과정을 거쳐 진행된다.

사례관리의 과정은 다음과 같다.

사례관리의 과정

(1) 접수

① 클라이언트의 발견

② 스크리닝(기본 정보 수집, 사전 적격 심사, 의뢰 등)

(2) 사정

① 클라이언트의 욕구와 문제

② 클라이언트의 강점과 능력

③ 비공식지원체계의 보호 제공 능력

④ 공식지원체계의 보호 제공 능력

(3) 목표 및 개인 계획의 수립

① 클라이언트의 욕구와 문제의 우선순위

② 각각의 욕구와 문제별 결과 목표 서술

③ 기본 목표와 하위 목표 설정

④ 목표 달성을 위한 방법의 선택 · 조정

(4) 실행

① 서비스의 연계

② 보호계획의 실행

③ 보호의 조정 · 점검 · 재사정

(5) 종결

① 결과 평가

② 종결

③ 관계 유지와 사후관리

제3부

Child Welfare _

아동복지사업의 실천분야

제8장

지지적 서비스를 통한 아동복지 실천분야

Child Welfare

제1절 일반아동복지사업

1. 일반아동복지사업의 개념

아동의 복지 실천을 위한 지지적 서비스란 부모와 가정의 역할을 지원하고 강화하는 서비스로서, 부모와 아동과의 관계를 비롯한 가족 내의 역동적인 힘을 지원하고 강화하는 서비스를 말한다.

아동복지사업의 분야는 보통 일반아동을 대상으로 하는 복지사업과 보호나 도움을 필요로 하는 아동을 위한 복지사업으로 구분할 수 있다. 예전에는 아동복지의 대상이 사회적 약자나 보호필요대상아동을 중심으로 선정된 범위 내에서 실시되어 왔으나, 최근에는 사회복지의 발달에 따른 보편주의적 실천에 입각한 일반아동을 위한 복지서비스가 확대 실시되고 있다. 가족으로부터 이탈된 아동들에게 정상적인 사회생활을 유지할 수 있도록 보호 · 치료하는 것에서 전체 아동의 신체적 건강, 영양, 주택, 환경, 정신위생 등 제반 복지활동을 포함하는 다원적이고 포괄적인 것으로 확대되고 있다.

보호대상아동 위주의 복지사업에서 일반아동 전체를 대상으로 하는 복지사업으로의 전환이 된 중요한 계기는 1981년에 아동복지법이 개정되면서이다. 일반아동은 전체 인구의 약 3분의 1을 차지하며, 국가나 사회가 이들을 어떻게 육성하느냐에 따라서 앞으로의 국가 발전에 지대한 영향을 미치게 될 것이다. 일반아동복지 실천의 기본 관점은 아동의 타고난 잠재능력이 손상되지 않도록 최대한 보존하고, 외부 자원을 활용하여 잠재능력이 최대한 개발되도록 하는 것이다. 특히 우리나라와 같이 국토가 좁고 부존자원(賦存資源)이 부족한 나라에서는 인력자원이 국가 발전을 위한 최대의 개발 도구이며, 무한한 잠재력을 최대한 개발시켜야 하기 때문에 일반아동을 위한 복지 실천은 대단히 중요하다.

2. 일반아동을 위한 복지 대책

우리나라가 채택하고 있는 정치 및 복지 이념과 복지 실천의 짧은 역사로 인하여 일반아동에 대한 국가나 사회의 관심은 미약하다. 따라서 일반아동을 위한 복지사업을 고찰함에 있어, 구체적 서비스의 분야에 대한 논의보다는 아동복지가 이루어지고 있는 중요한 장소인 가정, 교육 및 보육기관, 아동복지기관 및 단체, 국가 및 사회를 기준으로 일반아동을 위한 아동복지 대책을 살펴본다.

1) 가정에서의 아동복지 대책

먼저 가정에서는 의 · 식 · 주, 세 측면에서의 환경을 잘 고려해 주어야 한다. 태아복지와 함께 임산부의 보건이 중요시되고 있는데 이것은 임신, 분만, 수유 등으로 인한 모체의 건강 보호에도 이유가 되겠으나 임산부를 보호함으로써 간접적으로 태아, 신생아, 영아 및 유아를 보호할 수 있기 때문이다. 아동기 초기 환경의 중요성과 아동기의 발달특성을 고려해 볼 때 임신의 조기진단, 임신 중의 건강관리 등의 모자보건관리와 태교는 아동복지와 직접적인 관계가 있다.

질병 예방 면에서 보면 아동들은 신체적, 정신적으로 아직 미성숙한 상태이므로 질병에 대한 감수성이 높고 면역도 약해서 질병에 잘 걸린다. 따라서 부모는 아동들을 항상 주의 깊게 살펴보고 이상한 증상이 있을 때에는 응급처치나 의사로부터의 조기진단 및 조기치료를 받아야 한다. 아동들의 전염병 예방을 위한 조치로서 가장 중요한 것은 기본적인 예방접종을 정기적 또는 비정기적으로 실시하는 것이다.

아동들의 안전사고 방지를 위해서도 관심을 가져야 한다. 아동들의 성장 속도는 매우 빠르나 운동신경이 발달되지 못하고 판단력이 부족하기 때문에 장애물에 대해 민첩하게 대처하지 못하고 외상이나 타박상을 입기 쉽다. 예를 들면 0~1세의 아기들은 낙상을 하거나 불이나 뜨거운 음식물에 손을 넣어 화상을 입는 경우가 많다. 2~3세의 아동들은 잘 넘어져 타박상을 입기 쉽다. 4세 아동은 몸의 조정능력과 주의력 및 통찰력이 높아지지만 경쟁적인 집단놀이가 활발해져서 외상을 입기 쉬운 시기이다. 5~6세의 아동들은 인내성, 민첩성 등이 증가하여 사고의 발생률이 낮아지나 모험심이 높아 사고를 내기 쉽다.

이처럼 사고의 위험 속에서 생활하고 있는 아동들의 건강과 생명을 보호하기 위해서 부모나 교사는 물론 모든 성인들은 아동들을 철저히 보호하고 지도함으로써 안전을 관리해야 한다.

2) 교육 및 보육기관에서의 아동복지 대책

아동복지 관련기관 중 대표적인 곳으로 어린이집, 유치원, 학교와 같은 교육 및 보육기관, 아동복지시설 등을 들 수 있다. 이들 기관은 교육이라는 고유 업무와 더불어 아동들을 안전하게 보호해야 할 책임을 가지고 있다. 따라서 이들 기관에서 이루어지는 다양한 조치들은 곧 이들 기관을 이용하는 모든 아동들의 복지를 위한 대책들이라 할 수 있다. 이들 기관에서 중요하게 다루어져야 할 복지 대책들을 살펴본다.

(1) 안전관리 대책

아동들은 부모나 성인의 보호 없이는 위험한 상황에 대한 대처능력이 부족하여 안전사고의 발생 빈도가 매우 높다. 특히 교육 및 보육기관에서의 안전사고는 시설의 미비나 교사 및 사회복지사의 부주의로 발생하는 경우가 종종 있다. 따라서 아동의 안전관리에 관한 대책을 소홀히 해서는 안 되며, 정기적인 시설점검과 철저한 관리 및 예방교육이 필수적이다. 아동에 대한 예방교육은 물론 교육 및 보호시설의 종사자에 대한 사전교육이 이루어져야 한다. 아동복지법에 의하면 아동 안전관리 대책에 관한 규정이 강화되어, 아동복지시설 및 어린이집에서는 매년 안전교육계획을 수립하여 교육을 실시하고 이를 관할 시장, 군수, 구청장에게 보고하도록 하고 있다(아동복지법 시행령 제4조).

우리나라는 OECD 국가 중 가장 높은 아동안전사고 사망률(1996년~2000년: 14.8명)을 보였고, 정부에서는 2003년을 '어린이 안전원년'으로 선포하고 어린이 안전사망사고 감소를 추진한 결과 그 이후 5년간 50%의 감소율을 보였다. 2008년도에는 '제2차 아동안전종합대책'을 수립하고 가정 내 아동안전사고 예방사업으로 아동안전교육 및 안전수첩과 용품을 배포하고, 이를 위한 모니터링, 아동안전사고 예방 홍보 및 교육 실시, 대토론회 혹은 포럼 등을 개최하여 안전종합대책 평가 및 추진 방향을 논의하였다.

<표 8-1> 연도별 아동안전사고 사망자 수

구 분	2003	2004	2005	2006	2007	2008	2009	2010	2011
14세 이하 인구 (천 명)	9,606	9,446	9,241	8,996	8,734	8,458	8,180	7,907	7,643
아동안전사고 사망자 수(명)	1,015	893	755	642	538	508	443	387	322
아동 10만 명당 사망자 수(명)	10.57	9.45	8.17	7.14	6.16	6.01	5.42	4.89	4.21

<표 8-2> 아동안전사고 사망자수 국제 비교(아동 10만 명)

(단위: 명)

대상국	한 국	OECD 평균	스웨덴	영국	독일	일본
비 율	4.21	5.6	2.7	3.3	3.7	4.6
연 도	2011	2005	2005	2005	2005	2005

<표 8-3> 아동안전사고 사망자 유형별 현황(14세 이하 아동)

(단위: 명)

구분 \ 원인별	교통사고*	추락	익사	화재	중독	기타	계
2003년	496	108	156	63	4	188	1,015
2004년	377	88	184	42	7	195	893
2005년	339	67	156	19	4	170	755
2006년	316	58	78	42	5	143	642
2007년	259	58	78	7	4	132	538
2008년	214	50	78	19	2	145	508
2009년	201	40	62	10	5	125	443
2010년	194	42	44	15	3	89	387
2011년	137	37	50	15	1	82	322

※ 주: 통계표 사망통계자료(외부요인에 의한 사망)에서 자살 · 타살 · 질병 제외

<표 8-4> 가정 내 아동안전사고 발생 추이(전체 발생 장소 중 가정 내 발생 사고)

구 분	2003	2004	2005	2006	2007	2008	2009	2010	2011
전체 발생건수	2,342	3,345	4,040	4,541	5,431	9,421	11,427	15,006	20,737
가정 내 발생건수	1,380	2,011	2,502	2,762	2,794	5,576	7,299	8,534	12,236
비 율(%)	58.9	60.1	61.9	60.8	51.4	59.2	63.3	56.9	59.0

출처: 한국소비자원 CISS(소비자위해감시시스템)에 접수되는 14세 이하 어린이 안전사고 분석 통계

지역 내 아동의 안전한 성장 환경 조성을 위해 아동의 안전을 위협하는 위해 요인에 대한 실태 조사를 실시하고 아동복지시설에 대한 정기적인 안전점검 실시 및 지도·감독, 지역별 실정에 맞는 자체 아동안전홍보계획 마련·시행하는 등 아동안전관리 종합계획을 수립하여 시행하고 있다. 〈표 8-5〉는 지방자치단체에서 수행 가능한 아동안전 홍보사업이다.

<표 8-5> 지방자치단체에서 수행 가능한 아동안전 홍보사업의 예시

구 분	아동안전 홍보사업의 예시
아동 안전 환경 조성	- 아동의 안전을 위협하는 요인에 대한 실태조사 실시 - 스쿨존 위반행위 단속 등(경찰청 협조) - 아동안전 모범 이행 사례에 대한 포상 실시 등 인센티브 제공 - 아동안전의 거리 조성, 아동 안전 우수학교 지정 등
아동안전 홍보	- 지역신문, 유선방송 등 기타 가용 자원을 적극적으로 활용하여 홍보 - 스쿨존 30km 앰플램, 아동안전 포스터, 리플렛 등 홍보물 제작·배포 - 거리 캠페인(니코틴 의존도 측정행사 등) - 아동안전을 주제로 한 포스터, 글짓기, 걷기 대회 등을 지역행사와 적극 연계 실시
아동안전 교육	- 초·중·고 아동안전교육 추진(경찰청, 시도 교육청 등과 협력) - 어린이집, 유치원, 초·중·고 등 연령수준에 맞는 아동안전교육 실시

자료 : 보건복지가족부, 2008:26. 아동복지사업안내

(2) 식습관 및 영양관리

아동기의 올바른 식습관 형성은 아동의 발달에 중요한 영향을 미친다. 아동기의 편식이나 좋지 못한 식사습관은 성인이 된 이후에도 바로잡기 힘들 뿐 아니라, 영양결핍이나 식사장애 등의 심각한 문제를 초래하기도 한다. 따라서 교육 및 보육기관에서는 올바른 식습관 형성을 위한 교육을 실시해야 하며, 아동들의 성장과 발달에 도움이 되는 간식 및 급식이 이루어지도록 노력해야 한다. 최근에는 대부분의 학교에서도 학생들을 위한 급식이 이루어지고 있는데, 성장에 필요한 충분한 영양을 섭취할 수 있도록 보다 계획적이고 위생적인 급식관리가 이루어지도록 해야 한다.

(3) 신체관리 대책

아동은 성인과 달리 신체적으로 빠르게 성장하는 과정에 있으므로, 신체관리에 각별히 주의해야 한다. 교육 및 보육기관에서는 부모와의 긴밀한 협조관계 하에서 아동의 신체 변화와 질병 등에 관련된 종합적 건강관리가 이루어져야 한다. 정기적인 건강검진과 부모와의 면담을 통한 정보교환이 필수이며, 신체적 건강을 증진시킬 수 있는 프로그램을 개발 · 적용할 필요가 있다. 정기검진을 실시하고, 구강보건, 기생충 관리, 전염병 관리 등에 대한 조치를 철저하게 하여야 한다.

(4) 환경보건관리 대책

교육 및 보육기관의 시설과 주변 환경은 아동의 발달과 직접적인 관련이 있는 만큼, 이들 환경에 관한 청결한 관리가 우선되어야 한다. 먼저 교육 및 보육기관의 공간과 각종 시설이 위생적이어야 하며, 아동들이 사용하는 장난감, 놀이기구, 학습용품들이 아동에게 해가 되지 않는 것을 사용해야 하며, 청결하게 관리되어야 한다. 또한 교육 및 보육기관이 위치해 있는 주변 환경에 대한 보건관리에 주의를 기울여야 한다.

(5) 응급처치 및 관리 대책

교육 및 보육기관에서는 갑자기 발생하는 사고나 아동환자에 대한 응급처치와 관리를 위한 철저한 준비가 이루어져야 한다. 원장, 교사 및 종사자들은 기본적인 응급처치에 관한 지식을 갖추고 있어야 하며, 지역사회 의료기관의 신속한 협조가 이루어지도록 연락망을 조직해야 한다. 또한 응급처치에 관한 기록이 있어야 하며,

필요한 경우 보고할 수 있어야 한다. 아울러 응급처치 이후 아동환자에 관한 사후 관리를 해야 할 것이며, 사고의 경우에는 그 원인을 찾아 시정해야 한다.

3) 아동복지기관 및 단체에서의 아동복지 대책

아동복지 관련 기관이나 단체에서 이루어지는 일반아동을 위한 복지사업은 일반적으로 아동복지기관이나 단체의 설립 목적이나 취지에 따라 중점사업이 있으며, 보호대상아동 중심의 사업(예를 들어 학대아동 보호사업, 결연사업, 질병을 가진 아동에 대한 의료지원사업, 상담사업 등)이 이루어지나, 일반아동을 위한 아동복지사업 역시 중요한 사업 내용으로 자리잡고 있다. 이들 기관에서 이루어지고 있는 일반아동복지사업의 내용을 고찰해 보면 다음과 같다.

(1) 아동 환경 감시활동

아동에게 유해한 환경에 대한 감시활동과 이를 토대로 하는 여론의 형성은 아동복지기관 및 단체에서 하고 있는 중요한 사업의 하나이다. 학교 주변 환경의 감시, 다양한 매체 환경(신문, 잡지, 만화, TV, 인터넷 등)의 감시, 학교폭력으로부터의 보호 등 다양한 활동을 통해 아동들이 안전하고 편안하게 생활하고, 건전한 도덕성을 함양하도록 한다. 이러한 활동은 일종의 아동복지운동의 일환이라 할 수 있다.

(2) 아동 중심 동아리의 지원

아동들이 스스로 만들고 운영해 가는 집단활동(동아리)은 아동의 연령과 상관없이 아동의 성장과 발달에 긍정적인 영향을 준다. 특히 아동복지 관련 기관에서 지원하여 형성되고 운영되는 다양한 아동 중심의 집단활동들은 아동복지 전문가의 도움과 관리로 인해 매우 유익한 프로그램으로 발전될 수 있다. 따라서 아동들이 지닌 다양한 흥미와 욕구를 허용되는 범위 내에서 건전하게 해소하고, 아동 자신의 성장에 기여할 수 있도록 이들 집단활동들을 지속적으로 지원하고 새로운 활동 프로그램들을 개발해야 한다.

(3) 아동집단 프로그램의 개발 및 실시

아동복지기관 및 단체들이 일반아동들을 위해 가장 활발하게 전개하고 있는 사업 중의 하나가 집단 프로그램의 개발과 실시라 할 수 있다. 이들 기관과 단체들은 다양한 교육 프로그램(성교육, 비행 예방교육, 약물남용 예방교육 등)을 제공하고 있으며, 각종 캠프, 체험학습 등과 같은 단기간의 집단 프로그램을 다양하게 실시하고 있다. 이러한 집단 프로그램을 이용하는 아동 또한 증가하고 있음을 고려해 볼 때 보다 유익하고 전문적인 집단 프로그램의 개발이 이루어져야 한다.

(4) 자원봉사자 교육 및 실시

아동은 복지의 대상이기도 하지만, 타인을 위해 도움을 줄 수 있는 자원봉사자(volunteer)가 될 수 있다. 또래의 친구를 도울 줄 알고, 어려운 이웃을 생각할 줄 아는 이타심은 아동의 도덕성과 사회성 및 인성의 발달에 중요한 영향을 미친다. 따라서 아동의 위치에서 남을 도울 수 있는 방법과 남을 생각하는 마음을 갖도록 하는 교육이 필요하며, 이를 위해 다양한 수준에서의 자원봉사자 교육 실시와 실천이 이루어지도록 해야 한다.

(5) 아동복지 제도화에 기여

아동복지기관 및 단체는 국가의 아동복지 정책 결정이나 법률 제정 등 아동복지의 제도화 과정에 적극적으로 참여하여야 한다. 아동복지 현장의 목소리가 반영된 보다 현실적이고 실현 가능한 아동복지가 이루어질 수 있도록 기여하는 것 역시 일반아동복지사업의 중요한 내용이라 할 수 있다.

4) 국가 및 사회에서의 아동복지 대책

아동양육의 책임은 일차적으로 부모에게 있지만 아동들이 부딪히는 문제는 사회경제적 상황의 변화에 따라 점점 복잡하며 더욱이 산업사회의 출현과 가족제도의 변화로 가족의 많은 기능들이 사회의 기능으로 보완되지 않으면 안 되게 되어 아동의 건전 육성을 위한 사업을 국가나 사회에서 주관해야 할 필요가 있는 것이다. 국가 및 사회에서 일반아동을 위한 복지 대책으로 다음과 같은 것을 고찰해 볼 수 있다.

(1) 아동복지사상(아동애호사상 및 권리사상)의 구현

아동복지사업 업무 중 하나는 아동애호사상의 구현이다. 구체적인 내용으로 어린이날 및 어린이주간 행사 등이 있다. 이때를 맞이하여 아동을 위해 각 분야에서 기여한 유공자 및 모범어린이 등을 발굴하여 포상하고, 아동안전박람회 등 아동의 안전·복지 등 아동의 권리 증진을 위한 각종 행사를 실시함에 대한 내용이 법에 명시되어 있다(아동복지법 제5조). 이는 아동기의 중요성과 아동권리에 관한 사회적 인식의 변화를 통해 각종 아동복지 대책의 변화, 발전을 유도한다는 데 의의가 있다. 지방자치단체는 지방 특성 및 실정에 맞게 자체 계획을 수립하여 실시하고, 유관기관의 참여를 유도하여 아동의 권리 증진을 위한 사회적 분위기를 활성화한다.

(2) 입법활동과 제도적 조치

국가와 사회는 모든 아동을 위해 관련법을 제정하고, 이를 실시하기 위한 정책 및 행정체계를 정비해야 할 책임이 있다. 민간 차원에서의 아동복지가 활발히 진행된다 하더라도 이를 지원하고 규제할 수 있는 제도적 장치가 없다면 아동복지사업이 제대로 이루어질 수 없다. 따라서 아동복지와 관련된 다양한 법률의 제정에 있어 아동의 현실이 제대로 반영될 수 있도록 관련 종사자, 전문가 및 부모와 가족의 의견을 제대로 수렴해야 할 것이며, 아동복지사업을 공적으로 지원, 관리하는 관련 공무원의 업무수행이 효과적이고 효율적으로 이루어질 수 있도록 제도를 완비하는 것이 중요하다. 또한 아동들이 있는 모든 가정에 국가적 차원에서 양육비를 지원하는 아동수당제도가 도입되어야 할 것이다. 모든 아동들을 대상으로 하는 보편적인 아동복지제도의 대표적인 예가 되는 아동수당제도의 도입은 아동복지의 수준을 한 차원 향상시키는 계기가 될 것이다.

(3) 아동복지 관련 기관 및 단체의 육성

국가 및 사회는 아동복지 관련의 모든 기관 및 단체를 육성할 책임이 있다. 법률의 제정을 통한 운영 지침의 마련, 재정지원을 통한 지원, 육성 등 국가 차원에서의 육성책이 다양하게 개발되어야 하며, 민간 차원에서는 다양한 자원봉사활동이나 후원활동을 통해 이들 관련 기관 및 단체들을 지원할 수 있다.

(4) 아동복지 전문가의 양성

국가 및 사회는 아동복지 전문가의 양성을 통해 아동에게 적합하고 전문화된 서비스를 제공하도록 해야 한다. 아동복지 전문가에 대한 자격 기준과 양성 과정 및 양성 기관에 대한 구체적 규정을 만들고, 관련 기관 및 단체에 이들을 적극 배치하도록 하여 일반아동복지사업의 발전을 도모할 수 있어야 한다. 아동을 대상으로 하는 서비스는 누구나 할 수 있다는 시각에서 탈피하여 보다 적극적으로 전문가를 양성하고자 하는 제도적 뒷받침이 마련되어야 한다.

(5) 아동 전용시설의 확충

일반아동들을 위한 복지사업이 성공적으로 이루어지기 위해서는 먼저 아동전용시설이 확충되어야 한다. 아동회관, 어린이 놀이터, 어린이 대공원, 아동도서관, 공원, 캠프장, 체육시설, 수련시설 등 아동들을 위한 전용시설이 보다 많이 확충되어야 한다. 특히 이런 시설들은 아동들이 쉽게 이용할 수 있고, 이용에 대한 부담(이용료)이 적어야 하며, 이들을 지도할 수 있는 전문가가 배치되어야 하고, 안전해야 한다. 언제 어디서든지 아동들이 자유롭게 그리고 마음껏 이용할 수 있는 공간의 확보는 무엇보다도 국가 및 지역사회가 나서야 할 중요한 사업 중 하나이다.

(6) 건전 육성 프로그램의 개발 및 실시

아동, 부모, 교사 및 지역사회 주민 등을 대상으로 하는 다양한 프로그램을 개발, 실시하는 것은 국가와 지역사회의 중요한 과제이다. 각 지방자치단체(시, 군, 구, 읍, 면, 동)는 나름대로의 건전 육성 프로그램을 개발하여 직접 또는 간접적으로 실시하고 있는데, 부모교육 및 훈련 프로그램, 청소년 대상 교육 프로그램 등이 대표적이다. 이러한 프로그램의 실시는 지역사회 단위로 이루어지는 지역아동복지의 일환으로 지방자치단체는 물론 지역사회 아동복지기관에서 대부분 실시하고 있는 일반아동복지사업의 하나이다. 그러나 이러한 사업이 활성화되기 위해서는 아동, 부모, 교사 및 지역사회 주민의 욕구를 반영한 보다 구체적이고 전문적인 프로그램의 개발이 이루어져야 할 것이며, 누구나 부담없이 참여할 수 있도록 지역사회 홍보가 적극적으로 이루어져야 한다. 무엇보다도 중요한 것은 아동문제를 예방하고 조기 발견하기 위해서 부모 및 가정에 대한 지원 프로그램이 우선되어야 한다. 부모 대상은 물론 부모-자녀 대상, 부부 대상의 다양한 프로그램이 개발되어야 할 것이며, 일반아동들이 흥미와 관심을 갖고 참여할 수 있는 아동 대상 프로그램 역시 활발하게 개발되어야 하고, 이를 위해 국가 및 지방자치단체는 직·간접적으로 참여, 지원하여야 한다.

제2절 빈곤아동복지사업

1. 빈곤아동복지의 이해

1) 빈곤의 개념

빈곤은 물질적 필요에 대하여 부족을 느끼는 것으로, 절대적 빈곤과 상대적 빈곤으로 나뉘어 정의된다. 절대적 빈곤이란 인간이 살아가는 데 절대적으로 필요한 최소한의 자원을 충족시키지 못하는 상태를 의미하며 수치나 지수로 계량화하여 측정된다. 상대적 빈곤이란 다른 사람들과 비교해 상대적으로 적게 가지고 있는 상태를 의미하는데, 개인의 상황을 사회의 평균소득수준 또는 표준생활수준과 비교하여 규정된다. 현대사회에서는 절대적 빈곤보다는 상대적 빈곤 개념이 주로 사용되고 있다. OECD 국가들은 중위가구소득의 40~60%, EU 국가들은 평균가구소득의 40~60% 미만을 상대적 빈곤으로 규정하고 있다.

빈곤은 물질적 자원뿐만 아니라 가정환경, 자원의 보유, 교육 및 직업과 관련된 영역에서의 조건의 차이와 관련되기 때문에 경제적인 특성만으로 빈곤을 정의하기가 불충분하다. 빈곤에 대한 새로운 관점으로 빈곤문화론이 있다. 빈곤문화론은 루이스(Lewis, 1959)에 의해 처음 주창되었으며, 이 이론의 핵심은 사회의 주류문화와 달리 빈곤문화가 존재하고, 이러한 문화는 다음 세대로 전승된다는 것이다. 즉, 빈민들의 생활과 관련되어 소득뿐만 아니라 주거 조건, 직업의 안정성, 그리고 교육기회 등을 포괄한 사회적 불평등이나 문화개념으로, 도시의 저소득층 밀집지역, 즉 슬럼(slum)에서의 주민들의 생활 모습을 설명하는 것과 관련되어 있다(공계순 외, 2003:171 재인용). 빈곤은 경제적인 특성뿐만 아니라 사회·문화적 특성을 포함한 복합적인 현상으로 인간의 삶, 특히 아동의 성장발달에 종합적으로 영향을 미친다.

2) 빈곤아동복지의 개념

'빈곤아동'은 전통적으로 아동복지의 핵심 대상이다. 산업화로 경제 규모가 성장하면서 빈곤문제가 조금씩 향상되기 시작하였으나 1990년대 중반 우리나라가 외환위기를 겪은 후 십여 년간의 회복 과정을 거치는 동안 부익부 빈익빈의 사회 양극화현상이 더욱 심화되어 빈곤계층의 비율이 증가하고 있다. 고용시장의 불안정성과 실업의 증가, 고도의 기계화와 자동화 등은 저소득 근로빈곤층(working poor)의 증가를 가져왔고 미비한 사회안전망은 이혼이나 부모 한쪽이 집을 나가는 가정해체를 가속화시키는 결과를 가져왔다. 세계적으로도 '빈곤의 아동화(childrenization of poverty)'를 우려하는 목소리가 높아지고 있다(Forseen, 1998).

현재 우리나라 사회복지 대상이 되는 빈곤가족은 절대적 빈곤 개념에 의해 결정되기 때문에 절대빈곤층인 최저생계비 이하의 가구와 최저생계비 120% 이하에 속하는 차상위계층을 포함하고 있다. 최저생계비(빈곤선)는 매년 물가상승률을 감안하여 책정되며, 도시근로자 평균소득이나 중위소득의 약 1/3 수준이다. 세계적으로도 '빈곤의 아동화(childrenization of poverty)'를 우려하는 목소리가 높아지고 있다. [그림 8-1]은 OECD 국가별 빈곤율과 아동빈곤율을 비교한 것이다.

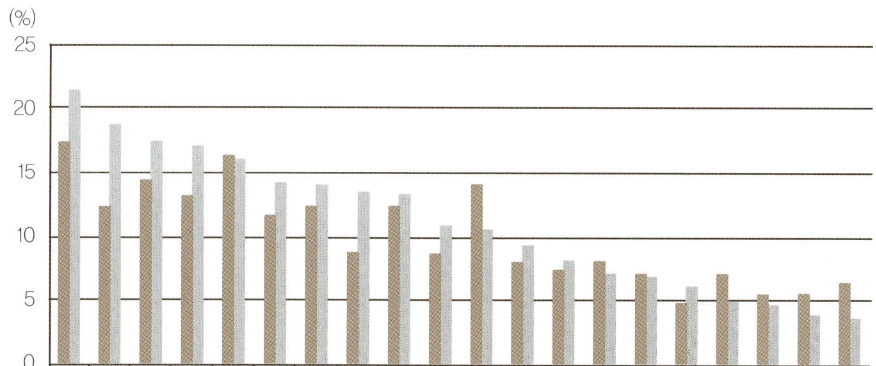

	미국	이탈리아	스페인	캐나다	아일랜드	영국	호주	룩셈부르크	그리스	독일	한국	스위스	프랑스	벨기에	오스트리아	네덜란드	노르웨이	스웨덴	덴마크	핀란드
■빈곤율	17.3	12.0	14.0	12.9	16.1	11.5	12.1	8.77	12.4	8.51	13.9	7.97	7.30	8.07	7.12	4.90	7.07	5.59	5.58	6.54
■아동빈곤율	21.2	18.4	17.2	16.8	15.8	14.0	14.0	13.3	13.2	10.7	10.4	9.2	7.9	7.2	7.0	6.3	4.9	4.7	3.9	3.7

[그림 8-1] 빈곤율과 아동빈곤율 비교(중위소득 50% 기준)

자료: LIS key figures. 류연규, 백승호, 2010 재인용.

2. 빈곤아동의 현황

1) 빈곤아동 발생 현황

우리나라는 산업화의 진전에 따라 전반적인 경제 규모가 성장하면서 빈곤문제가 조금씩 향상되기 시작하였으나 1990년대 중반 외환위기를 겪은 후 고용의 불안정성과 실업이 증가하여 '부익부 빈익빈'의 양극화 현상이 가중되면서 가구의 빈곤위험이 증대되었다. 실업 및 장기실업은 곧장 가구소득의 단절을 의미하며 이는 가구의 빈곤위험성을 절대적으로 증대시키고(구인회, 2004), 빈곤은 또한 가족 해체의 촉발 요인이 되고 있다.

절대빈곤아동은 일단 국민기초생활보장 수급가정의 아동으로서 극빈가정 아동, 소년소녀가정 아동, 빈곤한 모부자가정 아동으로 구성되며, 상대빈곤아동은 중위소득의 50% 이하로 본다. 〈표 8-6〉은 빈곤아동 수의 변화 추이를 보여주고 있다.

〈표 8-6〉 빈곤아동 수의 변화 추이

연도	전체 아동 수	절대빈곤아동				상대빈곤아동			
		절대빈곤율		추정아동 수		상대빈곤율		추정아동 수	
		도시	전국	도시	전국	도시	전국	도시	전국
2003	11,478,578	8.0	8.9	918,283	1,021,590	13.5	12.6	1,549,602	1,446,296
2004	11,297,516	13.0	13.8	1,468,677	1,559,057	14.2	12.7	1,604,247	1,434,785
2005	11,105,069	8.4	9.0	932,826	999,456	14.5	12.4	1,610,235	1,377,029
2006	10,903,869	8.0	8.5	872,310	926,829	14.6	2.7	1,591,965	1,384,791

자료 : 김미숙 외, 2007

가구주의 실직은 이혼·가출로 이어지며 한부모가정이나 조손가정을 발생시킨다. 이와 같은 최근의 경제위기와 사회 양극화, 해체가족의 증가는 사회적 보호를 필요로 하는 빈곤아동의 수적 증가를 가져온다(Falkingham, 2003). 한부모가정, 특히 모자가정의 어머니들의 기술수준이 낮아 소득이 낮은 직업이나 불안정한 임시직에 종사하거나, 정규직에 종사하더라도 자녀의 부양을 혼자 책임져야 하기 때문에 보육이나 교육비용의 지출비율이 양친가정에 비해 과다하여 빈곤으로의 진행이 가속화되는 것이다. 〈표 8-7〉은 가구 유형별 아동 빈곤율을 보여주고 있다.

〈표 8-7〉 가구 유형별 아동 빈곤율(자영업자 제외)

(단위: %)

가구 유형	구분	2003	2004	2005	2006
전체 가구	도시	5.3	7.4	5.7	4.8
	전국	5.9	8.5	6.1	5.3
조손가구	도시	64.0	100.0	80.1	67.8
	전국	47.1	85.7	65.0	63.7
모자가구	도시	16.3	30.0	14.9	16.1
	전국	16.7	33.9	16.4	17.7
맞벌이가구	도시	1.9	2.4	2.8	1.6
	전국	2.0	2.5	2.6	1.5
일반가구	도시	6.2	8.3	6.6	5.4
	전국	7.2	9.0	7.2	5.6

자료 : 김미숙 외, 2007

〈표 8-7〉에 따르면 조손가구 아동의 빈곤율이 가장 높고, 다음으로 모자가구, 일반가구, 맞벌이가구의 순이다. 통계청의 인구주택총조사에 의하면 2005년에 전체 가구의 0.36%였던 조손가구 수는 2010년 전체 가구의 0.7%로 나타나 급속한 증가를 확인할 수 있으며 전체 아동 수는 감소 추세인 반면, 조손세대 아동 수는 1995년 45,551명에서 2010년 116,930명으로 오히려 증가한 것으로 나타나고 있다(경북여성정책개발원, 2011).

조손가구에서는 대부분 저학력과 고령인 조부모의 건강상태가 좋지 않고 농림어업이나 단순노무의 비율이 높아 빈곤 정도가 가장 높다. 여성가족부(2010)의 실태조사에서는 조손가구의 약 3분의 2가 2인 가족 최저생계비 이하의 소득으로 생활하고 있었으며, 특히 농어촌의 경우 대도시나 중소도시에 비해 상대적으로 열악하다. 반면, 맞벌이가구의 아동빈곤율이 확연히 낮은 것은 홑벌이 가구에 비해 2인 생계부양자 가구의 아동빈곤율이 낮음을 보여주고 있어 한부모가정의 아동 빈곤이 다음으로 심각함을 보여준다.

2) 빈곤이 아동에게 미치는 영향

가정이 빈곤해지면 일차적인 피해자는 아동이다. 단순히 경제적으로 소득이 낮기 때문이 아니라, 절대적인 측면에서 총체적인 생활 조건이 매우 빈약해지기 때문이다. 영양 공급과 의료서비스 접근성이 떨어져 상대적으로 건강상의 문제가 있기 쉽고 교육 기회가 감소하며 인지능력이 떨어지기 쉽고 빈곤으로 인한 스트레스가 많은 부모들의 자녀에 대한 경제적 · 정서적 투자가 적어 사회적응기술이 부족해지거나 상대적으로 방임이나 학대의 위험에 처하기 쉬워 빈곤아동은 경제 · 사회심리 · 교육 · 정치 · 문화적 영역에서의 다면적 박탈을 경험하며 성장한다. 이처럼 결핍된 환경에서 성장한 아동은 그렇지 않은 아동에 비해 학업성취도나 기술 습득에서도 불이익을 겪게 되어 저학력, 저임금노동의 사이클을 겪기 쉽다.

빈곤은 아동이 정상적인 발달과업을 성취하는 것을 방해할 뿐만 아니라 성인기 발달에까지 영향을 미쳐서 빈곤이 대물림되는 결과를 자져온다. 빈곤의 대물림은 빈곤부모와 아동에게 좌절을 경험하게 하고, 거시적으로는 사회통합을 저해한다(윤혜미 외, 2010). 빈곤아동의 복지 수요에 적절히 대응하지 못하면 아동빈곤의 만성화와 빈곤아동의 확대로 이어지게 되므로 빈곤아동에 대한 아동복지 서비스는 빈곤아동 개인의 문제해결이라는 미시적 측면만이 아니라 구조적이고 거시적인 차원에서 이해되어야 한다. [그림 8-2]는 빈곤아동의 빈곤 대물림 경로를 보여주는 것이다.

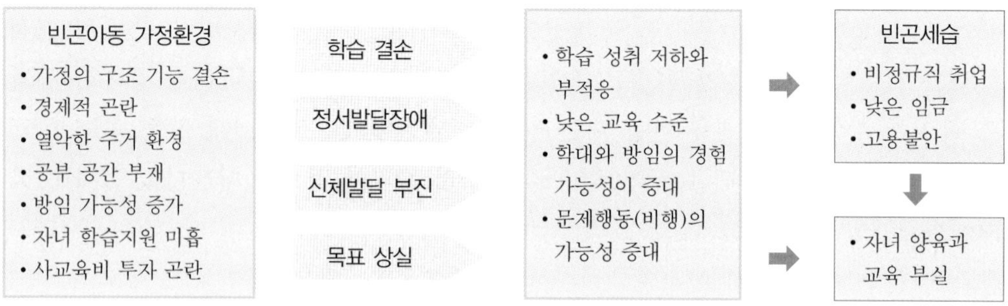

[그림 8-2] 빈곤아동의 가난 대물림 경로

자료 : 차별 · 빈부격차시정위원회, 2005에서 재구성

3. 빈곤아동복지 제도와 서비스

1) 관련법

근로빈곤계층의 증가와 이에 따른 빈곤아동의 수적 증가 및 가정 해체의 증가로 인한 한부모가정 아동의 빈곤 증가는 과거 극빈계층의 아동에 대한 소득지원과 고아들만 보호양육하면 된다고 생각했던 아동복지 서비스의 기본 방향에 변화를 요구하고 있다. 급변하는 우리의 아동복지 상황은 가정에 일차적 아동양육의 책임이 있고 국가는 가정이 실패했을 경우에 개입한다는 소극적 자세를 더 이상 견지하기 어렵게 한다. 즉, 아동양육의 일차적 책임이 있는 가정이 실패 또는 해체되지 않도록 지원하는 것이 보호필요아동에 대한 보호의무와 더불어 국가의 주된 아동복지 서비스여야 한다는 쪽으로 정책이 선회하였으며 저출산 등의 상황 변화에 따라 아동에 대한 보다 적극적인 사회투자적 성격의 빈곤아동지원책이 개발되고 있다. 특히 경제적 지원뿐만 아니라 가정 내에서 아동을 보호할 인력이 노동시장으로 유입됨에 따라 이들을 안전하게 보호하고 교육하는 돌봄(care)과 사회문화적 서비스로 점점 빈곤아동 서비스 영역이 확대되고 있다.

(1) 국민기초생활보장법

빈곤아동지원과 관련된 대표적인 법률로는 국민기초생활보장법, 한부모가족지원법, 아동복지법, 영유아보육법, 그리고 최근 제정된 장애아동복지지원법, 빈곤아동복지지원법 등이 대표적이다. 이 중 가장 기본적인 지원은 국민기초생활보장법에 의거하고 있는데 한부모가족 아동도, 보육대상아동도, 장애아동도, 그리고 다양한 빈곤아동지원 서비스 프로그램의 근거도 일단은 이 법에 의한 지원을 일차적으로 받고 있다. 수급 내용을 살펴보면 국민기초생활보장 수급자와 소득이 최저생계비의 120～130%에 해당하는 차상위계층은 생계급여, 의료급여, 주거급여, 교육급여, 해산급여, 장제급여 및 자활급여를 받을 수 있다. 이 중 아동과 직접적으로 관련된 것은 교육급여로, 저소득층 자녀의 취학전 교육지원, 저소득 중 · 고등학교 재학생 학비지원과 학용품비 등이 있다. 〈표 8-8〉은 국민기초생활보장의 급여 종류와 내용을 보여준다.

<표 8-8> 국민기초생활보장의 급여 종류와 내용

급여 종류	내 용
생계급여	• 의복 · 음식물 및 연료비와 기타 일상생활에 기본적으로 필요한 금품 지급 • 근로능력이 있는 수급자에게는 자활에 필요한 사업에 참가할 것을 조건으로 생계급여 지급 • 모든 수급자들에게 생계급여는 기본적으로 제공 • 긴급급여 : 기초생활보장제도의 급여 여부 결정 전이라도 갑자기 생계 유지가 어려워져 생계급여가 필요한 경우를 위해 긴급급여 지급
의료급여	• 별도의 의료급여법에 의해 의료 제공
주거급여	• 주거 안정에 필요한 임차료, 유지수선비 기타 대통령령이 정하는 수급품 지급
교육급여	• 입학금, 수업료, 학용품비 기타 수급품 지원
해산급여	• 조산, 분만 전과 분만 후의 필요한 조치와 보호 제공
장제급여	• 수급자가 사망한 경우 사체의 검안 · 운반 · 화장 또는 매장 기타 장제조치를 행하는 데 필요한 비용 지급
자활급여	• 자활에 필요한 금품의 지급 또는 대여, 자활에 필요한 기능 습득의 지원, 취업 알선 등 정보의 제공, 공공근로 등 자활을 위한 근로 기회의 제공, 자활에 필요한 시설 및 장비의 대여, 기타 대통령령이 정하는 자활 조성을 위한 각종 지원 제공 • 자활후견기관 지정 • 자활공동체 설립 운영

자료 : 법제처, 2011. 국민기초생활보장법, 재구성

(2) 한부모가족지원법

한부모가정의 아동에 대한 정부지원은 모 · 부자복지법, 군사원호보상법 및 국가유공자 예우 등에 관한 법률 그리고 저소득층일 경우에는 국민기초생활보장법에 의해서 이루어지고 있다. 모 · 부자복지법은 지원 대상에 대하여 '생활이 어려운', '자립이 어려운' 가정이라고 전제함으로써 소득수준에 의하여 자격을 제한하고 있으며, 국민기초생활보장법에 의하여 수급을 받고 있는 경우 중복급여를 하지 않으므로, 사실상 한부모가족에 대한 지원은 저소득층으로 제한되고 있다. 저소득 모 · 부자가정사업 지원 대상은 이혼, 사별 등으로 배우자가 없는 母 또는 父와 18세 미만의 자녀로 이루어진 가정으로서 당해 연도 선정 기준(국민기초생활보장제도와

동일)을 충족하는 가정이다. 구체적으로는 배우자와 사별 또는 이혼하거나 배우자로부터 유기된 자, 정신 또는 신체장애로 인하여 장기간 근로능력을 상실한 배우자를 가진 자, 미혼자(사실혼 관계에 있는 자는 제외), 배우자의 생사가 분명하지 아니한 자, 배우자 또는 배우자 가족과의 불화 등으로 인하여 가출한 자, 배우자의 해외 거주, 장기복역 등으로 인하여 부양을 받을 수 없는 자이다(보건복지부, 2010).

(3) 영유아보육법

정부는 저소득계층 아동에 대한 보육비 부담률을 점진적으로 줄여 나감으로써 보상보육의 성격이 강한 보육지원책을 시행하고 있다. 2013년부터는 만 5세 이하 영유아 무상보육을 실시하고 있는데 어린이집을 이용하는 영유아의 보육비를 국가와 지방자치단체가 전적으로 부담하고 가정에서 양육하는 영유아의 경우에도 만 1세 미만의 영아에게는 월 20만 원, 만 1세 이상의 영아에게는 월 10만 원의 양육수당을 지급한다. 이와 같은 무상보육은 부모의 소득에 관계없이 아동에게 보편적 돌봄 서비스를 제공하는 것으로 국가가 적어도 아동보육에 있어서는 빈곤으로 인한 박탈을 경험하지 않도록 하고 있다(한성심 외, 2014).

2) 빈곤아동복지 서비스 프로그램

(1) 대리보호 서비스

① 아동의 시설보호

양육시설은 부모의 보호를 이탈한, 또는 부모가 일시적으로 양육권을 유보한 아동에 대한 사회적 보호의 형태 중 가장 강도가 높은 접근이지만 한국에서는 가정위탁보호나 공동가정 등 가정형 보호에 비해 여전히 가장 많은 아동을 보호하고 있고 가장 오랜 역사를 가지고 있는 중요한 아동복지 서비스이다. 2013년 현재 총 243개의 양육시설이 있으며 25%가 서울과 경기도 일원에 집중되어 있다. 양육시설의 앞으로의 과제는 보호아동의 감소에 따른 시설기능 재고이다. 지역사회의 주요 복지자원으로 양육시설이 상담, 일시보호, 급식, 방과 후 보호, 각종 교육 훈련 프로그램 운영 등 지역사회 아동을 위한 기능을 개발하여 운영함으로써 지역사회의 종합 아동복지 서비스 시설로 운영될 수 있도록 추진해야 할 것이다. 2013년 현재 아동복지시설 현황은 〈표 8-9〉와 같다.

<표 8-9> 2012년 아동복지시설 현황

구분	계	양육	보호치료	자립지원	일시보호	종합시설	그룹홈
시설 수	770	243	11	12	12	3	489
보호아동수	18,354	14,700	497	256	335	128	2,438

자료 : 보건복지부, 2013

② 공동생활가정(그룹홈)

공동생활가정은 가정보호 원칙에 따라 기존의 시설보호를 탈피하고 가정보호 형태의 지역사회 중심 아동보호 형태로 논의되고 있으며 단기보호, 장기보호, 치료보호의 세 가지 형태가 있다.

단기보호란 경제적 위기 또는 부부의 갈등이나 별거, 수감 및 아동학대 등으로 인해 보호자 또는 친 · 인척이 함께 거주할 수 없는 아동을 보호하는 것이며 장기보호란 기존의 소년소녀가정 또는 시설에서 보호 중인 아동 및 장기보호가 필요한 아동에 대한 서비스이다. 치료보호는 시설보호에 적응하지 못하거나 약간의 정서적 문제 등으로 인하여 시설보호에 적합하지 않는 아동을 보호하는 것이다.

공동생활가정당 보호아동 수는 5인을 표준으로 하되 7인 이내로 하며 2006년의 120세대 → 2007년 176세대 → 2009년 290개소 → 2010년 348개소로 확대되었으며 전담인력에 대한 지원도 1인에서 2인으로 강화되어 연 35,956천 원을 지원하며 세대당 월 관리비로 230천 원을 지원한다.

③ 가정위탁보호

가정위탁보호 서비스는 보호가 필요한 18세 미만의 아동(18세 이상인 경우에도 고등학교 재학 중인 아동은 포함)을 제3자의 가정에서 일정한 기간 동안 보호양육하는 제도이다. 대상 아동은 시 · 군 · 구에서 부모의 질병, 가출, 실직, 수감, 사망 그 밖의 사유로 인하여 보호가 필요하다고 인정한 아동이나 아동학대로 인하여 격리 보호가 필요한 아동이며 학대피해아동은 우선적으로 선정된다.

가정위탁의 유형에는 대리양육 가정위탁(친조부모, 외조부모에 의한 양육), 친인척 가정위탁(친조부모, 외조부모를 제외한 친인척에 의한 양육)과 일반 가정위탁(일반인에 의한 가정위탁)의 세 가지가 있으며 위탁가정과 아동을 matching할 때에는 대리양육이나 친인척 가정위탁의 가능성을 일반 가정위탁보다 우선시하여 검토한다.

④ 긴급아동양육제도

이 제도의 목적은 기존의 보호필요아동의 범주에 속하지 않지만 부모의 이혼, 별거·가출, 부부간 심화된 불화, 신용불량 등으로 가정 내 아동 양육이 곤란한 경우에 발생되는 아동문제를 해결하려는 것으로 시설보호 등 긴급보호를 실시하여 아동을 보호하려는 제도이다. 보호자나 부양의무자, 이웃 등이 긴급보호를 신청하면 아동복지시설 입소 및 국민기초생활보장 긴급급여를 실시(1개월)토록 하고 국민기초생활수급자 선정 기준 적합 여부를 조사하여 가정위탁보호 및 시설(공동생활가정) 입소조치를 하도록 한 것이다.

(2) 지역사회기반 통합적 조기개입 서비스

빈곤아동의 복지서비스 욕구는 경제적 지원에 한정되지 않는다. 빈곤아동은 앞에서 지적한 바처럼 열악한 환경에서 적절한 자극과 지지의 부재로 인해 인지능력, 학습능력 및 학교 적응에서 취약하고, 그 부정적인 영향은 성인기까지 영향을 미쳐 결과적으로 빈곤의 대물림이 발생할 개연성이 크다. 이들에게는 보건과 교육 및 문화 체험의 기회를 제공하는 통합적인 지역복지서비스가 발달 초기부터 요구된다.

서구에서 초기 발달 단계부터 부모의 소득수준에 크게 관계없이 학교생활(school entry)을 준비할 수 있도록 저소득가정 아동을 대상으로 한 통합적 아동보호서비스 프로그램이 진행되어 왔는데, 미국의 Head Start, 영국의 Sure Start, 호주의 Best Start 등과 같은 프로그램이 그것이다. 아동에 대한 사회투자 개념의 하나로 한국에서도 민간의 We Start가 시작된 이래 2007년부터 정부는 Dream Start 사업을 시작하였다. 또한 아동의 방과후 보호와 건전육성을 목적으로 하는 지역아동센터가 기존의 지역사회종합복지관과 함께 지원체계를 구성하고 있다.

① 지역아동센터

지역아동센터는 지역사회 아동의 보호·교육, 건전한 놀이와 오락의 제공, 보호자와 지역사회의 연계 등 아동의 건전육성을 위하여 종합적인 아동복지 서비스를 제공하는 목적을 가진 아동복지시설로 계획되었으나 인력과 예산의 준비 부족으로 2004년부터 우선적으로 민간 공부방이 지역아동센터로 제도화되어 초·중생의 방과후 보호, 학습지원, 급식 제공 등의 기능을 담당하고 있다. 2013년도에 보건복지부로부터 운영비 지원을 받는 센터 수는 전국에 3,818개소이며 계속 확대 추세에 있다. 2013년 현재 지역아동센터를 이용하는 아동은109,066명으로 대개 가정의 월 수입이 100만 원 남짓의 극빈계층 아동이다. 〈표 8-10〉은 지역아동센터의 확대 추세를 보여준다.

〈표 8-10〉 지역아동센터 시설 수의 변화

구분	2004	2005	2006	2007	2008	2009	2010	2011	2012	2013
시설 수	895	1,709	2,029	2,618	3,013	3,474	3,690	3,985	4,036	4,061

자료 : 지역아동센터 중앙지원단, 2013. 12

② We start 마을

We start 운동은 우리 사회 모두(We)가 나서서 빈곤층 아동들의 복지(Welfare)와 교육(Education)의 영역에서 삶의 출발(Start)을 돕자는 의미로 빈곤층 아동의 '동등한 출발'을 보장하려는 민간운동이다. 2004년 5월부터 중앙일보와 민간단체들이 공동으로 '빈곤의 대물림을 끊어 주자'는 취지에서 사업을 진행하고 있다. We start는 빈곤의 대물림이 교육과 복지의 부실에 있다고 전제하고, 어려서부터 예방적이고 통합적인 개입이 이루어져야 빈곤으로부터의 탈피가 가능하다는 가정하에 0~12세 빈곤층 아동들에게 교육, 문화, 복지 서비스를 통합적으로 제공하는 것을 목적으로 하고 있다(이봉주 외, 2004). 2011년 현재 전국 4개의 시·도에 23개의 마을이 운영되고 있고, We Start 글로벌 아동센터가 1마을, 캄보디아에 1개의 해외마을이 운영되고 있다(http://www.westart.joins.com).

③ Dream Start

Dream Start는 보건, 복지, 교육을 통합한 전문적 서비스를 취약 지역에 거주하는 임산부 및 0~12세 아동과 가족에게 제공하여 조기에 문제를 진단하고 개입하는 예방적 체계 구축, 빈곤가정 지원을 위한 지역사회 자원 간의 협력 파트너십 구축을 목적으로 하고 있다. 이 사업은 취약아동에 대한 조기투자를 통하여 공평한 출발을 보장하여 아동기에 발생할 수 있는 문제를 예방하고 빈곤의 대물림을 예방한다는 취지를 가지고 있다. Dream Start 사업의 내용은 〈표 8-11〉과 같다.

<표 8-11> 드림스타트 사업 내용

분야별	서비스 내용	사업 수행 기관(인력)
건강	• 가정방문 보건서비스 제공 • 임산부, 영유아 보충 영양 프로그램, 정신건강 및 발달 스크리닝 등 • 지역 내 보건 의료 통합연계망	보건소, 정신보건센터 등 (간호사)
보육 · 교육	• 영유아 교육 중재 프로그램 • 가정방문/시설 내 부가적 서비스 제공 • 책 읽어 주기 Book start 등 발달 지원 서비스	어린이집, 유치원 등 (보육교사, 유치원교사)
복지	• 아동권리 및 아동안전, 보호 프로그램 • 방과 후 프로그램 지원 · 관리 • 문화 및 전문상담, 치료 프로그램 등	초등학교, 지역아동센터 등 (사회복지사)
통합 서비스 제공 및 가족지원사업	• 학대 예방, 안전 등 통합서비스 • 부모 자녀양육능력 강화 • 문화 체험, 부모참여 등 가족지원 • 지역 보건복지자원 발굴 및 연계	사회복지관 등 (사회복지사)

자료 : 보건복지부, 2011

④ 교육복지투자 우선 지역 지원사업

이 사업은 교육과 문화적 조건이 상대적으로 열악한 도시 저소득 지역의 교육 · 문화 · 복지 수준을 향상시키기 위해 학교를 중심으로 지역사회 교육공동체를 구성하여 지역 내 영유아 및 아동에게 공평한 기회를 부여하고자 하는 취지를 가지고 있다. '지역사회교육전문가' 를 학교에 배치하여 빈곤아동에게 교육과 문화 및 복지 프로그램을 제공한다.

⑤ 디딤씨앗통장(CDA)

디딤씨앗통장은 저소득층 아동의 사회 진출 시 주거 마련, 교육, 취업이나 창업 등에 소요되는 초기비용 마련을 위한 자산 형성 프로그램이다. 현재 대리적 보호 서비스(양육시설, 위탁보호, 그룹홈, 소년소녀가정 등)를 받고 있는 아동이 18세가 되어 아동복지 서비스의 대상에서 벗어나게 될 때 현재의 자립지원금이 300만~400만 원 정도로 현실적인 도움이 되기 어렵기 때문에 2007년 '아동발달지원계좌' 사업을 추진하게 된 것이다. 이는 아동에 대한 월 후원금에 대해 정부나 지방자치단체가 매칭 펀드를 제공하는 것으로 월 3만 원 이하를 아동이 18세가 될 때까지 지원한다. 이 사업은 아동을 미래성장동력으로 보고 빈곤의 대물림을 방지하기 위한 사회투자적 성격의 아동복지 서비스이다.

(3) 결식아동 급식지원 서비스

결식아동에 대한 급식지원은 2003년까지는 교육인적자원부를 통해 빈곤아동에게 학교에서 점심을 급식하는 정도였으나 저녁과 아침식사를 거르는 아동도 많을 뿐만 아니라 학령 전 아동의 결식이 심각하다는 실태보고에 따라 방학 기간과 개학 중의 아침과 저녁식사 및 학령 전 아동의 급식을 보건복지부가 지방자치단체를 통해 제공하고 있는데 그 수가 점점 증가하고 있다. 급식은 경제적 어려움이나 가족기능 결손 등으로 급식지원이 필요한 아동에게 제공하고 있는데 1식당 3,000원 이상으로 급식비를 제정하고 있으나 2005년 급식사업이 지방정부로 이양된 이후 시·군·구별 지원 단가가 상이한 결과를 가져왔다. 2009년 현재 총 476,444명의 아동이 단체급식소 20%, 일반음식점 29%, 도시락 13%, 주부식 14% 및 식품권 24%의 형태로 급식을 지원받았다.

아동급식 내용은 다음 〈표 8-12〉와 같다.

〈표 8-12〉 사업 주체 및 지원 방법별 급식 지원 내역

<table>
<tr><th colspan="2">지원 구분</th><th>사업 주체</th><th>지원 방법</th><th>재원 부담</th></tr>
<tr><td rowspan="4">취학 아동</td><td>학기 중 중식</td><td>교육과학기술부</td><td>학교급식비 감면</td><td rowspan="2">시도교육비 특별회계</td></tr>
<tr><td>학기 중 토·공휴일 중식</td><td rowspan="4">보건복지부 (지자체)</td><td rowspan="4">단체급식소, 일반음식점, 도시락, 주부식, 식품권</td></tr>
<tr><td>방학 중 중식</td><td rowspan="3">지방비, 분권교부세</td></tr>
<tr><td>연중 조·석식</td></tr>
<tr><td colspan="2">미취학아동 조·중·석식</td></tr>
</table>

자료 : 보건복지백서, 2009: 358

(4) 지역사회복지관과 건강가정지원센터

지역사회복지관은 임대아파트 단지나 영세민 밀집지역에 기반을 두고 지역 주민의 복지 향상을 위한 각종 활동을 전개해 왔다. 지역사회복지관은 빈곤가정 아동들을 대상으로 보육시설 운영, 상담서비스, 정서적 서비스, 가사지원서비스, 의료서비스, 결연서비스, 방과후 공부방을 통한 학습지도, 자립지원서비스 등을 제공해 왔다. 부모들의 요구에 따라 빈곤계층 아동이 비빈곤 아동에 비해 접근하기 힘든 피아노 교습, 컴퓨터 교실, 스포츠 교실 등을 실비로 제공하기도 하며, 방학 중에는 갈 곳 없는 아이들의 중요한 놀이방 겸 공부방의 역할을 하고, 캠프를 제공하여 빈곤아동들에게 집단활동의 기회를 제공하기도 하는 등 중요한 역할을 하고 있다.

4. 빈곤아동복지 서비스의 문제점과 복지 대책

2004년 차별 · 빈부격차시정위원회는 아동과 청소년의 빈곤 극복을 위한 추진 원칙으로 성장단계별 통합적 접근, 예방적 · 사전적 접근, 전문화된 접근 등을 설정하고 빈곤아동의 공평한 출발을 위해 기본생활 보장, 건강한 성장 보장, 실질적 교육기회 균등 보장, 빈곤 탈출의 희망 제시, 보호필요아동의 보호 내실화와 효과적인 전달 및 정책관리를 추진 전략으로 제시하였다. 여기서는 다양한 빈곤아동복지 서비스의 문제점을 기존 사업의 대상자 확대와 급여 수준 향상 필요성, 복지 · 교육 · 돌봄을 통합한 사회투자적 예방사업의 활성화, 빈곤아동지원정책의 전문성 강화라는 세 가지 차원에서 살펴본다.

1) 빈곤아동지원 서비스의 대상자 확대 및 서비스 수준 향상

(1) 국민기초생활보장제도

소득보장 부문에서 보면 빈곤가족에 대한 소득지원으로서의 국민기초생활보장제도는 우선 수급 대상자를 최저생계비 120% 이하 가정으로 제한하고 있어 이 범위에 속하지는 않으나 여전히 매우 빈곤한 차차상위계층의 아동을 보호하는 데 한계가 있다. 또한 서비스 내용도 최저한의 생활을 영위하기에도 어려운 수준이어서 현실적으로 아동이 이를 통해 양육을 지원받기란 매우 어렵다.

빈부격차가 심화되고 노동시장도 정규직과 비정규직으로 양분되는 등 양극화 현상의 급진전을 보이고 있는 현재 시점에서 국민기초생활보장제도가 효과적인 사회적 안전망으로서 아동이 있는 가정에 대한 소득지원의 역할을 다하기 위해서는 대상의 확대와 함께 급여 수준의 현실화가 매우 중요하다. 그러나 이 제도는 급여 중 아동 관련 항목이 들어 있을 뿐, 실상 아동인구를 위한 제도가 아니라 가구단위의 소득지원 프로그램이다.

아동의 소득지원을 위해서는 아동수당과 같이 지원 대상이 명확히 아동으로 특화되고 지원 수준 역시 현실화된 제도의 도입이 필요하다. 유럽 복지국가들은 아동수당제도를 일찌감치 도입하고 있으며 일본도 이를 실현하고 있어, OECD 국가로서 우리나라에서도 아동수당제의 도입을 보다 적극적으로 생각할 때이다. 또 비정규 근로빈곤층의 아동빈곤을 감소시키기 위해 아동 수에 따라 상이한 급여체계로 운영되는 EITC(Earned Income Tax Credit) 등 세제 혜택을 강화하여야 한다.

(2) 한부모가족지원

빈곤아동의 구성에서는 모자가정의 빈곤율이 단연 높다. 유사한 연구에서도 모자가정은 극빈층보다 오히려 차상위층에 머무는 비율과 확률이 큰 것으로 밝혀진 바 있다(김미숙 · 배화옥, 2007). 모자가정이 저소득층에 머물 가능성이 높은 것은 모가 가진 여러 가지 특성에 의해서이다. 따라서 최근 급증한 한부모가족에 대한 지원체계를 마련하여 이들이 빈곤계층으로 추락하지 않도록 배려하여야 한다. 모자가구의 단독 취업은 노동시장의 성 편향성으로 인해 고용안정성과 소득수준이 떨어져 빈곤수준을 더욱 악화시키는 원인이 되므로 여성경제활동의 질 제고정책이 뒤따라야 할 것이다. OECD에서는 아동빈곤 탈피를 위한 방안으로 모에 대한 적극적인 노동시장 정책을 권고하고 있다(Forster and d'Ercole, 2005).

(3) 조손가족아동 지원 서비스

경제문제와 가족문제의 중첩으로 그 숫자가 늘어나고 있는 빈곤조손가족은 통계상 조부모가 아동을 돌보는 기간이 장기화되는 현상을 보여주고 있어 조손가족아동에 대한 특별한 관심이 요구된다. 조손가족은 고령화의 문제와 아동양육의 문제가 중첩되어 있어서 가족 구성원이 자활능력을 갖지 못하므로 「국민기초생활보장법」이나 「한부모가족지원법」과 같이 자활능력을 유도하고 수급자의 신청에 따라 보호를 하는 정책이 아니라, 손자녀가 자립할 수 있을 때까지 지원하고 정부의 자발적인 조사와 선정에 의하여 적극적인 보호가 이루어져야 한다. 더욱이 수급자격이 소득과 재산을 포함한 자산조사(means test) 방식은 고령의 조부모가 소득은 없으나 주택 소유로 기준을 초과할 경우 지원 자격을 얻지 못하는 불합리한 결과를 가져오고 있으며 「한부모가족지원법」에 해당되는 조손가족의 경우 수급 자격 지정이 조부모를 부모 세대와 동일한 조건에서 판단하는 등 조부모의 고령에 대한 배려가 부족하다.

따라서 정책 목표를 보호자의 고령과 건강을 배려하여 수급 자격을 완화하고 최저생계비에 못 미치는 소득의 조손가족에 대한 실질적인 최저생활을 우선적으로 보장하고 차차상위계층에 해당하는 조손가족도 지원할 수 있도록 하며 손자녀가 자립하기 이전 조부모가 와병 또는 사망하는 경우를 가정한 대비책 등 보다 조손가구의 특성에 맞춘 정책이 요구된다(윤혜미 · 장혜진, 2011).

(4) 영유아보육서비스

영유아보육서비스는 2013년부터 무상보육이 실시되면서 공공성이 강해졌고 시설 미이용 영유아에 대한 양육수당 지급으로 과거에 비해 지원의 격차가 많이 개선되었다. 그러나 무상보육은 보육비를 정부와 지방자치단체가 공동부담하는 과정에서 지방자치단체의 재정자립도 및 재정 현황이 서로 매우 달라 보육비용 확보에 어려움을 겪고 있다. 또한 어린이집 이용을 통해 표준적 보육을 받아야 할 영유아가 양육수당이라는 현금지급이 제도화됨에 따라 경우에 따라서는 집에서 방치될 우려가 있는데 이를 모니터링할 수 있는 체계가 없다는 점도 주의를 기울여야 한다(한성심 외, 2014). 영유아보육서비스는 종일 어린이집에 보내거나 양육수당을 받고 집에서 양육하는 두가지 유형뿐이다. 보건복지부는 종일제어린이집 · 유치원을 이용하지 않는 가정도 시간제로 보육서비스를 이용하고 이용한 만큼 보육료를 내는 시간제 보육 시범사업을 시작한다고 밝혔다. 서울 등 61개 시 · 군 · 구에 있는 71개 어린이집에서 시범서비스를 시작한 뒤 운영 결과를 토대로 2015년 이후 전국 확대 방안이 검토되고 있다.

2) 사회투자적 · 예방적 아동복지사업의 활성화

보편적 · 예방적 아동복지정책 부족 및 서비스의 수준 문제이다. 21세기에 들어선 한국 사회 아동복지의 패러다임 변화는 어느 정도 분명하게 눈에 띄는데, 아동에 대한 사회투자적 시각을 도입함으로써 빈곤의 대물림을 방지하기 위한 보다 보편적이고 예방적인 성격의 서비스들을 창출해 내고 있는 것이다. 그러나 빈곤아동에 대한 교육 · 보건 · 복지의 통합적 서비스를 문제 발생 예방의 차원에서 제공하는 각종 스타트 사업이나 방과후 돌봄 사업들은 분명 과거의 보호대상아동에 대한 사후개입적 성격의 사업들과는 차별화되지만 아직 사업의 확산이 미미하며 성과관리가 취약하다. 뿐만 아니라 보호대상아동에 대한 각종 서비스도 여전히 열악하여 서비스 성과를 기대할 수 있는 수준에 미치지 못하고 있다.

가정위탁서비스에서 다양한 위탁가정의 개발이 부족한 점, 위탁가정에 대한 보상적 지원이 비현실적으로 낮은 점, 자립 연령에 달한 시설이나 가정위탁보호 또는 공동생활가정 아동에 대한 자립지원금이나 시책이 미비한 점, 자녀를 양육하고자 하는 미혼부모에 대한 지원이 형식적인 점, 학대나 방임 피해아동에 대한 지원이 응급적이고 일시적인 점 등 개선의 여지가 산재해 있다(한국복지연구원, 2011).

빈곤아동의 건강한 성장을 보장하기 위해서는 저소득가정 아동에 대한 의료서비스 접근 기회를 확대하고, 모자보건사업을 강화하여 저소득가정의 조기 건강관리 체계를 구축하며 어린이집이나 유치원, 학교의 건강관리를 내실화하여 신체적 질병뿐 아니라 정신건강문제를 조기 발견할 수 있도록 시스템을 구축해야 한다. 현재 진행되고 있는 보육비용지원은 무상보육이라는 궁극적인 목표를 향해 지속적으로 확대 실시하고 방과후 보호와 학습지원을 지역아동센터의 기능 강화와 다양화를 통해 접근하면서 저소득층 아동의 문화활동 참여 기회와 정보 격차를 해소하도록 노력할 필요가 있을 것이다.

빈곤아동에 대한 지원은 현재 가족이 당면하고 있는 빈곤문제를 해결하기 위한 방안이기도 하지만 장기적으로는 빈곤의 대물림을 방지하는 빈곤에 대한 예방책이기도 하다. 따라서 빈곤아동을 지원하는 사회투자국가로서의 대책 강화가 요구된다(윤혜미 외, 2010).

3) 빈곤아동지원정책의 전문성 강화

정책 대상자로서의 아동에 대한 인식 부족과 이에 따른 정책과 행정의 일관성 부족이다. 한국에서 아동은 정책 대상으로서의 존재가 모호하다. 영유아는 원칙적으로는 아동복지에 속하지만 저출산시대의 주요 정책 포커스가 되었고, 청소년은 육성 또는 문제행동 해결을 위한 정책 대상인 데 비해 연령적으로는 유아와 청소년을 대부분 포함하는 아동은 기초생활보장으로 대표되는 빈곤정책 대상에 가족의 일원으로 종속되어 있을 뿐 육성을 포함한 포괄적 정책의 대상이 되지 못하고 있다. 이는 보육, 아동, 청소년으로 구분된 법체계 및 보건복지부와 여성가족부로 나누어진 행정 및 서비스 전달체계에도 크게 책임이 있다.

빈곤아동복지 서비스의 전문성 이슈 중 다른 한 가지는 아동의 발달주기에 따른 생애지속형 정책개발 결여이다. 아동기는 인간의 삶의 주기 가운데에서도 가장 급격한 심신의 변화가 일어나는 시기로서 각각의 발달단계에 맞는 적절한 발달과업 지원이 매우 중요하다. 이 단계들은 서로 밀접히 연계되어 있으면서 누적적 · 불가역적 특성을 가지고 있기 때문에 서비스가 생애지속적으로 연계되어야 한다. 현재 아동복지 서비스는 보육과 아동복지, 청소년복지가 각기 독립적으로 진행되면서 중복과 누락의 문제를 발생시키는 동시에 아동 개인으로서는 서비스 전달의 파편화로 인해 성과가 제대로 관리되지 못하고 있다.

이러한 문제점은 역으로 한국 아동복지의 과제에 시사점을 제공하기도 한다. 급변하는 현대사회의 가족과 자녀에 대한 인식 변화와 개인의 역할 변화는 아동 성장의 사회 환경이 갑자기 크게 달라지기는 어려울 것임을 짐작하게 하고, 이에 따라 아동의 사회적 보호에 대한 욕구가 보다 다양화되고 심화되리라는 것을 시사하고 있다. 또한 빈곤아동의 증가가 한국이라는 지역사회의 특수성에만 기반하는 것이 아니라 세계적인 현상이란 점은 대응책 역시 지역적인 동시에 보다 광범위하고 보편적인 가치에 기반하여 글로벌한 기준을 갖추어야 할 것임을 강력히 시사하고 있다(윤혜미 외, 2010).

제3절 아동상담사업

1. 아동상담사업의 개념

현대사회는 산업화, 도시화로 인해 가족의 변화가 크고 이로 인한 가족의 기능과 역할이 변함에 따라 가족은 문제를 갖게 되고 아동에게도 또한 큰 영향을 미치고 있다. 이와 같은 사회적 요구에 따라 아동을 위한 상담사업이 더욱 필요하게 되었으며 아동 자신을 위한 상담뿐만 아니라 부모의 역할을 지지, 교육하는 등의 간접적인 상담도 필요하게 되었다.

아동상담의 기본 전제는 아동이 가정 내에서 정상적으로 성장 · 발달할 수 있도록 돕는 데 있고, 아동상담의 대상은 발달상 혹은 적응상의 문제를 지닌 아동이며, 아동이 지닌 상당수의 문제가 부모-자녀관계에서 비롯되거나 부모가 아닌 주 양육자 및 교사와의 관계에 의한 영향을 많이 받고 있으므로 이들에 대한 상담도 대상으로 포함되고 있다.

아동복지의 권위자 카두신(Kadushin, 1980:75)은 아동상담사업을 아동복지사업 중 가장 일차적인 사업으로 규정하며 이는 부모와 아동이 가정 내에서 바람직한 관계를 가지며 행복할 수 있도록 지지 · 강화해 주는 사업이라고 정의한다. 아동상담사업을 일차적인 사업이라고 하는 것은 아동이 가장 행복할 수 있는 곳이 자신의 가정이라는 기본 전제에 기인하기 때문이다. 이와 유사하게 보건사회백서(보건복지부, 1997)도 아동상담사업을 아동이 건전한 가정에서 자랄 수 있도록 상담과 지도를 실시함으로써 보호대상아동의 발생을 사전에 예방하는 사업이라고 정의하면서 예방의 차원을 강조하고 있다. 그러나 한국 아동상담서비스의 실제를 규정하는 보건복지부(1995)의 아동복지사업지침에서는 아동상담소의 목적을 보호대상아동의 발생 방지와 발생된 아동의 신체적 · 정신적 · 사회적 발달에 필요한 적합한 조치를 취하고 지역사회와도 밀접한 유대관계를 형성하여 아동의 복지 증진에 기여함에 두고 있어서 일반아동보다는 보호대상아동에 대한 서비스에 초점을 두고 있음을 알 수 있다.

미국의 경우 아동상담사업의 기원은 현재 미국 내 주요 상담기관인 가족서비스기관(Family Service Agencies)과 아동상담소(Child Guidance Center)에서 찾아볼 수 있다. 가족서비스기관에서는 아동문제에 주로 부모에 대한 서비스(예 가족치료, 개별치료, 부부상담, 성인을 위한 집단치료)를 통해 개입하는 반면, 아동상담소는 아동에 대한 직접적인 서비스(예 놀이치료, 미술치료, 음악치료, 독서치료, 행동주의 상담, 집단상담, 사회성 발달, 학습치료 등)를 통해 개입한다. 그러나 두 기관 모두 가족원들의 사회적 기능 향상을 통한 가족 붕괴의 예방으로 가정 내 지속적인 아동양육이 가능하도록 돕는 데 그 목적을 두고 있다(Kadushin, 1980:75).

2. 아동상담사업의 분류

아동상담사업은 대체로 상담의 대상과 상담자가 활용하는 이론에 따라 분류되나 실제 상황에서는 제기된 문제에 따라 상담이 진행되면서 상담의 대상이 바뀔 수도 있고 상담의 기초가 되는 이론도 종종 혼합되어 사용되는 경향이 있다. 상담의 기초가 되는 이론에 따라 구별되는 상담의 유형은 매우 다양하나 대표적으로 정신분석, 행동수정, 현실적 상담, 인지 치료적 상담, 합리적 상담 등을 들 수 있다. 이 외에도 아동 및 청소년을 대상으로 활용될 수 있는 상담기법으로는 놀이치료, 사회심리극(psychosocio drama) 등이 포함된다.

아동상담사업의 분류는 주로 아동의 문제를 아동 개인 또는 관련 성인들을 개별적으로 상담하여 해결하고자 하는 개별상담, 아동의 문제를 유사한 문제를 가진 아동 또는 성인들의 집단을 형성하여 개입함으로써 해결하고자 하는 집단상담, 아동의 문제가 부부문제와 연관되어 있다는 가정하에 부모를 대상으로 하는 부부상담, 아동의 문제는 전체 가족과 연관되어 있다는 가정하에 가족 전체를 대상으로 하는 가족상담 및 치료 등으로 분류된다.

1) 개별상담

개별상담은 아동과 가족 및 그 환경 간의 문제에 대해 개인적인 상담을 함으로써 아동의 인격발달 및 사회기능을 향상시키는 것이다. 문제나 장애를 가진 아동이 아동상담소나 가족서비스기관 등의 상담서비스기관에 의뢰되면, 기관과 사회복지사(혹은 아동상담사)는 우선 방문의 목적과 문제의 성질을 파악하여 원조가 가능한지를 판단한다. 서비스를 제공하기로 결정되면 아동과의 면접 및 심리조사, 정신분석가나 주변 사람들과의 면담 등 사회조사를 통하여 문제상황을 명확히 하는 등 어려움에 부딪힌 문제의 성질 및 주요 요인을 평가하여 치료 계획을 세운다. 이에 따라 치료 방법은 주로 직접 면접을 하여 부모와 자녀 간의 관계를 바람직하게 유지하도록 강화시키고 문제를 자기 스스로 통찰하도록 도와줌으로써 태도나 행동양식을 변화시키는 것이다.

2) 집단상담

집단상담은 집단 과정을 통하여 아동의 사회성을 향상시키고 아동과 집단 및 가족의 제반 문제를 효과적으로 처리하도록 돕는 서비스이다. 참가자가 유사한 입장끼리 모임으로 인해 안정감이 생기고, 비슷한 문제를 가진 사람끼리 경험을 교환함으로써 지나친 불안감을 덜 수 있으며, 문제 상황에 대한 해결 방안도 공동으로 나눔으로써 치료관계를 좀 더 효율적으로 할 수 있다.

3) 가족상담 및 치료

가족치료는 가족을 하나의 통합적인 단위로 보고, 개인 성원의 집합보다는 특별한 전체로서 보며, 한 가족 전체와 면담하여 가족문제를 해결하는 것을 말한다. 치료 방법은 가족체계에 직접 개입하여 문제의 형태에 따라서 감정표현을 격려하거나, 이러한 감정표현의 부정적 느낌이 표현되는 대상자를 보호하고, 가족 각자에 관련된 새로운 방법을 제시하며, 가족 상호작용을 조정하는 기본 규범을 강화시키는 등 가족의 상호작용 형태를 바람직한 방향으로 조정하는 것이다.

3. 아동상담사업의 현황

우리나라의 아동상담사업은 1959년 설립된 서울아동상담소를 계기로 시작되었다. 그러나 일반아동을 포함한 모든 아동 및 청소년을 위한 종합적이고 포괄적인 상담사업을 본격적으로 실시하고자 노력하기 시작한 것은 1990년대에 들어와 문화관광부에 의해 청소년상담실이 설립되면서부터라고 할 수 있다.

공립 아동상담소는 1961년 12월 30일 제정 · 공포된 아동복리법에 근거를 두고 1963년 1월부터 당시 5백여 개의 아동복지시설에 수용되어 있었던 약 7만 명의 부모 없는 아동을 위한 입양사업의 전개를 목적으로 각 시 · 도에 설치되었다. 몇 년 후 서울, 부산, 충북, 충남, 경북 등지에서 독립된 아동상담소 혹은 부녀아동상담소가 문제아동의 상담을 하기 시작하였다(이영희, 1990:208).

1961년의 「아동복리법」이 1981년 4월 13일 법률 제3438호에 의해 「아동복지법」으로 전면 개정되면서 아동복지의 목적은 보호대상아동의 보호 차원을 넘어서 모든 아동들의 건전육성으로 규정되었다. 그러나 이 법은 제8조에 여전히 문제아동과 보호대상아동을 지도하기 위한 아동상담소를 각 도 · 시 · 군에 설치할 수 있게 하고 있다(이윤상, 1992:28). 따라서 현재까지 실질적인 의미에서의 모든 아동을 위한 상담을 하는 공립 아동상담소는 거의 없고 보호대상아동을 위한 대책 마련에 급급한 실정이다.

시립 아동상담소 중에도 1977년 새로이 발족된 자광아동가정상담소를 포함한 소수의 아동상담소만이 일반가정의 문제아동을 위한 상담사업을 하고 있다. 이 외에 사립 아동상담소의 대부분을 차지하고 있는 홀트아동복지회, 동방아동복지회, 대한 사회복지회 등에서 실시하고 있는 아동상담사업은 주로 입양에 관한 상담사업 위주로 운영되고 그 밖의 다양한 아동문제의 해결을 돕는 상담사업은 미흡한 실정이다.

〈표 8-13〉은 아동상담의 성별, 유형별 발생 빈도를 나타낸 것이다.

〈표 8-13〉 아동상담의 성별 및 유형별 발생 빈도

구분	계	남	여	계	비 행 부랑아 가출아	기아	학 대 방지아	미아	일반 가정	기타
2001	28,866	15,281	13,585	28,866	2,638	1,329	2,897	452	12,061	9,489
2002	31,303	17,313	13,990	31,303	3,606	1,232	3,559	377	15,000	7,529
2003	28,327	15,747	12,580	28,327	2,999	1,201	4,837	428	13,557	5,305
2004	29,926	15,485	14,441	29,926	4,381	1,001	4,529	286	14,247	5,482
2005	28,242	14,444	13,798	28,242	3,518	654	3,865	192	15,808	4,205
2006	23,532	13,091	10,441	23,532	5,901	710	5,282	203	7,738	3,698
2007	27,349	15,415	11,934	27,349	3,782	627	5,087	279	12,029	5,545

자료 : 보건복지부, 2008

4. 아동상담사업의 문제점과 복지 대책

우리나라 아동상담사업은 현재 보호대상아동에 대한 적절한 개입을 실시하기에도 미흡한 상태이고 일반아동이 보호대상아동 및 문제아동이 되는 것을 미연에 방지하는 예방사업에 이제 겨우 눈을 돌리기 시작하였다. 따라서 보호대상아동과 일반아동 모두의 복지를 위한 아동상담사업의 활성화를 위해 반드시 직시해야 할 문제점과 그에 대한 개선 방안을 고찰해 본다.

1) 아동상담소의 부족 현상

아동상담소가 양적으로 증가되고 지역적 편재 현상이 개선되어야 한다. 현재 전국에서 운영되고 있는 52개소의 아동상담소와 9개소의 청소년상담소는 전체 아동인구(12,711천 명, 1996년)는 물론 보호대상아동(360천 명, 1996년)의 상담 수요를 감안할 때 절대적으로 부족하다. 이러한 부족 현상은 13개의 시립 또는 도립 아동상담소 중 8개가 가출 · 윤락 · 미혼모 여성에 대한 상담을 주 업무로 하는 부녀아동상담소이고, 사립 아동상담소의 대부분이 순수한 아동문제에 대한 상담보다는 국내 입양의 권장을 위해 설립된 상담소라는 것을 감안할 때 더욱 심각하다.

2) 사회복지관과 지역아동센터 내 상담인력을 위한 재정적 지원

사회복지관, 지역아동센터 등 아동 관련 기관에 상담인력을 위한 재정적 지원을 하여야 한다. 새로운 아동상담소를 건립하는 재정적 부담을 줄이면서도 한국 아동의 상담 수요를 충족시키기 위한 방안의 하나는 전국에 운영되고 있는 아동 관련 기관에 아동상담 프로그램을 설치하고 이를 전담 · 운영할 인력을 위한 별도의 재정적 지원을 하는 것이다. 이렇게 하는 것은 이미 설치된 시설을 활용하여 지역사회의 특성에 맞는 상담사업을 개발 · 강화할 수 있는 계기가 될 수 있다.

3) 학교상담사업의 활성화

최근 과열된 대학입시 경쟁은 재수생의 증대, 청소년 범죄율의 증가, 학교폭력과 청소년 자살, 학교 교육의 비인간화 등의 사회 · 심리적인 부작용을 낳고 있다(주은희, 1993:35-36, 41-47). 따라서 학교상담사업의 활성화가 필요하며, 이를 위해서 먼저 학교사회복지사 및 전문상담치료사와 같은 학교 내 전문상담인력의 배치를 위한 제도적 장치가 마련되어야 한다. 또한 청소년상담소나 사회복지관과 같은 지역사회의 전문상담기관과의 연계체계 하에 학교 내 특별활동시간을 활용한 집단상담 프로그램을 활성화하고 또래상담원 프로그램도 운영하여 학교상담사업을 확대시켜야 한다. 또한 정기적으로 교사, 학생 및 학부모들을 대상으로 아동 및 청소년의 정신건강 및 상담의 중요성에 대한 교육이 실시되어야 한다.

4) 상담인력을 위한 보수교육 및 훈련

상담인력을 위한 보수교육 및 훈련이 제공되어야 한다. 모든 아동 및 청소년 상담소가 양질의 상담서비스를 제공하기 위해 필수적으로 구비해야 할 요건은 인격과 전문능력을 가진 상담요원이다. 따라서 날로 다양해지고 복잡해지는 아동 및 청소년 문제를 효과적으로 예방하고 치료하기 위해서는 상담요원의 전문성 향상을 위한 지속적인 보수교육 및 연수활동이 가능하여야 한다.

5) 상담인력의 자격 규정 및 관리에 대한 법적 · 제도적 장치 마련

상담소 및 상담인력의 자격 규정 및 관리에 대한 법적 · 제도적 장치가 마련되어야 한다. 현 시점에서는 상담에 대한 전문적인 교육 및 훈련 없이도 상담소를 비교적 용이하게 설립하고 운영할 수 있는 실정이므로 상담사업이 남용될 우려가 많다. 따라서 아동상담사업을 하는 상담소에는 그 규모에 따라 몇 명 이상의 전문상담인력을 고용해야 하고 상담인력의 자격 요건과 자원봉사자의 역할 등을 구체적으로 규정하고 그에 대한 이행 여부를 관리하는 법적 · 제도적 장치가 필요하다.

6) 아동상담사업에 대한 교육

아동상담사업에 대한 교육 및 홍보가 이루어져야 한다. 아동상담사업의 중요성에 대한 인식은 정부 차원에서 먼저 이루어져야 한다. 정부가 아동의 건전한 육성을 위해 상담사업이 얼마나 중요한지를 인식하지 못하고 있기 때문에 이 사업에 대한 정부의 태도는 미온적일 수밖에 없다. 이 사업에 대한 관련 공무원들의 올바른 이해, 적극적인 관심과 지원 없이는 사업의 발전이 그만큼 더딜 것이다. 따라서 상담사업을 통한 문제아동 및 보호대상아동의 발생 예방이 곧 장기적인 측면에서의 예산 절약이라는 것을 깨닫도록 관련 인사들을 위한 교육 및 설득 작업이 본격적으로 이루어져야 한다.

7) 아동상담사업에 대한 의식 전환 및 홍보

일반인들의 아동상담사업에 대한 의식 전환을 위한 홍보 및 교육활동이 적극적으로 전개되어야 한다. 사회가 복잡해지고 아동 및 청소년 문제가 심각해짐에 따라 아동상담사업의 필요성이 더욱 증대되고 있기에 지역사회 주민에게 기관의 프로그램이나 서비스를 홍보하여 기관의 이용과 지역사회 주민의 참여를 촉구해야 한다. 또한 상담기관들은 매스미디어에 상담 자료, 사례 등을 제공하고, 공익광고 등의 언론매체를 통해 아동상담의 중요성을 홍보하여 여러 차원에서의 상담에 대한 의식개혁을 꾀하여야 한다.

8) 정부 차원에서의 아동상담사업 전달체계 마련

정부 차원에서 통합된 아동상담사업 전달체계가 마련되어야 한다. 우리나라 아동상담사업은 보건복지부, 교육부, 여성가족부, 고용노동부, 경찰청 등 정부의 관장 부서별로 고립 · 분산되어 시행되고 있다. 따라서 상담업무는 각 부서의 관장업무에 따른 분야에만 국한됨으로써 한 인간의 문제를 인격적이고 종합적인 차원에서 다룰 수 없는 한계가 있고, 아울러 같은 상담사업이 이루어지고 있더라도 부서 간의 업무 협조는 거의 이루어지지 않고 있는 실정이다. 이와 같은 행정 및 상담업무의 중복은 효율성을 감소시키는 것은 물론 예산 낭비도 초래하기 때문에 정부 차원에서의 아동상담 서비스 전달체계의 통합 및 재정비가 필요하다.

그러나 상담 기능을 통합한다는 것은 하나의 대규모의 상담기관을 설립한다는 것과는 다르다. 유사한 상담서비스를 상이한 관장부서별로 실시함으로써 비롯되는 업무의 중복 및 예산 낭비를 방지하는 일원화된 전달체계를 갖추되 소규모의 상담소를 상담서비스를 필요로 하는 다수의 지역사회에 분산해서 운영하는 것이 바람직하다. 또한 일원화된 전달체계를 갖추게 될 때는 아동상담사업이 전체 상담사업의 핵심 사업으로 그 자리를 확고히 할 수 있는 장치가 반드시 마련되어야 할 것이다.

제4절 미혼부모 아동복지사업

1. 미혼부모 아동복지사업의 개념

오늘날 우리 사회는 성에 대한 개방적인 가치관과 상품화로 인해 혼전 및 혼외의 성관계에 대한 의식이 둔감해지면서 미혼부모의 증가라는 사회문제가 대두되고 있다. 본 절에서는 미혼부모 아동의 범위를 규정하고 그들을 위한 복지가 갖는 의의를 개인적 입장과 사회적 입장에서 고찰한 후, 미혼부모 아동과 그들을 위한 서비스 현황, 문제점 및 복지 대책을 예방적 입장뿐만 아니라 사후치료적 입장에서 살펴보고자 한다.

1) 미혼부모 아동의 개념

미혼부모란 법적으로 혼인을 하지 않은 상태에서 성관계를 맺어 이로 인해 결과적으로 비합법적인 아기를 임신하고 있거나 부모가 된 사람을 말하며, 기혼자가 자신의 배우자 이외의 사람과 관계를 맺어 부모가 된 사람도 포함된다.

미혼부모라는 호칭보다는 미혼모라 칭하게 되는데, 이는 대부분의 미혼부는 임신 사실의 확인과 함께 미혼모로 하여금 낙태를 종용하거나 미혼모와의 관계를 끊고 미혼모와 그 아기를 유기하는 등 현실적으로 미혼부는 표면화되고 있지 않는 경우가 많기 때문이다.

미혼모는 미혼으로서 임신한 경우와 기혼으로서 배우자 이외의 사람과 관계를 맺어 임신한 경우의 여성을 뜻한다. 협의의 입장에서는 미혼여성의 경우만을 포함하며, 광의의 입장에서는 미혼여성과 기혼여성의 경우를 다 포함하고 있다.

그러나 우리나라에서는 일반적으로 비합법적인 혼외임신 또는 혼외출산을 한 기혼여성을 미혼모로 간주하지 않고 미혼여성의 혼전임신 또는 혼전출산을 미혼모로 보는 경향이 있기 때문에 미혼여성으로 국한한다. 또한 앞서 아동의 개념 정의에서 살펴보았듯이 아동복지법상의 아동이라 함은 18세 미만의 자로 규정함에 있어 본절에서는 10대의 미혼여성에 국한하고자 한다.

따라서 미혼부모 아동이란 임신 또는 출산한 10대 미혼여성과 그 배우자를 말하며 그들이 출산한 자녀의 아동을 말한다. 10대 미혼부모와 그 자녀가 아동복지의 중요한 대상이 되는 이유는 10대 미혼부모의 발생 비율이 증가하고 그 자녀에 대한 미혼부모의 뚜렷한 대책이 없어, 유기 및 학대되는 아동의 수가 많아지고, 10대 미혼부모 역시 자신의 문제를 해결하기 위한 도움을 필요로 하기 때문에 이들을 위한 적절한 서비스가 필요하다. 특히 10대 미혼부모에 대한 사회적 인식이 부정적이므로 미혼부모가 자신의 문제를 드러내어 해결하기란 어렵고, 이들을 위한 전문적인 보호기관의 설치 운영과 전문가에 의한 서비스가 이루어져야 한다.

2) 미혼부모 아동복지사업의 개념

10대 미혼부모와 그 자녀에 대한 복지사업은 현재 미혼부모와 그 자녀가 당면하고 있거나, 앞으로 당면하게 될 문제를 해결하는 각종 대책을 말한다. 미혼부모가 포함되는 것은 부모를 통해서만이 그 자녀를 보호할 수 있다고 여겨질 때에는 아동은 물론 그 부모가 포함된 아동복지 서비스가 이루어져야 하므로, 이러한 측면에서 볼 때 미혼부모 아동복지사업은 부모와 그 자녀를 위한 사업이라 할 수 있다. 특히 미혼부모에 의한 적절한 조치는 곧 그 자녀를 위한 조치이기도 하다.

따라서 미혼부모 아동복지사업이란 미혼부모가 사회·경제적인 입장에서뿐만 아니라 정신적·육체적으로 직면하고 있는 문제를 해결할 수 있도록 가족과 이웃 및 사회복지사가 이들에게 적절한 도움을 주어 미혼부모로 하여금 자신의 문제를 통찰하고 해결할 수 있는 능력을 제공하는 여러 가지 사업을 말한다.

미혼부모 아동의 복지 문제는 결국 미혼모와 그 자녀의 문제이므로 여성복지와 아동복지 차원에서 논의·강구되고 있다. 특히 미혼모가 청소년기에 발생한다는 점에 주목하여 볼 때 예방적 차원이 강화된 관점에서 여러 가지 사업 프로그램이 논의되어야 한다.

2. 미혼부모 아동복지사업의 현황

1) 미혼모의 현황

미혼모의 현황을 정확히 파악하기는 쉽지 않다. 왜냐하면 공식적인 창구를 통해 보호를 요청하지 않고 은닉해 버리는 경우가 많기 때문이다. 미혼모의 현황을 연령별, 직업별, 입양아동별로 살펴보았다.

(1) 연령에 따른 미혼모 현황

2005년 여성가족부 가족지원팀에서는 미혼모·부와 그 자녀를 함께 고려한 미혼부모가족에 대한 종합적 지원 대책을 마련하고 효율적 추진을 위해 모부자복지법 개정 등 법제도 개선 및 가족 유형에 따른 특화된 서비스를 개발, 지원토록 하기 위해 미혼모시설 11개소에 입소한 미혼모 238명을 대상으로 조사한 결과를 살펴보면 미혼모들의 연령별 비율은 21~25세가 45.8%로 가장 많고, 16~20세가 31.5%, 26~30세가 14.3%로 나타났다(여성가족부, 2005). 10대 미혼모의 비율은 〈표 8-14〉에 나타난 바와 같이 1984년 24.9%였으나 1996년에는 49.7%, 2005년에는 33.2%로 심각할 정도로 증가하였다. 이는 미혼모들의 연령이 갈수록 심하게 낮아지고 있는 실태를 나타내 주고 있음을 의미한다.

〈표 8-14〉 입양기관의 미혼모 연령

(단위 : %)

연도 \ 연령	15세 이하	16~20세	21~25세	26~30세	31세 이상	계
1984년	0.1	24.8	59.8	13.4	1.9	100.0
1996년	0.1	24.8	59.8	13.4	1.9	100.0
2005년	1.7	31.5	45.8	14.3	6.7	100.0

자료 : 한국여성개발원, 1994; 서울특별시 부녀복지연합회, 1996; 여성가족부 통계자료, 2005

10대 미혼부의 비율은 2002년 38.8%에서 2003년에는 30.2%, 2004년에는 25.9%로 다소 낮아졌으나 20대 이상의 비율은 늘어나고 있는 실태이다(표 8-15).

〈표 8-15〉 미혼부의 연령

(단위 : 명, %)

연도 \ 연령	13~14세	15~20세	21~26세	27~45세	모름	계
2002년	32(2.3)	508(36.5)	360(25.8)	259(18.6)	157(11.3)	1,393
2003년	1(0.1)	443(30.1)	578(39.3)	320(21.8)	128(8.7)	1,470
2004년	-	300(25.9)	470(40.5)	285(24.6)	96(8.3)	1,160

자료 : 한국여성개발원, 1994; 서울특별시 부녀복지연합회, 1996; 여성가족부 통계자료, 2005

(2) 입양아동의 미혼모 현황

국내 입양기관을 통하여 입양된 아동으로부터 파악된 미혼모 수가 1992년 2,717명에서 1998년 3,675명으로 증가하는 추세를 보이고(표 8-16), 전체 입양아동의 90% 이상이 미혼모의 아동이다(보건복지부, 1999).

보건복지부 해외입양자료(1997)에 의하면 해외입양이 된 18세 이하 아동의 수는 1986년 12,035명인 데 비하여 1996년에는 1,379명으로 대폭 감소하였다. 그 이유는 보건복지부의 해외입양제도가 국내입양 권장으로 전환된 정책적 변화의 영향 때문이다. 따라서 이러한 해외입양의 감소만으로 미혼모의 발생이 감소되었다고 단언하기는 어렵다.

<표 8-16> 입양아동을 통한 미혼모 추이

(단위 : 명)

연 도	1992	1993	1994	1995	1996	1997	1998
미혼모 수	2,717	2,981	2,913	1,699	2,822	3,082	3,675

자료 : 보건복지부, 1999

2) 미혼부모 아동의 문제

미혼부모 아동의 문제는 미혼모의 심리적 · 경제적으로 불안한 상태에서의 부적절한 산전 · 산후관리로 인한 미숙아 · 조산아의 출산과, 정상적인 가정에서의 아동양육을 위한 부모역할을 제대로 수행하지 못해 문제아동으로의 성장 가능성이라는 문제점을 갖고 있어 단지 개인에게만 국한되는 것이 아니라 사회적으로 심각하다. 미혼부모 아동들이 갖고 있는 문제를 구체적으로 살펴보면 미혼부와의 결혼 의사 여부 문제, 자녀 출산 및 양육 의사 여부 문제, 의료적 문제, 경제적 · 교육적 문제, 심리적 · 정서적 문제 등으로 볼 수 있다.

(1) 결혼문제

미혼부모의 연령에 따라 결혼문제가 하나의 해결 과제가 될 수 있다. 어린 10대의 미혼모 경우 미혼부와의 결혼 가능성이 법적으로나 현실적으로 매우 희박하며 장래의 결혼생활 유지에도 문제가 될 수 있다. 그러나 결혼적령기에 있는 미혼모 경우의 해결 과제는 우선 결혼 가능성 여부의 문제로 귀착된다. 결혼은 미혼부와 미혼모의 합의 사항이지만, 합의가 이루어지지 않으면 경제적 문제와 자녀양육 여부의 문제에 직면하게 된다.

(2) 자녀 출산 및 양육문제

① 자녀 출산 포기문제

미혼부모들은 임신 사실을 인지하고 난 후 인공유산(낙태)을 선택하는 경우가 많다. 이 경우의 미혼모는 심리적 갈등과 죄의식을 느끼며, 신체적으로는 차후에 자연유산으로 이어질 가능성이 있게 되고 자궁내막유착증, 자궁경관무력증, 습관성 유산, 불임 등의 문제가 유발될 수 있다.

② 출산 후 자녀양육 문제

미혼모가족으로 생활해 가기로 선택한 경우에 부딪히는 가장 큰 문제는 취업과 자녀양육의 병립문제이다. 특히 미혼모가족이라는 사회적 오명(stigma: 스티그마)과 자녀의 입적문제 등 여러 가지로 인해 사회적인 부담이 크다.

③ 출산 후 자녀양육 포기문제(입양문제)

출산 후 자녀를 입양하기로 선택한 경우에 가족생계에 대한 부담감은 줄어들지만 친권 포기 이후의 상실감과 심리적 고통의 증상을 보인다. 입양에 대한 죄의식으로 평생 정신적 부담을 갖기도 한다.

(3) 의료적 문제

부적절한 산전관리와 불균형한 영양상태, 무지와 부주의 상태의 미혼모로부터 출생한 아기는 미숙아나 조산아, 장애아의 가능성과 영아 사망의 위험이 높다. 미혼모시설에 입소한 경우에는 의료급여법에 의해 산전 · 산후검진과 분만비 혜택 등을 받을 수 있으나, 입소를 하지 않은 미혼모의 경우에는 진료비 부담으로 인한 의료적 문제가 발생하게 된다.

(4) 경제적 · 교육적 문제

출산한 자녀를 양육하는 미혼모의 경우에 가장 심각한 문제는 경제적 문제이다. 거의 학교 중퇴 상태에서 낮은 임금의 직업으로 부모역할을 경제적으로 수행하기가 어렵다. 특히 10대 미혼모의 경우 임신과 더불어 가출하였거나 학업을 포기한 경우가 많아 교우와의 관계, 교사와의 관계, 학업 진행에 따른 학교와의 행정적인 문제가 나타날 수 있고, 학업을 중단한 저학력 미혼모는 복학이나 향후 진로와 관련된 문제가 남게 된다.

(5) 심리적 · 정서적 문제

① 미혼모의 경우

여성 순결의 강조와 임신의 책임을 여성에게 전가하는 사회적 성의식 및 성태도로 인해 미혼모를 성적으로 문란한 여성으로 매도하여 사회와 가족 내에서 어려움을 겪게 된다. 또한 자녀를 양육하는 경우에 정신적으로 불안정한 상태에서 자녀양육을 하게 되면서 자녀의 성장에 필요한 심리적 · 정신적 자원을 충분히 제공해 주지 못함에 대한 죄책감으로 아동의 전인적 발달 및 사회적 성취를 어렵게 만들 수도 있다.

② 아동의 경우

아동의 경우 성장하게 되면 사생아라는 오명을 듣게 되므로 좋은 성장이 어려울 수 있고 그로 인한 심리적, 정서적 문제가 잠재되어 성장될 가능성도 적지 않다.

3. 미혼부모아동복지 제도 및 서비스

1) 미혼부모 아동복지사업의 정책

현재 우리나라 미혼모를 위한 복지정책은 예방사업, 부녀상담사업, 시설보호사업, 입양사업 등 4가지로 실시되고 있다. 그중 미혼모 아동에 관한 정책은 입양이 주류를 이루고 있다. 국가에서는 미혼모를 요보호대상[1]으로 간주하고, 미혼모의 발생을 미연에 방지하는 것을 우선으로 하는 정책을 펴나가고 있다.

예방사업은 미혼모의 발생 원인을 주로 성적인 문란이나 무지, 피임 방법을 잘 모르는 데서 오는 것으로 보고 청소년을 대상으로 성윤리관의 정립에 노력하고 있다. 이것을 통해 미혼모 발생을 사전에 예방하기 위한 것이 이 사업의 목적이다. 예

---

1) 요보호대상자라 함은 윤락행위자, 미혼모, 가출여성, 저소득여성, 학대받는 여성들을 일컫는 말이다.

방사업의 주관은 정부부처에서 맡고 있지만 사회 · 교육적인 관점에서 가정, 학교, 지역사회 중심으로 상호 연계 추진하는 교육을 지향하고 있다. 따라서 교육과학기술부, 보건복지부, 노동부, 시 · 도 가족계획협회 및 지역사회 민간단체들이 적극 참여할 것을 유도하고 있다.

부녀상담사업은 요보호자를 위한 상담사업을 강화해서 이들이 건전한 사회인으로 복귀할 수 있도록 유도하는 것이 목적이다. 상담소에서 미혼모들은 신상에 관한 상담도 하고, 필요할 경우 미혼모 시설로 입소할 수 있도록 주선을 받기도 한다. 주요 역, 터미널, 공단, 광산촌 등 가출여성이나 미혼모가 발생할 가능성이 높은 지역에 상담소가 설치되며 필요에 따라서 임시상담소가 운영되기도 한다. 하지만 부녀상담소의 조치 결과를 보면 상담을 통하여 직업알선, 시설입소, 생계보조, 선도귀가, 교육 및 조언, 치료의뢰 등 주로 가출여성과 윤락여성을 위주로 하는 것이기 때문에 미혼모에 대한 상담조치는 미흡한 실정이다. 실제로 미혼모들이 시설에 입소하는 경우 그 경위를 보면 국가에서 운영하는 상담소를 통해 시설에 입소한 경우는 상당히 드물다.

전술한 두 사업은 주로 미혼모의 발생을 사전에 방지하고자 하는 정책이라면 시설보호사업은 미혼모가 된 여성이 안전하게 출산하고 원하는 경우 미혼모와 아동의 자립을 도와주는 사후정책사업이라고 할 수 있다. 이 정책의 일환으로는 미혼모보호시설, 부녀직업 보도시설, 모자보호시설 및 모자자립시설 등이 있다.

부녀상담 및 시설보호사업 등이 미혼모를 대상으로 한 사업이라면 입양사업은 미혼모가 출산한 아동에 대한 사업이다. 이와 같은 입양사업은 정책상 동기가 아동의 복지를 위한다는 인도주의적인 면도 있지만 정부가 사회문제를 큰 비용을 들이지 않고 해결할 수 있다는 측면도 있다. 특히 해외입양의 경우에는 국가가 양육을 담당해야 할 고아, 기아, 미아 등을 해외로 입양시킴으로써 국가의 사회복지비용을 줄일 수 있으며 더 나아가 외화 획득 및 이민, 외교, 인구정책에까지 이점을 누릴 수 있다는 점에서 현재까지도 추진되고 있는 사업이다.

다음 〈표 8-17〉은 우리나라 미혼모의 복지정책에 관한 시설 및 복지사업별 주요 내용을 요약한 것이다.

<표 8-17> 우리나라 미혼모 복지정책의 사업별 주요 내용

사업 내용	주요 내용
예방사업	• 올바른 성윤리관 정립에 주력 • 주관부서 : 보건복지부, 행정안전부 • 사회교육적 관점 : 가정, 학교, 지역사회 중심의 상호 연계 추진을 지향 • 교육과학기술부, 문화관광체육부, 노동부, 시 · 도 가족계획협회 및 지역사회 민간단체들의 적극 참여 유도
부녀상담사업	• 미혼모 자기 신상에 관한 상담과 시설로 입소할 수 있도록 주선하는 사업 • 주요 역, 터미널, 공단, 광산촌 등 가출여성이나 미혼모가 발생할 가능성이 높은 지역에 상담소 설치
시설보호사업	• 시설입소 미혼모는 「의료급여법」 제3조 제1항 제1호의 「국민기초생활보장법」에 의한 생활보호대상자 중 시설보호자에 해당하여 의료보호(1종)대상자로 책정 • 「모자복지법」 제19조 제3호에 의거 서울-애란원, 구세군 여자관, 경기도-에스더의 집, 강원도-마리아의 집, 충북-자모원, 대구-혜림원, 광주-인애복지원, 부산-마리아 모성원 등 8개소
입양사업	• 미혼모가 낳은 아동에 대한 사업 • IMF 이후 '해외입양 감축정책' 보류 • 2000. 1. 12 국내입양촉진을 위해 입양절차를 간소화하는 「입양절차 및 촉진에 관한 특례법 시행령과 시행규칙」 입법화

2) 미혼부모 아동복지사업의 법적 대책

미혼부모 아동복지와 관련된 법규로는 헌법, 민법, 사회복지법, 아동복지법, 모 · 부자복지법, 국민기초생활보장법, 의료급여법, 윤락행위 등 방지법, 입양특례법, 모자보건법, 청소년기본법, 가정폭력방지법, 성폭력방지법 등이 있고 이들은 주로 미혼모 자녀의 입양사업과 미혼모의 산전 · 산후관리 서비스 등을 지원하는 사후적이고 부분적인 서비스로 미약한 실정이다.

현행 관련 법규 내용을 정리하면 다음과 같다.

- 민법 제781조에서는 미혼모 아동의 법적 지위에 관해서 규정하고 있다.
- 한부모가족지원법에서는 미혼여성(사실혼 관계에 있는 자는 제외)을 모(母)로 인정하고 일정 소득수준 이하의 모자가족으로 보호받을 수 있음을 명시하고

있다.

- 모자보건법은 가족계획사업의 기초법으로 이에 근거하여 성교육과 피임 계몽 및 서비스 등을 하고 있다.
- 의료급여법에 근거하여 미혼모 보호시설 입소자에게 의료서비스를 실시하고 있다.
- 아동복지법에 근거하여 민간 입양기관의 아동복지시설에 재정적 지원을 하고 있으며 미혼모 상담 및 입양, 임시위탁양육 등의 서비스를 실시하고 있다.
- 입양특례법은 국내외 입양사업의 기본법으로 입양의 절차를 정하고 있다.

3) 미혼부모 아동복지시설

우리나라의 미혼부모를 위한 시설로는 미혼부모의 자녀를 위한 시설, 미혼모 보호시설, 아동을 양육하는 미혼모를 위한 모자보호시설, 지역에 거주하는 미혼모를 위한 보건소 중심의 모자보호사업 등이 있다(김현진, 2001:16-18).

(1) 미혼부모의 자녀를 위한 시설

미혼부모 자녀의 경우 보통 미혼모가 친권을 포기하게 되면 그 자녀는 입양되거나 시설에 입소 보호된다. 입양이 되는 경우에 자녀는 아동복지법에 규정되어 있는 아동일시보호시설에서 보호받게 되며 입양기관을 통해 국내 혹은 국외로 입양된다. 시설에 입소하여 보호되는 경우 아동복지법에 규정되어 있는 아동양육시설에서 보호를 받게 된다.

(2) 미혼모시설

미혼모시설은 전국에 8군데가 있으며 입소대상은 호적상 미혼의 임산부 및 출산 후 6개월 미만의 보호가 요구되는 여성이면 가능하다. 분만 혜택과 숙식보호가 필요한 사람은 거주지에 관계없이 입소하여 6개월 이내의 보호를 받을 수 있고 보호기간의 연장도 가능하며, 입소하는 횟수의 제한이 없다. 제공되는 서비스는 무료숙식, 의료보호 및 산전, 분만, 산후의 무료진료 혜택이 있으며 자립지원으로는 직업교육, 인성교육, 상담지도 등이 있다. 3개월 이상 입소 후 퇴소하는 미혼모에게는 퇴소자 피복비라는 형태로 1인당 12만 원이 지급되고 퇴소자 결혼비용 지원 등의 혜택도 주어진다.

한편 미혼모, 윤락여성 등을 보호 · 선도하는 시설은 전국에 선도보호시설 11개소로 560명을 수용할 수 있으며(보건복지부, 1999), 이는 미혼모시설 8개소와 합하면 결국 20여 곳 정도의 시설에서 미혼모를 돌보고 있는 실정이다.

(3) 모자보호시설

모자보호시설은 전국에 39개소가 있으며 보호 기간은 3년 이내이며 미혼모시설 퇴소자 중 아동을 양육하는 미혼모는 모자보호시설에 입소할 수 있으며 2년의 범위 안에서 연장도 가능하다. 모자보호시설에 있는 동안 생계비, 어린이집 이용 시 보육비, 방과후지도비, 중고등학생 자녀의 학비 지원, 퇴소자 자립정착금 지원(2년 이상 모자보호시설에 기거 후 퇴소한 세대는 시설 퇴소와 동시에 세대당 200만 원 지원), 직업훈련비, 아동급식비, 복지자금 융자지원, 영구임대주택 입주 지원 등의 지원을 받을 수 있다.

(4) 모자자립시설

모자보호시설에서 퇴소한 모자세대 중에서 자립 준비가 미흡한 경우 입소할 수 있는 모자자립시설은 전국에 3개소가 있으며 생계비, 중고등학생 자녀의 학비 지원, 직업훈련수당, 복지자금 융자 지원, 보육비 지원 등의 지원을 받을 수 있다.

4) 미혼모보호시설의 지원 프로그램

〈표 8-18〉은 미혼모보호시설 현황을 정리한 것이다.

〈표 8-18〉 미혼모보호시설 현황

지 역	시설명	기 관
서울	아름뜰	홀트아동복지회
	열린집	대한사회복지회
	구세군 두리홈(구세군 여자관)	대한구세군유지재단법인
	애란원	한국장로교복지재단
	생명누리의집	동방사회복지회
	마음자리	성가정입양원

지 역	시설명	기 관
부산	사랑샘	대한사회복지회
	마리아모성원	마리아수녀회
대구	사랑뜰	홀트아동복지회
	혜림원	대한사회복지회
대전	아침뜰	홀트아동복지회
	햇살누리의집	동방사회복지회
	자모원	대전가톨릭사회복지법인
인천	세움누리의집	동방사회복지회
	자모원	천주교 인천교구 유지재단
광주	우리집	대한사회복지회
	인해복지원	인애동산
울산	물푸레	물푸레복지재단
경기	한빛누리의집	동방사회복지회
	고운뜰	홀트아동복지회
	늘푸른집	대한사회복지회
	에스더의집	동방사회복지회
	새롱이새남이집	동방사회복지회
	생명의집	성가정입양원
	새싹들의집	성가정입양원
	로뎀의집	로뎀의집
강원	마리아의집	성가정입양원
경북	샤론의집	동방사회복지회
충북	자모원	청주교구 천주교회 유지재단
전북	기쁨누리의집	동방사회복지회
전남	어린엄마둥지	대한사회복지회
	성모의집	성가정입양원
제주	애서원	청수

자료 : 보건복지부, 2011 재구성

4. 미혼부모 아동복지사업의 문제점과 복지 대책

1) 법적 제도의 합리화

미혼부모 아동을 위한 사회적 보호체계가 제도적으로 뒷받침되고 있지 못하며 미혼모와 그 자녀는 합법적 모(母)와 그 자녀 사이에 민법의 규정하에 신분적으로 복지 측면에서 많은 불평등을 보이고 있다. 이에 미혼부모 아동복지는 기존 법령을 확대 · 보충하고 실질적 지원이 가능하도록 제도를 더욱 강화시켜야 한다.

2) 미혼부 책임의 법적 제도화

미혼모가 자녀양육을 원할 때 미혼부로 하여금 자녀가 성인이 될 때까지 양육비를 부가하도록 법적 제도가 마련되어야 한다. 미혼부가 자녀의 양육비를 부담하는 제도는 자신의 행동에 대한 책임을 지게 하고 무분별한 성행동을 줄이는 장기적인 효과를 기대할 수 있다.

3) 서비스의 연계구축을 위한 제도화 및 서비스 전문기구 마련

미혼모들은 모 · 부자복지상담소나 주위 사람들을 통해 보호시설을 소개받게 된다. 보호시설에서는 분만 전까지의 숙식보호에 주력하고 있어 병원의 의료 혜택, 직업훈련 및 직업알선 등으로의 전달체계 연결은 극히 미약하며, 행정부서에서는 미혼모의 구체적인 욕구가 파악되지 않아서 서비스 전달체계의 적절한 연계가 부족하고 분산되어 있다. 또한 경제적 지원 프로그램, 가사보조 프로그램, 아동보호 및 교육 프로그램을 포함하는 통합적인 프로그램을 실시할 수 있는 전문기구의 마련이 시급하다.

4) 국가재정 지원의 합리화

미혼모 아동복지 서비스에 대한 정부의 지원은 사회보장비 지출 내역 중 사회복지 서비스 분야로서 그중에서도 부녀복지에 대한 재정투입의 일부로 지원되고 있다. 미혼모 아동복지 서비스는 부녀복지 재정 중에서도 부녀직업보조비, 가정복지

운영지원비에서 미혼모를 위한 특수치료비, 미혼모 발생 예방교육사업비의 명목으로 지원되고 있으며 그 지원책으로 미혼모보호시설 운영비가 지원되고 있다. 그러나 실질적으로 미혼모들에 대한 지원은 부녀복지재정의 0.1% 수준으로 매우 낮게 책정되어 있다(이소희 외, 2001:318). 한부모가족복지지원법에 근거한 보건복지부의 주요 가족정책이 보다 체계화되고 강화된 지원이 이루어져야 할 것이다.

5) 미혼모 아동 보호시설의 다양화

미혼모 가족들이 필요로 하는 숙식보호, 분만비 보조, 의료 혜택, 직업훈련기관에서의 취업알선, 아동의 보호양육에 대한 경제적 지원, 숙식보호시설에서 퇴소하는 미혼모들이 사회에 적응할 때까지 일시적으로 돌봐 줄 수 있는 소규모 중간의 집 설립과 운영을 위한 지원, 분만 전후의 미혼모를 돌봐 줄 수 있는 위탁가정의 운영이 필요하므로 각종 제도화된 재정지원이 있어야 한다. 미혼모시설은 소수의 민간기관에 의해 운영되고 있고 대도시에 편중되어 있는 실정이므로 지역사회 중심의 다양한 소규모 미혼모시설의 증설이 필요하다(이소희 외, 2001:326).

6) 재가 저소득 모자가족 서비스의 현실화

자녀를 양육하고 있는 미혼모 가족의 경우에 정부가 주는 저소득 모자가족 혜택을 받을 수 있다. 1998년도 저소득 모자가족 선정 기준은 2인 가족을 기준으로 했을 때 450만 원 이하의 재산과 월 564,000원의 소득이다. 이들을 위한 복지비의 현실화가 이루어져야 한다.

7) 상담서비스의 활성화

미혼부모들은 전국의 모 · 부자복지상담소, 청소년종합상담실, 여성복지상담소, 성폭력피해상담소, 미혼모보호시설, 입양기관, 각 지역의 사회복지관, 병원의 사회사업실 등을 통하여 상담서비스를 받을 수 있다. 또한 1998년 1월부터 요보호여성상담전화(전국 어디서나 국번 없이 1366)를 통해서도 상담을 받을 수 있다. 그러나 아직 많은 미혼부모들이 적절한 상담기관을 찾지 못해 혜택을 못 받는 형편이므로 적절한 예산을 책정하여 지역사회 내에 미혼부모들을 위한 상담실을 더 많이 설치하여야 한다. 상담실의 양적 증가는 물론 상담서비스의 질적 개선을 위해서 상담전문가를 양성해야 하고 지속적인 프로그램 개발 및 운영이 필요하다.

대부분의 미혼모들은 아기를 출산한 후 집으로 귀가하게 되는데 그 가정에서 원만한 생활을 유지하기 위해서는 가족들의 이해와 협조가 필요하다. 이를 위해서 미혼모의 부모들과 미혼부에 대한 상담이 이루어져야 한다. 상담을 통해 미혼모가 된 자식을 이해하고 도울 수 있을 뿐만 아니라 부모들이 받은 충격과 배신감 등의 심리적 상처를 치유할 수 있게 된다.

8) 교육적 서비스 강화

(1) 성교육 프로그램 개발과 성교육의 내실화

학교와 지역사회복지관이 협력하여 성교육에 대한 프로그램을 개발하여 실시한다. 일반적으로 미혼모 발생 예방을 위한 성교육은 여성을 대상으로 하고 남성을 대상으로 하는 프로그램 실시가 드문 실정으로 교육 효과가 적다. 따라서 각 기관 및 단체들의 연계를 통한 다양한 성교육 방법을 개발하고 지속적으로 실시하는 등 성교육의 내실화에 관심을 가져야 한다. 또한 미혼모 발생 예방을 위해 실시되고 있는 일부 학교의 성교육 프로그램 등을 보다 현실에 맞추어 실시하도록 한다.

(2) 지역사회 중심의 기술훈련이나 직업훈련교육 실시

10대 미혼모의 대부분은 가출 상태로 부모의 보호를 받지 못하는 경우가 많다. 따라서 미혼모들은 임신을 아는 순간부터 분만 후 자녀양육까지 경제적 어려움을 갖고 있다. 이를 해결하기 위해서 소득과 취업이 용이한 직업훈련 기회를 제공하고 현실적인 생계문제를 해결할 수 있도록 도움을 주어야 한다.

(3) 교육적 문제에 대한 지원

미혼모는 임신으로 인해 학업을 중도에서 포기하는 경우가 대부분이다. 학업을 유지할 수 있도록 적극적으로 지원해 줄 필요가 있다. 학업 중 임신을 하게 된 미혼모를 위해서 사회복지사, 학교상담교사, 아동상담가 등 관련 전문가와의 연계를 통해 가능한 계속 교육을 받을 수 있는 방법을 모색한다.

9) 관계 기관과의 연계 구축

미혼모 발생 예방과 사후 해결을 위해서 관련 기관들과의 연계가 구축되어야 한다. 미혼모 발생 예방을 위한 교육 프로그램의 실시를 위해 학교나 사회복지관과 연계를 할 수 있으며, 미혼모의 원활한 사회 적응을 지원하기 위해 관련된 전문가 또는 기관과 긴밀히 협조를 하여야 한다. 아동의 입양이나 양육을 위해 입양기관, 미혼모시설 등과의 연계를 유지해야 하며, 미혼모의 취업을 위한 직업훈련기관이나 취업알선기관과도 정보 공유나 의뢰체계를 확립하여야 한다.

제9장

보충적 서비스를 통한 아동복지 실천분야

Child Welfare

제1절 보육사업

1. 보육사업의 개념

아동복지 실천을 위한 보충적 서비스란 부모와 가정의 역할을 일부 보완하거나 아동이 받을 수 있는 보호를 보충하는 서비스이다. 부모로서의 역할을 제대로 수행할 수 없는 상황이 발생할 경우 부모나 가정의 역할을 보충해 주거나 일부 대신해 주는 서비스로서, 빈곤가정을 지원하는 소득보완사업(공적부조), 아동수당, 취업부모를 위한 보육사업, 부모의 질병이나 부재중에 아동을 돌보아 주는 가정조성사업(homemaker service) 등이 이에 속한다. 아동복지 실천 현장에서의 보충적 서비스 분야로 맞벌이 가정의 아동을 위한 보육사업과 방임 및 학대아동을 위한 보호사업 등을 살펴보고자 한다.

1) 보육사업의 정의

현대사회는 고도로 산업사회로 급속히 발전하면서 기혼 여성의 경제활동 증가, 가족구조의 변화, 빈곤계층의 증가, 가구당 평균 자녀 수의 감소, 한부모가정의 증가, 핵가족화 등의 사회 변화에 따라 자녀 양육과 교육에 대한 국가적 · 사회적 요구와 책임이 불가피하게 되었고 이에 따라 보육의 수요가 날로 증가하고 있는 추세이다.

먼저 보육의 정의를 살펴보면, 하루 중 일정 시간 동안 가정의 아동양육 기능을 보완하기 위해 제공되는 서비스(Kadushin & Martin, 1988:173)이며, 보호자가 근로 또는 질병 기타 사정으로 인하여 보호하기 어려운 영아 및 유아를 심신의 보호와 건전한 교육을 통하여 건강한 사회 성원으로 육성함과 아울러 보호자의 경제적, 사회적 활동을 원활하게 하여 가정복지 증진에 기여함을 목적(영유아보육법, 1991)으로 하는 사업이다.

1991년 영유아보육법이 제정되기 전까지는 단순히 맡아 준다는 의미의 '탁아'라는 용어가 보편적으로 사용되었다. '아동을 위탁한다'는 의미의 기존의 탁아 개념은 전통적으로 어머니의 역할로 여겨지는 아동의 양육을 개별적인 사유로 어머니가 아닌 다른 대상에게 위임시키는 것으로 어머니가 자녀를 양육할 수 없는 경우

보호자의 위탁을 받아 아동을 보호하는 보충적, 집단적 서비스의 의미였다.

그러나 현대사회의 보육은 단순히 아동을 보호하는 것이 아닌, 아동의 전 영역에 걸친 아동발달을 위한 아동의 환경에 대한 적극적인 개입 및 이에 대한 프로그램을 기획, 실행하는 것이다. 보육의 일차적 기능은 아동의 보호에 있다고 볼 수 있으나 보육의 대상이 성장 · 발달 과정에 있어서 결정적 시기(critical period)에 있는 아동이므로 전인적 발달을 위한 포괄적 프로그램으로 보호뿐만 아니라 교육하는 개념으로 변화되고 있다.

보육사업은 일차적으로는 어머니의 취업으로 인해 자녀를 돌볼 수 없는 경우 일정 기간 동안 아동을 돌보아 주기 위해 제공되지만 경우에 따라서는 부모의 질병이나 아동이 장애를 가진 경우 가정의 양육기능을 보완하기 위해 제공되는 서비스이다. 특히 최근 들어 보육사업은 학령전 아동은 물론 학령기 아동의 건전한 성장과 발달을 돕고, 가정의 자녀양육기능을 보충해 주며, 아울러 여성 취업의 증가로 인해 발생한 아동의 보호와 양육을 위한 가장 보편적이고 대표적인 아동복지사업으로 자리잡게 되었다. 취업부모의 자녀양육의 대안으로서뿐만 아니라 현대 가족이 겪고 있는 아동양육의 어려움을 해결할 수 있는 대안으로서의 기능도 함께 하는 것이다.

가정의 자녀양육의 기능을 일부분 대신해 주는 대표적인 보완사업의 하나로 보호(care)와 교육(education)을 동시에 제공하는 보육사업은 아동의 성장 욕구와 자녀양육의 도움을 필요로 하는 부모의 욕구, 여성인력의 활용을 위한 국가적인 측면의 욕구 모두를 충족시켜 주는 아동 및 여성복지, 그리고 가족복지의 실현을 위한 전문적 아동복지사업이라 할 수 있다.

2) 보육사업의 의의

영유아보육법에서는 영유아의 심신을 보호하고 건전하게 교육하여 건강한 사회 구성원으로 육성함과 보호자의 경제적, 사회적 활동이 원활하게 이루어지도록 하여 영유아 및 가정의 복지 증진에 이바지함을 목적으로 한다고 밝히고 있다. 보육사업의 이러한 목적은 취업이나 기타 이유로 인한 여성의 자녀양육 문제를 해결해 주고 아동의 입장에서는 가정이 아닌 새로운 사회화기관에서 다양한 발달 영역의 성장과 변화를 경험하게 되고 또래관계 및 교사와의 관계를 통해 사회적응능력을 기른다는 면에서 의의가 있다. 빈곤계층이나 취업모의 자녀가 아닌 일반가정의 아동에게도 학령 전 보육의 기회를 제공함으로써 다양한 교육의 경험을 갖게 하고, 아울러 장애아 보육이나 시간제 보육 등 보육사업의 확대를 통해 아동 및 부모의 욕구를 충족시켜 주고 있다.

특히 아동복지사업 중 보육사업은 오랜 기간 동안 국가 및 사회의 관심과 지원의 대상이 된 대표적인 사업의 하나이다. 이유는 산업화로 인한 경제성장과 자본주의 사회의 발달을 통해 여성의 사회 진출의 기회와 남녀평등의 사상이 보편화되면서, 여성은 물론 가족과 아동의 보육에 대한 욕구를 국가 및 사회가 해결해 주지 않으면 안 되었기 때문이다. 가족의 기능 중 대부분이 사회화되면서 자녀양육기능 역시 가정이 아닌 국가 및 사회가 보완, 대리해 주어야 하는 양육의 사회화가 급격하게 이루어졌다. 따라서 정부의 정책 중 가족을 지원하고 보호하기 위한 정책의 비중은 점차 커지게 되었으며, 보육사업 역시 이러한 사회적 변화에 따라 국가 및 지방자치단체로부터 다양한 지원을 받고 있다. 보육사업은 아동 및 여성과 가족의 욕구는 물론 국가와 사회의 유지, 발전 및 통합과 정상적인 기능 수행에 기여한다는 데 의의가 있다.

3) 보육사업의 대상

보육사업 초기의 대상 아동은 주로 저소득층 맞벌이부부의 자녀였다. 그러나 보육에 대한 사회 전체의 수요가 급증함에 따라 그 대상은 일반가정의 아동으로 확대되었으며, 단 저소득층 가정의 자녀에 대해서는 국가나 지방자치단체의 지원을 통해 우선 보호가 이루어지도록 하고 있다. 2012년 3월부터는 0~2세 영아들의 경우 무상보육이 시행되고 있다.

영유아보육법에서는 6세 미만의 취학 전 유아가 주요 대상이며, 12세 미만의 아동까지 포함시키고 있다(제2조, 제27조). 이 경우는 학령기 아동의 보육으로 주로 방과후에 이루어지게 된다. 어린이집의 입소 대상은 국민기초생활보장법의 적용 대상자를 우선적으로 입소시키도록 규정하고 있으며, 직장어린이집에는 근로자의 자녀를 우선적으로 입소시키도록 규정하고 있다.

2. 보육사업의 현황

1990년대 초에는 턱없이 부족했던 어린이집의 공급 확대 정책은 일단 성과가 있었다. 〈표 9-1〉, 〈표 9-2〉, 〈표 9-3〉에서 보는 바와 같이 1990년 말 1,919개 어린이집에서 48,000명의 아동을 보육하고 있었으나, 2010년 12월 말 현재 38,021개소 어린이집에서 1,279,912명(정원 1,556,808명)의 아동이 보육 혜택을 받고 있어, 정원 대비 현원의 정원 충족률은 82.2%이며, 어린이집 1개소당 평균 보육아동 수는 33.7명이며, 종사자 1인당 아동 수는 5.6명이다. 영유아보육법이 제정된 이래 어린이집 및 보육아동의 수, 보육교직원의 수가 꾸준히 증가하고 있음을 알 수 있다.

〈표 9-1〉 어린이집 연도별 설치 · 운영 현황

2013. 12. 31 현재 (단위 : 개소)

구분	계	국·공립 어린이집	사회복지 법인 어린이집	법인·단체 등 어린이집	민간 어린이집	가정 어린이집	부모협동 어린이집	직장 어린이집
2013	43,770	2,332	1,439	868	14,751	23,632	129	619
2012	42,527	2,203	1,444	869	14,440	22,935	113	523
2010	38,021	2,034	1,468	888	13,789	19,367	74	401
2008	33,499	1,826	1,458	969	13,306	15,525	65	350
2006	29,233	1,643	1,475	1,066	12,864	11,828	59	298
2004	26,903	1,349	1,537	966	12,225	10,583	미분류	243
2002	22,147	1,330	1,633	575	10,471	7,939	미분류	199
2000	19,276	1,295	2,010	324	8,970	6,473	미분류	204
1995	9,085	1,029	928	22	3,175	3,844	미분류	87
1993	5,490	837	624	19	1,776	2,205	미분류	29

자료: 보건복지부, 2013년 보육통계, 2014. 04 재편집

<표 9-2> 어린이집 연도별 보육아동 현황

2013. 12. 31 현재 (단위 : 명)

구분		계	국·공립 어린이집	사회복지 법인 어린이집	법인·단체 등 어린이집	민간 어린이집	가정 어린이집	부모협동 어린이집	직장 어린이집
2013	계	1,486,980	154,465	108,834	51,684	770,179	364,113	3,226	34,479
	남	768,523	79,934	57,048	26,670	397,270	187,899	1,735	17,967
	녀	718,457	74,531	51,786	25,014	372,909	176,214	1,491	16,512
2012	계	1,487,361	149,677	113,049	51,914	768,256	371,671	2,913	29,881
	남	769,573	77,321	59,562	26,867	397,021	191,722	1,572	15,508
	녀	717,788	72,356	53,487	25,047	371,235	179,949	1,341	14,373
2010		1,279,910	137,604	114,054	51,126	671,891	281,436	1,898	21,901
2008		1,135,502	123,405	113,894	53,818	615,647	210,438	1,491	16,809
2006		1,040,361	114,657	120,551	58,808	582,329	148,240	1,238	14,538
2004		930,252	107,335	135,531	48,414	507,398	119,787	미분류	11,787
2002		800,991	103,351	142,035	30,289	425,647	90,939	미분류	8,730
2000		686,000	99,666	157,993	15,949	336,625	67,960	미분류	7,807
1995		293,747	78,831	77,187	591	92,634	42,116	미분류	2,388
1993		153,270	55,133	44,026	854	35,520	17,012	미분류	725

* 아동 수 : 현원(종일, 야간, 24시간, 방과후 보육) 기준
* 남/녀 구분 : 아동의 주민등록번호의 7번째 자릿수가 홀수이면 남, 짝수이면 녀-이후 남/녀 구분 동일한 조건

자료 : 보건복지부, 2013년 보육통계, 2014. 04

<표 9-3> 어린이집 일반 현황

2013. 12. 31 현재 (단위 : 개소, 명, %)

구분			계	국·공립어린이집	사회복지법인 어린이집	법인·단체 등 어린이집	민간 어린이집	가정 어린이집	부모협동 어린이집	직장 어린이집
어린이집 수	개소		43,770	2,332	1,439	868	14,751	23,632	129	619
	(비중)		100.0	5.3	3.3	2.0	33.7	54.0	0.3	1.4
아동수	정원		1,782,459	170,050	139,669	62,820	937,632	423,533	3,972	44,783
	(비중)		100.0	9.5	7.8	3.5	52.6	23.8	0.2	2.5
	현원	계	1,486,980	154,465	108,834	51,684	770,179	364,113	3,226	34,479
		남	768,523	79,934	57,048	26,670	397,270	187,899	1,735	17,967
		녀	718,457	74,531	51,786	25,014	372,909	176,214	1,491	16,512
	(비중)		100.0	10.4	7.3	3.5	51.8	24.5	0.2	2.3
	정현원 비율		83.4	90.8	77.9	82.3	82.1	86.0	81.2	77.0
보육 교직원	인원	계	301,719	26,750	18,765	8,703	136,180	102,731	730	7,860
		남	13,182	806	1,768	672	8,304	1,534	18	80
		녀	288,537	25,944	16,997	8,031	127,876	101,197	712	7,780
	(비중)		100.0	8.9	6.2	2.9	45.1	34.0	0.2	2.6
어린이집 1개당 아동수			34	66	76	60	52	15	25	56
보육교직원 1인당 아동수			4.9	5.8	5.8	5.9	5.7	3.5	4.4	4.4

자료: 보건복지부, 2013년 보육통계, 2014. 04

3. 보육사업의 제도

1) 관계법

보육사업의 주 근거가 되는 법은 「영유아보육법」이며, 운영 사항에 따라 관계법의 적용을 받고 있다. 예를 들면 영세가정 및 보호가 필요한 모자·부자가정의 자녀들은 「국민기초생활보장법」, 「한부모가족지원법」 등에 의한 지원이 가능하며, 교육법에 의거하여 어린이집에서의 교육 내용에 관한 장학지도가 이루어진다. 그리고 직장어린이집의 경우에는 「남녀고용평등과 일·가정양립지원에 관한 법」에 의해 운영비의 지원을 받을 수 있다.

2) 행정부서 및 관련 기관

우리나라에서 보육사업을 관장하는 행정부서는 보건복지부이며, 이 밖에 여성가족부, 교육과학기술부와 노동부와의 유기적인 관계하에 업무를 관장하고 있다. 그리고 영유아보육에 관한 사업의 기획, 조사, 실시 등에 필요한 사항을 심의하기 위하여 중앙 및 지방에 보육정책위원회를 두고 있으며, 보육정책위원회는 보육전문가, 어린이집의 원장 및 보육교사 대표, 보호자 대표 또는 공익을 대표하는 자, 관계공무원 등으로 구성된다. 또한 시장, 군수, 구청장은 영유아의 보육에 대한 여러 가지 정보의 제공 및 상담을 위하여 보육정보센터를 설치·운영하도록 규정하고 있으며, 보육정보센터에는 영유아의 보육을 위한 상담 및 지도업무를 담당하기 위하여 보육전문요원을 두도록 되어 있다.

4. 보육사업의 문제점과 복지 대책

1) 보육의 공공성 확대

우리나라의 보육정책은 비교적 최근의 일이기는 하나 의존적이고 보호받아야 하는 아동의 존재를 인정하고 이를 보호하는 부모의 양육책임상의 문제를 사회적인 것으로 보며 이를 위한 지원을 국가의 책임을 인지하고 있다. 영유아보육법의 제정

(1991) 이후 보육의 책임을 단순히 부모에서부터 벗어나 국가책임을 강조하는 국가공보육을 지향하고 있다. 그러나 보육사업이 모든 가정의 부모와 그 아동을 위한 포괄적 의미의 복지사업이라 보기에는 이른 감이 있다.

지금까지의 보육정책 현황을 보면 국·공립어린이집보다는 민간어린이집에 대부분 의존하고 있는 실정이다. 보육은 개인과 가정의 문제가 아닌, 전 사회의 문제이다. 특히 저출산·고령화되는 현 시점에서는 더욱 그러하다. 따라서 보육의 공공성 강화와 보육서비스의 질적 수준 향상이라는 국가 보육정책을 실현하기 위한 복지 대책이 필요하다. 2012년부터 5세 누리과정과 0~2세 보육료 지원이 시행되고 있다. 보편주의에 입각한 국가의 아동복지사업으로 보육사업이 보다 강화되어야 할 것이다.

국가 보육정책을 실현하기 위해서는 국·공립어린이집을 확충하여야 하며, 민간어린이집에 대한 정부의 재정지원을 확대하여 공공성을 제공해야 한다. 이러한 보육의 공공성을 확보하기 위해 정부는 기본적인 지도·감독체계를 갖추어야 하며, 특히 정부가 운영하는 어린이집은 정해진 지침에 따라 어린이집이 운영되도록 철저한 지도·감독을 실시하여야 할 것이다.

2) 효율적인 보육행정 및 지원체계 구축

어린이집 운영에서 제기되는 문제로 전달체계상의 문제, 보육비용 충당의 책임성, 어린이집의 재정의 열악한 점, 표준단가의 합리성 문제, 저소득층의 지원 기준, 세재지원 혜택문제 등이 있다. 어린이집에 대한 지원체계는 국·공립 및 비영리 어린이집에 대한 지원에서부터 민간어린이집에 대한 지원을 포함하여야 하나 정부지원으로부터 충분한 재정지원 없이 비현실적인 규제로 인한 보육료 책정으로 민간어린이집의 운영이 열악한 환경에 처해 있다.

보육서비스 전달체계상의 행정체계 및 지원체계가 제 기능을 다할 수 있도록, 지방자치단체의 보육 전담인력을 확충하여 보육전달체계의 효율성을 증대하고 각 지역 특성에 부합하는 보육발전 중·장기계획을 수립할 수 있도록 해야 한다. 보육지원체계 중 하나인 보육정보센터의 기능이 활성화될 수 있도록 네트워크를 구축하고, 센터의 전문인력과 예산을 증가해야 한다. 또한 보육공무원을 보충하여 현실에 맞는 계획과 수요자의 욕구에 맞는 정책이 전달될 수 있도록 해야 할 것이다. 재정 및 기관장, 교사, 학부모들의 불만과 요구뿐만 아니라 보육 현장의 영유아들이 어떤 환경에서 보호서비스를 받고 있는지에 대한 감독이 절실히 요구되고 있으므로 전문적인 업무수행이 되도록 수요자의 욕구에 맞는 행정을 해야 할 것이다.

3) 보육료의 지원과 재정의 현실화

보육료의 지원에 대해서는 보육사업안내에 의한 지원 기준에 의해 적용하고 있는데 정부의 한정된 예산을 효율적으로 공평하게 사용하지 못하고 있다.

4) 보육교직원의 전문성 향상 및 근무 여건 개선

보육정책이나 행정체계가 제대로 이루어졌다 하더라도 일선에서 아동을 직접 만나고 서비스를 주는 보육교직원의 질이 어떠한가는 보육서비스의 성패를 좌우하는 중요한 요인이 된다. 따라서 어린이집에 근무하는 보육교직원들의 자격을 강화하기 위한 법률의 정비가 필요하며, 보육교사 양성에 전문성을 기하기 위해서 각 대학의 보육 관련 학과와 보육교사교육원의 교과과정의 개발 및 개편이 요구된다. 특히 보육교사는 인간개발이라는 직접서비스 직종이므로 사이버상의 교육을 통한 자격증 취득 제도는 지양되어야 한다.

보육교직원들의 질적 수준 향상은 보육 현장에서의 근무 조건 향상 등으로 근본적인 해결이 가능하다. 낮은 임금, 과도한 근무 시간, 열악한 근무 환경 등으로 보육 현장으로 진출을 기피하고 있는 실정이다. 신분 보장과 처우 개선 강화 등 근무 여건 개선으로 인해 신분의 안정성 확보가 이루어질 때 아동의 건전한 발달은 물론 보육 현장의 발전을 기대해 볼 수 있을 것이다.

5) 보육 프로그램과 서비스의 질적 개선

보육은 기존의 아동을 맡아 보호하는 탁아의 개념과는 달리 전문적 지식과 기술을 바탕으로 한 다양한 보육 프로그램을 통해 이루어지는 전문적 아동복지 서비스이다. 따라서 일반아동을 위한 보육 프로그램은 물론, 장애아동을 위한 특별보육 프로그램, 영아를 위한 프로그램, 시간제 보육 프로그램, 부모를 대상으로 하는 교육 및 훈련 프로그램 등 다양하고 전문화된 프로그램들이 개발, 적용되어야 한다. 현재 이와 관련된 프로그램들이 정부의 주도나 민간 차원에서 개발되고 있으나 아직은 미흡하다.

아울러 보육교사는 아동기의 발달과 발생 가능한 문제 및 욕구에 대한 포괄적인 지식을 갖추고 있어 보육의 고유 업무 외에 학대피해아동의 발견 및 신고, 장애아동의 발견 및 부모 상담과 관련기관으로의 의뢰, 부모상담 및 교육, 지역사회와의 협조관계를 통한 아동보호 서비스의 제공 등 보육 서비스 자체의 질적 개선을 위해 노력해야 한다. 따라서 아동복지 서비스를 제공하는 가장 직접적이고 일차적인 기관으로서 보육사업이 기여하기 위해 이와 관련된 대책이 정부 및 어린이집 원장과 보육교사의 관심에 의해 이루어져야 할 것이다.

제2절 방과후 아동지도사업

1. 방과후 아동지도사업의 이해

1) 방과후 아동지도사업의 개념

방과후 아동지도사업은 방과후 아동보육, 공부방, 방과후 교실, 에듀케어(educare) 등의 용어와 함께 혼용되어 사용되고 있다. 방과후아동보육은 복지적 측면에서 보호 차원을 강조하는 것으로, 우리나라 영유아보육법에는 6세 미만의 취학 전 영유아가 주요 대상이나 필요한 경우 만 12세까지 연장하여 보육할 수 있도록 포함하고 있다(제27조). 방과후 아동지도는 교육적 측면을 강조하는 것으로 보여 방과후 아동지도의 용어가 더 많이 사용되고 있다.

방과후 아동지도는 광의의 개념으로 학교 정규 수업활동 외에 이루어지는 각종 프로그램으로 보는 입장과, 협의의 개념으로 학교 수업이 없을 때 성인의 보호를 받을 수 없는 학령기 아동을 허가받은 정규기관에서 정기적으로 돌보아 주는 보육의 입장으로 볼 수 있다.

'방과후', '아동', '지도'라는 단어 중심으로 그 개념을 살펴보면 다음과 같다(한성심 외, 2007). '방과후'란 학교를 파한 후의 시간을 의미한다. 그러나 학교를 파하고 난 후뿐 아니라 휴일과 방학 중에도 필요한 실정이다. 학교에서 보호할 수 없는 시간 동안 아동의 안전과 교육에 대한 책임이 부모에게 있으나 부모가 경제활동을 하는 경우 책임을 다할 수 없기 때문에 결국 방과후 아동지도는 학교와 부모가 모두 아동을 보호할 수 없는 시간 동안 운영되는 아동보호 프로그램이라 할 수 있다. 그러나 탈학교 아동들은 학교가 운영되는 시간에도 보호를 필요로 하기 때문에 종일반으로 운영되어야 하는 광의의 방과후 아동지도도 생각해 볼 수 있다.

'아동'은 방과후 지도의 대상이다. 방과후 보호가 필요한 아동은 학교와 부모가 보호할 수 없는 시간 동안 성인의 적절한 보호가 필요한 아동으로 볼 수 있는데 가장 시급한 대상 아동은 초등학교에 다니는 학령기 아동이라고 할 수 있다. 그러나 중고등학생인 청소년들도 이에 포함되어야 한다. 왜냐하면 청소년들을 보호해 주는 기관이나 시설이 미비한 데다가 아동과 성인의 과도기로 다양한 갈등과 문제를 지니고 있어 각별한 보호와 지도가 더욱 필요한 시기이기 때문이다. 실제로 우리나라에서 가장 오래된 방과후 지도의 한 형태인 공부방이 청소년들을 포함한 지도와 보호를 하고 있는 현실을 감안해 보면 방과후 지도의 대상을 확대하여 생각해 보아야 할 것이다.

'지도(care & education)'는 돌봄, 보살핌, 배려 등의 사전적 의미를 지니고 있다. 복지적 기능을 강조하는 관점에서는 보육이라는 용어를 사용하기도 하고, 교육적 기능을 강조하는 관점에서는 지도라는 용어를 사용하기도 한다. 그러나 두 관점의 차이를 두는 것보다 오히려 두 관점을 상호 보완적 관계로 파악하는 것이 바람직하다. 즉, 방과후 아동지도는 아동을 위험한 환경으로부터 안전하게 보호하고 건강하게 자랄 수 있도록 배려하며 계획된 프로그램을 통해 아동이 건전하게 성장할 수 있도록 도와주어야 함을 의미한다.

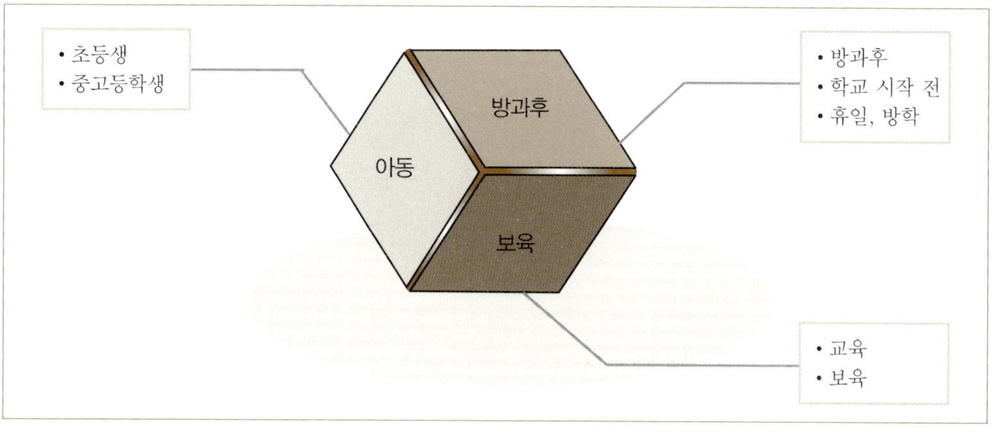

[그림 9-1] 방과후 아동지도의 개념

자료 : 한성심 외, 2007:15

2) 방과후 아동지도의 의의

방과후 아동지도는 아동의 입장, 부모 및 가정의 입장, 사회의 입장에서 의의를 찾는다. 가장 중요한 것은 아동의 교육과 복지를 최우선적으로 고려해야 한다는 점이다. 이를 5가지 측면에서 다음과 같이 조명하였다(한성심 외, 2007).

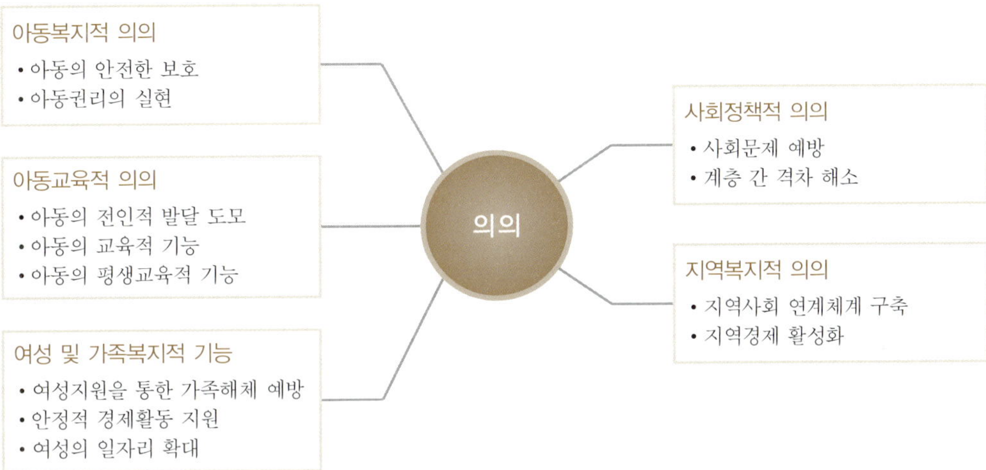

[그림 9-2] 방과후 아동지도의 의의

2. 방과후 아동지도 시설의 유형

우리나라 방과후 아동지도는 학령기 아동의 보육에 대한 관심이 생겨난 이후 어린이집, 사회복지관, 지역아동센터, 방과후학교, 방과후아카데미 등을 중심으로 운영되고 있다.

1) 어린이집

어린이집에서의 방과후 교실은 1996년 영유아보육법에 의거하여, 입소 대상을 필요한 경우 만 12세까지로 연장하면서 가능해졌다. 어린이집의 방과후 교실은 기존의 영유아 어린이집에 방과후 교실을 마련해서 운영하는 경우도 있고 방과후 교실만을 전담으로 설치하여 운영되기도 한다.

맞벌이부부의 자녀 등 방과후 보호가 필요한 초등학교 저학년(1~3학년) 아동을 중심으로 보육서비스를 제공하여, 여성의 사회참여를 지원하고자 추진되었던 사업이다. 어린이집의 방과후 교실은 유아기 때 이용했던 곳이므로 아동이 새롭게 적응해야 하는 어려움을 덜 수 있고 아동 중심적 교육철학으로 아동 주도적 활동을 할 수 있는 곳이다. 덜 구조화되어 있는 환경이므로 아동이 편안하고 재미있게 지낼 수 있고 동생과 함께 다닐 수도 있는 공간이다. 그러나 초등학교 아동의 발달에 적합한 서비스를 제공하기 위한 환경 및 전문교사가 부족하고 큰 아동에 의한 시설물 파손이나 유아에 대한 위압감 등이 우려되며, 초등학교 아동은 소외감과 퇴보감을 느낄 수 있다. 또 부모와 아동 모두 어린이집은 초등학교 이전에 다니는 시설로 인식한다는 점에서 이용에 제한이 있다.

2) 사회복지관

사회복지관에서의 방과후 아동지도는 지역사회를 위한 사업의 일환으로 중요한 의미를 지닌다. 보건복지부는 최소 비용으로 방과후 아동보육시설의 전국적인 확대를 유도하기 위해 복지관 시설 등 각종 공공시설에 방과후 시설을 부설하도록 유도하는 방침을 세워 이를 위해 융자지원 및 제도개선 방안으로 강구해 왔다(한국보육시설연합회, 1996).

현재 사회복지관은 학령기 아동에 대한 보호 및 교육서비스를 가장 광범위하게 제공하고 있다. 사회복지관 방과후 아동지도의 주된 목적은 방과후 보호대상아동의 안전한 보호를 위한 환경 제공과 관리 지도, 원만한 성격 형성과 정서적 안정을 도모하는 것으로, 지역사회의 욕구에 의해 자기보호 아동이나 기초생활수급가정의 아동을 주 대상으로 하고 있다(김정원 외, 2006).

교사 현황을 보면 아동·청소년 담당의 사회복지사나 보육교사 자격증 소지의 사회복지사가 주로 담당하지만 상당 부분 자원봉사자의 도움을 받아 프로그램이 진행되고 있다. 방과후 지도의 내용은 사회복지관이 소재해 있는 지역사회의 성격에 따라 다르지만 일반적으로 학습 및 숙제지도, 자유놀이, 특별활동 등으로 진행되고 있다. 사회복지관의 방과후 아동지도시설은 다른 시설 유형에 비해 비용이 저렴하고 편리하게 이용할 수 있다는 장점이 있다.

3) 지역아동센터

아동복지법에 명시된 지역아동센터란 “보호 · 교육, 건전한 놀이와 오락의 제공, 보호자와 지역사회의 연계 등 아동의 건전육성을 위하여 종합적인 아동복지 서비스를 제공하는 시설”로 규정하고 있다. 아동복지의 대상이 아동과 그 가족임을 고려해 보면, 지역아동센터의 서비스 내용은 아동과 그 아동이 속한 가정이 건강하게 유지되기 위해 필요한 서비스를 제공하는 것을 의미한다. 지역아동센터는 저소득 가정의 아동들이 건강하고 행복하게 자라날 수 있도록 민 · 관이 협조체계를 구축하여 지역 실정과 아동의 가정환경과 욕구에 맞는 급식을 효율적으로 제공하고, 아동들은 발달특성상 신체적, 정신적으로 성숙하지 않아 스스로의 급식능력이 부족하므로 급식이 필요한 아동에게 적극적으로 급식을 지원하고자 보건복지부에서 이를 추진하게 되었다.

지역아동센터는 소규모 아동복지시설로 자원이 풍부하지 못한 문제의 극복을 위해 지역사회와의 연계가 중요하다. 지역사회와의 연계는 자원의 확대라는 의미뿐 아니라 아동의 자아 존중감 향상에 영향을 주기 때문에 더욱 중요하다. 부모와 아동발달에 관한 정보의 공유로 가정과 지역사회가 함께 아동의 건전한 육성을 위해 노력해야 하고, 가정이 아동을 건강하게 양육하기 어려운 경우 이를 해결하기 위한 서비스를 지역아동센터가 제공해야 한다.

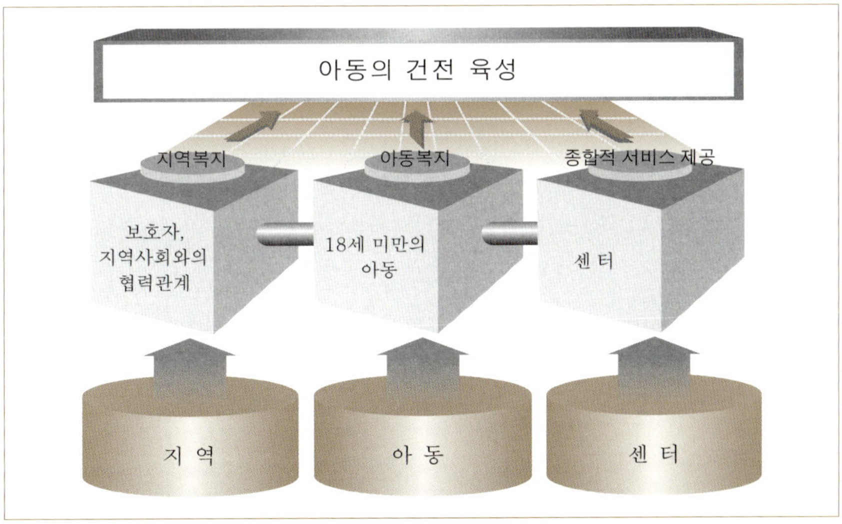

[그림 9-3] 지역아동센터의 개념

4) 방과후학교

초등학교의 방과후학교는 방과후 특기·적성교육활동과 방과후에듀케어교실로 구분한다. 방과후 특기·적성교육은 컴퓨터, 영어, 과학, 미술 등의 특기활동을 원하는 아동에게 저렴한 비용으로 방과후의 일부 시간, 즉 정해진 요일 1~2시간을 학교에서 지내도록 하는 것으로 학령기 아동의 보호적 기능을 담당한다고 보기는 어렵다.

방과후에듀케어교실은 학교 정규수업이 끝난 시간부터 오후 7시 30분 정도까지 숙제지도와 더불어 다양한 활동이 제공되어 방과후 보호가 필요한 아동에게 교육과 보호를 제공하고 있는 것을 말한다. 이 유형의 장점은 학교의 공간 활용 가능성, 각종 교육시설과 기자재 및 넓은 운동장 활용, 다른 기관으로 이동할 때 제기되는 위험 요인이 적다는 안전성 등이며, 단점으로는 학교 입장에서의 비용과 운영 관리상의 부담을 느낄 수 있다는 점, 아동이 온종일 학교라는 같은 환경에서 지내게 되는 지루함이나 스트레스가 될 수 있다는 점 등을 들 수 있다(김정원 외, 2006). 이러한 초등학교의 방과후 아동지도는 부모들이 가장 선호하고 있는 유형이다.

구 분	기존 방과후 교육활동	➡	'방과후학교'
운영 주체	학교장 중심		학교장, 대학, 비영리법인(단체) 등에 운영 주체의 개방성 확대
지도강사	현직 교원 중심		현직교원, 전문가, 학원 강사, 지역사회인사 등으로 다양화
교육 대상	본교 재학생 위주		타교 학생이나 지역사회 성인까지 점진적 확대
교육 장소	본교 시설 위주		인근 학교 및 지역사회의 다양한 시설 활용 극대화
프로그램	공급자 중심		수요자인 학생 개개인의 선택권 최대 보장

[그림 9-4] 기존 방과후 교육활동과 '방과후학교'의 비교

자료 : 교육인적자원부, 2006

5) 청소년방과후아카데미

국가의 정책사업 과제로 여성가족부에서는 공적 서비스를 담당하는 청소년수련시설(청소년수련관, 청소년문화의집)을 기반으로 청소년들의 방과후 활동 및 생활관리를 종합적으로 지원하는 프로그램이다. 청소년들의 욕구를 충족하여 삶의 질을 향상시키고, 가정이나 학교에서 체험하지 못했던 다양한 청소년활동 프로그램을 지원하고자 2005년 9월부터 46개소를 시범운영하여, 2006년 전국적으로 확대, 2011년 현재 171개소 청소년시설에서 방과후아카데미가 운영되고 있다.

(1) 청소년방과후아카데미 정책 비전 및 목표

- 중앙 · 지방 및 학교와 가정 · 지역사회가 연계하여 공교육을 보완하는 방과후 활동을 통한 공적 서비스 기능 강화
- 교육 문화적 격차 보완, 학습능력 향상 도모, 진취적 기상 함양
- 주 5일 수업 시행에 따른 다양한 복지적 서비스를 제공하여 계층 간 격차 완화 및 사회통합 실현

(2) 청소년방과후아카데미의 기능

- '방과후 나 홀로 청소년'을 위한 안전하고 안정적인 공간의 기능
- 건전한 놀이문화 지도 및 체험을 배우고 실천하는 기능
- 보호자, 청소년, 지역사회가 원활하게 소통할 수 있도록 돕는 기능
- 학교 교육만으로 부족한 인성 및 창의성 계발 지원 기능

(3) 운영 방향

- 학습 위주의 교육이 아닌 청소년의 건전한 성장을 위한 다양한 체험활동 진행
- 청소년들의 특기와 적성을 개발하기 위한 전문 선택 과정 실시
- 청소년지도자들과 함께 공유하고 배우는 열린 교육의 장
- 밝고 건강한 청소년 활동을 위한 각종 서비스 제공(급식, 생활지도, 건강검진 등)
- 누구나 인정받고, 모두가 관심 받는 따뜻한 사랑의 교실
- 청소년, 부모, 학교, 지역사회를 연결하는 지역사회 청소년 안전망 구축

(4) 운영체계

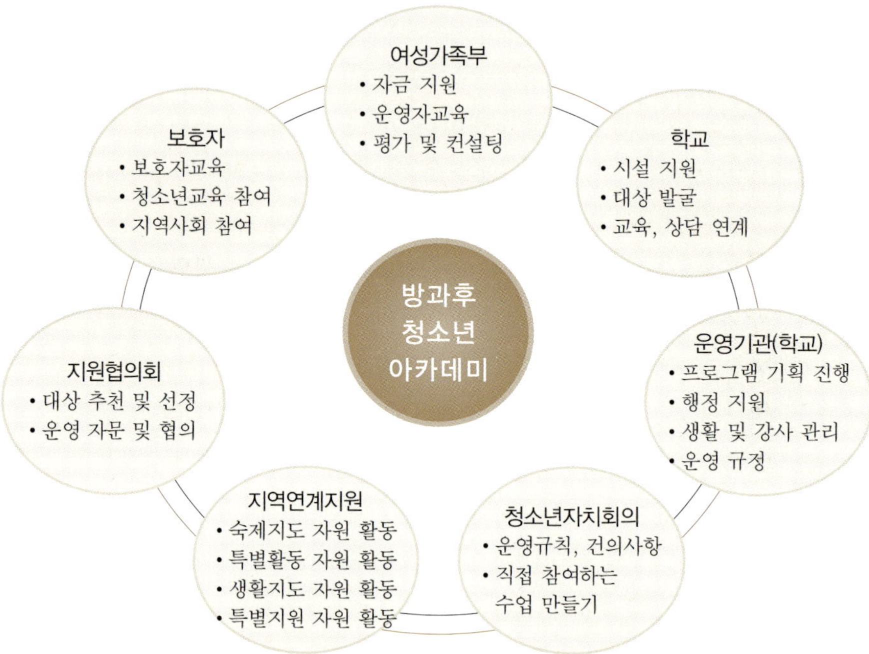

[그림 9-5] 청소년방과후아카데미 운영체계

(5) 운영조직도

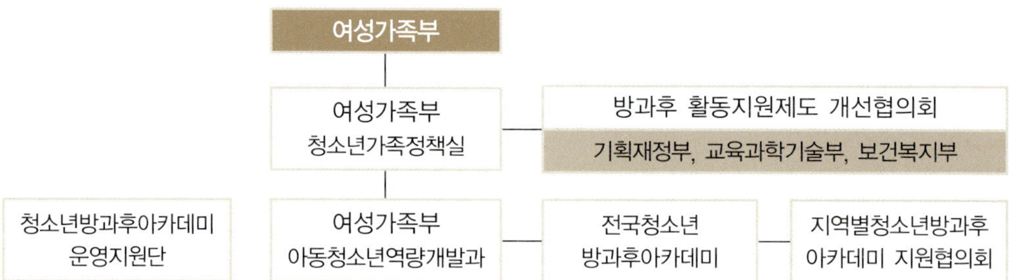

[그림 9-6] 청소년아카데미 조직도

제3절 학대피해아동 보호사업

1. 학대피해아동 보호사업의 이해

산업화가 급속히 진행되면서 가족구조 및 가족관의 변화, 기혼여성의 취업, 조혼과 미혼모의 증가, 이혼과 기타 여러 가지 사회경제적 원인으로 인하여 아동의 방임과 학대가 증가되었다. 또한 개인의 향락적인 생활 추구와 물질만능, 사회연대감의 결여 등으로 인한 사회적 학대도 가중되고 있다.

1) 보호사업의 개념

보호사업(protective service)이란 학대아동(abused), 유기아동(neglected), 착취당한 아동(exploited), 거부된 아동(rejected)을 위한 프로그램으로, 특히 부모 역할의 부적절한 수행이나 거부적 태도에 관심을 두고 이 문제를 해결하고자 하는 아동복지 실천 서비스이다. 이 사업의 주된 목적은 예방적 · 비처벌적이며 원인 규명과 치료를 통해 재활시키려는 것이다.

카두신(Kadushin, 1984)에 의하면, 보호사업은 가족생활을 지지해 주는 기능 중 하나로서 유기 및 학대 아동의 부모 역할을 보충해 주거나 가정으로부터 격리시켜서 다른 가정에 머물게 함으로써 아동을 보호하는 아동복지 서비스이다. 그러나 보호사업의 기본 원리는 아동이 자기 자신의 가정에서 머물면서 외부 기관의 도움을 받도록 되어 있다(성영혜 · 김연진, 1997). 아동복지 서비스를 명확하게 분류하기에는 다소 한계가 있으나 본 장에서는 보호사업을 보충적 서비스로 분류하였고, 유기 및 학대 아동을 아동복지사업의 보충적 사업 중 보호사업의 대상 아동으로 보았다.

아동학대의 개념을 유기, 착취, 거부 및 방임 모두를 포함하는 광의의 개념으로 정의해 볼 때, 보호사업은 학대아동과 그 부모 및 학대자를 대상으로 보호, 교육, 상담, 치료 등의 서비스를 통해 도움을 주고, 학대를 예방하기 위해 실시하는 다양한 활동을 의미한다.

종전에 아동보호전문기관의 명칭을 '아동학대예방센터'로 사용하였으나, 아동복지법상 공식 명칭인 '아동보호전문기관'으로 통일하여 전국 16개 시 · 도 17개소의 아동보호전문기관을 운영하고 긴급전화(국번 없이 1391)를 운영하고 있다.

2) 학대피해아동의 개념

학대피해아동의 개념은 시대와 문화에 따라 시각에 차이가 있어 정의를 내리기가 쉽지 않다. 이것은 학대의 발생 원인, 학대의 형태, 학대로 인한 발달상의 영향 등이 매우 복잡하게 얽혀 있음을 시사해 준다고 볼 수 있다.

학대피해아동의 개념을 정의하는 데 있어 첫 번째의 딜레마는 학대행위가 고의적이냐 아니냐를 구별하는 것이고, 두 번째 딜레마는 실제로 손상을 가져왔는가 그렇지 않은가를 살피는 데 있다. 따라서 아동학대는 법적 규정, 사회의 가족과 아동양육에 대한 태도, 아동보호서비스에 관한 사회복지사의 전문적인 결정 등을 기반으로 그 사회에 적절하게 정의되어야 할 것이다(이배근, 1996:92).

이소희(2002:353-354)는 아동학대를 좁은 의미와 넓은 의미로 나누어 살펴보았는데, 좁은 의미의 학대란 아동보다 연장자인 사람이 자신의 이익을 위해 의도적으로 아동의 성기를 포함한 신체 영역에 손상을 가하는 행동을 말하며, 이러한 행동에 따라 아동이 입은 신체적 손상이 비교적 명백하게 나타나는 경우이고 주로 신체적 학대와 성적 학대를 말한다고 하였다. 넓은 의미의 학대란 앞의 학대와 방임은 물론 사회제도까지 포함하여 의도성의 여부에 관계없이 현재 아동의 발달적 손상을 야기하고 있거나 앞으로 야기하여 아동의 전인적 복지를 저해하는 모든 행동과 제도를 의미한다고 하였다.

아동학대의 유형별 정의를 요약하면 다음과 같다. 신체적 학대는 아동에게 신체부위의 손상을 가져오는 고의적이고 지속적인 아동구타로 정의한다. 신체적 방임은 아동유기, 양육태만, 교육 및 의료적 방임을 의미하며 신체적 학대에 비해 작위보다는 부작위의 경향을 갖는다. 성적 학대는 성관계, 자위행위, 항문 또는 입의 접촉, 애무, 옷을 벗기는 행위를 포함한다. 아동착취는 아동에게 과도한 노동을 강요하거나 구걸행위 또는 소매치기나 매춘 등을 시키는 행위를 포함된다. 정서적 방임은 아동의 건전한 성격발달을 위한 정서적 지지나 보호의 결핍을 의미한다(Zastraw, 1982:144).

개정 아동복지법 제2조 용어의 정의를 보면 "아동학대라 함은 보호자를 포함한 성인에 의하여 아동의 건강 · 복지를 해치거나 정상적 발달을 저해할 수 있는 신체적 · 정신적 · 성적 폭력 또는 가혹행위 및 아동의 보호자에 의하여 이루어지는 유기와 방임을 말한다."라고 규정하여 적극적인 가해행위뿐만 아니라 소극적 의미의 방임행위까지 아동학대의 정의에 명확히 포함하고 있다.

3) 학대피해 경험이 아동에게 미치는 영향

아동은 미성숙하기 때문에 성인의 보호를 필요로 하며, 대부분 가정에서 부모의 보호를 받으며 성장하게 된다. 이러한 관점에서 아동복지의 방향과 지침을 제시하고 있는 UN의 권리선언에서는 가정에서 줄 수 있는 최선의 것을 아동에게 주어야 한다고 하였으며, 이것은 아동을 위한 국제협약에서도 재확인되고 있다.

독자적인 생활이 불가능하고 자기방어력이 약한 아동이 방임과 학대를 받을 경우 아동의 신체적, 정서적, 인지적 발달을 포함하는 발달 영역에서 심각한 손상을 입으며, 독특한 행동 및 발달 특성을 보이게 된다. 학대를 받은 아동은 학대의 내용에 따라 일반아동과는 다른 발달상의 특성을 보인다. 이러한 경향은 성장 이후까지 영향을 미쳐서 불행한 기억을 안고 살아가게 되며, 학대받았던 경험이 많은 부모는 다시 자신의 자녀에게 학대하므로 학대의 대물림이라는 지속적인 현상을 초래하게 되어 전반적인 아동 및 사회복지를 저해하게 된다(이소희, 2002:365).

학대가 아동에게 미치는 영향은 다각적이며 놀라울 정도이다. 구체적인 영향을 요약하면 다음과 같다.

- 학대로 인한 신체적인 상처로는 골절, 화상, 멍, 타박상, 쇼크, 내부조직의 열상, 출혈 등을 들 수 있다. 학대의 종류와 정도에 따라 신체적인 영향은 정신상의 지체, 시력 또는 청력의 상실, 운동 조정기능의 약화 및 언어장애를 일으키기도 한다. 또한 지나치게 적대적이고 공격적이거나, 지나치게 의기소침하고 불안에 떨며 자신감이 결여되어 있다.
- 지속적인 실조로 인해 아동은 질병에 대한 저항력이 약하고 전반적으로 신체발달이 양호하지 못하다. 장래의 성격에 오랫동안 심각한 영향을 받기도 하며 여러 종류의 습관성 문제행동, 즉 알코올 중독이 되기도 한다. 특히 모성실조는 부적절한 어머니 역할 수행의 원인이 되며 아동에 대한 무관심은 성장의 실패, 자폐적인 행동, 정신발달의 지체를 가져오게 한다. 학대받고 무시받은 아동들은 흔히 학습 곤란과 언어장애를 일으키기도 한다.
- 성학대를 받은 아동은 성적 행동이 증가하며 사회적으로 위축되거나 공격적

이며 사회적 능력이 부족하고 가까운 이웃을 신뢰하지 못하는 경향이 있다.

- 유아기에 학대를 받은 아동은 수동적이고 순종적이거나 공격적이고 도전적이며 언어발달이 늦고 또래관계에서 사회적 기술이 부족하다. 그리고 다른 성인과의 관계에서 관심을 끌려고 하거나 항상 뭔가 더 필요로 하고 부족해 보인다.
- 자아정체감을 형성하는 시기인 학령기 아동의 학대는 자아를 보는 시각과 인성 형성에 부정적으로 변화될 수 있고 부모의 의심과 남을 믿지 못하는 특성이 있으며 일이 잘못되면 남의 탓으로 돌리고 정서적인 불안과 우울증을 가지고 있다.
- 청소년 범죄자들과 성인 범죄자들을 추적 · 조사해 본 결과 대부분의 경우 학대를 받았던 전례를 찾아볼 수 있었고, 신체적인 학대는 청소년 범죄의 원인이 될 수도 있다고 한다. 그러나 학대받은 아동이 후에 반드시 범죄자나 성인 범죄자가 된다는 인과관계적인 논리의 성립은 불분명하다.

2. 학대피해아동의 현황

아동학대 현황을 파악할 수 있는 신뢰성 있는 통계자료가 생산되기 시작한 것은 2000년의 아동복지법 개정에 따라 아동학대에 국가가 개입할 수 있는 법적 근거가 성립되고 주무기관으로 아동보호전문기관이 지정된 이후부터이다. 2001년에는 17개 기관에 4,133건이던 아동학대 신고 건수가 2010년에는 45개 기관에 9,199건으로 증가하였다(보건복지부 · 중앙아동보호전문기관, 2011).

<표 9-4> 연도별 상담 신고 건수 및 학대 의심 사례 건수

구분 \ 연도	2001	2002	2003	2004	2005	2006	2007	2008	2009	2010
신고 건수	4,133	4,111	4,983	6,998	8,000	8,903	9,478	9,570	9,309	9,199
학대 의심 사례 건수	2,606	2,946	3,536	4,880	5,761	6,452	7,083	7,219	6,598	6,513

2010년 발생한 아동학대 사례 유형을 보면, 신체학대, 정서학대, 성학대, 방임, 유기와 중복학대 중에서 중복학대가 2,394건(42.3%)으로 가장 많았고, 다음으로 방임이 1,870건(33.1%)으로 많았으며, 정서학대가 773건(13.7%), 신체학대가 348건

(6.1%), 성학대가 258건(4.6%), 유기 사례가 14건(0.2%)의 순으로 나타났다.

피해아동 성별 및 연령을 보면, 피해아동의 남녀 비율은 남아가 49.6%, 여아가 50.4%로 각각 비슷한 비율로 나타났으나 성학대의 경우 남아가 7.8%, 여아가 92.2%로 여아 비율이 약 10배 높게 나타났다. 연령에 따른 학대 비율은 초등학교 시기인 만 7~12세의 아동들이 45.2%로 가장 높은 비율을 차지하였다. 피해아동의 특성으로는 거짓말, 가출, 학교부적응 등과 같은 적응 · 행동 특성이 가장 높게 나타났고(38.1), 다음으로 주의산만, 과잉행동, 성격과 기질 등 정서 · 정신건강 특성이 높았으며(37.0%), 유기된 아동에게서는 '특성 없음' 이 전체 특성 중에서 23.2%로 높게 보고되었는데, 이는 만 1세 미만의 영아 비율(37.5%)이 높기 때문인 것으로 판단된다.

학대행위자와 피해아동과의 관계를 살펴보면, 부모가 83.2%로 대부분을 차지하였으며, 그중에서도 친부에 의한 경우가 49.4%에 달하였으며 학대행위자의 연령은 30~49세가 전체의 74.9%로 주로 초등학교 학부모 나이에 해당하는 것으로 보고되었다. 다만 성학대는 타인이 가해자인 경우가 더 많은 것으로 나타났다. 학대행위자의 기질적 · 병리적 · 사회적 특성으로는 양육 태도 및 방법 부족이 전체의 31.3%를 차지하였고, 사회 · 경제적 스트레스 및 고립이 23.7%, 중독 및 질환문제가 14.1%, 그리고 가족 · 종교문제가 10.6%로 나타났다(보건복지부 · 중앙아동보호전문기관, 2011).

3. 학대피해 아동보호제도 및 서비스

1) 관련 법

(1) 아동복지법

2000년 1월의 아동복지법 전부 개정에 따라 아동학대와 방임에 대한 개입의 법률적 기반이 마련되었다. 개정 아동복지법은 첫째, 아동학대의 개념을 규정하고 법 29조에서 금지행위를 구체적으로 명기하였으며 둘째, 학대받은 아동의 발견, 보호치료의뢰의 의무를 지는 전담기관으로서 아동보호전문기관과 학대받는 아동을 위한 긴급전화(hot line) 시스템을 명기하여 아동보호에 있어서의 국가와 지방자치단체의 역할을 분명히 하였다. 셋째, 아동학대 서비스가 제공되는 과정으로 신고제도, 현장조사, 아동에 대한 일시보호, 응급조처 등을 명기하고 있다.

아동학대 관련 조항은 그동안 수차례(2004, 2005, 2006, 2008, 2012, 2014년)의 아동복지법 부분 개정과 2011년 전문 개정을 거쳤다. 2011년 개정에서 중요하게 다루어진 내용은 다음과 같다.

① 아동종합실태조사 실시 : 보건복지부 장관은 5년마다 아동의 양육 및 생활환경, 언어 및 인지발달, 정서 및 신체적 건강, 아동안전, 아동학대 등 종합실태를 조사
② 친권상실 관련 · 친권상실 선고 청구 대상 및 후견인 선임 청구대상의 범위를 확대
③ 아동양육 알선 후 금품 요구 금지
④ 아동학대예방교육 홍보영상 제작 및 송출
⑤ 신고의무자 보수교육 시 아동학대 예방 및 신고의무 관련 교육 내용 포함
⑥ 아동학대 현장출동 시 수사기관 및 아동보호전문기관 상담원의 동행 출동과, 학대행위자의 방해행위 금지
⑦ 아동보호전문기관의 아동안전 확보 및 재학대 방지를 위한 가족지원과 사후관리 강화

이 중에서도 학대 피해자인 아동이 미성숙하고 자기보호능력이 없는 경우가 많아 제3자의 신고가 사례 발견에 매우 중요하다. 모든 국민이 범죄를 신고해야 하지만 아동학대의 경우 특히 (강제)신고의무자를 지정, 특정 직종에 종사하는 사람들에게 아동학대와 방임의 예방과 치료에 보다 많은 책임을 부여하고 있는데 그 범위는 다음과 같다. 또 신고 시, 신고인의 신분은 보호되어야 하며 그 의사에 반하여 신원이 노출되어서는 안 된다고 규정하고 있으며 신고의 시점은 아동학대를 의심하게 되었을 때로 볼 수 있다.

아동학대 신고의무자

1. 「초 · 중등교육법」 제19조의 규정에 따른 교원
2. 「의료법」 제3조의 규정에 따른 의료기관에서 의료업을 행하는 의료인
3. 아동복지시설의 종사자 및 그 장
4. 「장애인복지법」 제48조의 규정에 따른 장애인복지시설에서 장애아동에 대한 상담 · 치

료 · 훈련 또는 요양을 행하는 자
5. 「영유아보육법」 제10조의 규정에 따른 보육교직원
6. 「유아교육법」 제7조의 규정에 따른 유치원의 장, 교직원 및 종사자
7. 「학원의 설립 · 운영 및 과외교습에 관한 법률」 제6조의 규정에 따른 학원의 운영자 · 강사 · 직원 · 종사자 및 동법 제14조의 규정에 따른 교습소의 운영자 · 교습자 · 직원 · 종사자
8. 「소방기본법」 제35조의 규정에 따른 구급대의 대원
9. 「성매매방지 및 피해자보호 등에 관한 법률」 제5조 및 제10조의 규정에 따른 지원시설 및 성매매피해상담소의 장이나 그 종사자
10. 「한부모가족지원법」 제19조에 따른 한부모가족복지시설의 종사자
11. 「가정폭력방지 및 피해자보호 등에 관한 법률」 제5조 및 제7조의 규정에 따른 가정폭력 관련 상담소의 상담원 및 가정폭력 피해자보호시설의 종사자
12. 아동복지지도원 및 「사회복지사업법」 제14조의 규정에 따른 사회복지전담공무원

자료 : 법제처, 2014. 아동복지법

(2) 아동학대범죄의 처벌 등에 관한 특례법

최근 아동학대피해가 늘어나면서 이에 대한 강력한 대처와 예방을 위해 학대를 범죄로 보고 2014년 1월에 「아동학대범죄의 처벌 등에 관한 특례법」을 제정하고 동년 9월에 시행 예고하였다. 아동의 양육은 가족 구성원 차원의 과제일 뿐만 아니라 사회 구성원 모두의 관심이 필요한 사안으로서, 아동에 대한 학대행위는 성장단계에 있는 아동의 정서 및 건강에 영구적인 상처를 남길 수 있으므로 그 대상이 성인인 경우보다 엄격한 처벌과 교화가 필요한 바, 아동학대범죄에 대한 처벌을 강화하고 아동학대범죄가 발생한 경우 긴급한 조치 및 보호가 가능하도록 제도를 마련함으로써, 아동학대에 대한 강력한 대처와 예방을 통해 아동이 건강한 사회 구성원으로 성장하도록 하기 위한 것이다(국가법령정보센터 http://www.law.go.kr/).

아동학대범죄의 처벌 등에 관한 특례법의 주요 내용은 다음과 같다.

① 이 법은 아동학대범죄의 처벌 및 그 절차에 관한 특례와 피해아동에 대한 보호절차 및 아동학대행위자에 대한 보호처분을 규정함으로써 아동을 보호하여 아동이 건강한 사회 구성원으로 성장하도록 함을 목적으로 한다(제1조).

② 아동학대치사죄 및 아동학대중상해죄를 신설하여 최고 무기징역에 처하도록 아동학대범죄에 대한 처벌규정을 강화하고, 상습범 및 아동복지시설 종사자 등에 대해서는 가중처벌하도록 한다(제4조부터 제7조까지)

③ 아동학대행위자가 아동에게 중상해를 입히거나 상습적으로 아동학대범죄를 저지른 경우에는 검사가 법원에 친권상실을 청구할 수 있도록 한다(제9조).

④ 누구든지 아동학대범죄에 대해 아동보호전문기관 또는 수사기관에 신고할 수 있도록 하고, 아동복지시설 종사자 등에 대해서는 아동학대범죄에 대한 신고를 의무화한다(제10조).

⑤ 아동학대범죄 신고를 접수한 사법경찰관리나 아동보호전문기관의 직원은 지체 없이 아동학대범죄의 현장에 출동하도록 한다(제11조).

⑥ 아동보호사건의 관할은 아동학대행위자의 행위지, 거주지 또는 현재지를 관할하는 가정법원으로 한다(제18조).

⑦ 형사법원이 임시조치 결정을 하면서 시·도지사, 아동복지전담기관장 등에게 후견인의 임무를 수행하게 하거나 그 임무를 수행할 사람을 선임하도록 한다(제23조).

⑧ 사법경찰관은 아동학대범죄를 신속히 수사하여 검사에게 송치하고, 검사는 아동학대범죄에 대해 아동보호사건 송치, 공소제기 또는 기소유예 등의 처분을 결정하기 위해 필요하다고 인정하면 아동학대행위자의 주거지 또는 검찰청 소재지를 관할하는 보호관찰소의 장에게 아동학대행위자의 경력, 생활환경 등에 관한 조사를 요구할 수 있다(제24조 및 제25조).

⑨ 검사는 아동학대범죄로서 이 법에 따른 보호처분을 하는 것이 적절하다고 인정하는 경우에는 아동보호사건으로 처리할 수 있다(제27조).

⑩ 아동학대범죄의 수사 또는 아동보호사건의 조사·심리 및 그 집행을 담당하거나 이에 관여하는 공무원, 보조인, 진술조력인, 아동보호전문기관 직원 등은 그 직무상 알게 된 비밀을 누설할 수 없도록 한다(제35조).

⑪ 법원은 가정보호사건조사관, 법원공무원, 사법경찰관리 또는 보호관찰관 등으로 하여금 임시보호명령 및 피해아동보호명령의 이행실태를 조사하게 하고, 임시보호명령 및 피해아동보호명령를 받은 아동학대행위자가 그 결정을 이행하지 아니하거나 집행에 따르지 아니하는 때에는 그 사실을 관할 법원에 대응하는 검찰청 검사에게 통보할 수 있도록 한다(제53조).

2) 아동학대 신고(상담)전화 : 129(보건복지콜센터), 1577-1391(전국아동보호전문기관), 112(범죄신고), 119(구조·구급 신고)

아동학대의 발견 및 신고에 있어서 전화는 접근성이 용이하다고 볼 수 있다. 보건복지부에서는 관련번호의 통합·연계 필요에 따라 기존 신고전화(1391번)를 보건복지콜센터 긴급지원전화 129번으로 통합 운영하고, 아동보호전문기관에서는 아동상담전용전화 1557-1391 번호를 운영하고 있으며 현재는 112와 119로도 24시간 긴급신고전화가 개설되어 운영하고 있다.

3) 아동보호전문기관의 설치와 운영(1391번)

국가와 지방자치단체는 학대아동을 발견, 보호, 치료를 신속하게 처리하고 아동학대의 예방을 전문적으로 담당하는 아동상담소, 아동복지시설 및 비영리법인을 아동보호전문기관으로 지정하였다. 아동학대와 관련된 아동복지 서비스기관은 아동복지법 제10조 제1항에 의거하여, 우선 16개 시·도에 아동학대예방센터를 아동보호전문기관으로 설치 운영하고 있다. 우리나라 전국 아동학대예방센터의 현황은 〈표 9-5〉, 〈표 9-6〉과 같고 이들 기관에서는 다음과 같은 업무를 추진하고 있다.

- 신고의무제도의 정착화, 긴급전화 운영 등 아동학대에 대한 신고체계를 확립
- 학대받은 아동의 발견, 보호, 치료 의뢰, 아동학대의 예방 및 방지를 위한 홍보
- 아동학대행위자를 위한 상담, 교육 등
- 아동학대행위자, 아동학대행위자로 신고된 자 및 그 가정에 대한 조사
- 기타 학대받은 아동의 보호를 위하여 기존 아동 관련 기관과의 네트워크(network) 구축을 통한 효과적인 아동학대 예방 및 치료활동 등

〈표 9-5〉 중앙 및 시·도 아동보호전문기관 설치 현황(20개소)

(아동상담 전용 전화 1577-1391 또는 129) (2008년 1월 현재)

기관명	설치 기관	설치 장소(홈페이지)	비고
중앙 아동보호전문기관	굿네이버스	강남구 역삼2동 781-46 (www.korea1391.org)	보건복지부 (위탁)
서울특별시 아동보호전문기관	서울시 아동복지센터	강남구 수서동 산4-1 (child.seoul.go.kr)	서울시 설치 (직영)

기관명	설치 기관	설치 장소(홈페이지)	비고
서울특별시동부 아동보호전문기관	동부시립 아동상담소	동대문구 장안2동 329-1 (bhang.seoul.kr)	서울시 설치 (위탁)
부산광역시 아동보호전문기관	부산광역시 아동보호종합센터	서구 아미동 2가 125 (1391.busan.kr)	부산시 설치 (직영)
대구광역시 아동보호전문기관	어린이재단	중구 동인동 3가 371-2 (dg1391.or.kr)	
인천광역시 아동보호전문기관	세이브더칠드런 코리아	남구 주안6동 969-2 (www.ic1391.org)	
광주광역시 아동보호전문기관	어린이재단	서구 쌍촌동 1355-1 (www.cyber1391.or.kr)	
대전광역시 아동보호전문기관	굿네이버스	중구 중촌동 23-9 (daejeon.goodneighbors.org)	
울산광역시 아동보호전문기관	세이브더칠드런 코리아	중구 성안동 2지구 24B-10L (www.ulsan1391.org)	
경기도 아동보호전문기관	굿네이버스	수원시 장안구 영화동 437-11 (suwon.goodneighbors.org)	
경기도북부 아동보호전문기관	굿네이버스	의정부시 의정부동 598-2 금구빌딩 3,4층 (ui1391.goodneighbors.org)	
강원도 아동보호전문기관	어린이재단	춘천시 후평1동 685-5 (www.1391.org)	
강원동부 아동보호전문기관	어린이재단	동해시 천곡동 1078-14 삼성빌딩 4층 (www.kd1391.or.kr)	
충청북도 아동보호전문기관	굿네이버스	청주시 상당구 율량동 1009 (cheongju.goodneighbors.org)	
충청남도 아동보호전문기관	굿네이버스	천안시 성정동 1007-1 (chonan.goodneighbors.org)	
전라북도 아동보호전문기관	굿네이버스	전주시 완산구 서서학동 202-2 (jeonju.goodneighbors.org)	
전라남도 아동보호전문기관	어린이재단	순천시 용당동 561 (www.e1391.or.kr)	
경상북도 아동보호전문기관	우봉복지재단	경주시 성건동 692-3 (www.i1391.or.kr)	
경상남도 아동보호전문기관	인애복지재단	마산시 회원2동 652-6 (www.kn1391.or.kr)	
제주도 아동보호전문기관	어린이재단	제주시 노형동 944-7 (www.jj1391.or.kr)	

<표 9-6> 시 · 군 · 구 아동보호전문기관 설치 현황(24개소)

(2008년 1월 현재)

지역	기관명	설치 기관	설치 장소(홈페이지)
서울	서울강서아동보호전문기관	굿네이버스	강서구 내발산2동 651-20 성원빌딩 2층 (gangseo.goodneighbors.org)
	서울은평아동보호전문기관	굿네이버스	은평구 갈현동 393-18 3층 (www.goodneighbors.org/local/ep1391)
	서울영등포아동보호전문기관	굿네이버스	영등포구 대림3동 779-13 유현빌딩 2층 (youngdungpo.goodneighbors.org)
	서울성북아동보호전문기관	굿네이버스	성북구 동선로3가 234 성지관 2층 (seongbuk.goodneighbors.org)
	서울마포아동보호전문기관	세이브더칠드런 코리아	마포구 창전동 389-5 2층 (www.mapo1391.or.kr)
부산	부산동부아동보호전문기관	어린이재단	연제구 거제1동 223-6 4층 (www.bd1391.or.kr)
인천	인천북부아동보호전문기관	굿네이버스	부평구 부평5동 132-21 3층 (inchon.goodneighbors.org)
경기	경기성남아동보호전문기관	굿네이버스	성남시 중원구 성남동 2179 인성빌딩 3층 (sungnam.goodneighbors.org)
	경기고양아동보호전문기관	굿네이버스	고양시 덕양구 주교동 601-4 충헌빌딩 202호 (goyang.goodneighbors.org)
	경기화성아동보호전문기관	굿네이버스	화성시 봉담읍 동화리 416-4 오승빌딩 4층
	경기부천아동보호전문기관	세이브더칠드런 코리아	부천시 소사구 송내동 331-14 3층 (www.gi1391.org)
	경기남양주아동보호전문기관	대한불교조계종 사회복지재단	남양주시 금곡동 651-10 다남빌딩 204호
강원	강원원주아동보호전문기관	굿네이버스	원주시 판부면 서곡리 773-1 (wonju.goodneighbors.org)
충북	충북북부아동보호전문기관	화이트 아동복지회	제천시 서부동 224 (www.north1391.com)
	충북남부아동보호전문기관	사회복지법인 명지원	옥천군 옥천읍 문정리 445 (www.cbnb1391.org)
충남	충남남부아동보호전문기관	굿네이버스	보령시 동대동 1250 (boryeong.goodneighbors.org)
전북	전북동부아동보호전문기관	굿네이버스	남원시 하정동 8-2 (namwon.goodneighbors.org)

지역	기관명	설치 기관	설치 장소(홈페이지)
전북	전북서부아동보호전문기관	굿네이버스	익산시 신동 767-6 (iksan.goodneighbors.org)
전남	전남목포아동보호전문기관	굿네이버스	목포시 상동 928 2층 (suncheon.goodneighbors.org)
경북	경북안동아동보호전문기관	그리스도의교육수녀원	안동시 옥동 974 안동시종합사회복지관 3층 (www.ad1391.org)
	포항아동보호전문기관	굿네이버스	포항시 남구 상도동 18-254 2층 (pohang.goodneighbors.org)
	구미아동보호전문기관	대한불교조계종사회복지재단	구미시 도량1동 666 (www.gumi1391.or.kr)
경남	경남서부아동보호전문기관	어린이재단	진주시 평거동 392 평거주공 2차단지 내 (www.knw1391.or.kr)
제주	서귀포아동보호전문기관	사회복지법인 제남	제주도 서귀포시 서귀동 332-98 (www.sgp1391.org)

4) 서비스 프로그램

(1) 피해아동을 위한 서비스

피해아동을 위한 서비스의 종류별 분포를 살펴보면 〈표 9-7〉과 같이, 개별상담 및 집단상담 등 상담서비스의 비중이 32.4%에 달하여 피해아동에 대한 서비스는 대부분이 상담에 의존하고 있음을 알 수 있다. 반면, 전문성이 필요한 놀이치료 및 미술치료, 심리검사, 가족치료, 기타치료 등 치료서비스의 비중은 진행 중인 사례의 경우 6.3%에 불과해 상대적으로 낮다. 또한 사회복지관 연결, 수급권 연결, 가정지원서비스 등 학대가 발생한 가정에 활용 가능한 자원을 연계함으로써 피해아동을 돕는 서비스 역시 진행 중인 사례의 경우 2.5%로 그 비율이 낮은 편이다.

아동학대 피해아동에 대한 서비스 제공은 아동이 학대의 상처를 극복하고 건강하게 성장하는 데 매우 중요한 부분이다. 따라서 전문적이고 다양한 서비스가 제공되어야 하는데 현재 센터에서 제공하고 있는 서비스는 상담 위주의 서비스에 편중되어 있는 상황이다. 이러한 현상은 아동학대예방센터 상담원의 과중한 업무에서 그 원인을 찾아볼 수 있을 것이다. 즉, 신고 접수부터 사후관리까지 아동학대예방 업무의 전 과정을 담당할 뿐 아니라 지역사회 내의 일반인과 신고의무자를 대상으로 교육과 홍보 업무까지 담당하기에는 현재 아동학대예방센터의 인력으로는 역부족이다. 이러한 상황에서 피해아동을 위한 전문적이고 다양한 서비스의 제공을 기대하는 것은 무리일 수 있다.

〈표 9-7〉 피해아동에 대한 서비스의 종류별 현황

(단위 : 건)

연도	계	개별 상담	집단 상담	기관 상담	입원 치료	통원 치료	심리 검사	놀이 치료	미술 치료	가족 치료	기타 치료	학대 예방 교육	교육 서비스	일시 보호 서비스	가정 지원 서비스	사회 복지관 의뢰	수급권 연결	기타	주변인 조사
2003	24,313	11,787	1,858	8,709	56	791	551	255	287	16	3	156	38	30	522	92	77	2,663	–
2004	42,381	11,779 (27.8)	1,965 (4.6)	6,501 (15.3)	526 (1.2)	1,727 (4.1)	909 (2.1)	662 (1.6)	842 (2.0)	5 (0.0)	258 (0.6)	332 (0.8)	7,006 (16.5)	6,119 (14.4)	883 (2.1)	92 (0.2)	71 (0.2)	2,127 (24.4)	577 (1.4)

자료 : 장화정, 2005

(2) 학대행위자를 위한 서비스

학대행위자를 위한 서비스의 종류별 분포를 살펴보면 〈표 9-6〉과 같이, 개별상담 및 집단상담 등 상담서비스가 차지하는 비율이 진행 중인 사례의 경우 77%를 차지하여 학대행위자에 대한 서비스 역시 피해아동에 대한 서비스와 마찬가지로 대부분 상담에 의존하고 있음을 알 수 있다. 반면, 가족치료 및 기타 치료, 심리검사 등 전문성이 요구되는 치료서비스의 비중은 진행 중인 사례의 경우 0.4%로 상담서비스가 차지하는 비율과 극한 대조를 이루고 있다. 또한 사회복지관 연결, 수급권 연결, 가정지원서비스 등 학대가 발생한 가정에 활용 가능한 자원을 연계함으로써 학대행위자를 돕는 서비스 역시 진행 중인 사례의 경우 1.4%에 불과하다.

〈표 9-8〉 학대행위자를 위한 서비스의 종류별 현황

(단위 : 건)

연도	계	개별 상담	집단 상담	기관 상담	주변인 조사	입원 치료	통원 치료	심리 검사	가족 치료	기타 치료	재학대 예방 교육	부모 교육	가정 지원 서비스	사회 복지관 연결	수급권 연결	기타
2003	8,280	6,288	2	1,186	–	32	8	25	14	0	127	300	48	25	23	202
2004	12,679	9,747 (76.9)	15 (0.1)	813 (6.4)	164 (1.3)	352 (2.8)	49 (0.4)	41 (0.3)	11 (0.1)	4 (0.0)	1,188 (9.4)		127 (1.0)	24 (0.2)	24 (0.2)	120 (0.9)

자료 : 장화정, 2005

(3) 학대아동을 위한 지역사회서비스

학대아동 예방을 위해 지역사회가 중심이 되어 지역사회의 구성원을 대상으로 교육과 홍보를 실시할 수 있다. 한국사회복지협의회의 아동학대고발센터, 서울시립아동상담소의 아동권익보호신고소, 한국아동학대예방협회 등을 중심으로 과거에는 전화, 서신 및 직접 내방을 통하여 신고된 아동학대 사례들을 서울대 소아병원 및 서울시립아동삼담소 등과 연계하여 서비스를 제공하였다. 아동학대예방 안내서, 소식지 등을 제작, 배포, TV나 신문 등의 대중매체를 통해 공익광고 방영, 아동학대예방 캠페인, 세미나 등을 통해 학대예방 교육과 홍보가 이루어져 왔다. 또한 어린이집 및 유치원, 초 · 중 · 고등학교 학생 대상 방문교육을 통해 아동치료 · 예방교육이 이루어졌으며 아동 관련직 종사자 및 일반아동과 청소년의 부모교육과 상담자원봉사자 모집, 교육, 관리가 기관에서 이루어졌다.

그러나 현재는 인터넷, PC통신을 통해 학대예방교육, 신고, 상담, 기관 활동 홍보, 캠페인 등이 이루어짐으로써 그 방법이 다양해짐과 동시에 국민의식 개혁과 계몽이 더 용이해졌다. 굳이 기관을 찾아가지 않아도 기관의 활동과 교육 프로그램들을 알 수 있고 이에 참여할 수 있다. 비밀이 보장되는 특성과 전문가를 통해 고민을 털어놓고 해결책을 찾을 수 있다는 장점 때문에 웹을 이용한 교육과 상담의 폭이 갈수록 확대되고 있는 실정이다. 또한 지방아동보호전문기관과의 효과적인 네트워크 구축을 통해 홍보가 이루어질 수 있다(이소희, 2002:380).

5) 보호사업의 과정

학대아동을 위한 보호사업은 부모와 그 자녀가 당면한 상황과 개별적인 특성을 고려하여 다양한 방법을 통하여 실시된다. 보호사업의 과정은 학대아동의 신고 및 접수와 조사 및 확인, 진단 및 개입, 치료의 과정으로 이루어진다. 다음 [그림 9-7]은 아동보호사업이 진행되는 과정을 나타낸 것이다.

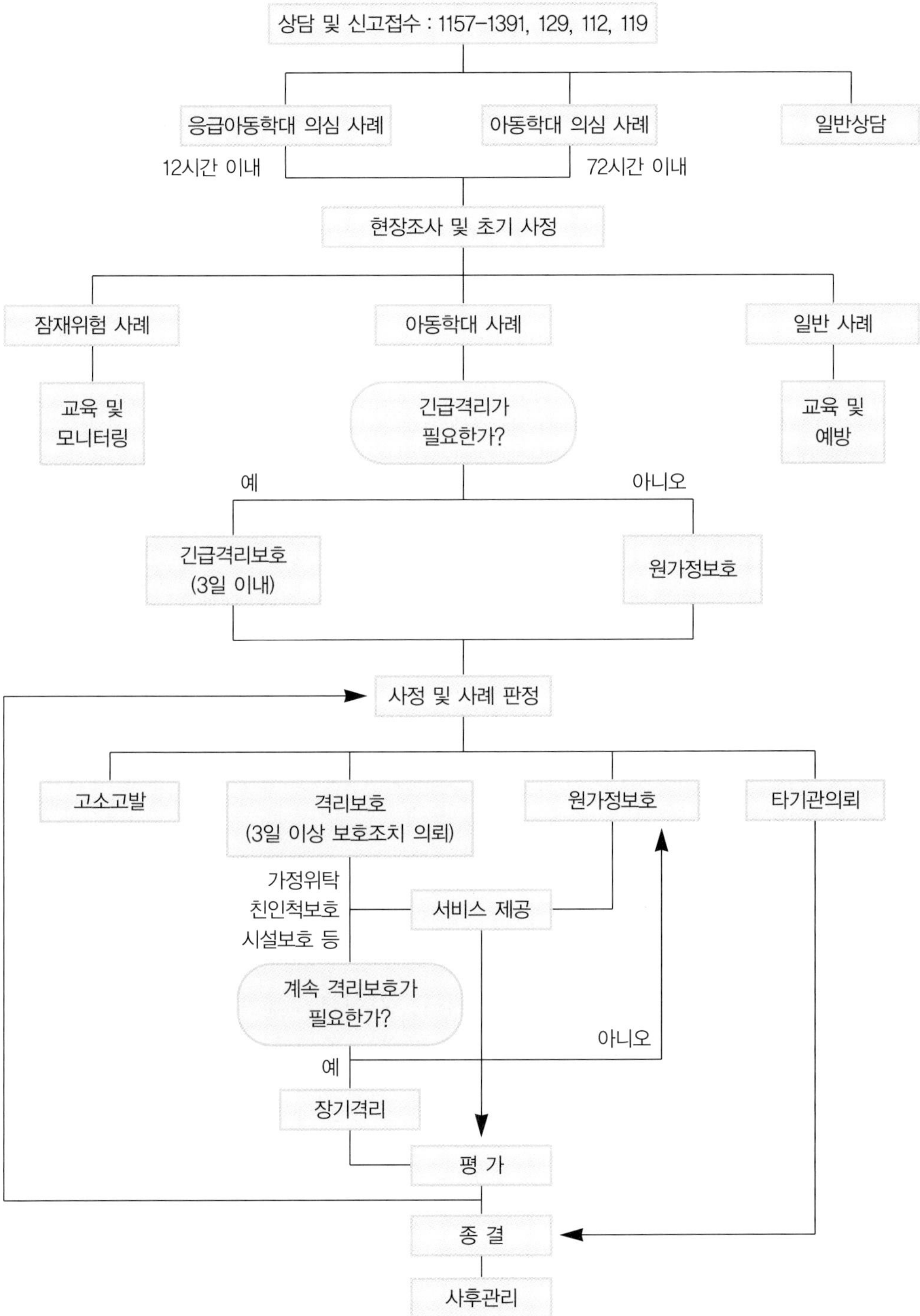

[그림 9-7] 아동보호사업의 사례 진행도

(1) 신고 및 접수

보호사업은 주로 주변 사람, 이웃, 친척, 교사로부터의 신고에 의해 개시된다. 우리나라의 경우 아동복지법 제23조의 규정에 의해 국가 및 지방자치단체는 아동학대를 예방하고 수시로 신고를 받을 수 있도록 긴급전화를 설치하도록 하고 있다.

(2) 조사 및 확인

신고된 아동에 대해서 현장조사를 하거나 의료적 조치를 통해서 학대의 여부를 확인한다. 현장조사를 통해서는 학대의 지속성, 학대 정도, 학대 발생 원인, 학대행위자의 특성, 피해아동의 특성 등을 구체적으로 파악할 수 있다. 또한 이웃주민, 신고자 및 관련기관, 교사 등 주변인물을 통한 정보 수집이 이루어지므로 현장조사는 단 한 번으로 끝나는 것보다 되도록 여러 차례에 걸쳐 실시하는 것이 학대 상황을 보다 정확하게 판단할 수 있다.

아동학대 의심 사례에 대한 현장조사는 학대받은 아동과 가족을 만나서 학대가 정말 이루어지고 있는지, 어느 정도 위급한 상황인지를 판단할 수 있는 중요한 과정이 되므로 반드시 실시하여야 한다.

(3) 진단 및 개입

확인된 학대에 대해 진단을 내리고 이에 따라 법률적, 정책적 및 전문적인 개입을 시작한다. 전문적 개입이 필요한 경우 학대아동을 대상으로 하는 상담 및 치료의 서비스가 제공되며, 이들의 부모에 대한 교육 및 상담을 실시하고, 학대자가 부모인 경우 이들을 대상으로 하는 별도의 상담 및 치료와, 경우에 따라 아동을 포함한 가족상담 및 치료의 서비스가 제공된다. 또한 빈곤가정이 아동학대를 유발한 경우에 이들을 위한 생계비 보조와 장학금 지원, 결연사업 등 가정지원사업을 추진할 수 있으며, 학교와의 협조를 통해 학대아동에 대한 적절한 조치가 이루어질 수 있도록 학교사회복지사업을 실시할 수도 있다.

(4) 종 료

학대아동 및 그 가정에 대한 개입과 전문적 서비스가 효과적으로 실행되어 종료할 필요가 있다고 판단되면 사업을 종료한다.

6) 보호사업 관련 기관

아동학대 예방을 위해 관련된 각 기관에서의 역할은 다음과 같다(아동복지사업 안내, 2008:33-26).

⑴ 행정기관

① 보건복지부
- 아동보호업무와 관련한 법 · 제도적 정책 수립
- 아동보호전문기관의 인력 및 자격 관리
- 아동복지사업 보조금 집행(중앙아동보호전문기관)
- 관계 중앙행정기관과의 협력체계 구축 지원 등

② 시 · 도
- 아동보호전문기관의 설치
- 아동보호전문기관 설치 신청에 대한 검토 및 지정
- 시 · 도에 설치 · 운영되는 아동보호전문기관 업무지도와 감독
- 3일 이상 장기격리가 필요하여 아동복지법 제10조 제1항 제2호 내지 제5호의 보호조치를 의뢰받은 피학대아동에 대한 행정적인 조치 등
  ※보호조치를 의뢰받은 때에는 지체없이 아동복지법 시행령 제5조 내지 제7조의 규정에 따라 적절한 보호조치 실시
- 사회복지전담공무원에 대한 신고의무자 교육
- 아동복지시설 등에서의 아동학대 예방을 위한 지도 · 감독
- 법원에 친권행사의 제한 또는 친권상실 청구(아동복지법 제12조)

③ 시 · 군 · 구
- 아동보호전문기관의 설치
- 아동보호전문기관의 지정신청 접수
- 시 · 군 · 구에 설치 · 운영되는 아동보호전문기관 업무지도 · 감독
- 아동보호전문기관의 피학대아동 및 보호자 또는 학대행위자의 신분 조회 요청에 대한 협조(주민등록표, 등 · 초본, 가족관계등록부 열람 또는 교부 등)

- 3일 이상 장기격리가 필요하여 아동복지법 제10조 제1항 제2호 내지 제5호의 보호조치를 의뢰받은 피해아동에 대한 행정적인 조치 실시
  ※보호조치를 의뢰받은 때에는 지체없이 아동복지법 시행령 제5조 내지 제7조의 규정에 따라 적절한 보호조치 실시
- 사회복지전담공무원에 대한 신고의무자 교육
- 아동복지시설 등에서의 아동학대 예방을 위한 지도 · 감독
- 법원에 친권행사의 제한 또는 친권상실 청구(아동복지법 제12조)
- 빈곤으로 인한 아동학대 발생 가정 및 부모로부터 격리보호가 필요한 피학대아동에 대한 국민기초생활수급권자 우선 선정(국민기초생활보장사업 안내 '수급자 선정 기준' 중 "부양을 거부하거나 기피하는 경우 중 학대 피해아동이 가정위탁보호 등의 보호조치를 받고 있는 경우"로 해석 가능)

(2) 사법경찰

- 아동보호전문기관과 아동학대 사례 개입을 위한 협력체계 구축
- 112에 신고된 아동학대 사례를 아동보호전문기관에 의뢰
- 아동보호전문기관에 접수된 신고 사례에 대해 현장조사 시 동행 협조
- 아동학대행위자의 형사재판을 요하는 사례에 대한 수사 전담
- 응급조치를 요하는 아동학대 사례를 일시보호시설 또는 의료기관에 조치 의뢰
- 아동보호전문기관으로부터 의뢰받은 사례에 대한 현장조사 및 조사 이후 현장조사서 사본 송부(관할 아동보호전문기관) 등

(3) 의료기관

- 의료행위 시 학대가 의심되는 아동에 대해 아동보호전문기관에 신고
  - 의료체계 내에 소아과, 소아정신과, 외과, 내과, 산부인과, 의료사회사업가 등으로 구성된 학대아동보호팀을 구성 · 운영하며, 아동학대로 의심되는 아동에게 종합적인 의료서비스 제공
- 아동학대 판정을 위한 의학적 진단, 소견 및 증언 진술

(4) 교육기관

- 아동학대 사례 조기 발견, 아동보호전문기관 또는 경찰에 신고
- 피해아동과 부모에 대한 치료적 개입 및 협조

- 피해아동의 학교생활, 가족력 등 관련 자료 제공
- 피해아동에 대한 학교사회사업 서비스 제공
- 학대행위자의 예방, 치료계획을 위한 지원
- 아동학대 예방을 위한 교과과정의 포함 등 교육지원
  - 초 · 중 · 고 교과과정 포함 및 교육을 통한 예방 및 홍보
  - 부모교육 프로그램 실시
  - 교사에 대한 신고의무자 교육
- 부모로부터 분리된 피해아동의 보호
  - 피학대아동의 입학, 전학 등의 신속한 조치와 편의 도모
  - 학대행위자로부터 아동보호를 위한 아동 관련 정보 비밀 유지

(5) 법원

- '아동의 최선의 이익 우선 원칙' 에 따른 사법적 소송 진행
- 피학대아동의 법률적 보호 및 학대행위자에 대한 보호처분 등에 대해 아동보호전문기관과의 긴밀한 협조
- 학대행위자의 처벌 및 보호처분을 포함한 판정, 친권의 상실 또는 친권의 일시정지 선고, 후견인의 지정, 부모로부터의 아동의 격리, 학대행위자에 대한 구상권 청구 등

(6) 아동보호전문기관

아동보호전문기관의 설치 및 운영 근거는 아동복지법 제24조 내지 제27조, 제31조 제4호에 명시되어 있다.

① 중앙아동보호전문기관

- 전국 아동보호전문기관 업무 지원
- 업무수행지침 개발 및 수정
- 아동학대예방사업 정책 건의
- 아동학대예방사업에 대한 전국적 홍보
- 아동보호전문상담원 교육 및 보수교육, 신고의무자 교육 및 연수 프로그램 실시
- 아동보호전문기관 전산시스템 구축 및 운영
- 지방기관 사례 배치 및 조정

- 전국아동학대 사례 현황 보고서 발간
- 아동학대 관련 각종 연구 및 프로그램 개발
- 관련 기관 협력체계 구축 및 관리
- 국제 아동학대 사례 개입
- 해외 아동학대 관련 기관과의 국제협력

② 시 · 도 및 시 · 군 · 구 아동보호전문기관

- 아동학대 신고전화 운영을 통한 신고접수 및 현장조사, 응급보호, 서비스 제공
- 아동학대 피해아동 · 학대행위자 상담, 교육 및 서비스 제공 · 연계
- 아동학대 사례 판정위원회 설치 · 운영 및 자체 사례회의 운영

  ※ 시 · 군 · 구 아동보호전문기관은 시 · 도 아동보호전문기관의 아동학대 사례 판정위원회 활용 가능

- 아동학대 사례의 전산시스템 입력 및 보존
- 신고의무자 · 일반인 대상 아동학대 예방교육 및 홍보
- 지역사회자원 개발 및 관련 기관 협력체계 구축
- 시장 · 군수 · 구청장에게 학대아동의 기초생활보장급여 또는 의료급여 등 필요한 보호 및 양육 조치 의뢰
- 아동학대 피해아동 보호를 위한 그룹홈(공동생활가정) 또는 단기보호시설 운영

4. 보호사업의 문제점과 복지 대책

아동학대에 대한 우리나라 보호사업의 문제점 및 복지 대책을 살펴보면 다음과 같다.

첫째, 아동학대예방사업이 선행되어야 한다. 아동학대에 관한 예방사업은 현재 거의 이루어지고 있지 않고 있는데, 빈곤가정에 대한 경제적 지원을 강화하고 부모, 아동, 교사 및 관련 서비스기관 종사자들을 대상으로 한 교육 및 전문적인 상담 프로그램이 실시되어야 한다. 또한 아동학대 신고를 위해 설치된 긴급전화와 아동보호전문기관에 대한 홍보가 이루어져야 한다.

둘째, 아동학대에 관한 개입, 치료 및 예방을 위해 우선적으로 이루어져야 할 과제는 아동학대와 관련된 법 절차를 강화하는 것인데, 아동복지법의 개정을 통해 학

대와 관련된 사항이 보완되었으므로, 이를 현실성 있게 실시하기 위한 관련 정책과 행정체계를 정지할 필요가 있다. 아동보호전문기관에 대한 지원이 강화되어야 하며, 관련 종사자에 관한 자격 규정이 있기는 하나, 구체적으로 이들을 위한 양성교육에 관한 규정이 모호하여 이를 보다 구체화하고, 관련 종사자들의 전문성을 확보할 수 있는 방안이 검토되어야 할 것이다.

셋째, 학대받은 아동의 신체적 · 심리적 회복 및 사회복귀를 위한 서비스가 제공되어야 한다. 학대아동을 위한 전문적인 서비스의 제공을 위해 보다 다양하고 전문화된 상담 및 치료 프로그램이 개발, 적용되어야 할 것이며, 아동의 회복 및 사회복귀를 위해 가정위탁 보호사업과 그룹홈(group home)사업이 개발 · 활성화되어야 한다.

넷째, 사회적 인식의 변화를 위한 노력이 있어야 할 것이다. 국가 및 지방자치단체와 아동 관련 전문기관, 단체들은 각종 조사 연구사업 및 홍보사업을 통해 학대에 관한 사회적 관심을 고조시키고, 예방교육 프로그램의 개발과, 관련 정책의 개발 및 평가를 통한 서비스의 질적 개선이 이루어지도록 해야 한다.

제10장

지지적 · 보충적 서비스를 통한 아동복지 실천 분야

제1절 장애아동복지사업

아동복지 실천을 위한 지지적 서비스와 보충적 서비스는 부모와 가정의 역할을 보다 잘 수행하도록 하기 위한 지원적 서비스와 함께 부모와 가정의 역할의 수행에서 구조적·기능적 결핍으로 인해 발생되는 부분에 대한 보충적 서비스를 지원받아서 아동의 양육과 발달이 제대로 이루어질 수 있도록 하는 서비스이다. 아동복지 실천 현장에서는 장애아동과 비행아동을 위한 복지사업과 가족의 구조적 결손으로 인한 아동복지사업을 살펴볼 수 있다.

1. 장애아동복지사업의 이해

1) 장애와 장애아동의 개념

장애아동을 이해하기 위해서는 우선 장애에 대한 개념 정의를 알아야 한다. 장애에 대한 개념은 장애의 양태나 그것이 지니는 문제의 양상이 다양하고 사회적인 관념의 차이에 따라 장애를 규정하는 기준이 달라 보편적인 개념으로 정의하기가 쉽지 않다. 본 절에서는 장애에 관한 세계보건기구의 국제장애분류(ICIDH : International Classification of Impairments, Disabilities, and Handicaps), 장애인복지법과 장애인 등에 대한 특수교육법에 명시된 정의를 통해 개념을 살펴본다.

(1) 세계보건기구의 국제장애분류에 의한 정의

장애는 신체 또는 정신의 기능저하, 이상, 상실 또는 신체 일부의 훼손 등을 지칭하며 이러한 장애를 가진 경우 개인의 비극적인 문제로 간주하게 된다. 이러한 개념은 개별적·의학적인 관점으로 가장 전통적인 관점인 협의의 개념 정의이다. 그러나 시대적 흐름과 함께 장애는 더 이상 한 개인의 문제가 아니라 신체적인 불편함과 서비스에 대한 욕구가 있는 집단이라는 시각이 생겼다. 20세기 후반에 국제연합(UN)과 세계보건기구(WHO)는 의학적인 측면뿐만 아니라 사회적 측면까지 포함하는 광의의 개념을 제안하였다. 1980년 세계보건기구는 국제질병기준을 근간으로 하여 장애를 기능장애, 능력장애, 사회적 불리의 개념으로 정의하고 있다(아산사회복지재단, 1997).

① 기능장애(impairment)

기능장애는 '심리적, 생리적 또는 해부학적 구조나 기능의 상실 또는 비정상'을 뜻한다. 일시적 또는 영구적인 손실이나 비정상이 특징이며 사지, 기관, 피부 또는 정신적 기능체계를 포함한 신체의 다른 구조의 비정상, 결손 또는 손실의 발생이나 존재를 포함한다. 이는 손실을 포함한다는 의미에서 질병보다 더 포괄적인 개념이며, 원칙적으로 기관 수준에서의 장애를 반영하는 것이다. 기능장애에는 지적 장애, 언어장애, 청각장애, 시각장애, 내과적 장애, 골격계 장애, 신체기형, 전신적 장애 등이 포함된다.

② 능력장애(disability)

능력장애는 '기능장애로부터 야기된 것으로서 인간에게 정상적인 것으로 간주되는 범위 내에서 또는 그러한 방식으로써 활동을 수행하는 능력의 제약 또는 결여'를 뜻한다. 능력장애는 기능장애의 직접적 결과로서 일상적으로 기대되는 활동수행 및 행동의 과다 또는 결핍이 특징이다. 이는 개인의 활동상의 능력 제한이 발생하여 여러 가지 생활능력, 예를 들면 신변처리능력이나 운동활동능력이 떨어지게 됨을 말한다. 능력장애에는 태도장애, 의사소통장애, 개인 일상생활 동작장애, 운동장애, 가사활동장애, 상황적 장애 등이 포함된다.

③ 사회적 불리(handicap)

사회적 불리는 사회적 차원의 장애 개념으로 '기능장애나 능력장애로 인해 정상적인 역할 수행을 제약하거나 방해하는 개인에 대한 불이익'을 의미한다. 이는 기능장애나 능력장애가 사회화된 것으로서 개인의 손상이나 기능 제약으로 인해 사회생활에 대한 참여에서 제한을 받거나 지장을 초래하는 것을 말한다. 사회적 불리에는 신체적 자립 불리, 이동성 불리, 직업상 불리, 사회통합 불리 등이 포함된다.

(2) 장애아동복지지원법에 의한 정의

「장애아동복지지원법」은 장애아동의 특별한 복지적 욕구에 적합한 지원을 통합적으로 제공함으로써 장애아동이 안정된 가정생활 속에서 건강하게 성장하고 사회에 활발하게 참여할 수 있도록 하며 장애아동 가족의 부담을 줄이고자 하는 목적으로, 2011년 8월에 제정되어 2012년 8월부터 시행되고 있다. 이 법에 명시된 용어의 정의는 다음과 같다.

'장애아동' 이란 18세 미만의 사람 중 「장애인복지법」 제32조에 따라 등록한 장애인을 말한다. 다만, 6세 미만의 아동으로서 장애가 있다고 보건복지부장관이 별도로 인정하는 사람을 포함한다.

'장애아동 보호자' 란 친권자, 후견인, 장애아동을 보호 · 양육 · 교육하거나 그 의무가 있는 자 또는 업무 · 고용 등의 관계로 사실상 장애아동을 보호 · 감독하는 자를 말한다.

'장애아동 복지지원' 이란 국가와 지방자치단체가 장애아동의 특별한 복지적 욕구에 따라 의료비지원, 보육지원, 가족지원 및 장애아동의 발달에 필요한 지원 등 다양한 인적 · 물적 자원을 제공하는 것을 말한다.

'복지지원 대상자' 란 이 법에 따라 복지지원을 받는 사람을 말한다.

'장애아동 복지지원 이용권' 이란 그 명칭 또는 형태와 상관없이 이용자가 제공자에게 제시하여 일정한 복지지원을 받을 수 있도록 복지지원의 수량 또는 그에 상응하는 금액이 기재(전자적 또는 자기적 방법에 따른 기록을 포함한다)된 증표를 말한다. 다만, 제22조 제1항에 따른 보육료 지원의 경우에는 「영유아보육법」 제34조의3에 따른 보육서비스 이용권으로 대체한다.

(3) 장애인복지법에 의한 정의

「장애인복지법」에 의하면 '장애아동이란 18세 미만의 아동으로서 장애인복지법에 규정된 장애를 가진 아동' 으로 정의하고, 장애인은 '신체적 · 정신적 장애로 인하여 장시간에 걸쳐 일상생활 또는 사회생활에 상당한 제약을 받는 자' 로 정의하고 있다.

장애인복지법의 장애 분류는 제2조 장애인의 정의 등에 규정되어 있듯이 신체적 장애와 정신적 장애로 크게 분류되며, 신체적 장애 및 정신적 장애의 대분류 밑에 중분류, 소분류, 세분류의 분류체계가 있다. 「장애인복지법」에 따른 장애의 분류와 확대 예정 장애 범주를 정리하면 다음의 〈표 10-1〉과 같다. 〈표 10-2〉는 장애인복지법에 명시되어 있는 장애 종류 및 기준이다.

〈표 10-1〉 장애인복지법에 따른 장애 유형 분류

대분류	중분류	소분류	세분류	확대 예상 장애 범주
신체적 장애	외부 신체기능의 장애	지체장애	절단장애, 관절장애, 지체기능장애, 변형 등의 장애	
		뇌병변장애	중추 신경의 손상으로 인한 복합적인 장애	
		시각장애	시력장애, 시야결손장애	
		청각장애	청력장애, 평형기능장애	
		언어장애	언어장애, 음성장애, 구어장애	
		안면장애	안면부의 추상, 함몰, 비후 등 변형으로 인한 장애	
	내부기관의 장애	신장장애	투석치료 중이거나 신장을 이식받은 경우	소화기장애, 비뇨기장애, 만성통증, 기타 암
		심장장애	일상생활이 현저히 제한되는 심장기능 이상	
		간장애	일상생활이 현저히 제한되는 만성 · 중증의 간기능 이상	
		호흡기장애	일상생활이 현저히 제한되는 만성 · 중증의 호흡기기능 이상	
		장루 · 요루장애	일상생활이 현저히 제한되는 장루 · 요루	
		간질장애	일상생활이 현저히 제한되는 만성 · 중증의 간질	
정신적 장애	지적장애		지능지수가 70 이하인 경우	
	정신장애		정신분열병, 분열형 정동장애, 양극성 정동장애, 반복성 우울장애	만성알코올 · 약물중독, 기질성 뇌증후군, 치매
	자폐성장애		소아자폐 등 자폐성 장애	기타 정신자폐성 장애

<표 10-2> 장애인복지법상의 장애 종류 및 기준

장애 종류	장애 기준
1. 지체장애인	가. 한 팔, 한 다리 또는 몸통의 기능에 영속적인 장애가 있는 사람 나. 한 손의 엄지손가락을 지골(指骨 : 손가락 뼈) 관절 이상의 부위에서 잃은 사람 또는 한 손의 둘째 손가락을 포함한 두 개 이상의 손가락을 모두 제1지골 관절 이상의 부위에서 잃은 사람 다. 한 다리를 리스프랑(Lisfranc : 발등뼈와 발목을 이어주는) 관절 이상의 부위에서 잃은 사람 라. 두 발의 발가락을 모두 잃은 사람 마. 한 손의 엄지손가락 기능을 잃은 사람 또는 한 손의 둘째 손가락을 포함한 손가락 두 개 이상의 기능을 잃은 사람 바. 왜소증으로 키가 심하게 작거나 척추에 현저한 변형 또는 기형이 있는 사람 사. 지체(肢體)에 위 각 목의 어느 하나에 해당하는 장애 정도 이상의 장애가 있다고 인정되는 사람
2. 뇌병변장애인	뇌성마비, 외상성 뇌손상, 뇌졸중(腦卒中) 등 뇌의 기질적 병변으로 인하여 발생한 신체적 장애로 보행이나 일상생활의 동작 등에 상당한 제약을 받는 사람
3. 시각장애인	가. 나쁜 눈의 시력(만국식시력표에 따라 측정된 교정시력을 말한다. 이하 같다)이 0.02 이하인 사람 나. 좋은 눈의 시력이 0.2 이하인 사람 다. 두 눈의 시야가 각각 주시점에서 10도 이하로 남은 사람 라. 두 눈의 시야 2분의 1 이상을 잃은 사람
4. 청각장애인	가. 두 귀의 청력 손실이 각각 60데시벨(dB) 이상인 사람 나. 한 귀의 청력 손실이 80데시벨 이상, 다른 귀의 청력 손실이 40데시벨 이상인 사람 다. 두 귀에 들리는 보통 말소리의 명료도가 50퍼센트 이하인 사람 라. 평형 기능에 상당한 장애가 있는 사람
5. 언어장애인	음성 기능이나 언어 기능에 영속적으로 상당한 장애가 있는 사람
6. 지적장애인	정신 발육이 항구적으로 지체되어 지적 능력의 발달이 불충분하거나 불완전하고 자신의 일을 처리하는 것과 사회생활에 적응하는 것이 상당히 곤란한 사람
7. 자폐성장애인	소아기 자폐증, 비전형적 자폐증에 따른 언어 · 신체표현 · 자기조절 · 사회적응 기능 및 능력의 장애로 인하여 일상생활이나 사회생활에 상당한 제약을 받아 다른 사람의 도움이 필요한 사람

장애 종류	장애 기준
8. 정신장애인	지속적인 정신분열병, 분열형 정동장애(情動障碍 : 여러 현실 상황에서 부적절한 정서 반응을 보이는 장애), 양극성 정동장애 및 반복성 우울장애에 따른 감정조절 · 행동 · 사고 기능 및 능력의 장애로 인하여 일상생활이나 사회생활에 상당한 제약을 받아 다른 사람의 도움이 필요한 사람
9. 신장장애인	신장의 기능부전(機能不全)으로 인하여 혈액투석이나 복막투석을 지속적으로 받아야 하거나 신장기능의 영속적인 장애로 인하여 일상생활에 상당한 제약을 받는 사람
10. 심장장애인	심장의 기능부전으로 인한 호흡곤란 등의 장애로 일상생활에 상당한 제약을 받는 사람
11. 호흡기장애인	폐나 기관지 등 호흡기관의 만성적 기능부전으로 인한 호흡기능의 장애로 일상생활에 상당한 제약을 받는 사람
12. 간장애인	간의 만성적 기능부전과 그에 따른 합병증 등으로 인한 간기능의 장애로 일상생활에 상당한 제약을 받는 사람
13. 안면장애인	안면 부위의 변형이나 기형으로 사회생활에 상당한 제약을 받는 사람
14. 장루 · 요루 장애인	배변기능이나 배뇨기능의 장애로 인하여 장루(腸瘻) 또는 요루(尿瘻)를 시술하여 일상생활에 상당한 제약을 받는 사람
15. 간질장애인	간질에 의한 뇌신경세포의 장애로 인하여 일상생활이나 사회생활에 상당한 제약을 받아 다른 사람의 도움이 필요한 사람

자료 : 장애인복지법 시행령 제2조 관련 [별표 1]

(4) 장애인 등에 대한 특수교육법에 의한 정의

「장애인 등에 대한 특수교육법」에 의하면 장애아동은 '특수교육 대상자' 이다. 특수교육대상자란 시각장애, 청각장애, 정신지체, 정서행동장애, 자폐성장애, 의사소통장애, 학습장애, 건강장애, 발달지체 등 중 어느 하나에 해당하는 사람 중 특수교육을 필요로 하는 사람으로 진단 평가된 사람을 말한다.

특수교육의 대상자 모두가 장애인복지법상의 장애아동으로 인정되지는 않는다. 특수교육 대상자 중 정서장애와 학습장애는 장애인복지법의 장애 범주에 포함되지 않아 현재 5년 주기로 실시되는 보건복지부의 장애인 실태조사는 정서장애아동과 학습장애아동을 조사 대상에 포함시키지 않고 있다(윤혜미 외, 2006).

특수교육 대상자를 선정할 때에는 〈표 10-3〉에 따른 진단 · 평가 결과를 기초로 하여 고등학교 과정은 교육감이 시 · 도 특수교육운영위원회의 심사를 거쳐 중학교

과정 이하의 각급 학교는 교육장이 시·군·구 특수교육운영위원회의 심사를 거쳐 결정한다.

〈표 10-3〉 특수교육대상자 선별검사 및 진단·평가 영역

구분		영역	
장애 조기 발견을 위한 선별검사		1. 사회성숙도 검사 3. 영유아발달검사	2. 적응행동검사
진단 평가 영역	시각장애 청각장애 지체장애	1. 기초학습기능검사 3. 시기능검사 및 촉기능검사 (시각장애의 경우에 한함)	2. 시력검사
	정신지체	1. 지능검사 3. 적응행동검사 5. 운동능력검사	2. 사회성숙도 검사 4. 기초학습검사
	정서·행동장애 자폐성장애	1. 적응행동검사 3. 행동발달평가	2. 성격진단검사 4. 학습준비도검사
	의사소통장애	1. 구문검사 3. 언어발달검사	2. 음운검사
	학습장애	1. 지능검사 3. 학습준비도검사 5. 지각운동발달검사	2. 기초학습기능검사 4. 시지각발달검사 6. 시각운동통합발달검사

비고 : 특수교육 대상자 선정을 위한 장애 유형별 진단·평가 시 장애인증명서·장애인수첩 또는 진단서 등을 참고자료로 활용할 수 있다.

자료 : 장애인 등에 대한 특수교육법 시행규칙 별표(제2조 제1항 관련)

2) 장애아동복지 서비스의 개념

우리나라의 장애인복지정책은 2008년 8월 제3차 장애인정책발전 5개년 계획에서 표명하였듯이 장애인복지 서비스의 선진화 구현, 장애인 생애주기별 교육지원체계 구축 및 문화활동 확대, 장애인이 일할 수 있는 사회 실현, 장애통합적 접근으로의 사회참여 확대와 장애인 권익 증진을 목표로 한 "장애인의 권리에 기반한 참여확대와 통합사회 구현"을 기본 방향으로 하고 있다. 그동안 우리 사회는 정상화, 탈시설화, 자립생활 등 장애인복지 패러다임의 변화, 장애인활동보조서비스의 실

시, 장애인차별금지법의 제정 및 시행, 그리고 여성장애인의 사회 참여 확대 등 장애인복지 분야 내에서 많은 변화를 경험하고 있다.

장애아동과 아동복지 서비스는 불가분의 관계에 있으며, 장애아동 자신은 아동복지의 대상이면서 그 주체가 되므로 조성된 기반과 조건 위에서 자립을 향한 최대한의 노력이 필요하다. 우선 사회의 주도권을 쥐고 있는 비장애인이 장애인에게 장애를 더욱 심화시키지 않도록 예방, 치료, 교육, 사회복귀 등의 문제를 국가와 사회가 시급히 해결하도록 노력해야 할 것이다.

장애아동이 갖는 문제와 배경, 장애아동에 대한 시각, 복지의 방향 등의 관점에서 볼 때, 장애는 장애라는 사실로부터 파생되는 여러 가지 문제가 발생되고, 장애아동복지의 총합성으로 아동복지의 문제뿐만 아니라 의학 · 교육학 · 심리학 · 사회학, 나아가 공학, 건축학 등의 문제이기도 하다. 따라서 장애아동복지의 운동으로 장애아동에 대한 이해를 불러일으켜 더불어 사는 공감관계를 육성하는 방향으로 나아갈 때 장애아동의 위치는 구제 대상으로부터 권리 주체로 바꾸어질 것이다. 또한 발달보장권 차원에서 장애 유무에 관계없이 모든 인간의 발달은 기본적으로 공통의 권리를 갖는다. 장애아동에 있어서도 똑같이 보장되어야 하므로 유엔 아동권리협약 제23조에서 장애아동의 참여권, 보호권과 더불어 교육 · 훈련 · 건강관리 · 재활 · 취업 및 오락 기회를 효과적으로 이용 · 제공받을 수 있도록 계획되어야 함을 규정하고 있다.

장애인복지법 제1조(목적)에서 "이 법은 장애인의 인간다운 삶과 권리 보장을 위한 국가와 지방자치단체 등의 책임을 명백히 하며, 장애 발생의 예방과 장애인의 의료, 교육, 직업재활, 생활환경 개선 등에 관한 사업을 정함으로써 장애인복지대책의 종합적 추진을 도모하며, 장애인의 자립, 보호 및 수당의 지급 등에 관하여 필요한 사항을 정함으로써 장애인의 생활 안정에 기여하는 등 장애인의 복지 증진 및 사회활동 참여 증진에 기여함을 목적으로 한다."라고 명시하였다. 제3조에서는 장애인복지의 기본 이념을, 동법 제4조에서는 장애인의 권리를 규정해 놓았다. 또한 장애인복지를 달성하기 위해, 장애인 및 장애인가족의 노력을(제5조), 국가와 지방자치단체의 시책 강구를(제6조) 각각 명시하였다. 제10조에서는 '모든 국민은 장애 발생의 예방, 장애의 조기 발견에 노력하여야 하며 장애인의 인격을 존중하고 사회통합의 이념에 기초하여 장애인복지 증진에 협력해야' 할 것을 명시하였다.

상기한 내용을 종합해 볼 때, 장애아동복지 서비스는 장애의 예방, 조기 발견 및 진단, 특수교육 및 재활, 상담 및 치료 등을 포함하여, 장애아 및 장애아가족을 위한 교육 및 상담과 사회적 지원체계의 연계 등의 서비스를 제공하는 것을 의미한다. 또한 장애아동과 그 가족을 지원하기 위한 각종 법적 조치와 제반시설의 설치 및 전문인력의 양성 등이 포함된다.

2. 장애아동복지사업의 현황

1) 장애아동의 현황

장애아동의 현황은 장애인구의 현황을 통해서 추정 가능하다. 우리나라 장애인구에 대한 자료는 1980년부터 5년 주기로 장애인 실태조사를 실시해 왔으며, 2007년에는 장애인복지법이 개정되면서 3년마다 실시하도록 규정되어 2008년에 일곱 번째 실태조사가 실시되었다. 2008년 장애인 실태조사(보건복지가족부 · 한국보건사회연구원, 2009)에 의하면, 〈표 10-4〉에 제시되었듯이 장애인의 성별 분포에서 대체로 여성(39.6%)에 비해 남성의 비율(61.4%)이 높으며, 연령별로는 10세 이하가 1.4%, 10~19세가 2.9%, 20~29세가 4.8%, 30~39세가 9.9%, 40~49세가 17.8%, 50~59세가 20.3%, 60~69세가 22.2%, 그 이상은 20.8%로 전체 장애인의 81.1% 정도가 40세 이상인 것으로 나타나 중 · 고령자로 갈수록 장애 비율이 높게 나타나고 있다.

〈표 10-4〉 장애인의 성별 및 연령 분포

(단위: 명)

성별	연 령								계
	10세 미만	10~19세	20~29세	30~39세	40~49세	50~59세	60~69세	70세 이상	
남	19,688	42,818	76,600	162,347	286,830	297,063	282,030	212,808	1,380,184
여	11,094	22,646	33,441	63,321	120,056	165,494	225,599	261,969	903,620

자료 : 보건복지가족부 · 한국보건사회연구원, 2009

장애 유형별로는 장루 · 요루장애의 65세 이상의 노인 비율이 59.6%로 가장 높았는데, 뇌병변장애나 신장장애, 심장장애, 호흡기장애, 간장애, 장루 · 요루장애와 같은 내부장애는 연령이 증가할수록 장애인의 비중이 높아지는 경향을 나타냈고, 반면 자폐성장애와 지적장애는 다른 장애 유형에 비해 17세 이하의 아동 · 청소년 비율이 각각 78.5%, 30.4%로 장애 유형별로 약간의 차이가 있었다.

〈표 10-5〉 장애 유형별 · 연령별 장애인 분포

(단위: %, 명)

구분	지체 장애	뇌병변 장애	시각 장애	청각 장애	언어 장애	지적 장애	자폐성 장애	정신 장애	신장 장애	심장 장애	호흡기 장애	간 장애	안면 장애	장루·요루 장애	간질 장애	전체
만 0~17세	0.9	3.8	1.8	2.1	7.7	30.4	78.5	0.3	0.3	6.9	0.0	4.4	6.6	1.4	4.3	3.9
만 18~29세	2.1	1.9	1.6	1.7	5.8	26.6	18.5	6.0	4.6	3.5	0.8	1.8	8.6	0.6	11.3	4.0
만 30~39세	6.8	3.8	5.4	4.0	11.5	16.2	2.2	21.7	10.8	3.9	2.3	5.6	23.3	3.2	22.2	7.4
만 40~49세	19.4	8.0	11.9	9.6	17.8	15.5	0.1	35.2	21.7	9.1	7.0	26.5	22.2	6.9	36.2	16.7
만 50~64세	35.3	36.6	31.3	27.3	24.3	8.7	0.7	29.4	38.9	28.9	38.9	52.6	31.1	28.4	23.2	32.0
만 65세 이상	35.5	45.9	48.0	55.3	32.8	2.5	0.0	7.4	23.8	47.7	51.1	9.2	8.2	59.6	2.9	36.1
계	100.0	100.0	100.0	100.0	100.0	100.0	100.0	100.0	100.0	100.0	100.0	100.0	100.0	100.0	100.0	100.0
전국 추정수	1,132,116	219,156	220,061	207,383	15,103	140,079	12,329	84,780	48,284	14,606	14,393	6,514	2,185	11,356	8,881	2,137,226

2) 장애아동의 욕구

장애아동과 그들 가족은 다음과 같은 문제 및 욕구를 나타내고 있다.

(1) 보호의 욕구

대부분의 장애아동은 일상생활을 영위함에 있어 다른 사람들의 보호수발을 필요로 하고 있다. 보호수발이 주로 가족 내에서 이루어지는 형편이어서 장애아동을 보호하는 가족이 갖게 되는 심리적 및 신체적인 부담이 매우 크며, 이로 인해 방치되는 경우가 적지 않다. 가정에서 보호받는 장애아동이 의료 · 교육 · 재활 서비스 등을 받기 위해 외출을 하게 되는 경우에, 보호자의 역할을 담당해 주는 사람의 부재, 타인의 이목, 교통수단 및 편의시설 등의 불편함 등을 호소하고 있다.

장애아동이 시설에 입소하여 보호를 받는 경우는 부모가 아동을 보살필 능력이 없거나, 부모들의 이혼, 유기, 사망 등으로 가족해체가 있는 경우, 그리고 장애아동이 가정에서 지낼 수 없는 문제행동 등을 갖고 있는 경우인데, 사실상 부모의 장애에 대한 무지와 몰이해로 인해 장애아동을 유기하여 시설에 입소하는 경우가 많다 보니, 시설 입소 보호에 대한 사회적 인식이 좋지 않다. 또한 장애아동 입소시설이 대상자가 가진 여러 측면의 욕구를 해소시킬 만큼 발전되지 않아 시설 입소에 대한 부정적인 인식이 많고 이에 따른 이용 욕구도 자연히 낮다고 볼 수 있다(김미혜, 2002:325-327).

(2) 의료적 욕구

장애아동의 경우 장애 발견 즉시 치료를 받고 장애가 더 이상 진행되지 않도록 조치하는 것이 가장 중요함에도 불구하고 장애아동에게 의료적 처치가 제대로 전달되지 않는 실정이다. 이런 이유로는 장애아동 가족들의 장애에 대한 무지('그냥 두어도 괜찮아질 것 같아서' 라든가 혹은 '치료를 해도 나을 것 같지 않아서' 등)와 경제적 부담을 들 수 있고, 정신지체 장애의 경우 장애 발견이 쉽지 않다는 점과 장애에 대한 이해의 부족을 들 수 있다.

장애인이 의료적 재활 서비스를 받을 수 있는 곳으로 국립재활병원을 포함하여 전국에 14개소로 510병상이 확보되어 있다. 또한 의료비 지원을 저소득 장애인에게 외래 50%와 입원의 본인부담금을 지원해 주고 있다(보건복지백서, 1997:317). 그러나 장애인 인구를 감안하면 의료재활 서비스가 극히 미비하다고 볼 수 있고, 특히 전문화된 장애아동 의료재활기관이 존재하고 있지 않아 아동의 성장 · 발달을 감안한 의료적 재활 서비스가 없으며, 이와 더불어 경제적 부담을 고려한 의료비 지원이 절실하게 요구되고 있다(김미혜, 2002:323-325).

(3) 교육적 욕구

장애아동에게 교육재활은 이들의 사회참여와 취업 등과 관련된 핵심적 욕구이다. 장애 특성을 고려한 교육 실천은 성인이 된 후 독립된 생활과 사회 구성원으로서의 생산적 역할과 의무를 할 수 있게 하는 기반이 된다는 점에서 매우 중요하다. 그러나 장애아동은 비장애아동과 달리 통학이나 학교적응 등에 문제가 발생하게 되므로 교육을 받기 위한 제반 여건이 미흡할 경우에 학교를 다니기가 어려운 실정이다.

장애아동을 위한 특수교육은 「특수교육진흥법」이 개정(1994년)되면서 초 · 중등 과정의 의무교육이 규정되고 「교육법」 제98조에서 장애아동이라는 용어가 삭제됨으로써 법적으로는 의무교육권이 장애아동에게 확보된 상태이나, 실제로는 대상아동의 1/2이 넘는 아동이 교육을 받지 못하는 것으로 추정되고 있다.

5~17세 장애아동 중 특수교육 대상자(대학교 진학자 제외) 225,000명의 특수교육 수혜 비율을 보면 유치원 대상자의 6.8%, 초등학교 34.0%, 중학교 17.7%, 고등학교 8.9%, 대학교 0.9%로 전체 대상아동의 약 30% 정도가 특수교육의 혜택을 누리고 있다(통계청, 1997). 결국 특수교육 대상아동의 70%가 일반학급에서 교육을 받을 수밖에 없기 때문에 고등교육과정으로 갈수록 장애아동의 교육 수혜가 줄어들고 있다고 볼 수 있다. 특히 고등교육이라 할 수 있는 대학교의 진학률이 너무 저조하여 첨단지식과 기술을 요하는 직업으로의 진출은 그만큼 제한되고 있다고 볼 수 있다. 일부 대학에서는 장애아동에 대한 특례입학제도를 도입하여 실시하고 있긴 하나 장애아동을 교육할 수 있는 준비가 되어 있지 않아 교육 혜택의 효과가 나타나기가 어렵다.

또한 장애아동의 무상교육은 특수학교 유치부에서만 이루어지고 있고, 그 외의 대다수 장애유아들은 복지관, 종교시설, 사설 조기교육실 등에서 높은 교육비를 지불하고 치료와 교육을 병행하고 있으므로 이들의 조기교육을 위한 대책 마련이 매우 시급하다고 할 수 있다(김미혜, 2002:328-331).

(4) 직업재활 욕구

직업은 사회 발전의 원동력이며 인간의 생계 수단 이상의 의미가 있기 때문에, 자신의 존재에 대한 인식과 자기성장 및 성취감, 현대사회의 발달을 도모하는 데 반드시 필요하다고 할 수 있다.

현재 「장애인등에 대한 특수교육법」 제23조에는 중학교 과정 이상의 각급 학교의 장은 특수교육 대상자의 특성 및 요구에 따른 진로 및 직업교육을 지원하기 위하여 자격이 있는 진로 및 직업교육을 담당하는 전문인력을 두도록 되어 있고 작업교육에 필요한 시설, 설비를 갖추도록 되어 있다. 그러나 현실적으로 볼 때 일선학교에서는 장애 유형별 특성을 고려한 직업교육이라기보다는 사양사업의 직업교육이 이루어지고 있으며 산업현장과의 연계성도 부족하고, 또한 직업교육을 담당하는 교사의 배치도 부족하다. 따라서 장애 아동을 위한 전문적 직업교육 프로그램과 직종개발 프로그램이 요구되고 있다.

(5) 재정적 지원 욕구

장애아동과 그들 가족은 생활하는 데 경제적으로 매우 큰 어려움을 겪고 있다. 가정의 낮은 소득과 함께 장애아동의 보호와 부양에 따른 추가비용으로 경제적 부담이 가중되고 있기 때문이다. 장애아동의 경우 의료비와 교육비가 차지하는 추가 비용이 상대적으로 높다고 할 수 있다(김미혜, 2002:331-332).

(6) 보장구 욕구

장애아동의 장애별 보장구 소지 실태를 보면, 시각장애의 경우 안경과 콘택트 렌즈 등의 착용, 청각장애의 경우 보청기의 사용, 지체장애의 경우 휠체어, 목발, 보조기, 의수족, 보조화, 워커 등의 사용을 들 수 있고, 이들의 보장구 활용 실태를 보면 장애가 너무 심하거나 보장구가 비효과적일 경우를 제외하고는 거의가 활용하고 있는 실정이다. 장애아동들의 보장구에 대한 욕구가 매우 높다고 보며, 따라서 보장구를 필요로 하는 모든 장애아동에 대한 지원이 요구된다고 할 수 있다(김미혜, 2002:327-328).

3. 장애아동복지 제도 및 서비스

1) 장애아동의 발달에 따른 가족 과업

아동이 장애를 가지는 경우 부모는 양육문제와 심각한 갈등에 직면하게 된다. 장애를 가진 자녀뿐만 아니라 형제들과 다른 가족 구성원들도 역시 일상생활 및 대인관계에서 위기를 겪게 되며 스트레스를 받게 된다. 장애아동으로 인하여 가족이 경험하는 부담과 스트레스는 양육 및 재활 비용에 다른 경제적 부담, 가족 구성원의 정서적 긴장, 가족 내 하위체계 간의 갈등, 발달 단계에 따른 긴장의 반복, 부적절한 서비스 전달체계로 인한 스트레스, 그리고 아동의 미래에 대한 불안 등 매우 다양하다(윤혜미 외, 2010).

미첼(Michell, 1985)은 장애아동의 발달 단계에 따라서 가족 과업을 제시하였다. 가족이 발달 단계별 과업을 어느 정도 완수한다면, 그 가족은 적어도 부분적으로 성공적인 적응을 하게 된다고 하였다. 그는 〈표 10-6〉에서 보는 바와 같이 가족이 자녀의 장애를 문제로 인식하는 초기 진단 단계로부터 자녀가 성인기에 이르기까지 아동발달 단계에 따라 가족과 사회환경과의 관계에서 과업을 설정하였다. 이 모델은 부모와 가족이 장애아동의 발달 단계에 따라서 장애를 이해하고 받아들이는 것으로부터 아동의 발달적 욕구에 대응하고, 가족 외부체계와 관계하며 특히 전문가집단, 지역사회, 거시체계와 상호작용하고 협력함으로써 장애아동 발달과 가족의 사회적 기능 향상이 함께 달성될 수 있다고 제시한 점에서 매우 유용하다(윤혜미 외, 2010, 재인용).

<표 10-6> 장애아동의 발달 단계별 가족과업

장애아동 발달 단계	가족 과업
초기 진단 단계	• 적극적 의료보호 여부 결정 • 가족 보호 혹은 대안적 보호 여부 결정 • 장애상태의 현실 수용 • 장애에 대한 자신의 반응 타협 • 장애의 본질 이해 • 자존감 유지 혹은 강화 • 긍정적 부모관계 확립 • 부부관계 유지 혹은 강화 • 가족 및 친구에 대한 반응 타협
유아기 및 걸음마기	• 유사한 장애를 가진 동료부모와 접촉 • 적절한 지지서비스 접근 • 전문가와 일하는 관계 확립 • 더 넓은 지역사회 반응에의 대처 • 장애아동 권리 옹호 • 아동발달을 활성화시키는 기술 개발 • 아동을 돌보는 일상적 과업에 대처 • 조화로운 가족 및 사생활 확립
아동기 및 초기 청소년기	• 특수교육에 관한 결정에 참여 • 전문가와 일하는 관계 유지 • 아동의 장기적 의존 수용 • 지역사회에의 적응 활성화 • 아동의 장애에 대한 이해를 토대로 한 원조
후기 청소년기 및 성인기	• 장애인의 독립성에 대한 권리 수용 • 장애인의 성욕에 대한 수용 • 장애인의 가정 외부의 삶에 대한 수용 • 직업과 훈련에 대한 결정에 참여 • 장애인의 법적 권리에 익숙해지기 • 장애인을 위한 미래 준비 확보

자료 : 윤혜미 외, 2010

2) 장애아동복지 실천의 원칙

장애아동복지 실천 현장에서는 장애아동을 인간으로서 존중하고 더불어 살아가는 능력을 최대한 발휘하며 가치 있는 삶을 영위하도록 지원함에 있어서 다음과 같은 일정한 기본 원칙에 입각해서 서비스를 제공해야 한다(정재권 외, 1997, 재인용).

(1) 인권존엄의 동등성

유엔 인권선언에서 천명한 바와 같이 어떤 심신의 상태하에서도 장애인은 인간으로서 존중되어야 할 자유권과 사회권의 주체이다. 유엔의 장애인에 관한 행동계획 제2장에서 "정신, 신체 또는 감각 손상의 결과로 장애를 입은 사람도 다른 모든 사람과 동등한 권리를 향유하며 평등한 기회를 보장받아야 한다", 제26조에서는 "장애인은 평등한 권리를 향유함과 동시에 의무를 가진다"고 하였다. 이것은 장애아동을 천시·소외하지 말고 모든 영역에 걸쳐서 권리와 의무의 주체로서 동등한 대우를 받아야 함을 천명한 것이다.

(2) 장애의 개별성

같은 장애에 속하는 부자유나 장애 원인을 가졌다고 하여도 개인의 개성, 상황, 삶의 목표가 다른 개인에게는 그것이 결코 같은 의미를 가질 수 없는 것이다. 따라서 다양한 장애를 가진 각 장애아동에 대한 장애의 의미 부여와 문제해결 접근 방법에는 고도의 개별성이 요구되는 것이다.

(3) 발달의 보장성

심신기능에 손상을 입어 어떤 부분에 기능장애가 발생하였다고 해도 다른 부분의 보상기능에 의해서 생존에 필요한 능력을 보완할 수 있다. 예를 들면, 시각장애인은 시각 이외의 청각, 후각의 발달이 현저하게 되는 것과 같다. 모든 개체는 변화하고 발달하며 그 가능성을 믿고 잠재능력을 개발하는 것이 발달 보장이다. 따라서 장애아동의 개성적 발달과 잔존능력의 성장 가능성 등을 찾아 그 성장에 기대를 걸고 개성이나 특성을 전인적으로 파악하여 발달시켜야 한다.

(4) 욕구의 평등성

장애아동은 비장애아동과 마찬가지로 취학, 취업, 결혼, 주택 등과 같은 인간욕구를 공통적으로 가지고 있다. 다만 이를 달성하는 수단이 다를 뿐이다. 휜지팡이, 보청기, 휠체어 등은 장애인의 인격과는 별개의 것으로 부자유의 부속물에 지나지 않는다. 그러므로 장애아동에게 인간 공통의 욕구를 달성하는 수단을 개발 · 지원해야 할 것이다.

(5) 기회균등

기회균등이란 물리적 환경, 주택과 교통, 사회와 보건서비스, 교육과 근로 기회, 스포츠 · 레크리에이션 등을 포함한 사회 전체적인 기구를 모든 사람이 이용할 수 있도록 하는 과정이라고 유엔에서 규정하였다. 따라서 장애아동도 한 사람의 사회 구성원이기 때문에 모든 사람들이 공유하는 사회적 기회가 장애아동에게도 개방되어야 하며 비장애아동과 다른 생활이나 장애아동의 시설에 수용 · 격리하는 것은 바람직하지 못하다. 일반사회관계를 개방하는 것이 기회균등을 실천하는 민주사회의 기본 이념의 하나이다.

(6) 사회참여의 평등성

장애인의 완전참가와 평등이 진행되어 장애인과 비장애인이 하나의 사회를 형성할 때 이것을 사회통합이라고 한다. 사회통합은 평등을 전제로 한 것이어야 한다. 자기존엄을 자각한 장애인들은 오랫동안의 차별 취급을 거부하고 "우리도 같은 인간입니다", "손발이 부자연스럽지만 함께 배우고 일할 수 있습니다"라고 하며 사회통합을 주장하고 나섰다. 그럼에도 불구하고 학교, 직장, 시설 등에서는 장애인과 함께 하는 것을 꺼리는 경우가 종종 있다.

4. 장애아동복지사업의 문제점과 복지 대책

우리나라는 장애인복지에 있어서 제도나 정책적으로 많은 발전을 이루어 왔지만, 이를 실천하려는 의지와 태도의 의식 변화가 요구되고 있다.

1) 예방사업의 강화

장애아동복지사업의 최우선 과제는 장애아동의 발생을 예방하는 것이다. 따라서, 이를 위해서는 유전상담 및 검사, 모든 임산부와 영·유아의 정기검진 의무화, 예방접종, 장애아동 예방을 위한 교육과 홍보 등의 예방서비스에 대한 국가의 역할을 강화하여야 한다.

2) 제도의 시행

「교육기본법」 제8조와 「장애인 등에 대한 특수교육법」 제3조에 의하면 그 주요 내용이 장애아동의 교육권을 국가에서 책임진다는 것이다. 즉, 특수교육을 필요로 하는 아동을 위하여 국가 및 지방자치단체는 유치원·초등학교·중학교 및 고등학교 과정을 의무교육으로 보장하고 만 3세 미만의 장애영아교육은 무상으로 하고 있다. 따라서 장애아동의 교육은 출생에서 17세까지 의무교육으로 보장하게 되었다.

특수교육을 필요로 하는 아동을 위하여 통합교육, 개별화교육, 순회교육, 진로 및 직업교육 등이 용어로는 정의되어 있으나 앞으로 더욱 다양한 교육 방법이 실시되어야 한다. 특수학교와 일반학교 외에 유치원·어린이집, 아동복지관, 사회복지관, 병원, 사회교육기관에서 다양한 특수교육 프로그램이 실시되어야 한다.

3) 경제적 지원

장애인을 위한 생계보조수당제도는 생활보호대상자 중 중증 및 중복 장애인을 대상으로 1인당 월 3만 원씩 제공하는 것 외에는 없다. 가족에 장애아동이 있는 경우 부모의 사회, 직업활동의 제약과 지속적인 치료비 지출 등으로 가계소득이 감소되거나 상실되므로 가족의 경제적 상태가 악화되기 쉽다.

따라서 18세 미만의 장애아동을 대상으로 가구의 소득과 재산수준에 관계없이 일정액의 장애아동수당을 지급함으로써 이들이 가족 내에서 양육될 수 있는 경제적 기반을 조성해 주어야 할 것이다. 또, 장애아동이 있는 가족에게는 각종 세금과 이용요금의 감면을 제공하는 등 간접적으로 소득을 보장하는 제도를 더욱 확대 실시하여야 할 것이다.

4) 조기 통합교육 및 보육

통합교육 및 보육은 비장애아동과 장애아동이 동일한 장소에서 함께 교육받음으로써 장애아동들의 지체된 기능의 발달을 촉진시키고 잠재능력을 최대한 개발하여 비장애아동들과 자연스럽게 상호작용, 학습, 생활하도록 하는 것이다.

통합교육 및 보육은 장애아동에 대한 사회의 태도를 긍정적으로 변화시키고, 많은 장애아동이 기존의 시설을 이용함으로써 부족한 시설을 보충할 수 있으며, 장애아동들이 비장애아동들과 상호작용하게 함으로써 사회성 발달을 촉진시킨다.

성공적인 통합을 위해서는 첫째, 통합배치가 이루어진 장애아동들은 대부분의 시간을 비장애아동들과 함께 보내게 해야 하고, 둘째, 집단 구성 시 장애아동들은 비장애아동들과 동일한 집단에 포함되어야 한다. 셋째, 장애아동이 포함된 반을 원활하게 운영할 수 있는 유능한 교사와 특별 프로그램이 확보되어야 한다. 특히, 조기에 통합하는 것이 교육적 효과가 큰 것으로 알려져 있다.

제2절 비행아동복지사업

1. 비행아동복지사업의 이해

1) 비행의 개념

비행의 개념은 학자, 법 규정, 그리고 사회 · 문화적인 배경에 따라 다양하다. 따라서 아동 및 청소년의 비행의 범위를 결정하는 것은 매우 어려운 일이 아닐 수 없다. 우리나라의 경우 「소년법」 제4조에서 아동 · 청소년 비행을 규정하고 있다. 소년법에 의하면 아동 · 청소년 비행은 12세 이상 20세 미만의 아동 · 청소년에 의한 범죄행위, 촉법행위와 우범행위를 말하며, 미성년자보호법에서는 음주, 흡연, 싸움, 유흥업소 출입, 성도덕 문란행위 등으로 자신 또는 타인의 덕성을 해롭게 하는 소년을 불량행위소년(일명 풍기사범)으로 규정하고 있다. 상기에 규정된 행위를 하거나 할 우려가 있는 아동 · 청소년을 각각 범죄소년, 촉법소년, 우범소년이라고 하는데 보다 구체적으로 살펴보면 다음과 같다.

① 범죄소년

14세 이상 20세 미만의 소년으로서 형벌법령에 저촉되는 행위를 한 자로 형사책임이 있다.

② 촉법소년

12세 이상 14세 미만의 소년으로서 형벌법령에 저촉되는 행위를 한 자로 형사책임은 없다.

③ 우범소년

12세 이상 20세 미만의 소년으로서 보호자의 정당한 감독에 복종하지 않는 성벽이 있거나(㉯ 무단결석, 유흥장에의 상습 출입 등), 정당한 이유 없이 가정에서 일탈하거나(㉯ 가출), 범죄성이 있는 자 또는 부도덕한 자와 교제하거나 자기 또는 타인의 덕성을 해롭게 하는 성벽이 있고, 아울러 우범성, 즉 그의 성격 또는 환경에 비추어 장래 형벌법령을 범할 우려가 있는 자를 포괄적으로 지칭한다.

2) 비행아동복지사업의 개념

비행아동복지사업은 가정이나 학교 및 사회에서 일탈한 아동 및 청소년들을 위한 다양한 노력들을 의미하는데, 아동복지사업에서 비행아동을 위한 대표적인 서비스는 교정복지사업이라 할 수 있다.

교정복지사업은 현재 사회적으로 용납할 수 없는 행위를 한 아동뿐만 아니라, 앞으로 할 가능성이 있는 행위를 한 아동을 대상, 즉 비행아동을 선도하고 보호하는 제 활동을 말한다(김오남 외, 2000). 협의로는 법 규정에 의한 비행아동의 처벌과 선도를 의미하지만 광의로는 본인 또는 타인에게 해를 입히거나 사회질서를 위반하는 아동의 행동을 바로잡기 위한 모든 사회적 노력을 의미한다. 교정복지사업의 대상은 대개 법적으로 규정되어 있으며, 나라에 따라 다르다.

비행아동복지사업의 의의는 단순한 법적 제재를 넘어서 아동 및 청소년이 비행을 하기까지의 과정을 살펴보고 이를 바로잡아 줌으로써 재범을 막고, 스스로 자신의 행동을 통제할 수 있는 성인으로 성장할 수 있도록 도와주는 데 있다. 따라서 비행아동복지는 비행아동 및 청소년들이 가정과 학교 및 사회로 복귀하여 정상적인 생활을 영위하도록 하는 데 궁극적인 목적이 있다. 이러한 목적을 달성하기 위해서는 다양한 교정시설 및 방법과 관련 전문가, 적절한 법적 · 행정적 뒷받침이 따라 주지 않으면 안 된다.

3) 비행의 발생 원인

청소년 비행은 한 가지 원인이나 요인에 의해서 일어나지 않으며, 다양한 요인들의 복합적인 작용에 의해 발생한다고 할 수 있다. 이를 가정환경, 학교환경, 사회환경, 개인적 · 문화환경적 요인으로 나누어 살펴보면 다음과 같다(성영혜 · 김연진, 2002; 김오남 외, 2000).

(1) 가정환경 요인

비행의 원인으로 가정환경에 의한 영향이 가장 큰 것으로 지적되고 있으며, 특히 결손가정의 경우 발생 빈도가 높다. 비행을 유발하는 결손가정의 형태를 구조적 결손가정과 기능적 결손가정으로 대별할 수 있다. 전자는 부모의 사별, 이별, 별거, 실종, 도망, 복역 및 장기부재로 정상적인 가정구조가 붕괴된 가정을 말하고, 후자는 부모가 있다 하더라도 불화, 갈등, 방임, 부도덕 등으로 가정의 본질적 기능이 상실되고 부모로서의 역할을 다할 수 없는 가정을 말한다.

(2) 학교환경 요인

가정환경 요인 외에 학교환경도 비행에 결정적인 영향을 준다. 불량한 친구들과의 교우관계, 학교생활에의 부적응, 입시 위주의 교육제도로 인한 학생들의 잠재능력 개발의 한계와 방치, 낮은 학업성적으로 인한 성취동기의 저하, 비행학생들에 대한 학교의 적절한 대응의 부재 등 학교생활의 다양한 요인들은 비행과 관련이 깊다. 가정환경이 비행에서 차지하는 비중보다 학교환경의 비중이 점차 커진다고 할 수 있다.

(3) 사회환경 요인

비행은 비교적 낮은 사회, 경제적 지위와 관련이 있다. 즉 부모의 무기력, 무능력, 음주벽 또는 생활의 무질서 등 빈곤에 의하여 2차적으로 파생되는 문제는 자녀에 대한 방임과 갈등을 야기하고 이로 인해 자녀의 비행을 유발한다. 빈곤은 단지 물질적 빈곤보다는 교육의 기회, 의료 혜택의 기회 및 지위의 상향이동의 기회 등 각종 사회적 가치에 있어서의 빈곤을 동시에 의미하는 것이며 또한 개인의 성취동기 및 자아실현 등의 심리적 차원에 있어서의 박탈과 문화적 가치로부터의 소외 등을 의미하기도 한다. 특히 아동·청소년을 위한 건전한 사회·문화적인 환경의 조성보다는 성인 중심의 소비지향적이고 향락적인 문화가 이들의 문화를 동시에 지배하게 됨으로 인해 아동·청소년은 그들만의 문화와 가치를 형성해 나가는 데 어려움을 겪고 있다. 따라서 이들을 제대로 보호해 줄 수 있는 보호막이 체계적으로 구성되지 못한 사회환경 요인 역시 비행 발생에 결정적 역할을 하고 있다.

(4) 개인적 요인

비행은 가정, 학교, 사회와 같은 환경적인 요인과 관련이 깊으나, 이러한 환경적인 요인과 상호작용하는 개인적인 요인을 간과할 수 없다. 비행이란 특정한 요인보다는 다양한 요인 간의 상호작용에 의해 발생하기 때문이다.

① 성격 발달상의 문제

주로 성격 발달상의 결함으로 생기는 문제는 침울하고 불안정한 성격의 발달, 시기와 질투심이 강한 성격, 지나치게 공격적이고 부정적인 성격, 지나치게 열등감을 느끼고 있는 경우이다. 가정이나 특히 학교에서 열등감을 느껴 자신감을 상실하게 될 때 동료들과 어울리지 못하고 행동상의 부정적인 입장에서 열등감을 보상하려는 경우에 범죄를 저지르게 될 가능성이 크다.

② 심리적 불만과 갈등의 문제

비행 원인 중에서 가장 큰 비중을 차지하고 있는 문제는 심리적 불만과 갈등의 문제이다.

- 애정 결여 : 주위 사람, 특히 부모로부터 사랑을 잃게 된 경우로, 마음의 안정을 잃게 되고 자신의 존재가치를 깊이 깨닫지 못한 결과 자기 역할을 파괴적이고 공격적인 일련의 부정적인 행동 속에서 찾으려는 경우이다.
- 욕구 저지 상태 : 자기표현의 욕구가 저지된 상태로 욕구 좌절의 원인이 되는 것은 어떤 동기 만족에 방해 내지 장애가 되는 요인이다.
- 가정에 대한 반발 : 가정 내의 불화, 부모와 자녀 간의 부실한 인간관계, 가정생활 상태에 대한 불만, 부모의 비교육적인 행위 등에 심한 불만과 반발을 느껴 이것이 외부로 표출될 때 범죄를 저지를 가능성이 크다.

- 억압 : 자기 자신도 평소에는 잘 의식하지 못한 채 마음속 깊이 무의식 속에 여러 가지 불만과 갈등이 억압된 채 있는 경우로, 이런 상태가 오래 지속되면 대개 부정적인 방향으로 폭발한다.

③ 기타

낮은 지능, 정신박약이 적응능력 부족으로 인하여 현실판단 · 사리판단을 정확하게 못하여 비행을 유발하게 되는 경우도 있다.

(5) 문화환경적 요인

폭력과 범죄를 포함한 매스컴의 내용은 일반적으로 유해하여, 모방을 통하여 범죄를 배우는 결과를 초래하고, 인간의 가치를 떨어뜨리거나 공격적 행동을 취하게 하는 충동을 준다. TV와 컴퓨터 등 쉽게 접하는 매체를 통해 아동, 청소년들은 새로운 문화를 만들고 향유하는 데 이에 관한 올바른 지도와 감독이 없이는 비행의 발생을 예방할 수 없는 실정이다. 특히 인터넷을 통한 정보의 공유와 사용자의 익명성은 삶을 보다 편리하고 윤택하게 하는 장점을 지니고 있기도 하지만, 가치관과 판단능력이 제대로 갖추어지지 않은 아동, 청소년들에게는 무비판적인 정보의 수용으로 인한 문제 발생의 소지가 크며, 인간관계 및 인성 형성에도 장애를 가져올 수 있다.

2. 비행아동복지사업의 방법

비행아동을 위한 교정복지사업은 아동과 가정환경을 고려하여 이루어지며, 사회 내(또는 시설 외) 사업과 사회 외(또는 시설 내) 사업으로 대별된다. 이 두 유형의 사업은 모두 국가의 정책적인 지원하에서 전문가에 의해 이루어진다.

1) 기본 방향

근래에 이르기까지 교정사업의 전형적인 방법은 법적 조치에 따라 소년원이나 교도소에 수용 · 보호하는 것이었다. 즉, 사회 외 교정사업이 실시되었다. 그러나 이러한 방법이 선도와 사회적 재활에 크게 도움이 되지 않는다고 보고 사회 내 교정사업으로 전환하고 있는 추세이다.

2) 관계법

우리나라의 비행아동복지사업의 근거가 되는 법은 아동복지법, 청소년보호법, 소년법, 소년원법, 보호관찰법 등이 있다. 아동복지법에서는 비행 관련 조항이 없고, 청소년보호법에서는 청소년을 각종 유해한 환경으로부터 보호, 구제하기 위한 여러 사항들을 규정하고 있으며, 소년법에서는 비행아동을 선별적으로 선도 보호하기 위한 보호처분과 형사처분에 관한 특별조치를 규정하고 있다. 소년원법에서는 비행아동을 사회에서 격리하여 보호 선도하기 위한 소년원과 소년분류심사원의 조직과 기능 및 기타 교정교육에 관한 사항을 규정하고 있다. 보호관찰법에서는 보호관찰, 사회봉사, 수강 및 갱생보호 등 사회 내 처우에 관한 제 사항에 대해 규정하고 있다.

3) 행정체계

우리나라에서 비행아동 · 청소년 교정사업을 관장하는 주무 행정부서는 법무부이며, 그 밖에 안전행정부, 교육부와의 유기적인 관련하에 이루어지고 있다. 법무부에서는 비행아동의 발생 원인을 분석하고 보호조치를 결정하며 예방대책을 수립한다. 또한 비행아동의 교정기관인 소년원과 소년분류심사원에 대한 지도감독, 소년원생의 교정교육과 직업훈련에 관한 사항 등도 관장한다. 내무부에서는 비행아동 · 청소년을 방지하기 위해 미성년자 공연장 출입 단속 등에 관한 사항을 담당하고, 비행아동 · 청소년의 발견과 조치를 위한 이송을 담당한다.

4) 비행아동 · 청소년의 법적 처리

비행아동 · 청소년은 크게 형사사건과 보호사건으로 구분하여 처리한다. 이것은 청소년이 아직 인격적인 성장 단계에 있으며 성인범죄자보다는 개선의 가능성이 높기 때문에 사법적 · 형벌적 처리보다는 교육복지적 보호 측면에서 처리하고자 하기 때문이다.

성인범죄자와는 달리 범죄소년은 검찰 단계에서 소년의 행위가 벌금 이하의 형에 해당되는 범죄이거나 보호처분에 해당되는 사유가 있다고 인정되는 경우에는 소년법원에 송치해야 한다. 또한 기소된 범죄소년에 대해서도 위와 같은 사유가 있다고 인정되는 때에는 법원은 그 사건을 소년법원으로 이송하도록 하고 있다.

한편 촉법소년이나 우범소년이 발견되면 경찰서장은 이들을 직접 소년법원에 송치해야 하고, 요보호, 촉법 또는 우범소년을 송치 또는 통고받은 소년법원은 소년법원의 조사관에게 조사를 명하거나 소년분류심사원을 위탁하여 감별을 구한다. 이렇게 조사하고 심리한 다음에 검찰 송치, 형사법원 이송, 심리 불개시, 불처분 등의 결정을 하거나 1호부터 7호까지의 소년보호처분을 하게 된다(김현용 외, 1997).

소년법 제32조에 따르면 소년부 판사는 심리 결과 보호처분을 할 필요가 있다고 인정하면 결정으로써 다음의 어느 하나에 해당하는 처분을 하여야 한다.

① 보호자 또는 보호자를 대신하여 소년을 보호할 수 있는 자에게 감호 위탁
② 수강명령
③ 사회봉사명령
④ 보호관찰관의 단기(短期) 보호관찰
⑤ 보호관찰관의 장기(長期) 보호관찰
⑥ 「아동복지법」에 따른 아동복지시설이나 그 밖의 소년보호시설에 감호 위탁
⑦ 병원, 요양소 또는 「보호소년 등의 처우에 관한 법률」에 따른 소년의료보호시설에 위탁
⑧ 1개월 이내의 소년원 송치
⑨ 단기 소년원 송치
⑩ 장기 소년원 송치

5) 종사자

비행아동복지사업은 여러 분야의 전문가가 종사하고 있다. 법무부 산하의 기관에서는 검사 · 판사 등의 법률가, 안전행정부에서는 소년경찰이 선도 조치하게 된다. 이 밖에 각 교정시설에서는 교과목을 담당하는 교사, 직업훈련을 담당하는 교사, 상담원 및 생활지도원 등이 종사하게 된다.

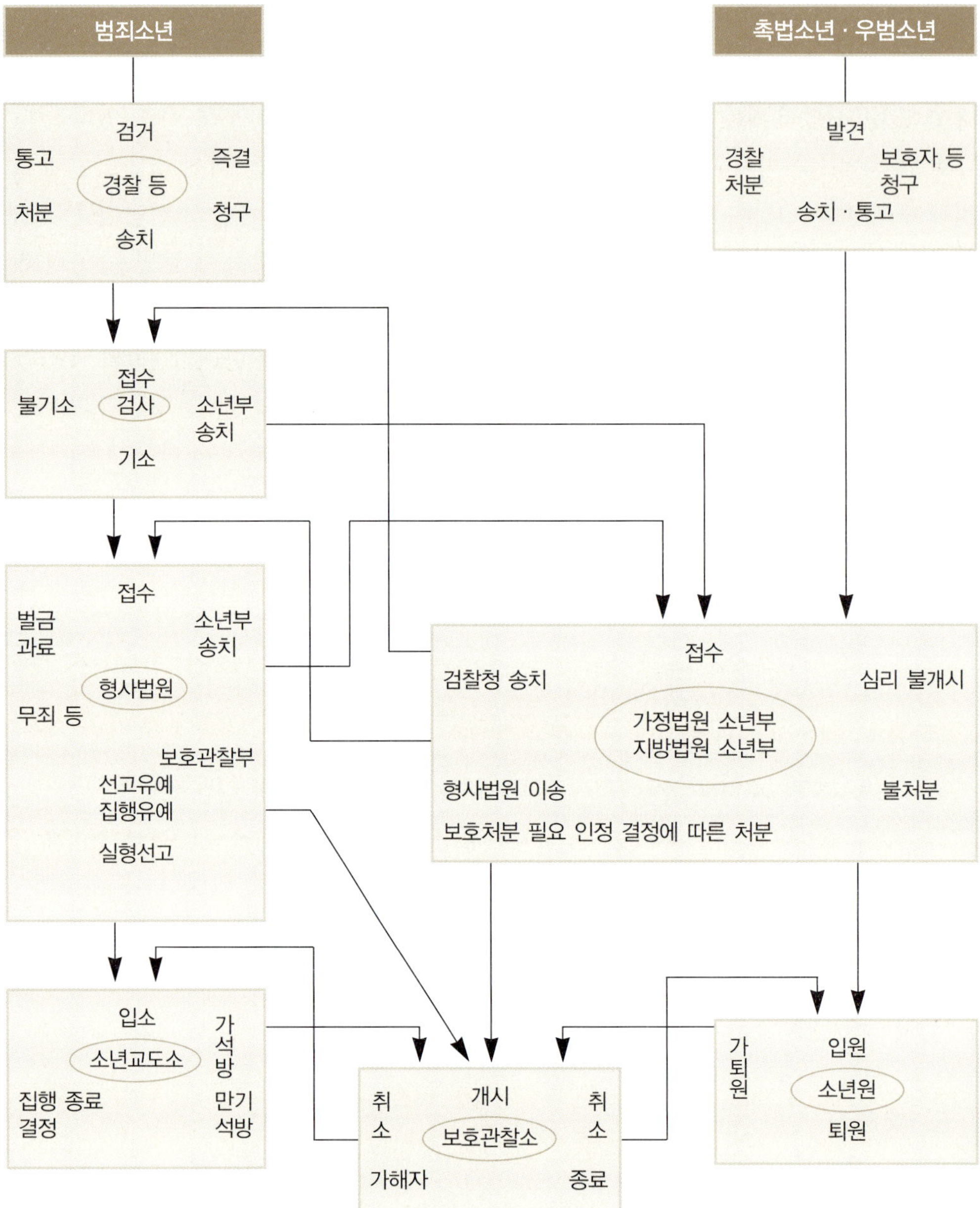

[그림 10-1] 비행소년의 처리 과정

3. 비행아동복지사업의 제도 및 서비스

1) 비행아동복지사업의 종류

비행아동을 위한 교정복지사업의 종류에는 크게 시설 내 교정과 시설 외 교정 두 가지로 분류할 수 있다.

(1) 시설 내 교정

시설 내 교정은 범죄인을 교정시설(소년원, 교도소 등)에 격리, 보호하면서 다양한 서비스를 통해 사회 재적응 및 범죄행동의 교정을 도모하는 방법이다.

① 소년분류심사원

이전의 소년감별소가 비행아동 · 청소년 교육기관 명칭으로 부적절하다는 의견에 따라 소년원법을 개정(법률 2-4929호 95. 1. 5)하여 소년분류심사원으로 개칭하였다. 소년분류심사원은 가정법원 또는 지방법원 소년부에서 위탁한 소년을 수용 · 보호하면서 비행 원인과 그 자질을 규명하여 법원에 조사 심리 자료를 제공하고 소년원 및 보호관찰소, 보호자 등에게 처우 지침을 제시함을 임무로 한다.

구성원은 원장, 과장, 분류심사관 및 교육학, 심리학, 사회학, 정신의학 전문가 등으로 구성되어 있으며, 분류심사는 풍부한 임상경험과 전문지식을 갖춘 분류심사관이 대상아동의 비행 원인과 자질을 과학적으로 진단하여 그에 적합한 처우 지침과 지도 방향을 제시한다.

현재 서울, 부산, 광주 3개 지역에 설치되어 있으며 소년분류심사원이 설치되지 않은 지방법원 소재 지역에서는 소년원에서 업무를 대행하고 있다. 분류심사 과정은 [그림 10-2]에 구체적으로 제시되어 있다.

② 소년원

소년원은 법원소년부의 보호처분을 받은 12세 이상 20세 미만의 소년을 수용하고 규율 있는 생활 속에서 특성화교육, 직업능력개발훈련원, 인성교육, 특별활동 등을 통하여 전인적인 성장과 발달을 도모하고 지식정보사회에 적합한 인재를 양성함을 임무로 하고 있으며, 법무부 소속 특수교육기관이다. 즉, 소년원은 사법적 기능과 교육적 기능을 동시에 갖는 기관으로서, 비행소년의 수용보호는 징계의 의미를

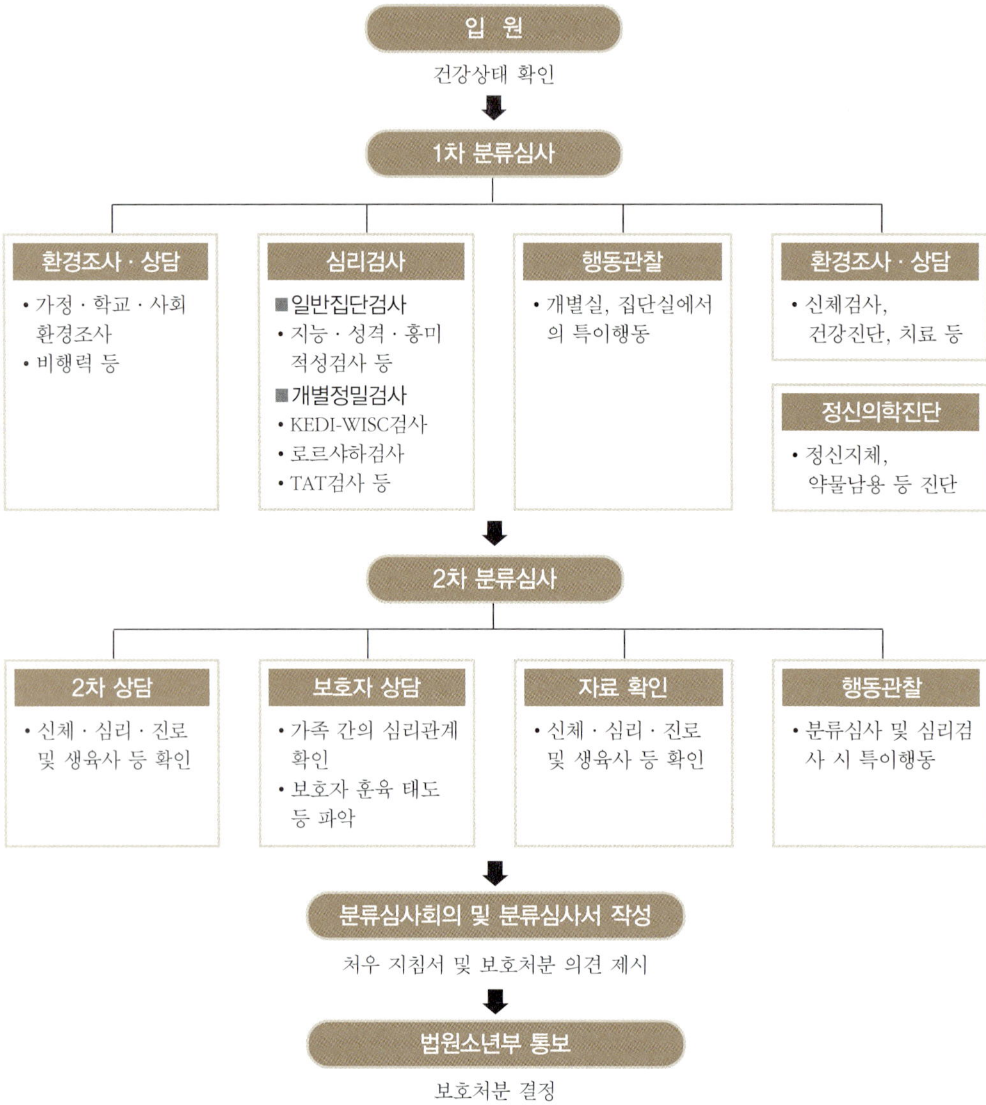

[그림 10-2] 분류심사 과정

갖는 단순한 형벌이 아니고 교정과 감화를 위한 교육과 훈련의 성질을 갖는다.

소년비행자들에 대한 사회적 낙인을 예방하기 위하여 전국의 소년원을 교과과정 중심과 직업훈련 중심 소년원으로 대체하고 그 명칭도 학교로 전환하였다. 현재 특성화학교(서울 고봉정보통신 중 · 고등학교 외 11개) 12개, 일반학교(인문계 : 청주 미평중 · 고등학교) 1개, 의료재활(대전 의료소년원) 1개로 총 14개 정도 설치되어 있으며, 소년과 소녀를 분리 수용하고 있다. 부산소년원(부산 오륜정보산업학교)을 제외하고는, 여자는 모두 안양소년원(안양 정심여자정보산업학교)에 수용되어 있다.

소년원 교육과정과 내용은 다음 〈표 10-7〉에 제시되어 있다.

〈표 10-7〉 소년원 교육과정과 내용

<table>
<tr><th colspan="2">구 분</th><th>학교명</th><th>교육과정</th></tr>
<tr><td rowspan="13">특성화 학교</td><td rowspan="5">정보 통신 학교</td><td>서울 고봉정보통신 중 · 고등학교</td><td>실용영어, 컴퓨터교육, 보통교과교육, 컴퓨터에니메이션, 멀티미디어정보통신, 경영정보, 영어회화, 중국어회화</td></tr>
<tr><td>대구 읍내정보통신 중 · 고등학교</td><td>실용영어, 컴퓨터교육, 보통교과교육, 컴퓨터그래픽, 멀티미디어정보통신, 영어회화</td></tr>
<tr><td>전주 송천정보통신학교</td><td>실용영어, 일본어, 컴퓨터교육, 보통교과교육</td></tr>
<tr><td>춘천 신촌정보통신학교</td><td>실용영어, 중국어, 컴퓨터교육, 보통교과교육</td></tr>
<tr><td>충주 계명정보통신학교</td><td>2005년 8월 기관 폐지</td></tr>
<tr><td rowspan="5">정보 산업 학교</td><td>부산 오륜정보산업학교</td><td>실용영어, 컴퓨터교육, 전산응용건축제도, 자동차정비, 전기용접, 선반, 금형, 일본어</td></tr>
<tr><td>광주 고룡정보산업학교</td><td>실용영어, 컴퓨터교육, PC 수리, 자동차정비, 특수용접, 건축배관, 중국어회화</td></tr>
<tr><td>대전 원촌정보산업학교</td><td>실용영어, 컴퓨터교육, 컴퓨터산업디자인, 자동차정비, 특수용접, 전기공사, 중국어회화</td></tr>
<tr><td>안양 정심여자정보산업학교</td><td>실용영어, 컴퓨터교육, 미용, 피부미용, 컴퓨터산업디자인, 일본어회화</td></tr>
<tr><td>제주 한길정보산업학교</td><td>실용영어, 컴퓨터교육, 굴삭기, 지게차, 일본어회화</td></tr>
<tr><td>체육학교</td><td>대산 체육중 · 고등학교</td><td>복싱, 태권도, 유도, 씨름, 역도, 볼링</td></tr>
<tr><td>예능학교</td><td>안산 예술종합학교</td><td>연극영화, 실용음악, 창작미술, 영상사진, 실용영어, 컴퓨터</td></tr>
<tr><td>관광학교</td><td>창원 용덕관광정보고등학교</td><td>제과제빵, 헤어디자인, 실용영어, 컴퓨터</td></tr>
<tr><td>일반 학교</td><td>인문계 학교</td><td>청주 미평중 · 고등학교</td><td>초 · 중등교육법에 의한 중 · 고등학교 교육과정, 실용영어, 컴퓨터교육</td></tr>
<tr><td colspan="2">의료재활</td><td>대전 의료소년원</td><td>특수교육, 실용영어, 컴퓨터교육</td></tr>
</table>

*특성화학교 : 일반학교의 경직된 틀을 탈피하여 학생들의 다양한 요구와 특성을 반영할 수 있도록 학교 운영 및 교육과정에 자율성을 부여한 학교제도

③ **소년교도소**

형사처분을 받은 소년범죄자를 성인범죄자와 분리 수용하기 위해 설치되었으며, 현재 인천과 김천 두 곳에 두고 있으며, 소년교도소 수용자 중 성년이 되면 일반교도소로 이송하여 수용한다.

(2) 시설 외 교정

시설 외 교정은 범죄인을 처음부터 시설에 수용하지 않거나, 일단 수용했던 범죄인이라도 가석방이나 가퇴원의 절차를 거쳐 만기 전에 석방시켜 사회 내에서 지도 · 감독함으로써 교정하는 것이다. 이에 대한 제도로는 유예제도, 보호관찰제도, 가석방제도, 사회봉사 등이 있다.

① **유예제도**

정부는 소년범죄에 대해서는 일반형사소추 절차에 의한 형사처벌 이외에 비행청소년의 교육과 선도를 목적으로 한 보호처분을 규정하고 있다. 죄질이 극히 불량하여 선도, 교육이 불가능하다고 판단되는 범법소년에 대해서만 형사처벌을 하고, 개선 가능성이 있는 범법소년에 대하여는 선도 보호의 측면에서 교육적 처우를 하고 있다. 그중 기소유예(또는 선도조건부 기소유예)제도가 대표적인 불기소 처리이고, 검찰이 기소하여 유죄 판결을 한 후에라도 정상에 따라서는 선고유예 또는 집행유예를 처분한다(이용교, 1993).

선고유예는 정상을 참작할 여지가 있는 경우 일정 기간 형의 선고를 유예하여 그 기간을 무사히 경과하면 면소된 것과 같은 효과를 갖는 것으로 범죄아동의 연령, 성향, 지능과 제반 환경, 피해자와의 관계, 범행의 동기와 수단, 범행 후의 태도 등이 참작된다. 집행유예란 형의 선고에 있어서 그 정상이 경미하고 형의 현실적 집행이 필요없다고 인정되는 경우에 일정 기간 동안 집행을 유예하고 유예 기간을 무사히 경과하면 형벌의 소멸을 인정하는 것을 말한다.

② **보호관찰제도**

보호관찰제도(probation)란 법원이 형의 집행유예나 선고유예의 판결을 할 때 유예 기간 중 보호관찰관(probation officer)의 보호관찰을 받도록 명하여 범죄인을 교정시설에 수용하지 않고 사회 내에서 준수 사항을 지키며 교정받도록 하되, 그 기간을 경과하면 형의 집행을 종료한 것으로 되나, 보호 기간 중 재범을 하거나 준수사항의 현저한 위반 사실이 발견되면 유예처분을 취소하고 교정시설에 수용하는 제도를 말한다.

보호관찰제도의 목적은 죄를 범한 자의 재범 방지를 위하여 보호관찰 · 사회봉사 · 수강 및 갱생보호 등 체계적인 사회 내 처우가 필요하다고 인정되는 자에 대하여 지도 · 원호를 함으로써 건전한 사회복귀를 촉진하고 효율적인 범죄 예방 활동을 전개함으로써 개인 및 공공의 복지를 증진함과 아울러 사회를 보호하려는 것이다.

우리나라 보호관찰소에서 실시 중인 보호관찰 프로그램으로는 개별 · 집단지도 상담과 보호자 및 가족상담, 선도교육, 대상자의 자립갱생을 위한 지원 및 실질적인 사회복귀 도모, 취업 알선 및 직업훈련, 복학 주선 · 장학금 지급 · 기타 경제적 원호, 부상 · 질병 등의 긴급 발생 시 응급 구호 및 비용 지급 등이 있다.

보호관찰의 부과 대상과 기간은 적용 법규에 따라 부과 대상과 보호관찰 기간 및 명령 시간을 〈표 10-8〉과 같이 구분하고 있다.

〈표 10-8〉 보호관찰 부과 대상 및 기간

적용 법규	대상 → 보호관찰 기간 · 명령 시간
형 법	• 보호관찰을 조건으로 형의 선고유예를 받는 자(제59조의2) → 1년 • 보호관찰을 조건으로 형의 집행유예를 받는 자(제62조의2) → 유예기간(기간을 따로 정한 그 기간) • 가석방된 자(제73조의2) → 잔형 기간
소 년 법	• 단기보호관찰처분을 받은 자(제32조 제1항 제2호) → 6월 • 보호관찰처분을 받는 자(제32조 제1항 제3호) → 2년 • 가퇴원된 자(보호관찰 등에 관한 법률 제25조) → 6월~2년
사회보호법	• 가출소 가종료자 등(제10조) → 3년
가정폭력범죄의 처벌 등에 관한 특례법	• 보호관찰처분을 받은 자(제40조) → 6월 이내
청소년의 성보호에 관한 법률	• 소년법상의 보호처분사건으로 처리(제13조, 제14조, 소년법 제32조) → 6월~2년
법무부훈령	• 보호관찰소 선도조건부 기소유예자 → 6월 또는 1년
성매매알선 등 행위의 처벌에 관한 법률	• 보호관찰처분을 받은 자(제14조, 제15조) → 6월 이내
성폭력범죄의 처벌 및 피해자 보호 등에 관한 법률	• 보호관찰을 조건으로 형의 선고유예를 받는 자(제59조의2) → 1년 • 보호관찰을 조건으로 형의 집행유예를 받는 자(제62조의2) → 유예기간(기간을 따로 정한 그 기간) • 가석방된 자(제73조의2) → 잔형 기간

보호관찰의 조직은 중앙조직으로 법무부 보호국이 있으며, 지방조직으로 보호관찰소 12개소, 지소 23개소, 보호관찰심사위원회 5개가 있다. [그림 10-3]은 우리나라 보호관찰의 조직체계를 나타내고 있다.

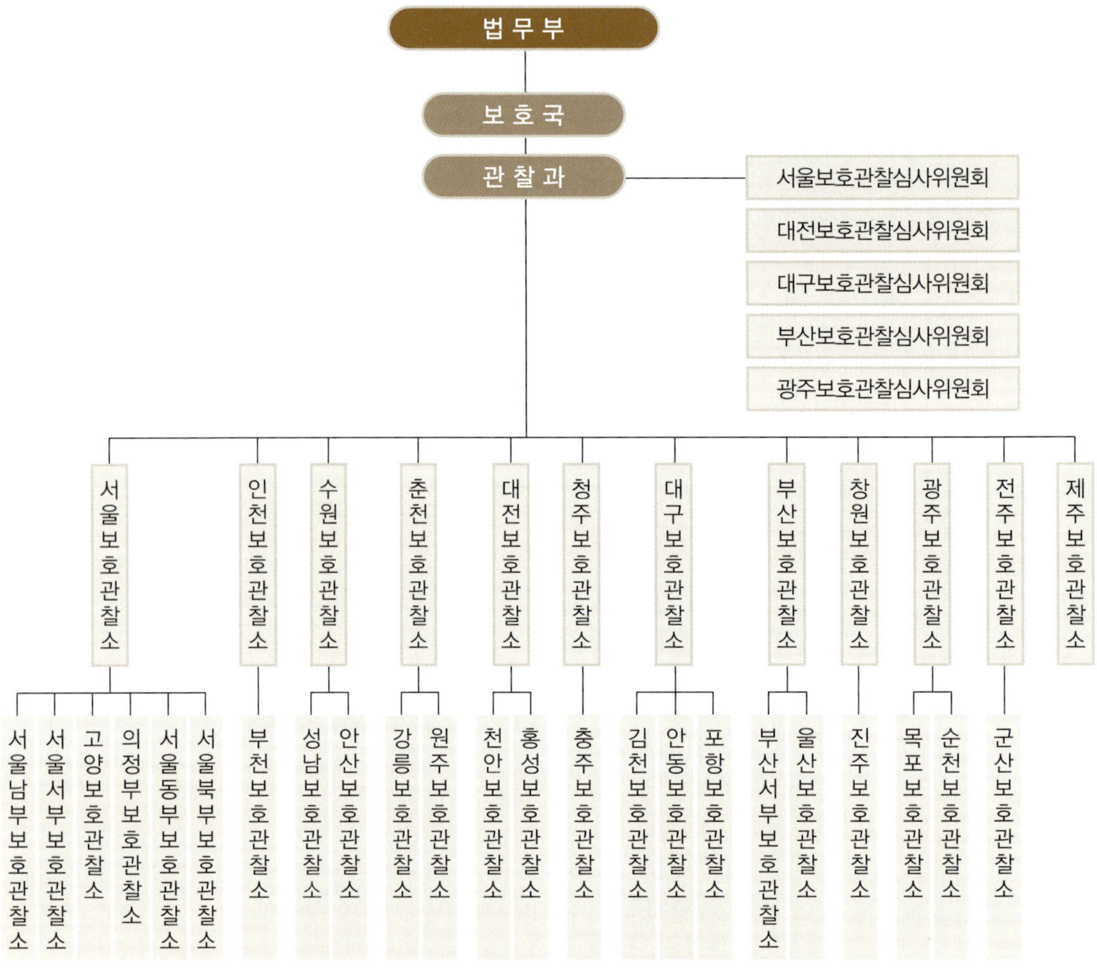

[그림 10-3] 보호관찰 조직도

③ 가석방제도

가석방제도(parole)란 교정시설에 수용 중인 범죄인을 만기 전에 가석방 또는 가퇴원의 형식으로 석방하여 잔기 중 보호관찰관의 보호관찰을 받게 하되 역시 그 기간을 무사히 통과하면 잔기를 마친 것으로 되나 도중에 재범이나 준수 사항의 현저한 위반 사실이 있을 때는 가석방의 허가를 취소하고 도로 교정시설에 수용하는 제도를 말한다.

④ 사회봉사

사회봉사 명령은 유죄가 인정된 범죄자에 대하여 교도소 등에 구금하는 대신 자유로운 생활을 허용하면서 일정 시간 무보수로 사회에 유익한 근로를 하도록 명하는 제도이다. 사회에 대한 범죄피해의 배상 및 속죄의 기회를 줄 뿐 아니라 근로정신을 함양시키고 자긍심을 회복시켜 건전한 사회복귀를 도모한다.

1970년 영국에서 교도소 과밀수용의 주요 원인인 단기구금형을 대체할 수단으로 제안되어 1972년 형사재판법에서 규정, 시범 실시 후 1979년 3월 전국 확대 실시되었다. 형벌의 다양화와 단기구금형의 대체 수단으로 효과가 인정되어 미국, 호주, 독일, 프랑스에서 도입하였다. 우리나라는 보호관찰제도와 함께 도입, 시행되고 있다(표 10-8 참조).

사회봉사 부과 대상과 기간은 각 적용 법규에 따라 정해져 있다. 적용 법규는 형법(제62조의 2 → 500시간 범위 내), 소년법(제32조 제3항 → 50~200시간 범위 내), 가정폭력범죄의 처벌 등에 관한 특례법(제40조 → 각 100시간 범위 내), 청소년의 성보호에 관한 법률(제13조, 제14조 → 50~200시간 범위 내), 성매매알선 등 행위의 처벌에 관한 법률(제14조, 제15조 → 각 100시간 범위 내), 성폭력범죄의 처벌 및 피해자보호 등에 관한 법률(제62조의 2 → 500시간 범위 내) 등에서 각각 부과 대상과 명령 시간을 규정해 놓고 있다.

4. 비행아동복지사업의 문제점과 복지 대책

첫째, 비행아동 · 청소년을 위한 예방 프로그램과 정책이 개발 · 강화되어야 한다. 청소년 비행의 심각성과 범죄율의 증가와 더불어 이와 관련된 대책 마련에 많은 관심을 보이고 있는 것은 사실이나, 실질적으로 아동 및 청소년의 비행을 예방하기 위한 노력은 매우 희박하다. 가정은 물론 학교환경이 이를 뒷받침하기에는 역부족이며, 정부의 구체적인 노력과 관련 기관의 예방 프로그램 개발이 시급하다. 보호자 및 부모에 대한 지원과 교육, 전문상담기관을 통한 심리사회적 서비스가 보다 광범위하게 실시되어야 한다.

둘째, 검찰 단계에서는 소년사건을 형사 사건화하는 비율보다 보호 사건화하는 비율을 높이도록 노력해야 한다. 아동 및 청소년 비행은 선도와 교정 차원에서의 처우가 우선되어야 할 것이다. 따라서 많은 시간과 노력, 인력과 재원이 동원되는 장기간의 대책이 필요한 사업이 교정복지이다. 검찰 단계에서 소년범에 대한 처우를 결정할 경우 이를 고려하여 교정의 기회를 확대해 나가야 한다.

셋째, 학교사회복지사업을 위한 다양한 대책이 강구되어야 한다. 청소년들의 생활공간으로 가장 많은 비중을 차지하는 곳은 학교이다. 청소년비행은 학교부적응과도 밀접한 관련이 있으며, 학교로부터 중도탈락한 학생들 중 비행청소년이 되는 비율이 높다. 따라서 학교는 단순한 교육기관의 역할을 넘어 학생들을 대상으로 하는 종합적인 복지서비스를 제공할 수 있는 기반이 되어야 한다. 교육과 복지의 기능을 동시에 수반할 수 있는 학교체제의 정비가 필요하며, 현재 부분적으로 실시되고 있는 학교사회복지의 프로그램과 그 기능을 확대, 강화시킬 필요가 있다.

넷째, 재판 단계에서 집행(선고)유예의 비율을 높임으로써 사회 내 처우를 확대해 나가도록 한다. 보호관찰제도와 같은 사회 내 처우의 비율을 높이고, 그 프로그램의 질을 강화시킴으로써 청소년의 사회복귀를 촉진시켜야 한다. 따라서 보호관찰을 담당하는 전문가의 전문성을 강화시키고 보다 다양한 프로그램의 개발을 위해 노력해야 한다.

다섯째, 소년원과 소년교도소와 같은 시설 내 처우에 있어 교정복지서비스가 강화되어야 한다. 소년원의 경우 보다 전문적인 상담서비스가 강화되고, 다양한 재활교육을 통한 사회복귀의 용이성을 높여야 할 것이다. 단순한 격리 수용시설이 아닌 변화와 재적응의 준비작업이 이루어질 수 있는 소년원과 소년교도소가 될 수 있도록 한다. 아울러 분리 수용을 전제로 한 시설의 소규모화 역시 교정의 효과를 높이는 데 도움이 될 것이며 보다 집중적 교정서비스가 제공될 수 있으므로 시설의 소규모화가 필요하다. 또한 이러한 서비스의 제공에 민간단체 및 기관의 참여를 적극적으로 유도, 권장할 필요가 있으며, 민간자원이 교정복지에서 기여할 수 있는 비중을 점차 높여 가는 것이 교정복지에 필요한 인력과 그 전문성 확보에도 도움이 되리라 본다.

제3절 한부모가정 아동복지사업

1. 한부모가정 아동복지사업의 이해

1) 한부모가정의 개념

한부모가정은 여러 가지 사유로 부모 중 한쪽 부모와 자녀가 함께 생활하는 가족을 말한다. 또한 한부모(lone parent)는 혼인이나 동거하지 않는 부 혹은 모로서 자녀 중 최소한 한 명이 16세 이하이거나, 교육과정에 있는 19세 이하일 경우라고 정의되기도 한다(Haskey, 1998; 신혜령 외, 2006 재인용).

한부모가정의 유사 용어로는 모자 및 부자가정, 편부모가족, 여성가구주 가정 등이 있다. 「한부모가족지원법」에서는 한부모가정을 모 · 부자가정으로 규정하고 동법 제4조 용어의 정의에 규정되어 있는 한부모가정의 의미는 사별, 이혼, 유기 등으로 홀로 된 자, 노동능력이 없는 배우자를 가진 자 그리고 미혼자인 세대주와 18세 미만의 아동으로 구성된 가족을 의미하고 있고, 통계청 인구주택총조사에서는 편부모가구로 사용하고 있다.

한부모가정이란 용어는 한국여성민우회 가족과 성상담소에서 1997년부터 편부모 대신 '한부모' 란 용어에 대해 우리말의 '한' (하나)이며 동시에 '하나로도 충분하며 온전하다' 의 의미를 포함한 것으로 결손의 의미를 나타내는 '편부모' 란 용어보다 긍정적인 의미라고 설명하였다. 한편 한부모가정을 영어로는 single parent family, one parent family, single mother family, mother-only family, father-only family 등으로 표현되고 있다. 이 외에 유사 용어로 여성가구주 가구(female-headed households) 등도 사용되고 있다(서미란, 2010, 재인용).

우리나라는 법률과 더불어 정부 지침에서 한부모가정은 사실상의 한 부모로 보고 있으며, 가족 구성상 한쪽 부모로만 구성된 가족뿐만 아니라 가족 기능상 한쪽이 단독으로 부모의 역할을 모두 수행하는 경우를 모두 포함한 개념으로 사용되고 있다.

이상의 내용을 종합하면, 한부모가정이란 이혼, 사별, 미혼모, 유기 등으로 발생하는 가정으로 한쪽 부모와 18세 미만의 자녀로 구성된 가정 또는 부모와 자녀로 구성되어 있으나 부모 중 한 사람이 사실상 부모의 기능을 모두 수행하는 가정으로 정의할 수 있다.

(1) 부나 모의 사망에 의한 한부모가정의 아동

1950년대는 6 · 25를 기점으로 한 전쟁으로 부 또는 모의 사망으로 한부모, 특히 편모 가족이 많이 발생하였으나 오늘날에는 질병과 사고에 의하여 빚어지는 사망으로 한부모가정이 증가하고 있다.

부의 사망으로 인한 한모 가정의 증가는 다음과 같은 요인이 내재하고 있다고 볼 수 있다. 즉, 여자가 남자보다 평균 수명이 길고 사회 활동이 적어서 불의의 사고에 의한 사망이 적다. 또 남자의 경우는 재혼에 의해 비교적 짧은 시일 내에 한부모가정 상태를 벗어나지만, 여자의 경우는 그렇지 못하기 때문이다.

(2) 이혼에 의한 한부모가정의 아동

이혼은 생존하고 있는 배우자 간에 있어서 그들의 협의에 의하여, 또는 재판상의 절차를 거쳐서 혼인 관계를 해소하는 것을 말한다. 이혼은 부부 중 어느 일방의 사망에 의한 혼인관계 해소와 달리, 부부관계에서 일어나는 여러 가지 문제로부터 탈피하기 위한 하나의 방법으로 인위적인 부부관계 소멸을 법률상으로 인정하는 제도이다. 우리나라에서는 1970년대 후반부터 이혼이 점점 증가하고 있으며, 그 이유로는 1980년부터 1989년까지를 살펴보면 가족 간의 불화나 건강상의 이유, 경제문제로 인한 이혼은 점점 감소하고 있는 추세인 반면에, 부부불화에 의한 이혼은 점점 증가하고 있다.

자녀가 있는 경우의 이혼은 결과적으로 부, 모 일방과 자녀로 구성된 한부모가정의 형성을 초래하게 만들며, 자녀의 양육권은 법에 의해, 또한 당사자의 협의에 의해 한쪽 부나 모에게 넘겨지게 된다.

(3) 유기에 의한 한부모가정의 아동

배우자 유기에 의한 한부모가정은 부부가 별거하고 있는 상태에서 부부 중의 일방이 자녀를 양육하면서 가족 생활을 영위하는 경우를 말한다. 여기에서 부부란 법적으로 혼인관계에 있는 부부와 미혼의 부부를 모두 포함한다. 이에 따라 일반적으로 한부 가족보다 한모 가족이 많은 편이지만, 배우자 유기는 고의적인 것으로 부(夫)에 의해서 주로 발생되고 있으며, 그 원인은 이혼의 원인과 유사하다.

(4) 미혼에 의한 한부모가정의 아동

미혼에 의한 한부모가정은 법적으로 혼인을 하지 않은 상태에서 아이를 갖게 되어, 아이를 낳게 됨으로써 발생하는 가족의 형태이다. 통상 법적 요건을 갖추어 한 번도 결혼한 적이 없는 상태로 부모가 된 미혼부모를 말하며, 엄격하게 따지면 자신의 배우자 이외의 사람과 관계를 맺어 부모가 된 기혼부모까지도 포함한다. 이 경우 부모의 자녀는 임신 중인 태아와 출생한 자녀 모두를 포함한다.

2) 한부모가정의 특징

일반적으로 한부모가정들은 자녀양육과 관련하여 여러 가지 문제를 경험하게 된다. 일반가정에 비해 경제적, 가족생활, 심리사회적 측면에서 많은 어려움을 겪고 있다(서미란, 2010; 2008; 이재연 외, 2008; 하승민 외, 2011).

(1) 경제적 측면

한부모가정의 가장 큰 문제 중 하나는 경제적인 문제이다. 부 또는 모 혼자 가정의 경제를 책임져야 하므로 경제적인 문제가 가장 시급한 것으로 나타나며 우리나라를 비롯한 많은 나라에서 한부모가정들은 빈곤한 집단을 형성하고 있다.

일반적으로 한부모가정으로 전환되는 과정에서 대부분은 경제 상황의 악화를 경험하게 되는데 그 이유는 수입 감소와 자녀양육비 증가이다. 〈표 10-9〉는 한부모가정의 국민기초생활보장 수급 상황을 보여주는데 모자가정이 부자가정의 약 4배가량 더 큰 비중을 차지하고 있다.

<표 10-9> 한부모가정의 국민기초생활수급 상황

(단위 : 가구)

연도	전체 국민기초생활수급 세대	모자세대	부자세대
2001	698,075	70,152	19,128
2002	691,018	65,132	17,289
2003	717,861	66,636	17,158
2004	753,681	70,951	17,916
2005	809,745	77,985	19,450
2006	831,692	81,189	19,963
2007	852,420	82,920	19,934
2008	854,205	82,880	19,744
2009	882,925	86,961	21,115
2010	878,799	85,970	20,879
2011	850,689	83,525	20,479
2012	821,879	78,333	18,820

자료 : 보건복지부, 2013. 2012년 국민기초생활보장 수급자 현황

또한 「한부모가족지원법」은 지원 대상에 대하여 '생활이 어려운', '자립이 어려운' 가정이라고 전제함으로써 소득수준에 의하여 자격을 제한하고 있으며, 「국민기초생활보장법」에 의하여 수급을 받고 있는 경우 중복급여를 하지 않으므로, 사실상 한부모가정에 대한 지원은 저소득층으로 제한하고 있다. 한부모가구 선정은 모 또는 부와 만 18세 미만(취학 시 만 22세 미만)의 자녀로 이루어진 가정(세대)을 대상으로 한다. 한부모가족 보호대상가구로 선정되기 위해서는 가구의 소득산정액이 소득인정액 기준인 '최저생계비 130% 이하'를 충족하여야 하며, 소득인정액 기준을 초과하는 경우에는 한무모가족 보호대상가구에 해당되지 않는다. 2012년도 한부모가족 선정기준은 소득인정액이 〈표 10-10〉에 제시된 최저생계비 130% 이하인 가구에 속한다.

<표 10-10> 2012년도 저소득 한부모가정 선정기준에 대한 최저생계비

(단위 : 원)

구분	2인 가구	3인 가구	4인 가구	5인 가구	6인 가구	7인 가구
2011년 최저생계비(월)	906,830	1,173,121	1,439,413	1,705,704	1,971,995	2,238,287
2012년 최저생계비(월)	942,197	1,218,873	1,495,550	1,772,227	2,048,904	2,325,580

※ 8인 이상 가구의 최저생계비 : 1인 증가 시마다 266,291원씩 증가(8인 가구 : 2,504,578원)

자료 : 보건복지부(2013). 2012년 국민기초생활보장 수급자 현황 자료

(2) 가족생활 측면

한부모가정은 한쪽 배우자의 부재로 인해서 가족생활에서의 변화가 불가피하게 일어남으로써 가족관계, 자녀양육 및 가사노동에서 어려움을 겪고 있는 것으로 나타났다. 한편, 일부 연구에서는 여성 한부모가정은 이혼 전보다 모와 자녀관계가 더 긍정적이고 가까워져 자녀와 좋은 관계를 유지하며 자녀와 비교적 개방적인 의사소통이 이루어지고 있는 것으로 보고되고 있다.

반면, 한부모가 자녀에 대한 보호와 감독이 소홀해질 가능성이 높아지면서 자녀를 방치하게 되어 청소년 자녀의 경우 부모의 관심이 소홀해지고 행동에 대한 통제와 감독이 약화되면서 가출이나 비행의 가능성이 증가하는 것으로 나타났다. 또한 가족체계가 붕괴됨으로써 자녀들이 두려움과 공격성을 나타내고, 학교생활에도 잘 적응하지 못하며 아동의 성장에 큰 위기를 겪는다는 연구 결과도 보고되고 있다(권진숙 외, 2009:235).

(3) 심리사회적 측면

어떤 사유로 한부모가정이 되었든지간에 아동은 한쪽 부모의 상실을 경험하게 된다. 상실이 영구적일 수도 있고 물리적으로만 헤어지는 것일 수도 있으나, 일상생활에서 한쪽 부모를 잃게 됨으로써 분노, 좌절, 우울 등 다양한 정서적 어려움을 경험할 수 있다. 또한 부부가 부모역할을 수행하는 경우에는 상호 보완되거나 지지, 격려받을 수 있는 데 반해, 한부모의 경우에 지지체계를 잃게 됨으로써 한부모 자신이 심리 · 정서적 어려움을 겪을 수 있다(이재연 외, 2008).

한부모가정은 부 또는 모의 부재로 인하여 가족원 전체가 일시적 또는 항구적으

로 가족기능상의 혼란과 갈등을 경험한다. 한부모가정을 형성하게 되면서 부모 중 한 명의 실질적인 부재를 인정하는 데는 가족원 모두의 적응 기간이 필요하다. 또한 역할분담이 이루어졌던 종전과는 달리 부 또는 모의 부재에 따르는 역할의 공백이 발생한 경우에는 그 영향은 더욱 커질 수밖에 없다(신혜령 외, 2006:98).

① 모자가족이 아동에게 미치는 영향

일반적으로 모자가족의 문제는 가족 안에서 중요한 역할을 수행하여 왔던 부(父)의 부재에 기인한다. 모자가족이 겪는 경제적 문제는 주 수입원인 부(父)의 부재로 인한 소득의 감소와 주택문제, 그리고 모(母)의 취업문제이다. 모자가족의 경제적 어려움은 아동이 장애를 가진 경우 의료비와 교육비에 더 많은 비용을 충당해야 하기 때문에 더욱 심각하게 되고 아동의 정서적 · 사회적인 문제뿐만 아니라 가족관계에도 부정적인 영향을 주게 된다. 따라서 경제적 자립을 위한 지원이 필수적이다.

모자가족이 겪는 또 다른 문제는 심리 · 사회적 문제이다. 모자가족은 부의 부재로 인해 가족 내에서의 역할과 지위의 변화에 적응해야 한다. 모(母)와 자(子)는 공백상태의 부의 역할을 분담해야 하는 데 있어서 긴장과 갈등을 경험하게 된다. 자신에게 기대되었던 역할을 재조정해야 하는 상황에 직면하게 되면서 모와 자는 둘 다 스트레스와 갈등을 갖게 되는 것이다. 또한 생계를 위해 직업에 전념해야 하는 모의 경우 이로 인한 과중한 역할 수행이 자녀양육에 영향을 미치게 된다. 자녀에게 감정적이 되기 쉽고 일관성도 기대하기 어렵다. 그 결과 이어지는 자녀의 부적응행동과 이로 인한 가족애의 긴장과 갈등을 또한 경험하게 된다. 부의 결손으로 인한 감독권 및 동일시 대상의 상실, 그리고 사회적 통념과 편견에서 오는 압박감과 열등감이 아동에게 영향을 주는 것으로 나타났다(조흥식 외, 2002:215-220).

② 부자가족이 아동에게 미치는 영향

부자가족이 경험하는 문제는 모자가족의 경우와 마찬가지이다. 부(父)가 경제적으로 빈곤할 경우 자녀양육과 가사 양쪽을 신경써야 하므로 직업 선택의 기회가 적어지고 전직의 가능성이 높아져 경제적으로 더 악화될 수 있다. 또 다른 문제는 주로 모(母)가 역할을 수행하여 왔던 가사문제를 비롯한 가정관리의 문제에 직면하게 되고 이로 인한 스트레스를 받게 된다. 또한 자녀와 부(父)의 부적응으로 인한 가족관계상의 문제를 들 수 있다. 부자가족의 자녀는 모의 부재로 인해 감정이나 애정을 표현하는 등의 경험을 잃게 되고 가족원을 비롯한 타인과의 긴밀한 관계를 형성하는 데 어려움을 겪게 된다고 할 수 있다(조홍식 외, 2002:221).

2. 한부모가정 아동복지사업의 현황

1) 한부모가정의 현황

통계청의 인구주택총조사에서는 가구 구성 및 가족 형태의 분포를 파악하면서 핵가족 중 한부모와 미혼자녀로 구성된 가족을 조사하고 있다. 〈표 10-11〉에서 보는 바와 같이 2010년 현재 전체 1인가구나 비혈연가구를 제외한 전체 혈연가구 수는 1,299만 5,000세대이며, 이 중 12.3%인 159만 8,300여 세대가 한부모와 미혼자녀로 구성된 가구다. 전반적으로 2000년대의 한부모와 미혼자녀로 구성된 가구 수를 1970년대와 비교하면 2배 이상 증가하였다. 한부모와 미혼자녀 가구 비율은 다소 감소하는 추세를 보이다가, 2000년대에 들어와서 계속 증가하는 추세를 나타내고 있다.

저소득 한부모가구 현황을 전체가구 및 한부모가족 2005년~2030년 장래가구추계(통계청) 2010년도 「인구주택총조사」에서 제시된 자료와 저소득 한부모가족 2012년 행복e음복지정보통계시스템 저소득한부모 가족현황 자료를 토대로 〈표 10-12〉와 같이 재구성하였다. 2006년도에 우리나라 전체가구 약 1천6백2십8만 9천 가구 중 한부모가구는 1백4십2만 5천5백9십 가구를 나타냈고 이 중, 저소득 한부모가구는 6만 6천1백6십3가구에 불과했지만, 전체가구, 한부모가구, 저소득 한부모가구는 해마다 증가하는 추세를 보이다가 6년 후인 2012년도에는 전체가구 약 1천7백9십5만 가구 중 한부모가구는 1백6십7만 7천4백1십5가구로 2006년 대비 약 4천 가구 증가, 저소득 한부모가구는 13만 5백9가구로 약 두 배 증가한 추세를 감안할 때, 앞으로 한부모 및 저소득 한부모가족은 해마다 더 증가할 것으로 추산된다.

<표 10-11> 가구 구성 및 가족 형태 분포

(단위 : 1,000가구당 비율(%))

연도	혈연가구 수 (천 가구)	핵가족(%)			직계가족(%)		기타 가족 (%)
		부부	부부와 미혼자녀	한부모와 미혼자녀	부부와 양(편)친	부부와 양(편)친과 자녀	
1970	5,576	5.4	55.5	10.6	1.4	17.4	9.7
1975	6,367	5	55.6	10.1	0.5	10.9	17.9
1980	7,470	6.4	56.5	10	0.6	10.4	16.1
1985	8,751	7.8	57.8	9.7	0.8	9.9	14
1990	10,167	9.3	58	8.7	0.9	9.3	13.8
1995	11,133	12.6	58.6	8.6	1.1	8	11.2
2000	11,928	14.8	57.8	9.4	1.2	6.8	10.1
2005	12,490	18	53.7	11	1.2	5.7	10.4
2010	12,995	20.6	49.4	12.3	1.2	5	11.6

자료 : 통계청, 2011, 「인구주택총조사」

<표 10-12> 저소득 한부모가구 현황

(단위 : 가구)

구분	2007년	2008년	2009년	2010	2011	2012
전체가구	16,542,700	16,791,160	17,052,164	17,339,422	17,687,001	17,950,675
한부모가구	1,468,024	1,509,277	1,550,872	1,594,138	1,638,537	1,677,415
저소득한부모가구	73,488	81,792	94,487	107,775	115,382	130,509

자료 : * 전체가구 및 한부모가족: 2005년~2030년 장래가구추계(통계청)2010년도「인구주택총조사」
* 저소득 한부모가족: ' 12년 행복e음복지정보통계시스템 저소득한부모 가족현황 재구성

3. 한부모가정복지의 제도 및 서비스

한부모가정을 위한 지원사업은 1989년 「모자복지법」이 제정된 이후 모자복지사업으로 시작되었다. 18세 미만의 아동을 부양하는 일정 소득 기준 이하의 한부모가

정에 대한 정부지원은 1989년 제정된 모자복지법에 기초하고 있는데 이 법은 2002년 「모 · 부자복지법」으로, 그리고 2007년 「한부모가족지원법」으로 개정되었다. 개정 내용 중 특기할 만한 것은 아동이 취학 중일 경우 보호 기간을 22세까지 연장한 점과 조손가족을 포함한 것이다.

「한부모가족지원법」에 의한 한부모가정 지원사업은 생활안정 및 자립을 목적으로 다음과 같이 지원하고 있다.

1) 현행법에 나타난 지원

국가나 지방자치단체가 한부모가족지원법에 기초하여 지원해야 하거나 지원할 수 있는 내용은 다음과 같다.

① 복지급여 : 국가나 지방자치단체는 복지급여의 신청이 있으면 생계비, 아동교육지원비, 직업훈련비 및 훈련기간 중 생계비, 아동양육비 등을 지원할 수 있다.

② 복지자금의 대여 : 국가나 지방자치단체는 한부모가정의 안정과 자립을 촉진하기 위하여 사업에 필요한 자금, 아동교육비, 의료비, 주택자금을 대여할 수 있다.

③ 고용의 촉진 및 연계 : 국가나 지방자치단체는 한부모가정의 모 또는 부와 아동의 직업능력을 개발하기 위하여 능력 및 적성 등을 고려한 직업능력개발훈련을 실시하여야 하며, 고용을 촉진하기 위하여 적합한 직업을 알선하고 각종 사업장에 모 또는 부와 아동이 우선 고용되도록 노력하여야 한다. 또는 이들의 취업 기회를 확대하기 위하여 관련 기관 간 효율적인 연계를 도모하여야 한다.

④ 공공시설에 매점 및 시설 설치 : 국가나 지방자치단체가 운영하는 공공시설의 장은 그 공공시설에 각종 매점 및 시설의 설치를 허가하는 경우 이를 한부모가정 또는 한부모가정복지단체에 우선적으로 허가할 수 있다.

⑤ 시설 우선 이용 : 국가나 지방자치단체는 한부무가정의 아동이 공공의 아동편의시설과 그 밖의 공공시설을 우선적으로 이용할 수 있도록 노력하여야 한다.

⑥ 가족지원서비스 : 국가나 지방자치단체는 한부모가정에게 아동의 양육 및 교육 서비스, 장애인 · 노인 · 만성질환자 등의 부양 서비스, 취사 · 청소 · 세탁 등 가사 서비스, 교육 · 상담 등 가족관계 증진 서비스 등을 제공하도록 노력하여야 한다.

⑦ 국민주택의 분양 및 임대 : 국가나 지방자치단체는 「주택법」에서 정하는 바에 따라 국민주택을 분양하거나 임대할 때에는 한부모가정에게 일정 비율이 우선 분양될 수 있도록 노력하여야 한다.

한부모가정을 지원하고 있는 관련법을 살펴보면 다음과 같다.

「아동복지법」 제2조 제1항 "보호를 필요로 하는 아동"이라 함은 보호자가 없거나 보호자로부터 이탈된 아동, 또는 보호자가 아동을 학대하는 경우 등 그 보호자가 아동을 양육하기에 부적당하거나 양육할 능력이 없는 경우의 아동을 말한다. 그러므로 한부모가정의 아동은 부모의 역할을 보충해 줄 서비스를 이 법을 통해서 지원받을 수 있다.

「건강가정기본법」 제21조 제4항에는 국가 및 지방자치단체는 모·부자가정, 노인 단독가정, 장애인가정, 미혼모가정, 공동생활가정, 자활공동체 등 사회적 보호를 필요로 하는 가정에 대하여 적극적으로 지원하여야 한다는 규정이 되어 있으나, 5항을 보면 4항의 규정에 의한 국가 및 지방자치단체의 지원에 관한 세부적 사항은 관계 법률이 정하는 바에 의한다고 규정함으로써 국가의 가족복지의 세부적인 사항은 기존의 관계 법률에 유보하고 있다.

「긴급복지지원법」에서는 한부모가정의 경우에 주 소득자가 사망, 가출, 행방불명, 구금시설에 수용되는 등의 사유로 소득을 상실하고 가구 구성원에게 다른 소득원이 없거나 중한 질병 또는 부상을 당한 경우, 가구 구성원으로부터 방임, 유기되거나 학대 등을 당한 경우, 가정 폭력을 당하여 가구 구성원과 함께 원만한 가정생활이 곤란하거나 가구 구성원으로부터 성폭력을 당한 경우, 그리고 화재 등으로 인하여 거주하는 주택 또는 건물에서 생활하기 곤란하게 된 경우와 같은 위기 상황(제2조)에서 생계 지원, 의료 지원, 주거 지원, 사회복지시설 이용 지원 등 필요한 지원 서비스를 제공받을 수 있다(제9조). 단, 현재 국민기초생활보호 수급자는 중복 수혜의 사유로 긴급 복지지원 대상에서 제외되고 있다.

「영유아보육법」에서는 한부모가정의 경우, 국민기초생활보장 수급권자 및 차상위계층과 함께 보육의 우선 제공권을 제공받을 수 있고(제28조), 비용의 전부 또는 일부를 국가나 지방자치단체에서 부담하는 보육료 지원을 받을 수 있다(제34조).

「청소년기본법」·「청소년복지지원법」에서는 국민기초생활보장지원법이나 한부모가족지원법의 대상 기준을 충족하지 못한 한부모가정의 청소년 중 특별지원청소년선정 심의위원회의 심의를 거친 청소년들은 이 법에 의한 지원을 받을 수 있다.

특히 특별지원청소년에 대해 일상생활을 유지하기 위하여 필요한 기초 생계비, 국가 청소년 위원회 규칙이 정하는 요양급여비용, 학원에서 계속적인 학업을 수행하기 위하여 필요한 학습비, 구직을 위한 지식이나 기술 · 기능 및 능력을 함양하기 위하여 필요한 훈련비, 청소년 활동 등 건전한 성장을 위하여 필요한 활동비에 대한 금전 또는 이에 상당하는 물품 · 용역을 제공받을 수 있도록 하고 있다.

그 밖에 저소득 한부모가정의 6세 이하 아동에게는 소액의 양육비가 지급되며, 중 · 고등학교 또는 이에 준하는 학교와 학력 인정 사회교육시설에 입학 또는 재학 중인 자녀는 수업료와 입학금 전액을 면제받고 있다. 한부모가정이 저소득층이거나 장애아동을 양육하고 있는 경우는 여성가족부에서 주관하고 있는 자녀 보육료의 전액 또는 일부 보조를 받을 수 있도록 되어 있다. 지역 공부방이나 지역 아동센터 및 지역사회복지관 사업, 초등학교의 방과후 교실, 초 · 중 · 고에서의 교육복지사업 및 학교사회복지사업 등을 통해 한부모가정 자녀들을 위한 급식 · 방과후 보호와 학습지도 · 문화적 경험 · 심리 정서적 지원 등을 제공하고 있으며 자원봉사자들이 이들과 결연을 맺어 생활지도를 돕거나 멘토(mentor)의 역할을 하고 있다. 한편, 저소득층이 아닌 한부모가정의 경우에는 자녀 지원이 거의 없다고 해도 과언이 아니다.

2) 한부모가정복지시설

한부모가정은 한부모가족복지시설을 이용할 수 있는데 「한부모가족지원법」 제19조 제1항에서 제공되는 그 시설의 종류와 목적은 다음과 같다.

(1) 모자가족복지시설

모자가족에게 다음의 어느 하나 이상의 편의를 제공하는 시설

① 기본생활 지원 : 생계가 어려운 모자가족에게 일정 기간 동안 주거와 생계를 지원

② 공동생활 지원 : 독립적인 생활이 어려운 모자가족에게 일정 기간 동안 공동생활을 통하여 자립을 준비할 수 있도록 주거 등을 지원

③ 자립생활 지원 : 자립욕구가 강한 모자가족에게 일정 기간 동안 주거를 지원

(2) 부자가족복지시설

부자가족에게 다음의 어느 하나 이상의 편의를 제공하는 시설

① 기본생활 지원 : 생계가 어려운 부자가족에게 일정 기간 동안 주거와 생계를 지원

② 공동생활 지원 : 독립적인 생활이 어려운 부자가족에게 일정 기간 동안 공동생활을 통하여 자립을 준비할 수 있도록 주거 등을 지원

③ 자립생활 지원 : 자립욕구가 강한 부자가족에게 일정 기간 동안 주거를 지원

(3) 미혼모자가족복지시설

미혼모자가족과 출산 미혼모 등에게 다음의 어느 하나 이상의 편의를 제공하는 시설

① 기본생활 지원 : 미혼 여성의 임신·출산 시 안전 분만 및 심신의 건강 회복과 출산 후의 아동의 양육 지원을 위하여 일정 기간 동안 주거와 생계를 지원

② 공동생활 지원 : 출산 후 해당 아동을 양육하지 아니하는 미혼모 또는 미혼모와 그 출산 아동으로 구성된 미혼모자가족에게 일정 기간 동안 공동생활을 통하여 자립을 준비할 수 있도록 주거 등을 지원

(4) 일시지원복지시설

배우자(사실혼 관계에 있는 사람을 포함한다)가 있으나 배우자의 물리적·정신적 학대로 아동의 건전한 양육이나 모의 건강에 지장을 초래할 우려가 있을 경우 일시적 또는 일정 기간 동안 모와 아동 또는 모에게 주거와 생계를 지원하는 시설

(5) 한부모가족복지상담소

한부모가정에 대한 위기·자립 상담 또는 문제해결 지원 등을 목적으로 하는 시설

4. 한부모가정 아동복지 서비스의 문제점과 복지 대책

1) 거시적 차원의 지원 서비스

(1) 법적, 제도적 지원 강화

2004년 제정된 건강가정지원법은 가족의 해체를 예방하는 데 초점이 맞추어져 있는 반면 한부모가정과 같이 전통적 가족 개념에서 벗어난 가족에 대한 지원에 대해서는 취약한 점이 많다고 할 수 있다. 한부모가정을 병리적이거나 불건강한 가족 형태로 보는 시각에서 벗어나 모든 형태의 가족을 차별 없이 포용하면서 사회의 도움을 필요로 하는 다양한 형태의 가족에게 다양한 지원이 제공될 수 있도록 제도적 개선이 필요하다. 특히 현재 제공되고 있는 한부모가족시설들은 매우 제한적이어서 실제로 필요한 시기에 입소하지 못하고 제공되는 서비스도 극히 미약한 수준이다. 한부모가족복지시설들은 보다 확충되어 서비스가 필요할 때 입소 가능해야 하며, 시설에서 생활 · 이용하는 동안 이들 아동과 가족이 필요한 다양한 서비스들이 개발 · 제공되어야 한다. 특히, 모부자복지시설에서 생활하는 동안 이들 아동에 대한 서비스가 확충되어야 한다.

한편, 한부모가정이 안고 있는 어려움과 문제를 해소하기에는 정부의 노력과 지원만으로는 부족하다. 이를 위해 지역 단위로 민간자원을 발굴하여 이를 한부모가정의 필요를 채우는 데 적극 활용해야 한다. 지역의 사회복지기관과 공공기관의 연계하에 다양한 인적, 물적 자원을 개발하고 이를 필요로 하는 한부모가정에게 제공될 수 있도록 효율적인 전달체계의 구축도 필요하다.

(2) 저소득 한부모가정에 대한 경제적 지원 강화

저소득 한부모가정에 대한 보다 강력한 생계 지원이 필요하다. 한부모가정에게 있어 가장 큰 부담을 안겨 주는 부분 중의 하나는 자녀양육비의 지출일 것이다. 이미 외국에서는 한부모가정의 경제적 지원 정책의 하나로 아동수당이나 가족수당을 도입하고 있다. 현재 독일은 아동수당, 프랑스는 모자가족수당을 한부모가정에게 지급하고 있으며 영국의 경우도 여성 한부모 가족의 대다수가 아동수당과 가족수당 혜택을 받고 있다. 이런 제도는 우리나라 한부모가정의 빈곤화를 예방하는 데도 도움을 줄 수 있을 것이다.

이 외에 최근 정부에서 추진하고 있는 차상위 계층에 대한 경제적 및 의료적 지원 확대는 빈곤 대책이면서 간접적으로는 가족보존정책이 될 수 있다. 공공부조를 포함한 사회보장제도 대상자에 대한 양적 확대 및 수급 수준에 대한 질적 확대는 결과적으로 가족을 보존하는 데 기여한다고 할 수 있을 것이다. 또한 자활지원 서비스 제공 시 한부모가정을 우선적으로 선정하도록 하고, 국민임대아파트 등 공공주택 제공 시 아동과 청소년이 있는 저소득 한부모가정을 배려할 필요가 있다. 현재 6세 미만의 차상위 한부모가정 아동에게 지급하는 아동양육지원비를 13세 미만까지 단계적으로 확대하는 것도 생각해 볼 수 있다.

외국의 경우에는 미혼부모나 기타 사유로 한부모가정이 되는 사례가 증가하고 있고, 특히 모자가정의 경우 빈곤 등의 문제로 다양한 형태의 경제적 지원 방안이 모색되고 있으며, 한부모가정에 대한 근로세금 공제도 긍정적인 효과를 거두고 있는 것으로 평가되고 있다.

저소득 한부모가정에 대한 생계비 지원을 넘어서서 양육비 확보, 주택급여, 보건의료 서비스, 근로세금 공제, 자녀의 질병에 따른 간병이 필요한 경우 유급 간병휴가를 인정하는 질병수당 등 다양한 형태의 현실적인 급여지원 방안이 모색될 필요가 있다.

2) 미시적 차원의 지원 서비스

가족문제를 예방하고 문제를 해결하도록 돕는 지원이 필요하다. 이런 방안으로 현재 시범사업으로 운영되고 있는 건강가정지원센터의 역할이 더욱 확대되는 것이 필요하며 지역사회복지관, 여성상담소, 부녀상담소, 아동상담소 등도 가족 및 아동문제에 전문적으로 개입할 수 있는 전문가를 배치할 필요가 있다. 또한 가족응집력 향상 프로그램, 효과적인 자녀양육 훈련 프로그램과 같은 효과적이며 전문적인 프로그램을 개발하여 활용하고 가족치료나 가족 상담, 아동상담을 전문적으로 실행할 필요가 있다.

(1) 한부모가정에 대한 심리 · 정서적 지원

앞에서 살펴본 것처럼 한부모는 가족구조와 역할 변화 등으로 여러 가지 어려움에 직면한다. 한부모의 역할 스트레스를 감소시키고, 부모역할을 성공적으로 수행할 수 있도록 도와주고 가족문제를 원활히 해결할 수 있도록 심리 · 정서적 지원을 제공할 필요가 있다. 시범 운영되고 있는 건강가정지원센터나 기존의 사회복지관 또는 여성개발센터 등의 사회단체를 통한 이혼부모를 위한 이혼적응 프로그램을 생각해 볼 수 있다. 여기에는 이혼으로 인한 충격을 완화하고 이혼 후 가정생활에 적응할 수 있도록 사회적 지지를 제공하는 일이 포함되는데, 사회적 관계망 안에서의 상호작용은 이혼의 상처를 회복하고 아직 고통이 끝나지 않은 불확실한 사람들에게 희망을 주는 기회가 된다. 프로그램에는 부모역할 훈련 및 교육, 가족 상담과 치료, 가족, 친척, 친구, 이웃 등의 비공식적 관계망 강화 등의 내용이 포함될 수 있다. 또 한부모 자조집단을 운영함으로써 이들이 서로 정보를 교환하고 정서적 지지를 받으며 새로운 지원체계를 만들어 나가도록 도와주는 것도 유용한 방법이다.

예를 들면, 종합사회복지관에서 한부모가정을 대상으로 심리 · 정서적 문제 해결을 위한 심리치료 및 집단 프로그램, 한부모 역량 강화 프로그램, 자조모임, 지역사회 참여 증진 프로그램 등을 실시하고 있는 것은 좋은 시책임을 알 수 있다.

특히, 가족문제를 상담하고, 위기 상황의 아동에 대한 상담 및 개입체계를 마련하고, 자조모임 등을 활성화하여 한쪽 부나 모의 부재를 보완하는 프로그램 개발 및 서비스의 확충이 요구된다.

(2) 한부모가정에 대한 사회적 지원

이유가 어떠하든, 한부모가정의 부모가 되었을 때 혼란스러워하는 것 이상으로 아동도 어려움을 겪게 된다. 저소득 한부모는 자신의 변화된 삶의 생활적응과 생계유지 때문에 자녀들에게 세심한 배려를 하기 어렵다. 아동이 겪는 불안을 해결하지 못해 학업성적 저하와 부적응 등의 문제를 나타내기 쉬우므로 보육기관과 학교에서는 이들을 위한 상담이나 집단 프로그램을 제공하거나 혹은 이를 제공할 수 있는 전문기관(사회복지기관, 아동상담소 등)과 연계할 필요가 있다. 특히, 이혼가정자녀들은 비양육부모에 대한 거부와 혼란을 개별상담이나 가족치료 회기 등을 통해 토로함으로써 상실감을 해결할 수 있다. 또 분노와 자기비난을 해결하고 부모의 재결합에 대한 환상을 버리고 현재의 상태를 인정함으로써 현재 가족과의 경험을 잘 활용하도록 해야 하고, 부모 이혼을 목격한 데서 오는 대인관계에 대한 불신과 두려움을 해소할 수 있도록 도와주어야 한다.

한부모가정은 앞으로도 증가할 가능성이 매우 높으며 우리 사회의 가족 유형이 다양화되는 데 큰 비중을 차지할 것으로 생각된다. 한부모가정의 증가가 피할 수 없는 일이라면 한부모가정을 일탈가족이 아닌 주요한 가족 유형으로 인정하여 이들이 사회적 편견이나 차별 없이 생활할 수 있도록 하는 것은 물론 양친가정에 비해 경제적, 심리 · 사회적으로 어려움을 겪고 있는 점을 감안한 다양한 지원체계가 아동과 한부모를 위해 마련되어야 할 것이다.

한부모가정의 사회적 관계망 또는 사회적 지지는 안정적인 대인관계의 중요한 요인으로 스트레스를 감소시키고 자아정체감 확립에도 긍정적인 효과를 가져다준다. 또한 어려움에 처해 있는 개인의 적응 능력을 돕는 중요한 대처자원으로서 인식되는데 개인의 대처능력을 향상시켜 적응을 용이하게 하는 완충효과가 있다(김영희, 1996).

그러나 한부모가정의 경우 사회적 관계의 1차적 지원망인 부부관계가 이혼이나 사별로 인하여 무너지면서 2차적 지원망인 친인척, 친구, 이웃 등과도 관계가 매우 소원해지고 경우에 따라 단절되면서 사회적 지지도 자연히 위축되거나 하향화될 수밖에 없다. 또한 사회활동에 참여하거나 대인관계에서 주변 사람들의 부정적 인식을 경험하는 경우가 많아(호유연, 2008 재인용) 고립감이 심화되고 이는 사회적 활동의 위축으로 이어진다. 이러한 상황들은 한부모들의 사회적 지지체계를 약화시킴으로써 한부모들의 자녀양육에 어려움을 가중시키므로 이에 대한 지원책으로 지역사회와 친인척 간의 연계망 구축에 힘을 쏟아야 한다.

제4절 다문화가정 아동복지사업

1. 다문화가정 아동복지사업의 이해

1) 다문화가정 아동의 개념

다문화가정은 국제화, 세계화의 시대가 도래됨에 따라 생겨난 사회적 현상이라고 볼 수 있다. 이전까지 국제결혼, 이중문화 가족 등으로 불리던 국제결혼가족을 '다문화가정' 이라 부르기 시작한 것은 최근의 일이다. '다문화가정' 이라는 용어는 국제결혼이라는 용어가 내포한 내국인 간의 결혼과 외국인과의 결혼으로 구분하는 국적에 따른 차별성 대신 한 가족 내에 다양한 문화가 공존하고 있다는 의미로 해석할 수 있다. 다문화라는 개념은 매우 다양한 의미로 사용하며 좁은 의미에서는 이주문제에 대한 해법을 찾으려는 시도의 개념이라고도 할 수 있다. 또한 「건강가정기본법」 제3조 용어의 정의에 의하면, "가족"이라 함은 혼인 · 혈연 · 입양으로 이루어진 사회의 기본 단위를 말한다.

다문화가정 구성원이 안정적인 가족생활을 영위할 수 있도록 함으로써 이들의 삶의 질 향상과 사회통합에 이바지함을 목적으로 2008년에 제정된 「다문화가족지원법」 제2조에서 규정하는 "다문화가족"이란 다음 각 목의 어느 하나에 해당하는 가족을 말한다. 즉, 「재한외국인 처우 기본법」 제2조 제3호의 결혼이민자와 「국적법」 제2조에 따라 출생 시부터 대한민국 국적을 취득한 자로 이루어진 가족, 「국적법」 제4조에 따라 귀화허가를 받은 자와 같은 법 제2조에 따라 출생 시부터 대한민국 국적을 취득한 자로 이루어진 가족을 말한다. 또한 "결혼이민자 등"이란 다문화가정의 구성원으로서 다음 각 목의 어느 하나에 해당하는 자를 말한다. 즉, 「재한외국인 처우 기본법」 제2조 제3호의 결혼이민자, 「국적법」 제4조에 따라 귀화허가를 받은 자를 말한다.

다문화가정에 대한 개념 정의는 학자에 따라 다양하게 이루어지고 있는데, 박종보와 조용만(2006)은 다문화가정을 국제결혼을 통해 형성된 가족으로 한정하여 정의하고 있으며 '미국병사 남성과 한국인 여성이 결혼한 가족,' '외국인 남성 전문직 종사자와 한국인 여성이 결혼한 가족', '한국인 남성과 외국인 여성결혼이민자가 결혼한 가족', '이주노동자와 한국인이 결혼한 가족'으로 분류하였다. 김갑성(2006)은 한 가족 내에 다양한 문화가 공존하고 있다는 의미로 다문화가정을 정의하면서, '한국인 남성과 결혼한 이주여성가족', '한국인 여성과 결혼한 이주남성가족', '이주민가족(이주노동자, 유학생, 북한이탈주민)' 등을 포함하였다(임동호, 2009 재인용). 또한 설동훈(2006)은 국제결혼을 통하여 형성된 가족으로 정의하고 있다.

정책 대상으로 다문화가정의 범위를 보면, 교육인적자원부(2006)는 다문화가정을 "우리와 다른 민족 · 문화적 배경을 가진 사람들로 구성된 가족을 통칭하는 것으로 사용되고 있다."고 규정하고 있으며, 정책 대상으로는 국제결혼가정 자녀와 외국인 근로자 자녀를 포함하고 있다.

이와 같은 개념 정리를 통하여 다문화가정의 개념을 결혼이민자가족, 외국인 근로자가족, 북한이탈주민가족(새터민) 등을 포함하여 다음과 같이 정리하고자 한다. 즉, 다문화가정은 한국인 남성과 이주여성, 한국인 여성과 이주남성 간에 국제결혼한 가족, 이주노동자, 유학생, 북한이탈주민 등을 포함한 이주민가족으로 한 가족

내에 다양한 문화가 공존하고 있는 가족을 말하며, 다문화가정의 아동은 그들 자녀를 말한다.

2) 다문화가정 아동의 유형

다문화가정의 아동은 우리와 다른 문화적 배경을 가진 외국인 배우자와 한국인 사이에서 출생한 아동이라 할 수 있다. 그동안 우리나라에서 국제결혼을 통해 태어난 자녀를 부르는 용어는 '혼혈아동' 또는 '이주노동자(외국인노동자) 자녀', '국제결혼가정 자녀' 등 다양하게 불러 왔으며, 부모의 국적에 따라 '아메라시안(Amerasian)', '라이따이한(LaiDaihan)', '코시안(Kosian)' 등으로 불리기도 하였다(이지애, 2007). 다문화가정 아동의 유형을 분류하면 〈표 10-13〉과 같다.

다문화가정 아동은 특별한 욕구를 지닌 인구집단으로 부상하고 있지만, 빠른 다문화사회로의 이행에 대한 준비가 부족했듯이 이들 다문화가정 아동에 대한 지원과 사회통합에 대한 준비 역시 부족한 실정이며, 이들이 겪는 어려움도 다양하게 나타나고 있다(임동호, 2009 재인용).

〈표 10-13〉 다문화가정 아동의 유형

다문화가정 유형	아동 유형
결혼이민자가정	• 한국인 부와 외국인 모 사이에서 출생한 아동 • 한국인 모와 외국인 부 사이에서 출생한 아동 • 외국인 부모가 양육하는 전 결혼에서 출생한 아동
외국인근로자가정	• 외국인 근로자가 한국에서 결혼하여 출생한 아동 • 본국에서 결혼하여 형성된 가족이 국내에 이주한 가정의 아동
북한이탈주민가정	• 북한에서 부모와 같이 입국한 아동 • 부모가 입국 후 출생한 아동 • 북한이탈주민과 한국인 사이에서 출생한 아동

자료 : 김성경 외, 2009:300; 문선화 외, 2009:348 재구성

2. 다문화가정 아동의 현황

1) 결혼이민자가정의 아동 현황

〈표 10-14〉의 국제결혼이민자가족 아동 현황을 보면, 결혼이민자 자녀의 수는 2013년 현재 191,328명으로 나타나 있다. 만 6세 이하가 116,696명(61.0%)으로 영유아가 다수를 차지하고 있으며, 다음으로 만 7～12세 아동이 45,156명(23.6%), 그 다음으로 만 13～15세 아동이 18,395명(9.6%), 만 18세 이하가 11,081명(5.8)으로 점차 초등학교를 비롯하여 중고등학교 재학하는 결혼이민자 자녀는 급격하게 증가하는 추세를 나타낼 것으로 추산된다.

〈표 10-14〉 국제결혼이민자가족 아동 현황

단위 : 명(%)

연령/국적	만 6세 이하	만 7~12세	만 13~15세	만 18세 이하	계 (%)
동북아	48,606	30,349	14,681	8,108	101,744 (53.2)
동남아	60,401	11,751	2,892	2,303	77,347 (40.4)
남부아 (네팔 등)	1,360	596	215	230	2,401 (1.3)
중앙아 (우주베키스탄등)	2,213	811	141	132	3,297 (1.7)
미국	1,134	366	119	78	1,697 (0.9)
러시아	671	455	82	81	1,289 (0.7)
기타	2,311	828	265	149	3,553 (1.8)
계	116,696 (61.0)	45,156 (23.6)	18,395 (9.6)	11,081 (5.8)	191,328 (100.0)

자료 : 안전행정부(2013). 외국인주민현황자료 재구성

〈표 10-15〉를 보면, 2013년 현재 우리나라 초 · 중 · 고등학교에 재학하는 학생의 수는 매년 20만 명씩 감소하는 추세에 있지만, 다문화가정의 학생은 약 6천 명 이상씩 증가하고 있다. 2013년 현재 초 · 중 · 고등학교에 재학 중인 결혼이민자 자녀는 총 55,780명이며, 학교 급별로는 초등학교 39,430명, 중학교 11,294명, 고등학교 5,056명으로 나타났다.

〈표 10-15〉 결혼이민자 자녀의 재학 현황

구분	초	중	고	계
	인원	인원	인원	인원
2005	5,332	583	206	6,121
2006	6,795	924	279	7,998
2007	11,444	1,588	413	13,445
2008	15,805	2,213	760	18,778
2009	20,632	2,987	1,126	24,745
2010	23,602	4,814	1,624	30,040
2011	28,667	7,634	2,377	38,678
2012	33,792	9,647	3,515	46,954
2013	39,430	11,294	5,056	55,780

자료 : 교육부(2013). 다문화 가정 학생 현황. 재구성

결혼이민자의 경우는 한국 생활이나 한국어에 익숙하지 않은 상태로 입국하는 경우가 많고 결혼 후 임신과 출산으로 이어짐에 따라 새로운 생활에의 적응이 미흡한 상태에서 자녀양육을 시작하게 되는 것이 부담이 되기도 한다. 다른 유형의 다문화가정에 비해 학령 전 아동의 수가 많아 전체 결혼이민자가정 아동의 50% 이상을 차지하고 있으나 점차 학령기 아동 수가 증가하고 있다. 출생과 함께 한국인으로 외국인 어머니의 언어와 문화를 익힐 수 있는 이중 언어 · 이중 문화의 강점을 가지고 있다고 할 수 있다.

한편, 결혼이민자가정의 불안과 갈등을 야기할 수 있는 다양한 환경적인 여건과 이 외에도, 이주가정 아동의 외모와 피부색이 놀림의 대상이 된다든지 하여 외모가 이국적인 다문화가정의 아동들은 낯선 환경을 접하거나 사람을 만나는 것을 기피

하게 되어, 이로 인한 집단 따돌림을 경험하는 사례도 나타나고 있다. 따라서 성격이나 정체성의 문제, 청소년기의 방황에 대해 함께 고민해 주거나 관심을 가져 주어야 한다.

결혼이민자가정의 자녀가 겪는 학교 적응상의 어려움은 다음과 같다.

첫째, 국어능력의 부족과 학습부진을 들 수 있다. 즉, 일상적인 의사소통에는 큰 무리가 없으나 독해, 어휘력, 쓰기, 작문 능력의 부족, 학교수업에 대한 이해 부족을 들 수 있다.

둘째, 정체성의 혼란을 경험한다. 이주여성은 물론 그 아이들도 한국 사회에서의 자신의 위치에 대해 정체성의 혼란을 경험하고 있다.

셋째, 편견과 차별이다. 집단 따돌림의 이유는 모가 외국인이기 때문(34.1%)과 의사소통이 잘 안 되기 때문(20.7%)이 가장 많았다(설동훈 외, 2005:138-139). 이러한 집단 따돌림으로 인해 적개심이나 자신 없음, 자살충동 등 정서적인 충격을 경험하는 것으로 나타났다.

넷째, 진학의 어려움으로 혼혈아동의 학교 중퇴율이 일반아동보다 10배 이상 높은 것을 감안할 때 중학교, 고등학교로 진학하면서 어려움이 더 커질 것으로 예측하고 있다(조영달 외, 2006).

2) 외국인근로자가정의 아동 현황

외국인근로자가정 아동의 경우는 그 수가 적을 뿐만 아니라, 불법체류가족의 경우 자녀의 정규 교육과정에의 입학을 꺼리고 있어서 교육 기회의 사각지대에 있는 점이 가장 두드러진 점이라 하겠다. 외국인근로자의 경우, 노동계약에 따라 이주하기도 하나 미등록체류자(불법체류자)도 상당한 비율을 차지하고 있다. 대체로 기지촌 외국여성과 외국인노동자 2세, 외국인노동자 간 2세, 외국인노동자의 국내 입국 본국 자녀 등이 있다(정상우, 2008).

〈표 10-16〉에서 2010년 기준으로 일반학교 재학 외국인근로자 자녀 재학생 수는 초·중·고를 통틀어 1,748명으로 집계되었다. 일반학교에 재학 중인 이주노동자 자녀는 국제결혼가정 자녀와 마찬가지로 초등학교(62.9%, 1,099명)에 가장 많이 다니고 있고, 다음으로 중학교(25.5%, 446명), 고등학교(11.6%, 203명) 순이다. 그리고 이들은 서울과 경기 지역에 위치한 학교에 가장 많이 분포되어 있으며, 초등학교 비율이 가장 높다. 전체적으로 볼 때, 외국인근로자 자녀의 재학생 수는 2007

년에는 13% 감소했다가 2008년에 15.9% 증가, 2009년도에 9.4% 정도 감소 현상을 보이다가 2010년에는 37.6%의 대폭 증가 추세를 보이고 있다.

외국인근로자의 가족 형성에는 개입되는 변수가 많아 현재로서는 정확한 규모 파악에 한계가 있으나 전체적으로 재학생 수가 감소하다가 2010년(1,748명)에는 2005년(1,574명)보다 약 200여 명이 더 많으나, 자녀의 취학률은 저조한 편임을 알 수 있다.

〈표 10-16〉 외국인근로자 자녀의 재학생 수

(단위 : 명)

연도	초등학교		중학교		고등학교		계	
	인원	증감(%)	인원	증감(%)	인원	증감(%)	인원	증감(%)
2005	995	-	352	-	227	-	1,574	-
2006	1,115	-	215	-	61	-	1,391	-
2007	755	△32.3	391	81.9	63	3.3	1,209	△13.0
2008	981	29.9	314	△19.7	107	69.8	1,402	15.9
2009	834	△15.0	307	△2.2	129	20.6	1,270	△9.4
2010	1,099	31.8	446	45.3	203	57.4	1,748	37.6

※ 외국인근로자 자녀의 경우 재학 현황은 파악되나, 체류 · 신분 문제 등으로 인해 미취학 상태인 학교 밖 취학연령대 아동에 대한 파악은 어려운 실정

자료 : 교육과학기술부, 2010. 다문화가정 학생 현황

3) 북한이탈주민가정의 아동 현황

북한이탈주민(새터민)가정은 1990년대 중반부터 입국이 급증하면서 2001년 이후 매년 1,000명 이상이 입국하고 있으며, 2006년에는 사상 최고의 수가 입국하여 2007년 1만 명을 넘어섰으며, 입국자들의 47.0%가 가족 단위로 국내에 입국한 탈북자들이다(임동호, 2009).

〈표 10-17〉에서 보듯이, 2013년 1월 현재 북한이탈주민가정의 수는 2만5천 명을 넘었고, 가족 단위의 이주가 늘고 있다. 1960년대 북한이탈주민의 50%가 휴전선이나 해상을 통한 북한이탈이었으며, 1990년대 이후에는 제3국을 통한 국내 입국이 90% 이상을 차지하고 있다(윤여상, 2001: 86). 제3국의 체류 기간 동안 위태로운 생

활을 하며 이주하는 북한이탈주민의 경우 외국 가족 못지않게 사회 적응이 힘든 것으로 나타나고 있다. 삶과 죽음을 넘나드는가 하면 경제활동 비율이 49.6%로(윤여상, 2008:7) 매우 저조하며, '단순노무' 의 활동이 가장 높은 것으로 나타나 빈곤의 어려움을 겪는 것으로 볼 수 있다.

〈표 10-18〉을 보면, 북한이탈주민 중 19세 이하의 아동 · 청소년 비율은 2012년 12월 기준 15.8%를 차지하고 있으며, 이 중 10～19세가 11.7%, 10세 이하가 4.1% 정도 차지하고 있다(통일부, 2013).

초등학교에 비해 북한이탈주민가족 아동의 취학률은 중학교 50%, 고등학교 6.6%로 매우 낮은 반면 중도 탈락은 15% 내외로 높게 나타났다(조영달, 2006:32-34).

이러한 북한이탈주민가정 자녀에 대한 교육 지원은 민 · 관 양차원에서 매우 활발하게 진행되고 있는데, 정부 차원에서는 교육부와 통일부를 통한 지원이 이루어지고 있다. 남한에 입국한 이후 하나원 내 '하나둘 학교' 에서 3개월간 적응교육을 실시하고 있으며, 하나원 인근의 '삼죽초등학교' 에서도 특별 학급을 통해 적응교육을 실시하고 있다. 또 2006년 3월부터 새터민 청소년을 위한 특성화 학교인 '한겨레 학교' 를 설립하여 운영하고 있다.

민간 차원에서는 2005년 12월 현재 15개의 민간단체가 새터민 자녀를 위한 교육 프로그램을 운영하고 있다. 학생들의 중 · 고등학교 검정고시 시험을 돕기 위하여 생활 공동체 성격의 대안학교를 운영하고 있는 단체가 5곳, 방과 후 보충 학습을 돕는 프로그램을 운영하는 단체가 5곳이며, 특성화 고교를 운영하는 단체가 1곳이다. 그 외 4곳은 성인을 대상으로 한 야학 교육 프로그램을 운영하거나 직업훈련 또는 상담 프로그램을 운영하고 있다. 15개의 시설 중 13개는 서울 · 경기 지역에, 나머지 2개는 충남 천안과 부산에 각각 위치하고 있다(조영달, 2006:34).

〈표 10-19〉에서 2013년 9월 현재 23,575명에 대한 지역별 거주 현황을 보면, 북한이탈주민가정은 서울(27.6%), 경기도(28.3%), 인천(9.2%) 지역에 약 65%가 수도권에서 거주하고 있음을 알 수 있다.

북한이탈주민 사회적응 과정에서 가장 큰 도움이 되는 것으로 북한이탈주민들이 인식하고 있는 것은 정부의 교육과 지원이다. 정부의 교육과 지원이란 정착금 지급과 하나원 교육을 의미한다. 종교단체, 복지관과 같은 남한의 민간단체 역할에 대해서는 크게 도움이 된다고 인식하지 않는 것으로 나타났다(최현미 외, 2006). 또한, 북한이탈주민가정의 아동과 청소년은 이주 과정에서의 외상적 경험을 갖고 있는 경우가 많고 문화가 다른 남한 사회에서의 적응 과정에서 학교 취학률이 낮고,

중도 탈락률이 높아 좀 더 정책적인 배려가 요구된다(김성경 외, 2009:300).

<표 10-17> 북한이탈주민 입국 현황

(~' 13. 9월 입국자 기준) (단위 : 회)

구분	~' 98	~' 01	' 02	' 03	' 04	' 05	' 06	' 07	' 08	' 09	' 10	' 11	' 12	' 13. 9. (잠정)	합계
남	831	565	511	472	624	423	512	571	608	671	589	797	405	250	7,829
여	116	479	632	810	1,272	959	1,510	1,977	2,197	2,258	1,813	1,909	1,097	791	17,820
합계	947	1,044	1,143	1,282	1,896	1,382	2,022	2,548	2,805	2,929	2,402	2,706	1,502	1,041	25,649
여성 비율	12%	46%	55%	63%	67%	69%	75%	78%	78%	77%	75%	70%	72%	76%	69%

자료 : 통일부, 2013. 북한이탈주민현황

<표 10-18 > 북한이탈주민 연령별 유형

(~' 12. 12월 입국자 기준, 입국 당시 연령)

구분	0-9세	10-19세	20-29세	30-39세	40-49세	50-59세	60세 이상	계
남	506	1,344	2,101	1,818	1,120	390	300	7,579
여	511	1,530	4,630	5,702	2,968	874	814	17,029
합계(명)	1,017	2,874	6,731	7,520	4,088	1,264	1,114	24,608
비율(%)	4.1	11.7	27.4	30.6	16.6	5.1	4.5	100.0

자료 : 통일부, 2013. 북한이탈주민현황 재구성

<표 10-19> 북한이탈주민의 지역별 거주 현황

(~' 13. 9월 말 현재)

지역	서울	경기	인천	부산	경남	대구	충북	충남·세종
인원 (%)	6,497 (27.6%)	6,680 (28.3%)	2,163 (9.2%)	895 (3.8%)	857	686	815	654
지역	광주	강원	대전	전남	전북	울산	제주	계
인 원	568	555	476	527	463	368	163	23,575

* 사망 · 말소 · 이민자와 주소 미등록, 보호시설 수용자 제외

자료 : 통일부, 2013. 북한이탈주민 현황

3. 다문화가정의 아동복지 제도 및 서비스

1) 현행법에 나타난 지원

「다문화가족지원법」 중 아동복지와 관련된 조항을 살펴보면 제10조에 ①아동보육 · 교육을 실시함에 있어서 다문화가족 구성원인 아동을 차별하여서는 안 되며, ②다문화가족 아동이 학교생활에 신속히 적응할 수 있도록 교육지원 대책을 마련하고 방과 후 교육프로그램을 지원할 수 있으며, ③초등학교 취학 전 보육 및 교육지원을 위하여 노력하고, 그 아동의 언어발달 및 언어능력 제고를 위하여 한국어교육을 위한 교재지원 및 학습지원 등 필요한 지원을 할 수 있다고 명시하고 있다. 보육과 학교 적응, 그중에서도 언어발달 지원에 초점이 맞추어져 있다.

「재한외국인처우기본법」 제12조에도 '결혼이민자의 자녀에 대한 보육 및 교육지원 등을 통하여 결혼이민자 및 그 자녀가 대한민국 사회에 빨리 적응하도록 지원할 수 있다.' 고 명시하고 있다. 이러한 현행법에서 제안하고 있는 다문화가정 아동에 대한 지원 방향은, 결혼이민자 자녀의 경우 부모의 영향으로 언어능력이나 학교적응에 문제를 안고 있으므로 자녀 양육을 위해 결혼이민자가 한국어교육 및 한국문화교육이 필요하다는 동화주의적 접근을 내포하고 있다.

최근에는 이들 아동들이 지능이나 언어발달상의 학습능력 면에서 일반아동에 비해 떨어진다는 보고가 주를 이루고 있고, 이러한 장애를 치료하기 위한 지원에 치중하는 추세이다(임동호, 2009).

2) 정부 부처별 지원정책

정부 부처별 다문화가정의 아동복지정책 및 지원서비스 계획을 살펴보면 〈표 10-20〉과 같다. 2006년 정부의 '여성결혼이민자 사회통합 대책' 이후 정책의 대부분이 부모에 대한 임신, 출산, 보육지원 등 부모의 역할에 초점이 맞추어져 있다.

보건복지부 다문화가정 지원 관련 과에서는 2008년 10월 30일 '다문화가족 생애주기 맞춤형 지원 강화대책' 을 발표하였다. 이것은 입국 전 단계부터 정착기에 이르기까지 다문화가정의 생애주기에 따라 수용에 부응하는 맞춤형 서비스 제공을 강화하기 위함이다. 또한 2010년에는, 다문화가정 언어생활 지원을 하기 위해 언어지도사를 파견하여 다문화가정 자녀에게 언어발달 지원 및 결혼이민자에게 12개

언어의 통·번역 서비스를 제공하기로 했다. 각 지역별 다문화가족지원센터 운영사업은 해를 거듭할수록 프로그램 보완 및 내실을 기하고 있다.

〈표 10-20〉 정부 부처별 다문화가정 지원정책

부처별	지원정책
보건복지부	• 부모의 양육 능력 배양 • 영유아보육, 교육 강화 • 임신, 출산 지원 • 부모의 자녀양육 능력 배양 • 부모, 자녀 건강관리 • 아동 언어 및 학습 발달 지원 • 청소년 역량개발 지원 • 빈곤, 위기 아동·청소년 지원 • 부모 교사의 자녀 교육 역량강화사업 • 자녀양육 지원, 아동보호 • 한부모가정 지원
문화체육관광부	• 다문화가정을 위한 문화예술교육지원 프로그램 개발 및 시범사업 • 온누리안, 이주민 다문화 체험 지원 • 교육 • 다문화 체험 지원
법무부	• 외국인자녀 - 정착 지원 • 별거 시 자녀 접견을 위한 국내 체류 허가
교육부	• 대학생 멘토링 실시 • 다문화교육센터 설치 • 시·도 다문화가정 자녀교육 활성화 지원 • 2009~2012년 「다문화가정 학생교육 지원 방안」: – 다문화가정 유아·초등학생의 한국어·기초 학력 향상 지원 – 다문화가정 학부모의 자녀교육 역량 강화 지원 – 다문화교육 기반 구축 – 다문화 이해 제고 및 확산

자료 : 김유경 외, 2008, 한국보건사회연구원, 재구성

4. 다문화가정 아동복지의 문제점 및 복지 대책

이주아동의 교육권 보장은 그 부모의 양육지원 보장 없이는 사실상의 교육권 박탈이다. 현실적으로는 이주아동들의 학업 포기 사태가 빈번하다. 다문화가정 아동들의 가장 심각한 문제로 대두되고 있는 점은 미숙한 한국어 능력, 일반 학생들로부터의 차이에 기인한 집단 따돌림, 그리고 앞선 두 문제와 밀접하게 연관되어 나타나는 다문화가정 아동들의 정체성 혼란 문제 등을 들 수 있다(강휘원, 2006; 서종남, 2008; 김경아, 2008). 따라서 다문화가정 아동복지 실천에서의 몇 가지 문제점과 복지 대책을 제시하면 다음과 같다.

1) 미숙한 한국어 능력

다문화가정의 자녀들이 학교에서 겪는 가장 큰 어려움이 미숙한 한국어 능력임을 알 수 있다. 이들은 말을 배우는 가장 중요한 시기인 유아기에 한국말이 서툰 외국인 부모의 양육하에 성장 · 발달하기 때문에 언어 발달이 늦어지고 의사소통에 제한을 받는다. 이 시기에 적절한 언어 교육을 받지 못하면 초 · 중고등학교에 진학하여 학습 부진을 초래하게 되며, 일상적인 의사소통에 큰 문제가 없는 경우라 하더라도 독해와 어휘력, 쓰기, 작문 능력이 현저히 떨어지는 것으로 나타난다.

이에 대한 개선안으로 먼저, 가족과의 유대 관계를 돈독히 해야 한다. 한국에서 가정을 꾸리고 사는 이주여성들은 자녀가 한국어를 잘 해야 한다는 생각에 자신이 하기에도 벅찬 한국어로 아이와 대화를 하려고 한다. 그러나 어머니나 아이 모두 미숙한 한국어로는 원활한 의사소통을 할 수 없을 뿐더러 이러한 관계를 유지하는 것은 부모와 자녀 간의 깊은 유대를 이루게 하지 못한다. 어머니는 자기 언어를 써서 편한 마음으로 아이를 대해 유아기 친밀감을 더 많이 쌓는 게 중요하다. 이러한 대안이 나온 이유는 바로 부모 및 또래와의 불안정한 애착관계로 인해 대부분의 다문화가정 자녀들이 한국어 습득이 더디고 또래와 비교해서 부적응적인 성장기를 겪게 되기 때문이다. 이를 위해서는 아내 혹은 며느리의 모국어 사용을 꺼려하는 남편과 시부모들의 의식 개선도 필요하다.

또한 다양한 매체를 통한 교육이 필요하다. 광역자치단체 및 관할 교육청 홈페이지를 활용해 기존의 영어강좌 사이트와 '한국어학당' 이나 한국 문화를 알 수 있는 내용들을 구성하여 개설하는 방안도 고려해 볼 만하다. 한국어뿐만 아니라 다양한 언어로 한국어와 한국 문화를 가르치면, 한국어에 능통하지 않은 외국인들의 한국 사회 적응과 한국 문화를 이해하는 데 도움이 될 것이며, 결혼이민자나 이주노동자 자녀들이 그들 부모의 언어를 방송을 통해 습득할 수도 있을 것이다.

2) 집단 따돌림, 정체성 혼란

다문화가정 자녀의 경우 집단 따돌림을 받게 되면 일반 학생이 경험하는 그것과의 내용에 있어서 전혀 다르기 때문에 더욱 문제시된다. 일반 학생의 경우, 집단 따돌림을 경험하는 주된 이유는 '잘난 척해서' 인 반면, 다문화가정의 자녀는 그 성격상의 특성과는 무관하게 단순히 다문화가정의 자녀라는 이유 때문이다. 이런 경우에는, 다문화가정 자녀 본인의 의사와 무관하게 결정된 요인, 또는 본인의 노력에 의하여 해결될 수 없는 이유로 집단 따돌림을 경험하기 때문에 정서적 충격 (자살충동, 적개심 등)을 경험하게 된다는 것이다.

이에 대한 개선 방안으로 국제법에 맞게 국내에서도 이주아동의 권리를 보장해 주는 관련법 및 정책을 마련하고, 단일민족주의 사고의 극복, 사회통합에 대한 한국 정부의 인식과 진정성 있는 접근 등이 요구된다. 그리고 한국 사회의 적응을 위하여 멘토 사업을 운영하는 것이 좋을 것 같다. 즉, 학교생활을 도와주는 멘토와 사회생활에 도움을 주는 멘토 외에 자신의 심적인 부담과 고민을 상담할 수 있는 전문 상담 멘토 또한 좋은 역할이 될 것이다.

또한 방과 후 프로그램 운영에서 우리나라만의 풍습만이 아닌 타 문화의 풍습도 친구들과 함께 알아보고 함께 이야기를 한다면 편견 없는 학교생활을 영위해 나가는 데 도움이 될 것이다.

3) 다문화가정의 아동복지 서비스를 위한 선행 과제

첫째, 다문화가정 아동의 규모 및 생활 실태를 파악하여 이들이 필요로 하는 서비스 개발 차원의 실태조사가 전국 규모로 이루어져야 한다.

둘째, 자녀양육 지원 및 가족생활 지원으로 우리 문화 이해 및 사회적응을 도와야 한다. 즉, 아동복지의 기본 전제조건의 하나인 부모교육 및 부모역할 훈련, 필요한 지식 및 정보를 제공하는 상담서비스 등의 프로그램 제공이 주어져야 한다.

셋째, 다문화가정에 대한 통합적인 지원체계의 수립이 필요하다. 현재 이들에 대한 서비스가 산발적으로 진행되고 있는데, 전국적으로 통합적인 지원전달체계가 이루어져야 한다.

넷째, 일반학교 아동들이 다양한 문화를 이해하도록 다문화교육을 학교 교육과정에 포함시켜야 한다.

다섯째, 다문화교육을 담당할 전문인력 양성이 필요하다.

여섯째, 결혼이민자가정 및 외국인 이주노동자가정, 북한이탈주민가정은 지속적으로 늘어날 전망이므로 이들을 우리 사회의 구성원으로 통합시킬 수 있는 중장기 비전과 서비스 개발이 요구된다. 특히, 유연성과 탄력성이 높은 시기의 영유아 및 학령기 아동을 대상으로 하는 다양한 프로그램 및 정책 개발은 지속적으로 이루어져야 할 것이다.

제11장

대리적 서비스를 통한 아동복지 실천분야

Child Welfare

제1절 가정위탁보호사업

아동복지 실천을 위한 대리적 서비스란 아동이 자신의 본 가정을 완전히 떠나서 다른 가족이나 양육인에 의해 일시적 혹은 영구적으로 보호되는 서비스를 말한다. 부모의 사망, 유기, 질병 등의 사유로 가정이 와해되거나 부모 역할을 포기하게 되는 경우에 부모 역할의 전부를 대신하는 대리적 서비스가 주어지게 되는 것이다. 아동복지 실천 현장에서의 대리적 서비스 분야에는 가정위탁보호사업, 입양사업, 시설보호사업 등이 포함된다.

1. 가정위탁보호사업의 이해

1) 가정위탁보호사업의 개념

부모가 없거나 부득이한 사정에 의해 자녀를 제대로 돌볼 수 없는 경우 아동은 사회로부터 다양한 서비스를 받게 된다. 보호대상아동에 대해 실시되는 여러 사업 중 하나가 가정위탁보호사업(foster care service)이다. 가정위탁보호사업은 법적인 부모-자녀관계에서 아동들을 양육하고 책임지는 입양과는 달리 위탁가정에서 일시적 혹은 장기적으로 아동들을 보호하고 양육하는 대리적 보호사업이다. 즉, 아동이 친가정에서 양육될 수 없는 경우 또는 입양이 바람직하지 않고 불가능할 경우 다른 가정에서 일정한 계획된 기간 동안 보호와 양육을 받는 사업을 말한다. 하루 24시간 내내 친부모가 아닌 다른 부모의 가정에 의해서 대리보호(Cohen, 2000)를 받는 여러 종류의 양육을 의미한다.

가정위탁보호사업은 유럽은 물론 미국에서 탈시설운동(deinstitutionalization movement)으로 인해 아동보호에 문제가 있다고 인식된 시설수용보호의 문제를 해결하고, 입양이 불가능한 경우에 대한 대안으로 제시되었던 대리보호사업의 하나로 한국의 경우와는 달리 많은 위탁부모들의 자원에 의해 활발하게 진행되고 있다. 그러나 해방 후 현재까지 우리나라의 위탁사업은 일반적으로 입양을 가기 전 아동들을 일시적으로 맡기는 입양 보조적 사업으로서의 성격이 강하다.

위탁아동들은 위탁된 가정에서 가족의 한 구성원으로 적응하여 자신의 역할과 책임을 배우고 가족의 사랑을 느끼며 성장하고, 동시에 친부모는 자녀가 위탁되어 있는 동안 앞으로의 생활에 대한 준비를 함으로써 이후 부모와 자녀가 함께 생활할 수 있는 노력을 기울이도록 하는 기회를 제공해 준다는 데 의의가 있으며, 부모가 없거나 부모에게로 돌아갈 수 없는 아동의 경우 입양될 수 있는 기회가 되기도 한다.

2) 가정위탁보호사업의 대상

가정위탁 보호아동의 대상은 아동복지법 제3조에 의거한 18세 미만의 아동으로 보호를 필요로 하는 아동 중 가정위탁보호로 의뢰된 아동이다.

① 부모의 질병, 가출, 실직, 수감, 사망 등으로 보호가 필요한 아동
② 아동학대 및 방임 등 분리보호가 필요한 아동
③ 독립적인 가구를 구성하면서 생활하고 있는 미성년의 소년소녀가정세대

아동의 가정위탁에는 부모나 후견인이 사회복지사와 협의를 거쳐 아동을 가정이나 시설에 위탁하는 자발적인 위탁과, 아동의 비행으로 가정법원의 판결이 있는 경우, 학대방임 피해아동이나 부모가 친권을 포기한 아동 등 법원에 의해 가정위탁이 명령된 비자발적 위탁의 두 가지가 있다.

그러나 가정위탁보호가 언제나 최선의 방책은 아니어서 다음과 같은 몇 가지 경우에는 가정위탁보호가 어렵다(김익균 외, 2005).

첫째, 아동이 지역사회에서 인정될 수 없는 행동문제를 가지고 있거나 혹은 아동이 자신의 가족 구성원 삶에 위험이 될 수 있는 문제를 지니고 있을 경우

둘째, 아동의 장애가 그 가정이나 혹은 지역사회가 제공할 수 없는 특수한 보호나 훈련을 요구하는 경우

셋째, 아동의 친부모가 가정위탁에 반대할 경우

넷째, 위탁부모와 자기 친부모에 대한 아동의 충성심이 분리되어 혼란이 일어날 위험이 있는 경우

다섯째, 많은 아동들 사이에 아동을 두는 것이 좋지만 그와 같은 조건을 갖춘 가정을 찾기 어려울 경우나 혹은 매우 짧은 기간 동안 대리적 보호가 필요한 경우이다.

3) 위탁가정의 선정

우리나라의 가정위탁보호는 현재 민간입양기관들이 입양대상아동을 위해 자체적으로 운영하는 영유아 대상 위탁가정과 보건복지부가 일반아동을 대상으로 가정위탁지원센터를 통해 시행하는 가정위탁사업의 두 가지가 있다. 여기서는 국가적 제도로서 보건복지부의 가정위탁보호를 대상으로 내용을 살펴본다.

(1) 위탁가정의 종류

보호대상아동이 발생했을 때 가정위탁보호서비스의 첫 단계는 위탁가정을 선정해 주는 것이다. 그런데 가정위탁보호에는 위탁가정과 아동의 혈연관계에 따라 대리양육 가정위탁, 친척위탁과 일반가정위탁으로 나누어진다.

① 대리양육 가정위탁 : 친 · 외조부모가 위탁아동을 양육하는 경우
② 친인척 가정위탁 : 친 · 외조부모를 제외한 친인척이 위탁아동을 양육하는 경우(민법에 의한 8촌 이내의 혈족에 의한 양육)
③ 일반가정위탁 : 위탁아동과 혈연관계가 없는 일반인이 위탁아동을 양육하는 경우

우리나라는 전통적으로 부모로부터 보호를 받지 못하는 위탁보호대상아동이 발생하면, 대가족제도에서 조부모나 친인척을 먼저 찾게 되며 사실 이들이 아동을 보호하고 양육하는 데 중요한 역할을 해 왔다. 친인척가정에 위탁된 아동이 비교적 위탁가정을 옮겨 다니는 일이 적고, 친부모와 계속적인 접근을 하는 경우가 많아 친부모와 재결합할 확률이 높기 때문이다(Courtney & Needell, 1997; Testam 1997). 그러나 2000년도부터는 대리양육이나 친인척위탁가정의 보호아동을 가정위탁제도 내에서 공식 보호하고 있다.

(2) 위탁가정의 선정 기준

일반가정의 위탁부모는 각 시 · 도의 가정위탁지원센터에서 모집 · 선발하여 교육하고 있다. 위탁가정을 희망하는 가정이 신청하면 가정위탁지원센터에서는 위탁가정 가족원의 범죄 · 가정폭력 · 아동학대 고발 기록을 점검하고 위탁가족원의 알코올 · 약물중독 여부 확인서와 건강진단서를 확인하며 추천자와의 면담도 병행한

다. 위탁가정으로 선발되면 아동발달, 행동관리, 아동심리 이해와 대처 기술 그리고 아동학대, 약물중독, 가정폭력에 노출된 아동의 욕구 이해와 같은 교육을 받게 된다.

위탁가정 선정 기준은 다음과 같다(보건복지부 아동청소년사업안내, 2010).

① 기본 요건(친인척 및 일반인 공통)

- 위탁아동과 동거할 것(단, 층의 위아래 경우는 해당)
- 위탁아동을 돌봄에 현저한 장애 및 건강상의 질병이 없을 것
- 위탁받고자 하는 자 및 그 가족에게 범죄, 가정폭력, 아동학대, 알코올 · 약물중독 등의 전력이 없을 것
- 위탁가정으로 적합한지 여부를 가정조사 시 이웃 등을 통해 확인
- 가정위탁에 필요한 교육을 이수할 것. 다만, 대리양육가정 및 친 · 인척 위탁가정의 경우에는 가정위탁 후 6개월 이내 교육이수(가정위탁 후 반드시 확인)
  - ※ 위탁부모 교육 시에는 위탁양육에 대한 이해, 위탁양육의 절차, 위탁아동의 특성, 좋은 부모의 역할 등의 내용이 포함되어야 함
  - ※ 대리양육 · 친인척 위탁가정의 경우 교육이수 대상자가 노령, 질병 등 불가피한 경우에는 직접 가정을 방문하여 교육을 실시할 수 있음
  - ※ 지자체는 위탁부모 교육 시 적극 협조하며, 위탁책정 시 위탁부모 교육에 대한 내용을 안내함

② 일반인에 의한 위탁보호

- 위탁부모가 혼인관계를 유지하고 있으며 위탁아동을 부양함에 충분한 재산이 있을 것
  - ※ 경제적인 목적이 아닌 선의의 동기로 위탁아동 양육을 결정한 것에 대한 확인이 필요함
  - ※ 시 · 군 · 구는 위탁부모가 중앙 및 지역 가정위탁지원센터 등에서 실시하는 교육을 4시간 이상 이수하도록 조치
- 위탁아동에 대하여 종교의 자유를 인정하고 사회의 일원으로서 그에 상응한 양육과 교육을 할 수 있을 것
- 가정이 화목하고 정신적 · 신체적으로 위탁아동을 양육함에 현저한 장애가 없을 것

- 공립아동상담소 또는 이웃 주민 2인 이상의 추천을 받을 것
- 위탁받는 자의 나이가 25세 이상(부모인 경우 부모 모두 해당)으로서 위탁아동과의 연령차이가 60세 미만일 것
- 위탁가정의 아동은 자신의 자녀를 포함 4인을 넘지 않을 것(18세 이상 친자녀는 자녀 수에서 제외)
- 결혼하여 아이를 키워 본 경험이 있는 가정을 원칙으로 함(다만, 시장 · 군수 · 구청장이 위탁아동을 건전하게 양육하기에 특별히 적합하다고 인정하는 경우에는 위탁 가능)

4) 가정위탁보호의 절차

가정위탁지원센터에서는 지역별로 가정위탁보호사업을 실시하기 위해 위탁가정을 선발하며 상담서비스, 지원서비스, 교육서비스, 홍보서비스, 경제적 지원서비스, 지역연대서비스, 연구조사 및 기타 자조모임운영이라든가 위탁가정캠프와 같은 서비스를 운영하고 있다.

가정위탁보호의 절차는 읍 · 면 · 동이나 시 · 군 · 구에서 위탁 대상 아동을 가정위탁지원센터로 보내면 가정위탁지원센터에서는 아동의 적응을 위한 상담을 비롯한 서비스를 거쳐 아동을 위탁가정에 배치한다. 일정 기간 동안의 가정위탁보호가 이루어진 후 위탁이 종결되면 아동은 다시 친가정으로 복귀된다. 위탁가정에 대해 부모교육, 가정조사, 양육상담 등의 서비스를 제공하는 동시에 아동의 친가정에 대해서도 가정기능 회복을 위한 상담 및 서비스를 통해 위탁아동이 친가정으로 복귀할 수 있도록 지도한다.

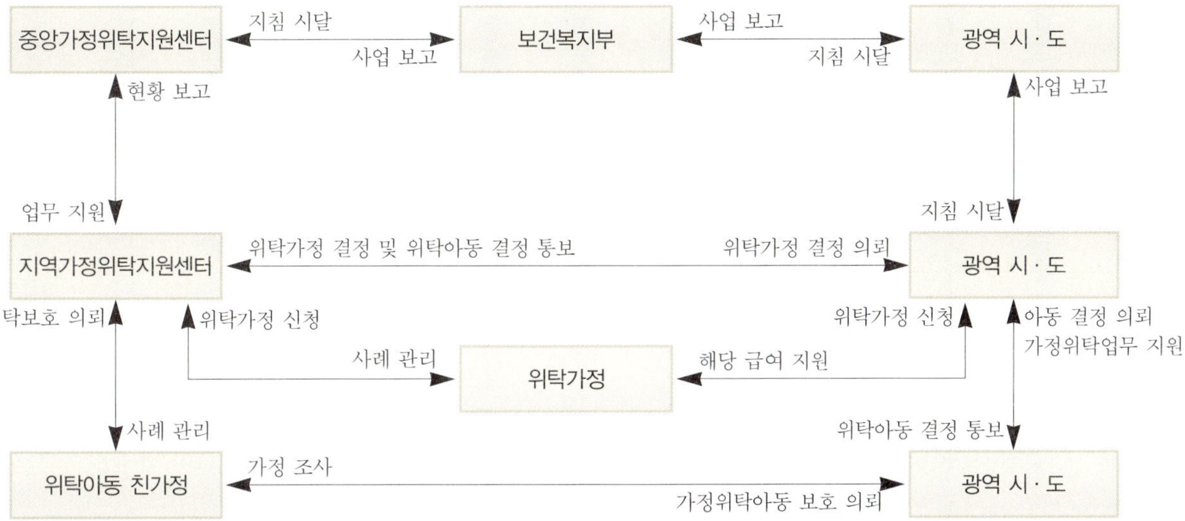

[그림 11-1] 가정위탁보호 업무 흐름도

2. 가정위탁보호서비스의 현황

1) 가정위탁보호 대상 아동의 현황

가정위탁 유형에 따른 아동의 수를 연도별로 나타내면, 〈표 11-1〉과 [그림 11-2]와 같다. 가정위탁보호 아동은 2003년 7,565명에서 2009년 16,608명으로 2배 이상 증가한 것을 볼 수 있다. 2010년과 2011년은 각각 16,359명과 15,486명으로 위탁아동의 감소를 볼 수 있는데, 전체 보호필요아동의 감소와 함께 가정위탁 보호조치의 감소로 나타난 결과로 볼 수 있다. 유형별 비율을 보면 대리양육 위탁아동의 경우 2009년에는 65.9%였는데, 2010년 66.4%로 증가하였다가 2011년에는 65.9%로 다시 감소하였다. 반면 친인척위탁아동의 경우 2009년 27.1%에서 2010년 26.7%로 감소하였다가 2011년 27.5%로 다시 증가하였다. 일방위탁아동의 경우 2003년 7.5%에서 2006년 8.6%로 꾸준히 증가하다가 2007년부터 계속해서 감소 추세를 보이고 있다. 2011년에는 6.6%에 머물러 일반위탁부모를 양성할 수 있는 방안이 필요하다고 볼 수 있다(보건복지부, 중앙가정위탁지원센터, 2011).

앞으로 일반가정위탁이 잘 발달되어야 위기 상황에 처한 많은 아동이 양육시설이 아닌 가정위탁보호서비스를 받을 수 있는 기회가 높아지므로, 일반위탁가정의 발굴과 훈련 및 보수체계의 현실화 등이 심각히 고려되어야 한다.

<표 11-1> 가정위탁보호 유형별 연도별 위탁아동 현황

(단위: 명)

구분 / 연도	계(%)	대리양육 위탁아동	친인척 위탁아동	일반가정 위탁아동
2011년	15,486(100.0%)	10,205(65.9%)	4,260(27.5%)	1,021(6.6%)
2010년	16,359(100.0%)	10,865(66.4%)	4,371(26.7%)	1,123(6.9%)
2009년	16,608(100.0%)	10,947(65.9%)	4,503(27.1%)	1,158(7.0%)
2008년	16,454(100.0%)	10,709(65.0%)	4,519(27.5%)	1,226(7.5%)
2007년	16,200(100.0%)	10,112(62.4%)	4,850(29.9%)	1,238(7.7%)
2006년	14,465(100.0%)	9,062(62.6%)	4,160(28.8%)	1,243(8.6%)
2005년	12,562(100.0%)	7,552(60.1%)	4,007(31.9%)	1,003(8.0%)
2004년	10,198(100.0%)	5,196(51.0%)	4,133(40.5%)	869(8.5%)
2003년	7,565(100.0%)	3,458(45.7%)	3,541(46.8%)	566(7.5%)

자료 : 보건복지부 · 중앙가정지원센터, 2012

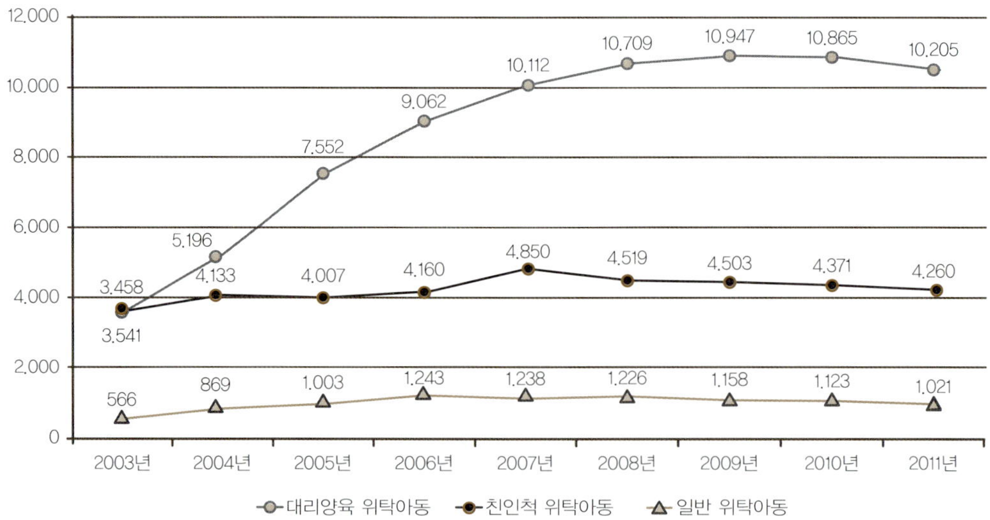

[그림 11-2] 가정위탁보호 유형별 연도별 위탁아동 현황

자료 : 보건복지부 · 중앙가정지원센터, 2012

아동위탁의 이유를 위탁 유형에 따라 살펴보면 외국의 경우 친가정의 아동학대와 방임으로 인한 위탁가정보호의 비중이 높은 데 비해, 우리나라에서는 부모의 이혼, 가출, 재혼이 높아 이혼, 별거 등으로 인한 가정해체가 가장 큰 비중을 차지하고 있다는 것도 큰 특징이다(허남순, 2004).

〈표 11－2〉는 2011년도에 보건복지부와 중앙가정지원센터에서 조사한 「가정위탁보호 현황보고서」에 있는 가정위탁보호의 사유를 나타낸 결과이다. 전체 위탁보호 사유 중 부모의 별거 또는 가출이 29.6%로 가장 높은 비율을 나타내고 있으며, 이혼이 28.1%, 부나 모 사망이 26.2% 순으로 나타났다. 위탁 유형별로 살펴보면 대리양육위탁의 경우 이혼이 31.7%로 가장 높은 비율로 나타났으며 친인척위탁은 부나 모의 사망이 36.2%로 가장 높았고, 일반위탁은 별거 또는 가출이 29.0%로 가장 높게 나타났다. 이러한 부모의 별거나 가출, 이혼, 사망이 단순히 가정위탁보호되는 원인이라기보다는 이로 인해 아동의 보호자가 부재하거나 경제적 빈곤을 해결하기 위해 경제활동을 하면서 아동을 양육할 수 없는 환경에 처하게 되기 때문으로 볼 수 있다. 가정위탁보호되는 주 사유가 대부분 가족의 위기로 인한 것으므로, 해체의 위기에 처한 가족을 대상으로 하는 예방적 차원의 지원시스템을 구축하여 아동의 친가정 내 보호기능을 강화하여야 한다. 또한 부모 사망으로 인한 위탁보호의 경우에는 영구배치를 위한 노력이 우선되어야 한다.

〈표 11-2〉 가정위탁보호 사유

(단위: 명, %)

구분	계	부모 모두 사망	부나 모의 사망	별거/가출	이혼	부모 수감	실직·빈곤	부모 질병	학대·방임	미혼모(부)/혼외출생	시설 의뢰	부모 장애	기타
계	15,496	459	4,061	4,582	4,361	262	241	197	156	214	26	27	910
	100.0	2.9	26.2	29.6	28.1	1.7	1.5	1.3	1.0	1.4	0.2	0.2	5.9
대리양육	10,512	197	2,497	3,273	3328	158	165	92	55	102	1	10	634
	100.0	1.9	23.7	31.1	31.7	1.5	1.6	0.9	0.5	1.0	0.0	0.1	6.0
친인척	3,955	251	1,434	1,011	821	78	26	72	42	33	0	12	175
	100.0	6.3	36.2	25.6	20.8	2.0	0.7	1.8	1.1	0.8	0.0	0.3	4.4
일반	1,029	11	130	298	212	26	50	33	59	79	25	5	101
	100.0	1.1	12.6	29.0	20.6	2.5	4.9	3.2	5.7	7.7	2.4	0.5	9.8

자료 : 보건복지부 · 중앙가정지원센터, 2012

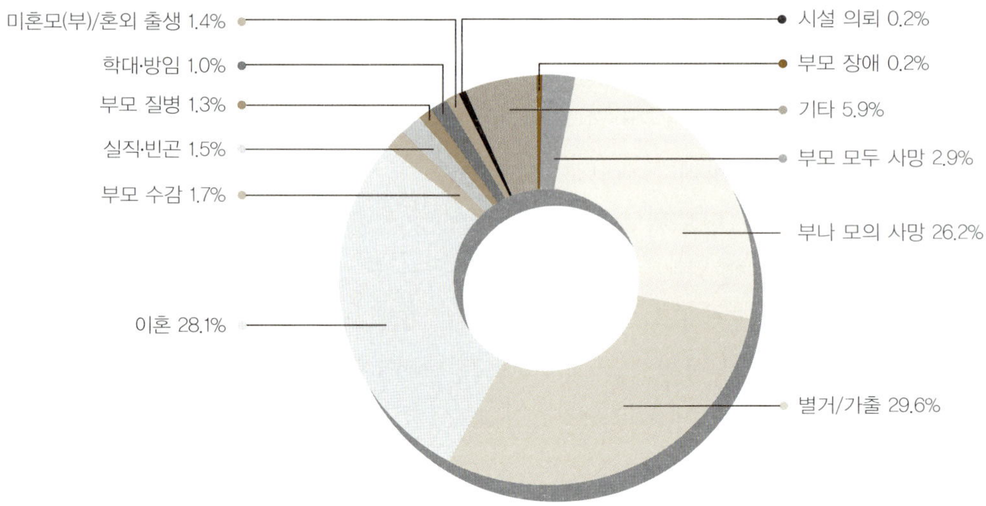

[그림 13-2] 가정위탁보호 사유

자료 : 보건복지부 · 중앙가정지원센터, 2012

2) 가정위탁지원센터의 현황

우리나라는 2003년도부터 가정위탁지원센터를 설치하기 시작하여 전국 16개 시 · 도에 17개의 가정위탁지원센터가 설치되어 있다. 2005년 아동복지법 개정을 통해 가정위탁보호의 법적 근거를 마련하였으며 2006년부터는 가정위탁아동 대상 상해보험제도를 규정하였다. 또한 2007년에는 가정위탁보호아동의 심리사회적 적응 과정에 대한 추적연구를 실시하는 등 효과적인 가정위탁보호 서비스 체계 확립과 정책적 방향을 제시함으로써 아동의 건전육성과 가족의 재결합 지원에 주력하고 있다.

가정위탁보호사업의 법적 근거는 「아동복지법」 제3조 6호(가정위탁 용어의 정의), 제15조(보호조치), 제48조(가정위탁지원센터의 설치 등), 제49조(가정위탁지원센터의 업무)에 근거하고 있다. 그동안 우리나라에서는 보호대상아동이 발생하면 대개 아동양육시설로 배치하였고 일부 부모가 없는 아동에 대해 성인보호자 없이 미성년 아동이나 청소년만으로 세대를 구성하여 독립적인 생활을 하도록 하고 정부가 생활보호 차원에서 각종 지원을 제공해 온 소년소녀가정세대라는 제도를 적용해 왔다. 그러나 아동 · 청소년은 부모 또는 성인보호자의 보호와 양육이 필수적이라는 지적이 거듭되고 UN에서도 폐지를 권고함에 따라 이들을 가정위탁보호로 전환하고 있다. 정부는 2001년부터 친인척이나 부양의무자인 조부모와 동거하는 아동들은 친인척 가정위탁이나 대리양육으로 전환하도록 하고, 돌보아 줄 친인척이 없는 아동은 시설보호에 앞서 일반위탁가정보호를 하도록 하였다. 그 결과 2000년 1,772명에 불과했던 가정위탁 아동의 수는 소년소녀가정세대의 전환 사업이 지속됨에 따라 계속해서 증가하고 있다.

3. 가정위탁보호서비스의 내용

1) 주체의 욕구

가정위탁보호서비스에는 위탁대상아동, 위탁가정부모, 친부모, 그리고 가정위탁지원센터의 4개의 주체가 관련되어 있다. 현재 우리나라에서 가장 많은 형태인 소년소녀가정세대의 전환 사례들을 제외했을 때, 순수한 제3자 위탁가정보호는 입양과 달리 아동이 조만간 본래의 자기 부모에게 돌아간다는 전제조건을 가지고 있는 임시적 서비스이다. 따라서 가정위탁보호서비스에서는 아동을 안전하게 보호하고 양육할 뿐만 아니라 원래의 가족과 연계가 약화되지 않도록 가족보전과 재결합을 위한 노력이 경주되어야 한다. 이러한 과정에서 가정위탁보호에 관련된 4개 주체는 각기 다른 욕구를 가지고 있다.

위탁아동	보호를 필요로 하는 아동 중 친가정에서 양육할 수 없다고 판단되어 위탁보호로 의뢰된 아동
위탁부모(가정)	일정 기간 동안 친가정(부모)의 역할을 대신해 위탁아동을 보호·양육하여 친가정 복귀를 돕는 가정(부모)
친부모(가정)	위탁아동의 친권을 가지고 있는 친부모이며, 아동의 정상적인 보호·양육이 어려워 일정 기간 가정위탁보호를 요청한 가정(부모)
가정위탁지원센터	시·도(시·군·구)의 가정위탁보호 업무를 지원·협력하며, 위탁아동이 건전하고 안정적인 가정 내에서 보호·양육되도록 지원하는 기관

(1) 아동의 서비스 욕구

위탁대상아동은 위탁의 이유에 따라 가지고 있는 잠재적 문제점들이 다를 수 있다. 부모의 질병이나 빈곤의 이유로 아동이 위탁된 경우 아동은 위탁가정에서의 적응 욕구 이외에 큰 문제가 없다고 볼 수 있다. 이들은 자신들이 위탁된 이유도 잘 이해하고 있어 친부모와 위탁부모 사이에서 충성심의 갈등도 별로 느끼지 않고, 원래의 가족과 관계도 잘 보존되는 편이다. 그러나 아동이 부모의 방임이나 학대로 위탁보호되는 경우에는 문제가 다르다. 아동은 부모에 대한 애증의 감정을 갖게 되며 위탁가정의 부모에 대해서도 의심, 거리감과 공포감을 느낄 수 있어 위탁가정에서도 잘 적응하지 못한다. 친부모로부터 버림받았다는 상실감이 강하여 대인관계에 어려움을 겪고 마음을 잘 열지 않아 위탁부모로서도 양육이 어렵다. 경우에 따라서는 친부모로부터의 학대나 방임의 잔재에 대한 전문치료가 필요할 수도 있다. 이런 아동의 서비스 욕구는 대개 의료적 서비스, 교육적 서비스, 심리검사와 치료, 새로운 환경에 적응할 수 있도록 하는 사회적 서비스 등으로 상당히 종합적이다.

(2) 친가정의 서비스 욕구

친가정은 아동을 가능하면 빠른 시간 내에 도로 찾아야 하는데 이를 위해서는 위탁의 이유에 따라 다양한 서비스를 필요로 한다. 질병이나 빈곤의 경우 의학적 치료와 경제활동이 관건이지만 약물중독이나 학대와 방임 등의 문제를 가지고 있을 경우에는 지속적이고 전문적인 서비스가 요구된다. 약물중독치료, 부모교육, 가족상담, 교통편의 서비스 제공, 주거보호와 고용보호 등 친가정이 가지고 있는 문제에 대한 차별화된 종합적 서비스를 통해 아동이 안전하게 돌아갈 수 있는 가족환경으로 거듭나야 하는 것이다.

(3) 위탁가정의 서비스 욕구

위탁가정 역시 서비스 욕구를 가지고 있다. 위탁보호가정이 효과적이려면 맡은 아동의 문제에 대한 이해가 있어야 하고 이런 문제를 가진 아동의 양육 및 관리 훈련이 필요하며 경우에 따라서는 위탁부모의 휴식을 위한 보육이나 돌봄 서비스도 제공되어야 한다. 위탁아동과 위탁부모 간에 갈등이 있을 수도 있기 때문에 이런 문제해결에 대한 욕구도 있을 것이다. 또 아동이 친가정과 위탁가정을 오가는 동안 두 가정의 아동양육 방식의 차이로 인한 친부모와 위탁부모가 갈등이 있을 수 있다. 양 가정이 이런 문제에 관해 허심탄회하게 서로의 입장을 논의하고 공개적으로 방침을 정하는 것이 바람직하지만 그렇지 못한 많은 경우 조정작업이 필요하다.

(4) 가정위탁지원센터의 서비스 욕구

가정위탁지원기관은 위탁가정을 개발하고 훈련하며 아동에게 적합한 위탁가정을 선정해 주는 일뿐만 아니라 아동을 위탁보호하는 가정과 아동, 친부모와의 관계에서 일어날 수 있는 여러 가지 갈등에 직접적인 개입을 통해 전문가적인 입장에서 문제를 해결하는 역할을 해야 한다. 또 친가정으로 돌아갈 수 없는 아동의 입양이나 향후 보호의 방법에 관해 담당 사회복지사와 긴밀히 협조하여야 한다. 가정위탁보호서비스는 입양과 달리 아동이 조만간 본래의 자기 부모에게 돌아간다는 전제조건을 가지고 있는 임시적 서비스이다. 따라서 가정위탁지원센터에서도 아동과 친부모가 사정이 허락하는 대로 전화, 면접, 방문 등을 통해 연계가 지속적일 수 있도록 구체적이고 체계적인 개입을 해야 하며 친부모와 위탁부모 그리고 아동이 지역사회의 다양한 서비스를 효과적으로 이용할 수 있도록 해야 한다. 또 자체적으로 위탁가정의 위탁 목표 달성 정도를 평가하고 위탁부모와의 긴밀한 협의를 통해 서비스를 조정하고 지역사회자원과 협조체계를 확립하여야 한다.

2) 서비스의 실천 원칙

위탁가정과 위탁아동들이 효과적으로 서비스를 제공받기 위해서 전문가들은 아동 중심의 원칙, 가족 보존의 원칙, 친인척가정 우선 배치의 원칙, 연계성의 원칙, 적절성의 원칙, 전문성의 원칙 등에 따라 시행하여야 한다.

아동 중심주의 원칙	아동의 건전한 인격 형성을 최우선으로 고려
가족 보존의 원칙	친가족의 가족 기능을 회복시켜 아동이 친가정으로 복귀하는 것을 돕고, 친가정 유지가 어려운 경우에는 대리가정을 발굴하여 건강한 위탁가정을 유지
친인척가정 우선 배치의 원칙	친인척가정에 특별한 결격 사유가 없는 한 아동의 문화적·정서적 충격을 최소화하고자 아동 본인의 의사를 고려하여 친인척가정에 우선 배치
연계성의 원칙	아동의 건강한 성장과 친가정의 가족기능 회복을 위해 지역사회 협력기관과 네트워크 체계를 구축하여 맞춤 서비스 제공
적절성의 원칙	아동 및 위탁가정의 특성이 고려된 적합한 위탁가정에 아동을 배치하고 사례 개입에 요구되는 적절한 서비스 제공
전문성의 원칙	위탁보호 과정에서 발생되는 다양한 문제에 효과적으로 대처하기 위해 각 분야별 전문적인 서비스를 제공하고 지속적인 교육을 통한 전문성 향상

4. 가정위탁보호서비스의 문제점과 복지 대책

가정위탁보호서비스는 2003년 가정위탁지원센터의 설립과 함께 친부모가 양육할 수 없는 아동에 대한 보호 방식에 큰 전환을 가져올 수 있는 중요한 아동복지사업이다. 가정위탁제도로 위탁가정에 대한 국가의 생계비 지원, 교육비 지원, 위탁양육비 지원, 의료보호 등이 있으며, 대리양육가정이나 친인척가정의 경우는 주거안정을 위해 임대지원금이나 임대주택 우선지원정책이 있다. 현금은 수급권자 책정을 통한 생활비, 가정위탁양육비와 그 외 교육비, 의료보호, 대리양육과 친인척가정에 대한 전세자금 지원이나 임대주책 입주 혜택이 있다. 그 외 위탁가정에게 상담 및 양육을 위한 서비스를 지원하는데 이런 서비스는 일반가정위탁 중심이며 대리양육이나 친인척위탁가정에게는 거의 상담 및 아동양육에 필요한 조언 등의 서비스를 제공하지 못하고 있다.

가정위탁보호서비스는 친가정에서 문제가 있어 일시적으로 보호가 필요한 아동이나 영구적인 보호 방법을 모색하는 동안의 아동양육 방법으로 매우 중요하다. 또 우리나라처럼 국내입양이 어려운 상황에서 가정위탁보호서비스는 위탁가정에서 위탁보호하던 아동을 자연스레 입양할 수 있게 하는 중간적 부수효과도 상당히 큰 것으로 사례들이 말해 주고 있어 확대 실시할 필요가 있다.

따라서 가정위탁에 대한 법률적 · 행정적 근거를 확실히 하고 위탁가정에 대한 재정적 지원 및 위탁대상아동에 대한 재정지원, 그리고 가정위탁지원센터의 업무 구체화와 평가 및 지역사회 자원과의 연계 노력이 무엇보다 중요하다. 가정위탁제도가 발전되기 위해서는 다음의 문제점들이 해결되어야 한다.

1) 법적, 제도적 근거 마련

가정위탁보호사업의 법적 · 제도적 근거가 미흡하다. 가정위탁보호서비스를 활성화하고 정착화하려면 우선 기본이 되는 가정위탁사업에 관한 법률 제정 및 이에 근거한 제도의 개선이 필요하다. 아동복지법에 가정위탁에 대한 정의와 가정위탁지원센터 설치에 대한 내용이 있긴 하나, 현재 시행 중인 가정위탁의 세 가지 유형인 대리양육, 친인척가정위탁, 일반가정위탁에 대한 구분이 없고, 사업의 합법성이나 종사자의 신분 보장이 미약하다. 또한 부모가 있으면서 가정위탁을 의뢰한 아동에 대한 후견인 설정과 관련된 지침이 없어 이런 아동이 부모가 연락이 되지 않는 상황에서 응급수술 등을 하는 경우라든지, 또는 부모가 행방불명이 된 경우 이 아동의 향후 후견 책임이 모호하게 된다는 문제점이 있다. 이는 곧 양육의지가 없는 부모에 대해서도 친권상실을 청구할 수 있는 권한을 누구에게 인정할 것인지에 관한 문제와도 연결된다. 부모가 아동을 가정위탁해 두고 데려갈 생각을 하지 않거나 행방불명이 되거나, 또는 아동의 안위를 위태롭게 하는 경우, 현행 법상으로는 지방자치단체의 장이 친권상실을 신청하지 않는 한 친권을 제한하거나 아동의 향후 영구적 보호를 위한 입양 등의 조치를 취할 수 있는 방법이 없기 때문이다.

2) 보호대상아동에게 가정위탁보호서비스 실천

아동보호에 있어 가정위탁보호를 시설보호보다 우선해야 된다는 원칙이 잘 지켜지지 않는다는 점이다. 아동이 가정적인 환경에서 자라도록 하기 위해 가정위탁이 시설보호보다 양질의 보호조치로서 우선되어야 함에도 불구하고 위탁가정의 선발과 교육, 그리고 위탁가정과 아동의 연결 등 절차가 시설보호보다 복잡하며 사후관리도 쉽지 않아 지금까지의 관행대로 시설보호를 우선할 가능성이 높다. 따라서 관련 공무원들에 대해 보호대상아동이 발생했을 때 시설보호보다 가정위탁을 우선시하도록 교육할 필요가 있다(윤혜미 외, 2010).

3) 가정위탁보호서비스의 장기적 비전과 전문성 확보

가정위탁서비스의 장기적 비전과 전문성의 문제이다. 우선 가정위탁사업은 아동의 원가정 복귀나 입양 등 영구적 보호조치가 강구될 때까지의 임시적 보호 형태로 보아야 한다. 그러나 원가정 복귀나 입양 등의 영구적 보호조치가 마련되기 위해서는 아동의 물리적 보호에 그치는 것이 아니라 위탁아동의 서비스 욕구와 아동의 친부모가정에 대한 서비스 및 위탁가정에 대한 서비스가 필수적이다. 아동과 가정 양쪽이 가진 문제가 다 해결되어야 아동이 안전하게 원래 가정에 복귀할 수 있을 것이기 때문이다. 아동의 보호에만 집중하고 친가정에 대한 개입이 충분치 않거나 위에서 지적한 법률적 미비로 친가정에 돌아갈 수 없는 상황인데 입양 등 영구적 보호를 추진하기 어려워지면, 그리고 위탁가정에 대한 서비스가 부족하여 위탁부모와 아동 간에 문제가 해결되지 않으면 아동이 다수의 위탁가정을 장기간 전전하게 되어 오히려 문제가 될 수 있기 때문이다. 따라서 가정위탁이 효과적인 아동보호방법이 되기 위해서는 아동과 친가정, 위탁가정 삼자에 대한 통합적 서비스가 필요하다.

미국의 경우 아동학대와 방임 등 피해아동이 가정위탁보호를 거쳐 원가정으로 복귀하는 비율이 높은 반면, 우리나라의 위탁아동은 대개 부모의 사망이나 이혼 등으로 원가정 복귀율이 매우 낮다. 〈표 11-3〉은 가정위탁 종결 사유를 보여주는데 이처럼 원가정 복귀율이 낮은 것을 고려할 때 가족보존서비스, 특히 원가정이나 친부모 등 부양 책임자에 대한 연계와 교육 등의 서비스는 매우 중요하다. 내실 있는 가족보존서비스와 방문면접권 등 아동과의 지속적인 연계를 통해 아동의 원가정 복귀율을 높이려는 노력이 필요하며 처음부터 원가정 복귀가 불가능하다고 판단될 경우 영구 배치를 위한 숙고도 필요하다.

<표 11-3> 가정위탁보호의 유형별 종결 사유

(단위: 명, %)

구 분		계	친가정 복귀	위탁 가정의 환경 변화	아동과 위탁 가정의 부적응	아동의 문제 행동	만 18세 이상으로 종결	입양	위탁 가정의 부적합	전출	수급 대상 탈락	기타	파악 안 됨
대리양육		1,394	173	25	1	8	942	1	2	186	15	39	2
		100.0	12.4	1.8	0.1	0.6	67.6	0.1	0.1	13.3	1.1	2.8	0.1
친인척		682	67	10	1	7	453	0	2	102	13	25	2
		100.0	9.8	1.5	0.1	1.0	66.4	0.0	0.3	15.0	1.9	3.7	0.3
일 반		198	64	8	9	4	45	3	7	22	0	25	2
		100.0	33.9	4.2	4.8	2.1	23.8	1.6	3.7	11.6	0.0	13.2	1.1
계		2,265	304	43	11	19	1,440	4	11	310	28	89	6
		100.0	13.4	1.9	0.5	0.8	63.6	0.2	0.5	13.7	1.2	3.9	0.3

자료 : 보건복지부 · 중앙가정지원센터, 2011:32

4) 위탁아동에 대한 법정 후견인 선정

원가정 복귀가 어려운 아동은 법정 후견인을 선정하거나 입양될 수 있도록 조치가 취해져야 한다. 아동을 데려가기 위한 노력이나 책임을 다하지 않는 경우도 많으므로 이 경우 위탁부모가 법적 후견인이 되기를 원하게 되면 이를 가능하게 해주고 대리양육이나 친인척위탁 중 원가정 복귀가 어려운 경우에도 조부모나 친인척이 법적 후견인이 될 수 있도록 해주어야 한다. 그리고 위탁가정이 아동을 입양하고자 할 때에는 우선적으로 그 가정에 입양될 수 있도록 제도적 장치를 마련할 필요가 있다.

5) 위탁보호가정에 대한 보수의 현실화

위탁보호가정에 대한 보수의 현실화가 절실하다. 아동의 위탁보호에 대한 보수가 현재 수준은 상징적 의미에 그친다고 해야 할 것이다. 위탁가정의 헌신과 봉사에만 의존해서는 가정위탁보호서비스를 제대로 발전시킬 수 없다. 아동이 가지고 있는 문제의 다양성과 심각성을 고려할 때 적정한 수준의 보수가 반드시 확보되어야 하며, 보수가 적정할 때 많은 좋은 가정을 위탁가정으로 발굴할 수 있고 아동보호 내용에 대해 보다 엄격한 평가 잣대를 적용할 수도 있을 것이다.

6) 가정위탁 담당기관 지원 및 전문인력 확보

다양한 위탁가정의 개발과 지원 및 관리를 담당하는 가정위탁지원센터의 기능 강화 문제이다. 가정위탁이 성공하기 위해서는 일반아동, 학대피해아동, 장애아동 등 다양한 가정위탁보호 욕구가 있는 아동에 대해 적합한 양육 경험과 기술을 갖춘 위탁가정을 다수 확보하여 훈련, 관리해야 하는데 가정위탁지원센터가 이를 담당하는 것이 아직은 매우 힘들다는 것이다. 특히 현재의 위탁가정에 대한 경제적 지원 수준과 2~3명으로 이루어진 위탁가정지원센터 직원 수로는 좋은 위탁가정을 많이 발굴하여 적절히 관리하고 지도 감독하기란 매우 어려운 실정이다.

제2절 입양사업

1. 입양사업의 이해

1) 입양의 개념

입양이란 대리보호의 한 형태로서, 법적 절차를 거쳐 친부모가 아닌 성인과 아동이 친자관계와 동일한 관계를 형성하게 되는 것이다. 즉, 혈연관계가 아닌 사람과 사회적 또는 법적 관계에 의해서 부모-자녀관계를 형성하는 것을 말한다. 친부모가 아동을 키울 능력이 없을 때 또는 양육하려 하지 않을 때 그 아동에게 대체 가정을 제공하는 것이다. 과거에는 가계 계승을 목적으로 일가친척들 사이에서 입양이 이루어졌기 때문에 특별한 조치가 필요하지 않았다. 그러나 오늘날에는 사회적 도움이 필요한 보호대상아동이 입양됨으로 인해서 조치가 필요하게 되었다.

이러한 입양이 지니는 특성은 첫째, 아동을 위한 비시설보호의 방법이다. 둘째,

부모-자녀관계 및 형제자매관계 등 가족관계를 창출하며, 아동을 위한 영구적인 가정을 제공한다. 셋째, 양부모와 입양아동(양자) 모두에게 공동적으로 인간적인 욕구를 충족시키려는 노력이다. 넷째, 아동의 복지를 위해 국가에서 정한 일정한 법적 절차에 따라 이루어지고 법의 보호를 받는다. 다섯째, 양부모는 양자의 양육에 관하여 친부모와 다름없는 책임을 장기간 지게 된다.

2) 입양사업의 개념

입양사업이란 입양의 성립을 위한 일련의 조치로서 관계법의 제정에서부터 입양을 알선하고 성립시키는 기관의 모든 활동을 포함한다. 초기의 입양은 주로 고아들을 대상으로 입양사업이 전개되었으나 근래에는 미혼부모의 아동들이 점차 증가하고 있다.

입양사업의 목적은 첫째, 아동에게 영구적 가정과 지속적이며 건전한 가족관계를 갖게 해줌으로써 아동의 건전한 성장과 발달을 도모한다. 둘째, 불임부부에게 부모가 될 수 있는 기회를 제공한다. 셋째, 가문의 이름을 지속시키며 유산을 물려주는 수단이 된다. 넷째, 자녀를 양육·보호할 능력이 없거나, 자녀를 원치 않는 부모를 위한 대체 수단이 된다. 다섯째, 자녀를 양육하고 싶은 욕구를 지닌 사람들에게 기회를 제공하게 된다. 여섯째, 시설수용으로 인해 발생하는 아동보호의 문제를 해결하는 대안이 된다.

입양사업이 지니는 의의는 자신의 친부모로부터 분리될 수밖에 없는 아동에 대하여 친가정과 유사한 환경에서 지속적인 보호를 받을 수 있게 함으로써 아동의 복지를 장기적으로 보장해 줄 수 있다는 점으로, 아동의 입장에서는 부모 없이 성장함으로써 발생할 수 있는 다양한 문제를 예방할 수 있고, 입양가정의 입장에서는 입양을 통해 자녀양육의 기회를 갖게 되고 부모로서의 역할 만족과 무자녀로 인해 겪는 문제를 해결할 수 있게 된다.

3) 입양의 유형

입양 서비스의 유형은 다음과 같이 여러 유형으로 분류할 수 있다.

(1) 친족 입양(related adoption)과 비친족 입양(nonrelated adoption)

친족 입양은 아동이 혈연관계의 친척이나 친지 또는 아버지나 어머니의 재혼으로 인해 가족관계를 이루고 있는 사람에 의해 입양되는 경우를 말한다. 비친족 입양은 아동이 전혀 친족관계를 갖지 않은 사람에 의해 입양되는 경우를 말한다.

(2) 국외입양과 국내입양

아동이 자신이 태어난 국가가 아닌 다른 국가나 사회로 입양되는 경우와 자신의 국가 내에서 입양되는 경우로 구분할 수 있다.

(3) 독립 입양(independent adoption)과 기관 입양(agency adoption)

독립 입양은 기관을 거치지 않고 친부모와 양부모가 직접 상의하거나 친척 또는 의사나 변호사 등 제삼자의 소개로 입양하는 경우 또는 아동을 매매하여 입양하는 경우도 포함된다. 반면 부모가 친권을 포기하고 국가에서 인가받은 기관에 아동을 양도하여 기관에서 입양을 담당하는 것을 기관 입양이라고 한다. 우리나라의 경우 입양기관은 아동복지법에 의한 아동복리시설이나 국민기초생활보장법에 의한 보호시설 등의 법인이 보건복지부 장관의 허가를 얻어서 운영된다. 입양기관의 전문가는 상담을 통해 친부모로부터 친권포기를 받고 기관이 법적 대리인이 되어서 입양 절차를 밟는다. 이러한 경우 기관이 아동의 법적 대리인이 되어 입양시키므로 비밀보장이 가능해 입양 후 문제가 적다. 그러나 서류상의 절차가 복잡하여 입양을 기다리는 시간이 길다.

(4) 비밀입양과 공개입양

비밀입양이란 아동의 생물학적 부모가 누구인지를 입양부모 또는 입양아에게 공개하지 않는 것으로 마치 입양부모가 입양아를 출산한 것처럼 가장하여 입양의 비밀을 계속 유지하는 것이다. 비밀입양은 그동안 우리나라 국내입양의 관행이었는데, 문화적 요소인 강한 혈연의식에 기인한 것이라 하겠다. 즉, 혈연으로 아버지와 연관되지 않은 자녀의 경우에는 사회에서 그 자녀의 가계 계승 및 자녀로서의 정당성에 의문을 던지는 경우가 많아(배태순, 1998) 입양부모는 이러한 사회적 낙인을 피하고자 비밀입양을 선호한다는 것이다. 따라서 대부분의 국내 입양부모들은 자연히 입양의 비밀 유지가 어렵지 않은 아동의 입양을 선호해 왔다. 비밀 유지가 쉬운, 눈에 띄는 신체적 장애가 없는 건강한 신생아만의 입양을 원해 왔던 것이다. 비밀입양을 원하는 많은 입양부모들은 이렇게 하는 것이 정당한 혼인관계를 가진 부모에게서 태어났다는 지위를 부여해, 사회의 편견에서 아동을 보호할 수 있다고 여겨 온 것이다.

따라서 국내의 입양 실무도 비밀입양이 주류를 이루어 왔으며, 국내입양기관은 입양부모의 비밀 유지에 사실상 협조해 주는 폐쇄적인 입양 실무를 해 왔다. 물론 비밀입양은 아동과 입양부모의 애착을 높여 주어 상호 적응이 빠르다는 장점도 있지만 다른 한편으로는 입양부모들이 아동에게도 입양 사실을 비밀로 함으로써 입양아동의 그들에 대한 애정과 충성심을 그의 친부모에게 빼앗길지도 모른다는 심리적 두려움을 감소시키려는 의도도 있다고 지적되고 있다. 또 입양아동이 나중에 자신의 입양 사실을 알게 되었을 때 정체성에 대한 고민과 함께 가장 신뢰할 수 있는 대상인 부모가 자신에게 거짓말을 하였다는 배반감에 방황하는 경우가 많다는 것이다.

한편 공개입양이란 입양 사실을 입양아동은 물론 입양가정 주위의 모든 사람에게 공개하는 것을 말한다. 공개의 범위는 각 가정마다 친인척에게만 알리는 경우, 이웃과 교육기관에 모두 알리는 경우 등 각각의 사례마다 다양하게 나타난다. 그러나 친부모와 소식이 단절되었거나 양부모가 원하지 않으면 입양아동의 친부모와 연락을 하거나 만나지는 않는다. 또 입양부모와 친부모 및 입양아동이 모두 공개된 상태에서의 입양을 개방입양이라고 따로 분류하기도 한다(윤혜미 외, 2010).

2. 입양사업의 현황

1) 국내외 입양 현황

우리나라는 1950년대 6·25 전쟁으로 인해 증가한 고아와 혼혈아가 주 입양 대상이었는데, 전후 복구에 바빴던 정부는 이러한 아동들에게까지 신경을 쓸 수가 없는 상황에서 불가피하게 해외입양을 시작하였다. 이에 영향을 받아 현대적 의미의 국내입양도 시작되었다. 1960년대에는 빈곤으로 인한 기아가 많았으나 1970년대 이후 경제개발과 함께 성 개방풍조 등의 영향으로 미혼모가 양육을 포기하는 아동이 입양 대상의 큰 비율을 차지하였다. 경제성장을 자부하게 된 1970~80년대에 입양아동들, 특히 국외입양아동들의 숫자가 줄어들기는커녕 오히려 급격하게 증가하였다. 〈표 11-4〉에서 보듯이 1960년대에 7,275명이 국외로 입양된 데 비해 1970년대에는 48,247명으로 6.6배, 1980년대에는 8.9배가 증가한 65,321명이 국외로 입양되었다.

1988년도 올림픽 개최로 국가적 위상을 감안, 정부는 해외입양을 줄이기 위해 다각도로 노력하였다. 1988년만 하더라도 국내외 입양을 통틀어 8,787명이 입양되었으나 그 수는 점점 줄어들어 2011년에는 총 2,464명이 입양되었다. 또한 일반적으로 늘 국외입양아동의 수가 국내입양아동의 수에 비해 월등히 많았으나 2007년 이후 국내입양아동의 숫자가 국외입양아동을 약간 상회하기 시작한 것으로 나타났다. 이것은 국내입양이 획기적으로 증가해서라기보다는 정부에서 여러 가지 이유로 국외입양을 줄이고자 입양쿼터제 등을 실시한 데 따른 영향으로 볼 수 있다.

표에 따르면 전체 입양아동 수는 2001년 4,206명에서 2011년 1,548명으로 감소 추세에 있으며 특히 국외입양아동이 2001년 2,436명에서 2011년 916명으로 급감한 것을 알 수 있다. 국내입양아동 수는 2001년 1,770명에서 2009년 1,314명으로 456명 감소 추세였다가 2011년에는 1,548명으로 증가한 것을 볼 수 있는데 이는 정부의 국내입양 활성화정책 추진, 입양에 대한 사회적 인식 제고 등으로 전체 입양아동에서 국내입양이 차지하는 비율이 2001년 42.1%에서 2009년 53.9%, 2010년 59.1%으로 매년 증가 추세인 것과 같은 맥락이다.

〈표 11-4〉 국내외 입양 현황

(단위 : 명)

구분	1961~70	1971~80	1981~90	1991	1993	1995	1997	1999	2000	2001
국내	4,206	15,304	2,503	1,241	1,154	1,025	1,412	1,726	1,686	1,770
국외	7,275	48,247	65,321	2,197	2,290	2,180	2,057	2,409	2,360	2,436
계	11,481	63,551	67,824	3,438	3,444	3,205	3,469	4,135	4,046	4,206
구분	2002	2003	2004	2005	2006	2007	2008	2009	2010	2011
국내	1,694	1,564	1,641	1,461	1,332	1,388	1,306	1,314	1,462	1,548
국외	2,365	2,287	2,258	2,101	1,899	1,264	1,250	1,125	1,013	916
계	4,059	3,851	3,899	3,562	3,231	2,652	2,556	2,439	2,475	2,464

자료 : 보건복지부, 2012

2) 입양아동의 발생 유형

국내입양 대상 아동의 발생 유형은 〈표 11-5〉에서 보여주는데, 2010년 총 1,462명의 입양아동 중 미혼부모의 아동이 여전히 1,290명으로 가장 높은 비율을 차지하고 있다.

〈표 11-5〉 2010년 입양대상아동 발생 유형 및 보호 유형

구분	입양 신청자	계	입양아동 유형					보호 유형	
			미혼 모(부) 아동	유기 아동	빈곤 가정 아동	한부모 가정 아동	기타	시설 보호 아동	위탁 보호 아동
계	1,733	1,462	1,290	46	73	27	26	643	819

자료 : 보건복지부, 2011

입양대상아동에는 장애아 출현율이 전국 평균을 훨씬 웃도는데 이는 입양대상아동의 80~90%에 달하는 미혼모들이 임신 중에 적절치 못한 섭생이나 질환, 스트레스와 부족한 의료수급 등으로 태아의 건강이 잘 유지되지 못했기 때문으로 본다. 다른 한편으로는 장애아이기 때문에 친권을 포기하는 경우도 많기 때문으로 생각할 수도 있다. 그러나 국내입양은 1세 미만의 건강한 비장애아동을 선호하는 경향이 매우 강하여 2010년 자료를 보면 국내입양된 1,462명의 아동 중 1세 미만이 1,350명으로 거의 대다수를 차지하고 있으며 장애아동은 37명(3.2%)에 지나지 않았다. 장애아동의 국내입양 활성화를 위하여 2011년 현재 장애아동 입양양육보조금(중증 627천 원, 경증 551천 원)과 연간 260만 원 한도 내에서의 의료비를 장애아동 입양가정에 지원하고 있음에도 불구하고 장애아동의 국내입양은 매우 미미하여 2010년 국외 가정으로 입양된 아동의 20%가 장애아동이라는 사실과 대비된다. 〈표 11-6〉은 2010년 국내입양아동의 건강상태, 성 및 연령별 현황이다(윤혜미 외, 2010).

<표 11-6> 2010년도 국내입양아동의 건강상태, 성, 연령별 현황

(단위 : 명)

구분	계	성		연령별			
		남	여	3월 미만	3월~1세 미만	1세~3세 미만	3세 이상
계	1,462	479	983	1,063	287	57	55
비장애	1,415	462	953	1,044	269	52	52
장애	47	17	30	19	18	5	3

자료 : 보건복지부, 2011

3. 입양 제도와 서비스

1) 관련법

입양은 법적 관계에 의해 친자관계를 성립시키는 것이므로 다른 관계법과도 깊은 관련을 가지고 있다. 즉 헌법, 민법, 형법, 가족관계의 등록 등에 관한 법률, 아동복지법, 입양특례법 등을 들 수 있다.

입양 관련 법 제정의 과정을 살펴보면 6 · 25 전쟁 이후 급증한 전쟁고아와 혼혈아동의 해외입양의 근거를 마련하기 위해 1961년 「고아입양특례법」을 시초로 1970년 이를 「입양특례법」으로 개정되었다. 1995년 국내입양을 촉진하기 위해 「입양촉진 및 절차에 관한 특례법」으로 전면개정되었는데, 이 법의 의의는 입양기관을 경유한 입양 실시와 입양아동의 권익보호에 필요한 친자입적 · 파양에 관한 사항을 신설함은 물론, 입양가정에는 국민주택을 우선 분양하고 양육보조금을 지급하는 것 등 아동권익과 국내입양 활성화를 강조하였다는 것이다. 2005년의 개정작업은 국가와 지방자치단체의 입양사무촉진 의무를 명시하고 입양기관의 알선을 통해 입양된 장애아동 등 입양아동의 건전한 양육을 위해 양육보조금을 지급할 수 있음을 명시하였다(윤혜미 외, 2010).

2011년 입양특례법은 전문개정을 거쳐 입양의 절차와 요건을 강화하고 입양 사후관리를 활성화하여 건전한 입양문화가 정착되도록 함으로써 아동의 권익을 보호하고 복지 증진에 목표를 두고 있다. 주 내용은 시 · 도지사 또는 시장, 군수, 구청장은 양친이 될 자가 양친이 될 자격을 갖추었는지 여부를 확인하기 위하여 양친이 될 자의 가정을 방문하여 가정 상황을 조사하도록 하여 입양의 절차와 요건을 강화하였으며, 사후관리 기간을 1년으로 연장하고, 입양 알선이 곤란한 자 또는 입양이 취소된 자 또는 파양선고를 받은 자로서 보호자가 입양기관에 보호를 요청한 자가 보고되면, 그 아동의 부모 또는 직계존속을 확인하여 아동의 입양알선 곤란, 입양 취소, 파양 등의 사실을 알리도록 하여 사후관리를 강화하였다. 또한 입양숙려제를 도입하고, 해외입양아에 입양 관련 정보접근권 보장, 국가기관 허가 절차인 가정법원허가제를 도입하고 국외입양을 줄이기 위한 노력 등이 명시되어 있다.

또한 중앙입양정보원을 두어 입양아동 · 가족정보 및 친가족 찾기에 필요한 통합 데이터베이스 운영, 입양아동의 데이터베이스 구축 및 연계, 국내외 입양정책 및 서비스에 관한 조사 · 연구, 입양 관련 국제협력 업무, 그 밖에 보건복지부 장관으로부터 위탁받은 사업을 하도록 하였다.

입양과 관련된 법으로는 국내법뿐만이 아니라 국제조약도 해당된다. 아동의 권리에 관한 국제협약 제21조는 입양아동의 권리에 관한 조항으로서 입양은 아동의 이익을 최우선적으로 고려할 것을 보장해야 하며, 국외입양은 아동이 어떠한 적절한 방법으로도 국내에서 양육될 수 없을 경우에만 그 대체 수단으로 고려되어야 함을 명시하고 있다. 또한 국외입양에 관계되는 아동은 국내입양의 경우와 대등한 보장 장치와 기준을 향유하도록 하여야 하며 국외입양은 이의 관련자들이 부당한 재정적 이익의 결과를 갖지 않도록 조치되어야 함을 강조하고 있다. 이어 제11조는 아동의 국외 불법 이송 퇴치와 이를 막을 국가의 의무, 이를 위한 양자조약의 체결 및 다자간 조약의 가입을 의무화하고 있다(윤혜미 외, 2010).

2) 행정조직과 전달체계

입양은 '보건복지부 가정 · 아동복지과 → 시 · 도의 보건복지국(서울시-여성정책담당관) → 시 · 군 · 구의 아동복지과 → 입양기관'의 전달체계를 가진다. 아동의 입양은 아동입양기관과 아동상담소에서 이루어지며, 지방의 경우에는 아동일시보호소와 영 · 유아보호시설에서도 입양이 이루어지고 있다. 입양을 희망하는 부모는 먼저 방문 또는 메일을 통해 양친가정조사 신청서를 입양 관련 기관에 접수하고 상담한다. 이를 접수한 기관은 2회 이상의 가정조사를 통해 주민등록등본, 호적등본, 건강진단서를 확인한 후 적부를 결정한다. 적격한 자의 경우 양친가정 조사서를 발급 받고 아동을 대리모나 시설에서 데리고 온다.

발생된 보호대상아동에 대해 해당 공공기관은 부양의무자 확인 공고를 15일간 하고, 부양의무자가 확인되지 않으면 입양기관의 알선에 따라 양부모에게 인도되어 호적 신고(국외입양은 국적 취득)를 행하는 일련의 절차를 밟게 된다. 국내입양은 입양기관(상담기관 포함)을 통하여, 그리고 국외입양은 보건복지부 장관의 허가를 받은 입양 알선기관을 통하여 할 수 있도록 되어 있다. 국내에는 국내외 입양사무를 담당하는 23개의 입양기관이 있는데 이 중 국외입양은 홀트아동복지회, 대한사회복지회, 동방아동복지회, 한국사회봉사회의 4개 기관에만 허락되어 있다. 입양 6개월 후 아동이 등재된 주민등록등본을 확인하는 것으로 아동입양기관의 업무는 종결된다.

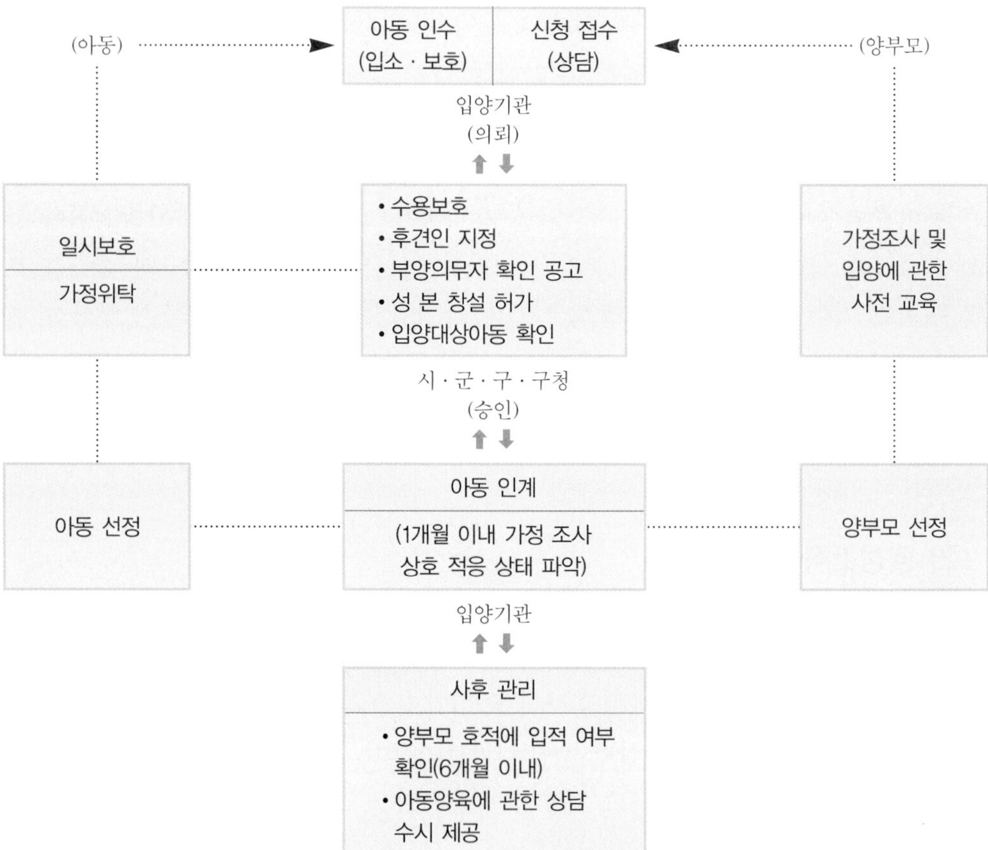

[그림 11-3] 국내입양 전달체계

3) 입양아동 지원 서비스

정부에서는 국내입양을 활성화하기 위해 몇 가지 입양 지원책을 시행하고 있다. 첫째, 2004년부터는 입양아동에 대한 양육 부담을 덜어 주기 위해 국·공립어린이집 및 비영리 법인이 설치한 민간어린이집 등 정부지원시설에 입양아동이 우선 입소할 수 있도록 하였다. 또 입양아동에 대한 의료비 부담을 경감시키기 위해 2005년 1월부터 입양된 18세 미만의 아동은 의료급여 수급권자가 되어 의료비를 지원받을 수 있다. 둘째, 입양아동인 중·고교 재학생 또는 입학생의 수업료와 입학금을 면제하였으며 셋째, 장애아동 입양을 도와주기 위해 지체장애·시각장애·청각 및 언어장애 또는 정신지체 아동이나 분만 시부터 질환이 있는 아동, 입양 시에는 의료적 문제가 없었으나 선천적 요인으로 장애나 질환이 발생한 아동에 대해 1인당 월 551,000원씩 양육보조수당을 지급하고 연간 260만 원 한도 내에서 의료비의 본인부담금 전액을 상환받을 수 있도록 하였다. 넷째, 입양가정당 5백만 원에서 1천만 원까지의 주택분양 및 전세자금을 할증 지원하고 있다. 또 2007년 1월부터 13세 미만의 아동을 입양한 가정에게는 월 10만 원의 양육수당이 지급되고, 공무원을 대상으로 하여 14일간의 유급 입양휴가제가 우선 실시되며, 입양부모가 입양수속기관에 납부해야 하는 수수료 일부를 지방자치단체가 지원하도록 하고 있다. 또 6세 이하의 양자에 대해서는 해당 과세 기간의 종합소득금액에서 양자 1인당 100만 원을 공제받을 수 있으며 2008년 이후 입양한 사람은 종합소득세에서 양자 1인당 200만 원을 추가로 공제받을 수 있다.

또한 중앙입양정보원을 통해 전국 입양대상아동 정보통합관리시스템을 운영하여 입양 정보 및 사후 상담서비스와 성장한 입양인의 뿌리 찾기 서비스, 국내외 입양인 및 입양가족 후원 서비스, 자원봉사자 개발·교육 서비스, 후원 서비스, 홍보서비스 및 입양가족단체를 지원하고 있다.

4. 입양사업의 문제점과 복지 대책

1) 입양사업의 문제점

(1) 국내입양의 문제점

첫째, 법적 보장이 미흡하다. 현행 입양특례법에서는 입양 후 1년이 경과하여야만 양부모에게 법적 권리가 주어지고 있어 90%가 비밀 보장을 원하는 양부모의 입장에서는 입양을 결정하는 데 어려움이 있다.

둘째, 입양 방법은 입양에 대한 사회적 관념과 인식 태도를 평가할 수 있는 척도인데 국내입양에 대한 홍보가 증가하고 있음에도 불구하고 입양 사실을 주위에 비밀로 하고 싶다는 견해가 지배적이다. 이는 입양아동에 대한 부정적이고 편견된 사회의 고정관념이 변하지 않고 있음을 알리는 근거가 되며 국내입양 활성화에 장애가 되고 있다.

셋째, 양부모의 자세이다. 대부분의 양부모가 아동을 입양하는 데 있어 입양아동의 배경, 연령, 성별, 혈액형 등의 조건을 요구하는 등 지나치게 선별적이다.

넷째, 보호대상아동 발생률도 많으나 국내입양으로 선별되어 가는 아동은 적기 때문에 자연히 국내입양에서 가정으로 입양되고 있는 실정이며 앞으로 계속 연구 · 검토되어야 할 것이다.

다섯째, 우리나라 국내입양사업이 기관을 통해 시작된 지도 40년이 지나고 있고, 그 숫자도 대단히 많음에도 불구하고 정확한 통계나 입양의 성공 여부에 관한 사후관리는 부족한 상태이다.

(2) 국외입양의 문제점

국외입양사업의 경우, 입양아동 호송인당 과다한 아동의 호송문제와 입양대상아동 확보에 따른 의료기관, 사회복지시설과 금품수수 사례, 그리고 국외입양 아동의 사후관리 미흡이 문제점으로 제기되고 있다. 특히 국외입양에서 나타나고 있는 공통적인 현상은 종족성과 관련된 정체성의 문제이다. 상이한 문화적 충돌이나 충격으로 사회화 과정에 있어서의 적응에 갈등을 겪고 있는 상태이다.

2) 입양사업의 복지 대책

입양사업의 문제점을 토대로 복지 대책을 다음과 같이 모색하였다(윤혜미 외, 2010; 최순옥 외, 2011).

(1) 입양대상아동 발생 예방

입양대상아동의 주요 발생 원인이 미혼모의 자녀, 결손가정의 자녀, 기아 등 다양한 원인으로 나타나고 있다. 입양대상아동의 발생을 예방하기 위해서 미혼모의 발생 예방을 위한 성교육과 피임교육은 물론, 나아가 미혼모 단독가구를 지원하는 정책이 고려되어야 한다. 결손가정을 예방하기 위해서는 가족해체를 방지하는 소득지원책과 심리적, 정서적 지원을 제공하여 입양대상아동의 발생을 사전에 예방한다.

(2) 입양에 대한 국민 인식 개선

기본적으로 입양정책은 부부 또는 가족 중심이 아닌 아동 중심의 철학이 반영된, 국민의식을 선도하는 정책이 되어야 한다. 국내입양이 활성화되기 위해서는 혈연중심적인 사고를 지양하고 입양아동에 대한 부정적인 태도나 편견을 갖지 않도록 교육하며 입양에 대한 긍정적인 이미지를 형성할 수 있도록 국가 차원에서 적극적인 홍보와 국민의 인식 개선운동이 시행되어야 한다.

(3) 입양 후 사후관리 강화

입양특례법에는 사후관리에 대한 입양기관의 의무를 규정하고 있다. 입양 후 서비스는 입양가정이 성공적으로 기능하도록 하며 입양아동이 잘 성장하도록 지원하게 한다. 이를 위해서 입양기관에서는 사후관리를 위한 창구를 개설하고 상담요원의 배치는 물론, 관계되는 서류를 영구적으로 보관하는 일이 필요하다. 국외입양아와 입양인들에 대한 정보 관리와 이들이 뿌리 찾기를 위해 입국했을 때 효과적으로 지원할 수 있는 체계 마련이 필요하며 같은 차원에서 국내입양아들의 정체성 찾기를 지원하는 사후 서비스도 강화해 나가야 한다. 2009년 발족한 중앙입양정보원의 역할이 기대된다.

제3절 시설보호사업

1. 시설보호사업의 이해

1) 시설보호사업의 개념

시설보호사업은 오랫동안 우리나라 아동복지의 중추적 역할을 해 왔다. 1981년 아동복지법의 제정으로 아동복지의 대상이 전체 일반아동으로 확대된 이후에도 실질적인 서비스는 시설아동 중심이었다고 할 수 있다. 1990년대 이후 가정 중심의 아동복지 서비스 원칙이라든가 지역사회보호가 키워드로 부상하면서 아동복지시설도 변화를 겪고 있다.

시설보호사업은 입양사업, 가정위탁사업과 함께 부모가 아동을 양육·보호할 능력을 상실하였거나 그 역할을 회피할 때 제공되는 대리적 보호서비스(Kadushin & Martin, 1988:583)의 하나이다. 보호대상아동은 보호로부터 유실되거나 유기된 아동, 보호자가 아동을 양육하기에 부적당하거나 양육할 능력이 없는 경우, 기타 아동복지법에 의해 보호를 받아야 하는 아동으로 혈연관계에 있지 않은 성인에 의해 시설에서 24시간 보호와 양육을 받는 서비스를 말한다.

시설보호의 목적은 가정에서의 욕구가 제대로 충족될 수 없는 아동들에 대해서 집단보호와 치료를 마련해 주는 데 있다. 즉, 집단생활 프로그램이나 각기 아동의 욕구에 따르는 특수 서비스 등을 통해서 다양한 경험을 얻을 수 있는 좋은 기회를 마련해 주게 된다.

미국의 아동복지연맹이 아동복지시설 서비스를 위한 기준에 설정한 목적에서 찾아볼 때, 시설보호가 단순한 수용보호에 목적이 있는 것이 아니라, 아동들의 건전한 성장과 인격발달 또는 제반 문제행동에 대한 교정 및 개선에 있다고 하는 점으로 미루어보아, 이 분야의 효율적인 운용 방안 등이 계속 연구·발전되어야 한다(표갑수, 1993).

아동은 되도록 자신의 가정에서 생활하는 것이 아동복지의 원칙이나 도저히 가정환경을 가질 수 없는 아동에게는 불가피하게 시설보호가 필요하다. 프레드릭슨(Fredericksen)은 시설보호가 필요한 아동의 예를 다음과 같이 들었다(성영혜·김연진, 2002).

- 부모의 질병이나 가족의 파탄 혹은 이혼 등의 이유로 부모로부터 격리되어야 하는 상황이지만 부모 외에 타인과 유대를 이루지 못할 여러 이유로 위탁보호를 할 수 없는 아동
- 신체가 심하게 부자유스러워 부모가 양육하기 어려운 아동
- 문화실조나 정서장애 등의 치료 과정에서 집단적인 생활 경험이 필요한 아동
- 성장 과정에서 장애를 일으킨 아동으로서 특수학교 교육도 불가능하여 시설에서의 보호와 수용이 필요한 아동
- 사회 전체에 나쁘게 영향을 끼칠 비행아동이나 범죄아동
- 이전에 같이 생활하던 위탁가정으로부터 크게 실망하였거나 매우 깊은 상처를 입어 가족생활이 적합하지 않은 아동
- 원래의 가족이나 위탁가정으로부터 이탈한 청소년

2) 시설보호의 장단점

시설보호사업의 장점과 단점을 살펴보면 다음과 같다.

(1) 시설보호의 장점

시설보호의 장점은 그것이 제대로 기능을 발휘하지 못할 때, 오히려 시설보호의 문제점이 될 수 있음을 인식할 필요가 있다.

- 부모로부터 제대로 보호받지 못해 갖게 된 심리적 결핍 및 손상을 시설 내 양육자 및 다른 아동들과의 접촉과 상호작용을 통해 보완하게 된다.
- 지역사회가 수용할 수 없고, 수용하지 못하는 모든 행동 특성을 보다 넓게 수용해 준다.
- 집단생활에서 요구되는 일상생활에 대한 통제와 감독은 아동을 안전하게 보호해 주고 아동이 자기충동을 스스로 조절할 수 있도록 도와준다.
- 시설 내 적응 과정과 다른 아동들과의 상호작용을 통해 사회성 및 이타심을 기르고 미래 사회에 적응하고 자립할 수 있는 능력을 기르도록 한다.
- 아동 개개인에 대한 개별적인 관심을 통해 아동 개인에 적합한 양육 계획을 세우고 이에 따라 적절한 교육과 상담을 제공하므로 아동치료의 기능은 물론 개성을 존중한 양육이 이루어질 수 있도록 한다.

- 특별히 개인적인 치료가 필요한 아동의 욕구와 문제를 충족, 해결시켜 준다.

(2) 시설보호사업의 단점

- 아동보호를 담당하는 종사자가 자주 교체됨으로 해서 보호의 지속성이 유지되기 어렵다.
- 집단생활을 통제하기 위한 지나친 규정과 규율은 아동에게 심리적인 부담을 주게 되고, 개방적이고 따뜻한 인간관계 형성을 저해한다. 또한 개별 아동의 요구와 집단의 요구 사이의 갈등이 야기되어 규칙을 적용하는 데 대한 많은 문제점이 노출된다.
- 교우관계나 대인관계의 폭이 좁아질 수 있다.
- 문화적 경험이 적고, 기타 사회와의 접촉이 결여되기 쉬우며, 심리적으로 경제적인 어려움을 겪을 가능성이 크고, 상대적인 박탈감을 갖게 될 가능성이 많다.
- 정서적인 욕구 발산 및 감정의 자유로운 표현의 기회가 적어 자신의 감정을 다루는 능력이 부족하고, 공격적이고 부정적인 성격을 갖게 될 가능성이 크며, 인간관계의 기술이 부족할 수 있다.

2. 시설보호사업의 현황

1) 시설보호아동 현황

아동복지시설의 보호아동 현황은 〈표 11-7〉과 같다. 2013년 12월 현재, 전체 281개 시설에서 15,916명의 아동을 보호하고 있다. 이 중 아동양육시설 248개소(86.5%)에 14,700명(92.4%)의 아동이 보호를 받고 있으며 그 다음으로 자립지원시설 12개소(4.3%)에서 256명의 아동(1.6%)이, 일시보호시설 12개소(4.3%)에서 335명의 아동(2.1%)이 보호받고 있으며 보호치료시설 11개소(3.9%)에도 497명(3.1%)의 아동이 보호되고 있음을 알 수 있다.

<표 11-7> 아동복지시설 보호아동 현황

(단위 : 개소, 명)

<table>
<tr><th>구분</th><th>계</th><th>양육
시설</th><th>직업훈련
시설</th><th>보호치료
시설</th><th>자립지원
시설</th><th>일시보호
시설</th><th>종합
시설</th><th>아동
상담소</th><th>전용
시설</th><th>개인양육
시설</th></tr>
<tr><td>시설
(%)</td><td>281
(100.0)</td><td>243
(86.5)</td><td>-
(-)</td><td>11
(3.9)</td><td>12
(4.3)</td><td>12
(4.3)</td><td>3
(1.0)</td><td rowspan="2">10</td><td rowspan="2">3</td><td>34</td></tr>
<tr><td>인원
(%)</td><td>15,916
(100.0)</td><td>14,700
(92.4)</td><td>-
(-)</td><td>497
(3.1)</td><td>256
(1.6)</td><td>335
(2.1)</td><td>128
(0.8)</td><td>502</td></tr>
</table>

자료 : 보건복지부, 2012, 2011년도 아동복지시설 현황

〈표 11-7〉을 보면, 2012년 발생한 만 18세 미만의 보호대상아동은 6,926명이 발생하였다. 보호대상아동 발생 유형별로 살펴보면 '부모의 빈곤, 실직, 학대 등' 이 3,944명(57.0%)으로 가장 많고, '미혼모 아동' 이 1,989명(28.7%)으로 그 다음을 나타내고 있다. 또한 보호대상아동의 보호 내용은 시설보호가 전체 54.1%, 가정보호가 45.9%를 차지하고 있으며, 시설보호에서는 '양육시설 등' 이 42.5%, 가정보호에서는 '위탁보호' 가 33.1%로 가장 많은 부분을 차지하는 것으로 나타났다.

<표 11-8> 보호대상아동 발생 유형 및 보호 내용

(단위 : 명, %)

구분	계	발생 유형					계	보호 내용							
								시설보호				가정 보호			
		기아	미혼모 아동	미아	비행, 가출 부랑아	빈곤, 실직, 학대 등 기타		소계	아동	장애아	공동생활 가정	계	위탁보호	입양	소년소녀 가장책정
2008	9,284	202	2,349	151	706	5,876	9,284	4,964	4,258	39	667	4,320	2,838	1,304	178
	(100.0)	(2.2)	(25.3)	(1.6)	(7.6)	(63.2)	(100.0)	(53.5)	(45.9)	(0.42)	(7.18)	(46.5)	(30.6)	(14)	(1.9)
2009	9,028	222	3,070	35	707	4,994	9,028	4,767	4,046	35	686	4,261	2,734	1,314	213
	(100.0)	(2.4)	(34.0)	(0.3)	(7.8)	(55.3)	(100.0)	(52.8)	(44.8)	(0.39)	(7.6)	(47.2)	(30.3)	(14.6)	(2.6)
2010	8,590	191	2,804	210	772	4,613	8,590	4,842	4,196	23	623	3,748	2,124	1,393	231
	(100.0)	(2.2)	(32.6)	(2.4)	(8.9)	(53.7)	(100.0)	(56.4)	(48.8)	(0.27)	(7.25)	(43.6)	(24.7)	(16.2)	(2.69)
2011	7,483	218	2,515	81	741	3,928	7,483	3,752	3,108	32	612	3,731	2,350	1,253	128
	(100.0)	(2.9)	(33.6)	(1.1)	(9.9)	(52.5)	(100.0)	(50.1)	(41.5)	(0.4)	(8.2)	(49.9)	(31.4)	(16.8)	(1.7)
2012	6,926	235	1,989	50	708	3,944	6,926	3,748	2,948	25	775	3,178	2,289	772	117
	(100.0)	(3.4)	(28.7)	(0.7)	(10.2)	(57.0)	(100.0)	(54.1)	(42.5)	(0.4)	(11.2)	(45.9)	(33.1)	(11.1)	(1.7)

주) 보호대상아동 연령은 만 18세 미만임

자료 : 통계청, 2013. 보호대상아동 발생 및 보호 내용 - 시도별

한편 아동복지시설 및 보호아동 현황을 나타내는 정부의 관련 통계자료를 연도별로 비교해 볼 때, 시설보호아동의 수는 전체적으로는 아동인구의 감소에 따라 약간씩 줄어들고 있으며 시설 유형에 따라 일부 시설에서는 점진적으로 감소하고 있는 추세를 보이고 있다.

2012년 12월 현재, 아동복지시설 281개소에서 보호받고 있는 아동 15,916명에 대한 취학 현황은 〈표 11-9〉와 같다. 초등학교 재학생이 4,830명으로 가장 많고, 그 다음으로 중학교 재학생 3,832명, 고등학교 재학생 3,172명, 취학전 아동이 2,802명, 대학 재학중인 자가 695명, 기타 585명 순이다.

〈표 11-9〉 아동복지시설 보호아동 취학 현황

(단위 : 개소, 명)

시설 수	종사자 수	정원	취학아동						
			계	미취학	초등재	중재	고재	대재	기타
281	5,485	23,116	15,916	2,802	4,830	3,832	3,172	695	585

자료 : 보건복지부, 2012.12.31. 아동복지시설 현황

2) 시설의 입소 및 퇴소

아동복지시설의 입소 절차에 관한 법적 근거는 아동복지법 시행령 제6조에 의하여, 시·도지사 또는 시·군·구청장이 입소대상아동의 아동카드와 입소의뢰서를 작성하여 아동복지시설장에게 입소 의뢰하도록 되어 있다. 또한 아동복지시설에서는 지방자치단체장이 의뢰하지 않은 아동을 직접 입소시키는 것은 금지하고 있다.

아동복지시설 입소아동의 퇴소 절차는 아동복지법 제16조에 의하여 아동이 18세에 달하였거나 보호의 목적을 달성했다고 인정된 경우에 퇴소조치하도록 되어 있다. 다만, 아동에게 다음과 같은 사유가 있을 경우에는 보호 기간 연장을 신청할 수 있다. 즉, 대학 이하의 학교에 재학 중이거나 아동직업훈련 또는 직업능력개발훈련시설에서 교육·훈련 중인 경우, 학원에서 교육 중인 20세 미만인 경우, 질병·장애 등을 이유로 지방자치단체장이 보호 기간의 연장을 요청한 경우 등이다.

3. 시설보호사업의 내용

1) 아동에 대한 서비스

시설보호사업의 목적은 아동의 주거보호 외에 교육과 사회화를 제공하고 과거 부정적 생활 경험으로 인한 정서 · 신체적 문제를 치유하며 아동의 욕구에 따라 개별화된 서비스를 제공함에 있다. 미국아동복지연맹은 아동복지시설의 기능은 아동에게 보건과 영양 및 교육서비스를 병행한 일상생활 경험을 제공하는 것으로서 상담서비스를 제공하며, 아동에게 자립생활기술을 가르치고 아동의 권리를 옹호하며 가족과의 재결합 서비스 및 퇴소 후 서비스를 제공하는 것이라고 하였다. 따라서 시설보호는 부모가 없는 아동만이 아니라 이혼 등의 가족해체나 학대나 방임 등의 문제로 가정에서 성장발달의 욕구가 제대로 충족되기 어려운 아동에게 집단 보호와 더불어 사회적 적응을 도와줄 수 있는 치유기능까지 제공해야 하는 것이다(윤혜미 외, 2005).

현재 아동복지시설은 아동의 자립 준비를 위해 일상생활기술, 자기보호기술, 지역사회 자원 활용기술, 돈 관리 기술, 사회기술, 직업 찾기, 직장생활, 다시 집 떠나기 등 8개 영역의 지원 프로그램을 제공하고 있다(박정란, 서홍란, 2009). 이와 같이 종합적인 서비스를 제공하기 위해서는 시설 직원들의 전문화가 필요한데 크로슨-타워(Crosson-Tower, 2004)는 아동시설에는 생활지도 담당관, 교사 및 특수교사로 구성된 교육담당, 그리고 아동에게 치료적 접근을 제공할 수 있는 상담가, 심리학자, 정신과의사(촉탁) 등의 임상 담당이 필요하다고 하였다.

2) 가족에 대한 서비스

아동양육시설에서 생활하고 있는 아동의 90% 이상이 적어도 한쪽 부모는 생존해 있다고 한다. 경제적인 문제나 이혼과 별거 등 가족해체로 인해 양육시설에 맡겨진 아동이 증가하고 있어 아동의 원가족 복귀를 위한 양육시설의 노력이 필요해졌다. 현재 가족재결합을 위시한 가족서비스는 아동시설에서 가장 경험이 적고 덜 강조되고 있는 서비스이기도 하다. 그러나 시설보호를 받는 아동에게 생존한 가족은 매우 중요한 의미가 있다. 경제적으로 사정이 좋아지거나 가족관계가 안정되어서 아동이 가정에 재결합할 수도 있고, 빠른 시일 내에 재결합이 어렵다 하더라도 퇴소

후 혼자 사회에 나가게 되었을 때 가족의 일원과 연계가 닿는 것은 사회적응에 큰 도움이 되기 때문이다. 또 특수치료시설에 있는 아동의 경우에도 마찬가지이다.

가족에 대한 서비스의 초점은 세 가지로 볼 수 있다(Crosson-Tower, 2004). 첫째, 가족이 보호받고 있는 아동과 기능적인 관계를 지속할 수 있도록 원조해야 하며, 둘째 아동의 가정복귀에 가족이 대비토록 해야 하고, 셋째, 아동을 시설에서 보호하도록 만든 역기능적 상황을 가능한 한 빨리 해소할 수 있도록 도와야 한다.

반 하젠(Van Hagen, 1988)은 시설에 자녀를 보낸 부모를 '부재한(absent) 부재', '양가감정의 부모', '극빈부모', '학대부모'와 '중독문제가 있는 부모'로 특성을 나누고 특성에 따라 서비스를 제공해야 한다고 하였다. 즉, 아동의 시설보호는 부모의 문제 영역에 따라 이를 담당하고 있는 사회복지기관이나 관련 자원가와 연계하여 아동과 가족에 대한 서비스를 종합적으로 파악하고 제공하여야 효과를 볼 수 있다는 것이다.

반면 생존부모가 있는 일부 아동의 경우 시설에서 생활하는 동안 '버려졌다'는 인식 때문에 행동문제가 발생할 수도 있다. 따라서 시설에서는 아동의 가족 상황을 잘 파악하고 생존가족이 아동에게 부정적인 영향이 아니라 긍정적인 지원체계로 기능할 수 있도록 부모, 자녀 양쪽의 정보를 지속적으로 관리하고 집단 프로그램, '편지 쓰기', '주말 방문하기'나 '캠프' 등의 시설 내 프로그램과 부모에 대한 가족지원 프로그램을 관할 지역의 사회복지관이나 서비스 기관과 연계하여 가족 유지를 위한 최대한의 노력을 기울여야 한다.

4. 시설보호사업의 문제점과 복지 대책

1) 시설 기능의 현대화와 전문성 강화

최근 비행, 가출, 약물 남용 등의 문제를 가진 보호대상아동이 증가하고 있어 일시적으로 보호·치료할 수 있는 전문성을 지닌 시설이 요구된다. 따라서 이에 따른 현대적 시설의 구축이 필요하며, 전문성 강화 측면 또한 중요하다. 앞으로의 시설보호는 단순 보호의 차원에서 벗어나 상담 및 치료의 차원에서 전문화된 서비스를 진행하여야 한다. 시설 종사자는 아동에게 때로는 부모, 때로는 치료자, 때로는 상담자와 친구의 역할을 하게 되는 중요한 위치에 있는 사람으로 적절한 교육과 훈련을 거친 전문인력이어야 한다. 법에 규정되어 있는 자격을 갖추는 것은 물론 아동을 자기 자식처럼 따뜻하게 대해 줄 수 있는 성품도 중요하다. 또 문제를 가진 아동이 점점 증가하는 추세이므로 치료적 보호 서비스를 제공할 수 있는 상담에 대한 전문능력의 구비도 요구되고 있다. 따라서 보수교육 등 정기적 교육 · 훈련을 강화하여 전문지식과 기술의 습득을 지원해야 한다. 또한 시설에 이처럼 유능한 전문인력을 확보하기 위해서는 현재의 열악한 처우 수준을 대폭 개선하여야 한다.

2) 원가정 복귀를 위한 가족보존사업의 강화

현재 시설에 입소하는 아동의 경우는 고아보다는 가정해체, 결손가정, 학대피해 등의 아동들이다. 즉, 부모가 생존해 있는 아동들이 대다수를 차지하고 있으나 시설 입소 후 부모와의 단절로 인하여 원가정으로 복귀하지 못하는 현상이 나타나 장기입소를 하게 된다. 따라서 시설 입소 후에도 다양한 가족보존 프로그램을 법제화하여 진행하여야 한다.

3) 시설보호의 소규모화

시설에서 양육 및 보호되는 아동들이 종종 '시설병'이라고 간주되는 특수한 문제행동이나 습관을 보이는 것은 시설 아동의 수에 비해 이들을 양육하는 성인의 수가 절대적으로 부족하기 때문이다. 따라서 보호의 질을 높이기 위해 시설을 소규모화하고, 사회복지사의 수를 증가시켜 아동과 양육자와의 거리를 가깝게 하는 소숙사 제도(cottage system) 또는 그룹홈(group home) 제도가 확산되어야 한다.

4) 퇴소아동의 자립정책 강화

우리나라의 시설보호아동의 퇴소 후 자립지원에 관한 정책은 전무한 상황이다. 따라서 퇴소 전 모든 지원과 사회적 기회가 주어지게 된다. 그러나 시설별, 지역별로 많은 차이점을 가지게 되므로 시설 퇴소 이전의 자원 배분도 아동 입장에서는 공평하지 못한 것이 현실이다.

따라서 퇴소 이전의 시설보호 기간에 지원될 수 있는 다양한 자립 프로그램과 퇴소 이후 활용될 수 있는 자립정책에 대한 제도적 규정이 필요하며, 이를 위한 전달체계의 구축으로 퇴소하는 청소년의 경우 지역별로 사후관리를 받을 수 있도록 해야 한다. 특히 퇴소 후의 교육비, 주거 지원, 자립 지원 등 경제적 지원은 현재 지원이 가능한 영역에 있어서 실제 지역별 지원의 차이가 심한 편이다. 따라서 퇴소아동의 자립정책 일원화 체계가 구축되어야 한다.

5) 아동 특수보호시설의 강화

우리나라의 아동에 대한 시설보호서비스의 큰 문제점 중 하나는 특수시설이 매우 부족하다는 것이다. 예를 들면 아동보호전문기관으로부터 장기간의 격리보호가 결정된 정서적 · 행동적 문제를 가진 학대피해아동을 양육시설에 보내려 할 때, 대부분의 양육시설이 아동이 가지고 있는 문제를 다룰 수 없고, 다른 아동에게 악영향을 끼친다는 이유로 거절하는 경우가 많다. 또 아동이 정신적인 문제를 가지고 있거나 장애를 가지고 있는 경우, 성과 관련된 문제를 가지고 있는 경우 등 치료적 개입이 생활 전반에서 필요할 때, 이들이 갈 만한 시설이 없거나 매우 제한되어 있다. 이들 아동의 다양한 욕구를 충족시키고 치료하여 건강한 성인으로 성장할 수 있도록 돕는 미국의 거주치료센터와 같은 전문아동시설이 필요하다.

제12장

아동복지의 미래

Child Welfare

제1절 아동복지의 과제

인류의 경제적 성장과 발달은 삶의 질에 대한 복지 욕구를 점차 증가시키고 있다. 가족이나 가문 중심의 전통사회에서 점차 개인 중심의 핵가족사회로 변모하면서, 아동에 대한 사회적 관심과 그 가치에도 많은 변화가 오고 있다. 자녀를 적게 낳고 잘 키워 보겠다는 욕구는 또 다른 문제를 야기시키기도 하고, 아동의 지위와 그 특성에 관한 인식의 증가만큼이나 아동을 둘러싼 환경은 점점 악화되기도 한다. 이제 국가 및 사회는 부모와 더불어 아동양육, 보호, 권리보장 등에 있어 책임을 지는 아동복지의 중요한 주체가 아닐 수 없다. 아동의 다양한 욕구와 문제를 해결시켜 주기 위해 부모, 사회, 국가 모두는 공동의 노력을 해야 할 것이다.

지금까지 살펴본 아동복지의 실천방법과 그 분야에 관한 이해를 토대로 아동복지가 실현해야 할 과제에 대해 살펴보면 다음과 같다.

첫째, 아동복지가 모든 아동의 복지를 위한 노력이라고는 하나, 보호대상아동에 대한 복지가 우선되지 않으면 안 된다. 보호대상아동에 대한 보호와 지원이 제대로 이루어지지 않고 일반아동의 복지를 실현했다면, 이는 분명 실패한 경우이거나 아니면 아동복지가 제대로 이루어지지 않고 있음을 증명한다고 하겠다. 가난한 가정의 아이들이 여전히 많고, 결손가족으로 인해 버려지거나 소년소녀가장이 된 아이들이 여전히 많으며, 또한 이들을 위한 보호 수준이 현실화되지 않으면 또 다른 아동문제를 야기시킬 가능성이 있다. 보호대상아동에 대한 지속적인 관심과 대책을 통한 선별적 아동복지의 과제가 우선 해결되어야 한다. 우리나라의 경우 모든 아동을 위한 복지를 추진하고 있다고는 하나 실제적으로는 보호대상아동 대상의 선별적 복지사업도 제대로 이루어지고 있다고 볼 수 없다.

둘째, 아동복지기관, 시설, 단체 등에 종사하고 있는 아동복지전문가와 보육교직원들에 대한 처우가 개선되어야 한다. 특히 아동복지시설 종사자의 근무 조건과 급여는 매우 열악한 실정이다. 이직률이 높고, 전문적 지식을 갖춘 전문가들의 기피현상으로 아동복지시설에서 이루어지는 서비스의 개발에는 한계가 있기 마련이다. 공공시설은 물론 민간시설의 운영 지침에 있어 직원들의 급여에 관한 통일된 기준이 마련되고, 현실성 있는 급여의 지급으로 인한 직원들의 성취 동기와 사기를 높일 필요가 있다. 이를 위해 국가 및 지방자치단체의 지원이 확대되어야 한다.

셋째, 아동복지 각 분야에서 보다 전문화된 아동복지 실천방법이 개발되어야 한다. 아동복지는 단순한 아동보호서비스에서 점차 다양하고 전문화된 서비스의 제공을 필요로 하고 있다. 따라서 아동과 부모 및 그 가족을 위한 아동복지 실천방법의 개발이 종사자 및 관련 학자, 연구자들에 의해 지속적으로 이루어져야 한다.

넷째, 아동복지는 변화와 치료 서비스만큼이나 예방이 중요하다. 예방 대책의 개발이야말로 아동복지의 중요한 과제 중 하나이다. 학대를 예방하고, 입양아의 발생을 줄이고 미혼부모의 증가를 억제하고 학교폭력을 방지하기 위해서는 관련 프로그램의 개발, 법률의 정비, 정책 및 행정체계의 조직화, 사회적 인식의 변화를 위한 홍보 등 예방을 위한 각종 노력이 이루어져야 한다.

다섯째, 아동을 위한 학교사회사업이 활성화되어야 한다. 아동 및 청소년들이 가정 이외에 가장 많은 시간을 보내는 장소인 학교는 이들의 성장, 발달에 있어 매우 중요한 영향력을 행사하는 사회화기관이다. 따라서 학교를 통해 교육을 받고 미래를 준비하기도 하지만, 또한 학교를 통해 많은 고민과 갈등, 문제를 얻기도 한다, 아울러 아동 개인의 문제나 가족의 문제가 학교 생활에 영향을 주기도 한다. 이런 다양한 학교 관련 아동의 욕구를 충족시키기 위한 노력으로 학교사회사업이 제도화 및 활성화되어야 한다. 교사와의 협력관계를 통해 학생들을 도울 수 있는 전문가의 배치와 서비스의 적용을 위한 관련 법률이나 정책 등의 제도 정비가 이루어져야 한다.

여섯째, 아동복지 전문가의 전문성을 강화하여야 한다. 아동복지법(2000)에 의하면 아동복지지도원, 아동보호전문기관의 상담원 등 아동복지 종사자에 대한 자격 규정이 있다. 그러나 이러한 법의 제정은 자칫 법의 조항으로만 남을 가능성이 많다. 법을 뒷받침할 수 있는 정책과 행정체계가 보완되지 않으면 안 된다. 아동복지 관련 종사자에 대한 자격 규정과 양성기관 및 그 채용 방법에 있어서의 구체적 명시와, 실제 규정에 부합되는 시설 및 기관의 운영이 이루어지도록 해야 한다.

일곱째, 장애아동에 대한 종합적인 서비스체계가 이루어져야 한다. 장애아동의 예방, 조기 발견 및 진단, 특수교육 및 치료, 부모상담 및 교육 등과 관련된 종합적 서비스체계가 제도화되어야 한다. 관련 기관의 증설로 인한 이용자 수의 증가를 가져와야 하며, 보육·교육 현장에서의 통합보육 및 교육이 확대되도록 해야 하며, 장애아가 있는 가정에 대한 재정적 지원이 강화되어야 한다. 2012년 8월부터 시행되는 「장애인복지지원법」에 따라 장애아동을 위한 서비스가 보다 체계화될 것으로 기대한다.

여덟째, 아동복지를 위해 성인 및 부모 대상의 교육이 강화되어야 한다. 부모와 성인은 아동만큼이나 중요한 아동복지의 대상이다. 아동에 대한 이들의 인식은 매우 중요하며, 아동의 건전한 성장과 발달에 기여하는 중요한 환경이 아닐 수 없다. 따라서 다양한 부모교육 및 훈련 프로그램들이 개발 및 적용되고, 성인 대상의 아동복지 관련 프로그램이 개발되어야 한다. 어린이집, 유치원, 학교, 지역사회복지관, 아동복지 관련 단체, 지방자치단체, 대학 등을 통해 다양한 부모, 성인교육 프로그램이 실시되어야 한다. 이를 위해 보다 흥미롭고 교육적인 프로그램이 개발되어야 한다.

아홉째, 아동복지시설의 기능 변화와 서비스 개발이 이루어져야 한다. 아동양육시설(영 · 유아시설)의 경우, 보호대상아동의 감소로 인해 시설기능의 변화가 불가피하게 되었다. 개정 아동복지법에 의하면, 기존의 아동복지시설들은 각 시설의 고유 서비스 외에 부가적인 서비스를 실시할 수 있도록 하여, 아동복지시설의 변화를 도모하고 있다. 이제 아동복지시설들은 단순한 보호나 기초적인 상담서비스만을 주는 곳이 아니라 보다 전문적이고 다양한 서비스를 주는 시설로 변모할 필요가 있다. 따라서 아동복지시설의 전문화와 서비스 개발을 위한 다양한 연구가 이루어져야 하며, 시설장 및 종사자들의 노력이 지속적으로 이루어져야 한다.

열째, 국내입양과 위탁의 활성화를 위한 제도화가 이루어져야 한다. 입양 및 위탁의 대상이 되는 보호대상아동이 감소하기는 하나, 여전히 국외로 입양되는 아동의 수는 많고 국내입양과 가정위탁사업은 활성화되지 못한 실정이다. 따라서 입양가족과 위탁가정에 대한 지원이 강화되고, 관련 기관의 서비스를 보다 다양화하여 국내입양과 가정위탁사업을 보다 활성화시켜야 한다.

열한째, 아동전용시설의 확충을 위해 노력해야 한다. 아동들이 마음껏 놀고, 학습할 수 있는 전용공간의 확충이 필요하다. 국가 및 지방자치단체가 운영하는 아동도서관, 아동놀이시설, 학습관 등 지역사회를 단위로 하는 아동 전용시설이 시, 군, 구, 읍, 면, 동 단위로 설치되어야 한다. 집과 학교 가까운 곳 어디든지 아동이 찾아가면 쉬고 놀 수 있는 아동 전용공간이 많아져야 한다. 기존의 관련 시설 프로그램을 보다 전문화하고, 아동복지 전문가를 배치하여 아동에게 양질의 서비스가 주어지도록 해야 할 것이며, 지역사회의 도서관, 박물관, 미술관 등 다양한 시설을 아동을 위한 공간으로 적극 활용하는 방안도 강구되어야 한다.

열둘째, 어린이집의 확충과 서비스의 개발이 이루어져야 한다. 어린이집은 지속적으로 증가하고 있으나, 여전히 보육대상아동을 모두 수용하기에는 부족한 실정이다. 아울러 서비스의 질 역시 다양하여 어린이집 간 편차가 매우 크다. 따라서 어린이집의 증가는 물론 서비스의 표준화와 질적 개선을 위한 노력이 필요하며, 이를 위한 국가적 지원이 강화되어야 한다. 특히 24시간 보육이나 장애아 보육과 같은 필요한 보육에 대한 지원이 강화되어야 하며, 보육서비스 역시 보호와 교육 이외에 보다 확대된 아동복지 서비스의 제공이 이루어져야 한다. 어린이집은 보육 이외에, 부모교육 및 상담, 아동상담, 방과후 아동지도, 장애아 보호와 교육 등 제한적이기는 하나 아동복지 서비스가 주어질 수 있는 중요한 장소이다. 따라서 어린이집의 아동복지기능에 대한 연구와 논의가 진행되어, 지역사회 아동복지의 기초 기관으로서 어린이집이 자리잡을 수 있도록 보육교직원과 관계자의 노력이 우선되어야 한다.

열셋째, 아동수당(가족수당)제도가 도입되어야 한다. 아동수당제도는 보편적 아동복지 실현을 위한 대표적 제도로서, 대부분의 복지선진국들에서 실시되고 있는 제도이다. 아동수당은 아동이 있는 모든 가정에 지급되는 국가보조의 자녀양육비라 할 수 있다. 현재 빈곤가정의 아동, 장애아동을 대상으로 부분적으로 아동수당의 형태가 적용되고 있고, 2012년 3월부터 시행되는 0~2세아 보육지원의 형태가 적용되기는 하나, 이들의 욕구 파악 및 지원 결과 등에 대한 평가를 한 후 이를 토대로 모든 가정의 아동에게 적용, 확대시켜야 한다.

제2절 아동복지의 발전 방향

아동복지의 과제와 더불어 앞으로 아동복지가 나아가야 할 기본 방향에 대해 생각해 보기로 한다. 아동복지의 바람직한 방향은 어떠해야 하는지 다음 세 가지로 정리해 보았다.

첫째, 아동복지는 지역사회를 중심으로 하는 아동복지가 되어야 한다. 아동복지야말로 각 지역사회를 기반으로 지방자치단체와 지역사회 주민 전체의 관심과 노력으로 이루어져야 보다 현실성 있고 효과적이다. 지방자치시대는 다른 무엇보다 복지사회의 발전에 기여할 것으로 기대된다. 따라서 지방자치단체 중심의 아동복지정책과 지원은 물론 지역사회를 기초로 하는 지역사회복지관과 아동복지관의 아동프로그램 활성화를 통해 지역사회 내의 아동 관련 욕구와 문제를 자체 내에서 해결하는 방향으로 아동복지사업이 이루어져야 한다.

둘째, 공공과 민간의 조화로운 발전을 통한 아동복지의 실천이다. 아동복지는 국가 및 지방자치단체의 노력은 물론 민간 차원의 복지서비스 간에 조화로운 발전이 이루어지지 않으면 안 된다. 국가의 법과 정책이 바람직하다 하더라도, 이를 전달하는 전달체계가 제대로 이루어지지 않으면 안 되며, 이를 기반으로 일선에서 서비스를 제공하는 민간단체나 기관의 협조가 없으면 또한 실패한 아동복지라 할 것이다. 반면, 국가 및 지방자치단체는 아무런 노력도 하지 않는데, 민간 차원의 아동복지만 활성화된다고 해서 아동복지의 미래가 밝은 것도 아니다. 따라서 아동복지의 성공은 국가 및 공공기관의 구체적 정책과 행정체계 및 법률이라는 하드웨어와 민간 차원에서 이루어지는 다양한 서비스라는 소프트웨어가 조화를 이룬 노력을 해야 한다.

셋째, 아동복지는 아동의 권리를 보장하는 방향으로 이루어져야 한다. 아동권리에 관한 관심은 20세기에 들어 아동복지의 주요 이슈 중 하나로 자리잡게 되었는데, 아동이 권리를 지닌 인간이라는 관점은 곧 아동복지 서비스의 방향을 결정짓게 된다. 단순한 보호 차원의 아동복지는 앞으로 아동의 권리를 보장하는 다양한 정책과 서비스의 개발을 목적으로 하는 아동복지로 변화될 전망이다. 아동은 보호받을 권리뿐 아니라, 표현할 권리, 알 권리, 참여할 권리, 그리고 이러한 권리를 보장받을 권리가 있다. 이러한 관점은 아동복지에 있어, 아동을 보는 관점, 아동에게 주어지는 서비스의 내용, 서비스를 전달하는 과정, 전문가의 역할 등에 있어서의 변화를 요구한다. 따라서 미래의 아동복지는 권리를 지닌 존재로서의 아동을 다루는 보다 발전된 의미의 아동복지가 이루어질 것이다.

참고문헌

고성혜 (1992). 아동학대 개념 규정 및 아동학대에 대한 모 · 자녀의 지각 성향. 서울대학교 대학원 박사학위 청구논문.

공계순 · 박현선 · 오승환 · 이상균 · 이현주 (2006). 아동복지론. 서울: 학지사.

공세권 · 조애정 · 허미영 (1994). 가족결손의 유형별 특징과 가족정책의 접근방안. 한국보건사회연구원.

구순주 외 (1998). 입양부모 준비교육 및 사후관리 연구에 대한 고찰. 인제논총, 14(1).

구자헌 (1970). 한국사회복지사. 홍익재.

국회인권포럼 (1998). 입양인의 인권과 인권정책. 국회 인권포럼.

권오구 (1997). 사회복지발달사. 홍익재.

권진숙 · 신혜령 · 김정진 · 김성경 · 박지영 (2009). 가족복지론. 경기: 공동체.

김갑숙 (1990). 자녀학대가 아동의 공격성에 미치는 영향. 한국재활심리학회.

김광일 · 고복자 (1989). 한국에서의 아동구타발생률. 아동학대. 한국아동학대예방협회.

김기원 (2000). 공공부조론. 서울: 학지사.

김기환 (1997). 한국아동정책의 당면과제. 제6회 어린이와 청소년의 생존 · 보호발달을 위한 전국대회자료집.

김동배 · 권중돈 (1999). 인간행동이론과 사회복지 실천. 서울: 학지사.

김두현 (1994). 청소년법과 행정. 삼영사.

김득린 (1995). 아동복지시설 운영의 현황과 과제. 한국아동복지시설연합회 제20회 아동복지세미나 자료집.

김만두 · 한혜경 (1994). 현대사회복지개론. 홍익재.

김미혜 (2002). 장애아동과 아동복지법. 허남순 외. 한국의 아동복지법. 소화.

김삼섭 (1996). 장애아통합교육. 서울: 양서원.

김성경 · 김혜경 · 최현미 (2009). 아동복지론. 서울: 양서원.

김성이 (1997). 청소년 일탈행위와 전문직의 역할. 학교폭력과 사회복지의 과제. 학교사회사업학회 제1회 학술대회 자료집.

김영모 (1995). 한국영유아보육정책의 과제와 방향. 한국영유아보육학, 2. 한국영유아보육학회.

______ (1997). 지역사회복지협의회. 한국복지정책연구소.

______ (2000). 21세기 아동보육의 방향. 한국영유아보육학, 21, 1-10. 한국영유아보육학회.

김영희 (1996). 빈곤층 편모의 스트레스, 사회적 지원 및 심리적 디스트레스가 부모역할 수행에 미치는 영향, 서울대학교 대학원 박사학위논문.

김오남 외 (2000). 아동복지의 이해. 서울: 형설출판사.

김유경 · 조애저 · 최현미 · 이주연 (2008). 다문화시대를 대비한 복지정책 방안 연구-다문화가족을 중심으로-, 한국보건사회연구보고서, 한국보건사회연구원.

김윤정 (1997). 발달단계로 따른 아동의 권리에 관한 기초연구. 숙명여자대학교대학원 석사학위 청구논문.

김융일 · 조홍식 · 김연옥 (1995). 사회사업실천론. 서울: 나남.

김응석 외 (1995). 아동복지수용시설 운영평가 및 개선방안. 한국보건사회연구원.

김응석 · 이상헌 (1994). 소년소녀가장가족의 생활실태와 정책과제. 한국보건사회연구원.

김익균 · 신재명 · 이순영 · 이현기 · 조은정 (2005). 아동복지론. 서울: 교문사.

김정래 (1999). 권위적 간섭주의와 아동의 참여권 보장을 위한 정당화 논의, 아동권리연구, 3(1). 한국아동권리학회, 21-40.

김정원 · 김유정 · 김정아 (2006). 방과후 아동지도. 경기: 공동체.

김종률 (1996). 우리나라 보호관찰제도의 운영실태 및 발전 방향. 범죄방지포럼, 창간호. 한국범죄방지재단.

김종옥 · 권중돈 (1994). 집단사회사업방법론. 홍익재.

김종일 (2000). 미국의 노동중심적 복지개혁에서의 '노동시장연결' 모델과 '인간자본개발' 모델 비교. 한국사회복지학, 41, 119-146.

김종해 (1996). 지역복지에 있어서 주민참여 방안. 상황과 복지, 창간호. 한국사회복지연구회 편, 인간과 복지.

김주숙 (2000). 스웨덴의 부모보험제도와 여성의 경제활동. 한국사회복지학, 40, 68-96. 한국사회복지학회.

김준호 (1990). 중퇴와 비행과의 관계에 대한 연구. 한국형사정책연구원.

김준호 · 김선애 (1997). 한국청소년비행집단에 관한 연구. 한국형사정책연구원.

김현용 (1995). 아동의 시설보호와 가정보호. 서울: 나남.

김현용 외 (1997). 현대사회와 아동. 소화.

김형모 (2001). 입양 후 복지서비스의 현황과 활성화를 위한 정책 방향. 보건복지 포럼, 51.

남기민 · 조홍식 (1992). 청주시 소년소녀가장의 실태에 관한 연구. 충북사회복지연구. 충북사회복지연구소. 45-61.

남세진 · 조홍식 (1997). 집단지도방법론. 서울대학교출판부.

노동익 (1997). 아동복지수용시설의 운영 개선방안에 관한 연구. 중앙대학교대학원 석사학위 청구논문.

노혜련 (1995). 아동권리 국제협약 및 세계정상 행동계획의 국내 이행상황에 관한 연구. 한국청소년연구, 21, 여름.

노혜련 (2000). 국내입양활성화를 위한 사회적 인식의 개선방안. 국내입양활성화를 위한 국제세미나.

대구대학교사회복지연구소 편 (1995). 사회복지사전. 경진사.

도미향 · 박인전 (1997). 계부모 · 가족 내 아동의 적응 및 대책의 연구에 고찰. 한국가족복지학, 2(1). 한국가족복지학회. 99-114.

문기원 (1995). 아동복지시설에서의 집단상담현황과 필요성에 관한 연구. 숭실대학교대학원 석사학위 청구논문.

문선화 (1993). 청소년 가장의 실태와 개선방안: 부산지역을 중심으로. 한국아동복지학, 109-137. 한국아동복지학회.

문선화 · 류기형 (1992). 십대 청소년 가장의 생활향상 모색을 위한 연구. 사회과학논총, 11(1). 부산대학교.

문선화 외 (2006). 한국사회와 아동복지. 서울: 양서원.

문화관광부 (2001). 청소년백서.

문화체육부 (1993). 청소년백서.

박광덕 (1998). 현대사회복지정책론. 서울: 박영사.

박영미 (1992). 사회복지프로그램에 대한 분석-미혼모복지 프로그램을 중심으로. 사회복지, 봄호. 한국사회복지협의회.

박인선 (1994). 해외입양인의 뿌리 찾기에 관한 연구. 이화여자대학교대학원 박사학위 청구논문.

박정란 · 서홍란 (2001). 아동복지론. 서울: 양서원.

박정호 (2001). 사회복지정책론. 서울: 학지사.

박종보 · 조용만 (2006). 2006 다문화가족지원법 마련을 위한 연구. 여성가족부연구보고서. 여성가족부.

배태순 (1993). 해외입양중지와 그 이후의 과제-국내입양발전을 위한 가족치료서비스 제공의 필요성, 한국아동복지학회, 4.

______ (1996). 입양아의 과거와의 재연결의 필요성. 한국아동복지학회, 7.

______ (1998). 현대사회에서의 입양의 이해와 입양의 성공. 경남대학교출판부.

배화옥 (2010). 빈곤아동현황과 주요특성. 한국아동복지회 2010년 추계 학술대회 자료집. 3-18

백우정 (1994). 아동권리의 발달과정 연구. 한국교원대학교 석사학위 청구논문.

변용찬 (1998). 아동복지법 개정의 주요 부문-아동복지시설부문. 아동복지법 개정 대토론회, 서울가톨릭사회복지회, 98 사회복지정책토론회 자료.

보건복지부. 보건복지통계연보. 각 연도.

__________ (2005). 아동복지사업안내.

__________ (2009). 아동청소년종합실태조사

__________ (2012). 2011년 국민기초생활보장 수급자 현황.

__________ (2012). 아동복지시설 현황.

보건복지부, 한국보건사회연구원(2011). 2011년 장애인 실태조사. 정책보고서.

사랑의 전화 (1996). 24시간 탁아의 필요성과 전망. 세미나 자료집.

서미란 (2010). 한부모가정 지원정책의 개선방향에 관한 연구. 동아대학교 사회복지대학원 석사학위논문.

서우경 (2001). 국내 · 외 아동학대 연구동향의 비교분석. 숙명여자대학교대학원 석사학위 청구논문.

서울특별시립동부아동상담소 (1997). 늘푸른교실.

______________________ (1998). 동부아동상담소 10년 개소 10주년 기념 자료집.

서울특별시립아동복지센터 (2001). 2001사업현황. 서울특별시립아동복지센터.

설동훈 (2006). 다문화가족에 대한 사회적 인식, 국회도서관보, 43(5) 통권 제325호.

설동훈 외 (2005). 국제결혼 이주여성 실태조사 및 보건 · 복지 지원 정책방안, 보건복지부.

성민선 (1993). 아동학대의 예방과 대책. 아산, 59. 아산사회복지재단.

성민선 · 조홍식 · 오창순 · 홍금자 · 김혜래(2004). 학교사회복지의 이론과 실제. 학지사.

성영혜 · 김연진 (2002). 아동복지이론과 실제. 동문사.

성영혜 · 송주미 · 장미경 (1998). 누가 아동을 책임질 것인가? 마음대로 푸는 아동 · 가족복지. 상조사.

손여경 (2000). 아동복지관 모형개발을 위한 기초조사 연구. 청소년복지연구, 2(2). 한국청소년복지학회.

손준규 (1995). 현대복지정책론. 대학출판사.

송주미 (1998). 한국 아동복지관의 변천과정 연구. 숙명여자대학교대학원 박사학위 청구논문.

신건희 (2000). 시민복지운동에 대한 이론적 접근과 발전 방향. 2000년 한국사회복지학회 춘계학술대회 자료집.

신영예 (1994). 소년가장 지원 전달형태의 문제점과 개선방안. 중앙대학교 사회개발대학원 석사학위 청구논문.

신혜령 · 정재훈 · 김성경 (2006). 한부모가족지원법에 관한 연구. 여성가족부 연구보고서.

아산사회복지재단 (1997). 한국아동복지편람. 정문출판사.

어린이 · 청소년의 권리 연대회의 (1997). 아이들의 인권 세계의 약속. 내일을 여는 책.

오영재 (1999). 학교사회사업가의 역할 설정에 관한 비판적 고찰. 청소년복지연구, 1(2), 15-26. 한국청소년복지학회.

오정수 · 장인협 (1993). 아동 · 청소년 복지론. 서울대학교출판부.

오정수 · 정익중 (2008). 아동복지론. 서울: 학지사.

옥금자 (1998). 피학대아동 중심의 집단상담 사례연구. 아동학대상담사업연구. 한국이웃사랑회.

______ (1999). 학대받는 아동을 위한 집단사회 사업 실천사례 연구. 서울여자대학교대학원 석사학위 청구논문.

옥선화 · 성미애 · 허정원(2001). 경제위기 이후의 빈곤 여성가장의 생활실태 조사. 대한가정학회지.

유영주 · 김경신 · 김순옥 (1998). 가족관계학. 서울: 태문사.

윤여상 (2001). 북한이탈주민의 적응과 부적응. 도서출판 세명.

______ (2008). 북한이탈주민 입국규모와 통일대비 관련 사회복지 인력 수요처 조사분석. 그리스도대학교 남북통합지원 특성화사업단.

윤인진 · 박영희 · 윤여상 · 장혜경 · 임인숙(2007). 북한이주민 가족의 사회적응과 가족관계의 변화. 한국가족복지학. 12(2). 89-108.

윤찬영 (1998). 사회복지법제론. 서울: 나남.

윤혜미 · 김혜래 · 신영화 (2010). 아동복지론. 서울: 청목출판사.

이건남 (1994). 결손가정 청소년의 문제점과 그들을 위한 서비스 실태에 관한 연구. 숭실대학교대학원 석사학위 청구논문.

이경희 · 이경희 (1996). 아동발달과 양육. 서울: 형설출판사.

이두호 외 (1992). 빈곤론. 서울: 나남.

이문국 외 (1999). 사회복지대백과사전. 나눔의 집.

이배근 (1994). 가정위탁보호사업 운영방안에 관한 연구. 아동복지학, 2.

______ (1997). 아동권리증진을 위한 국제사회의 노력. 아동권리연구, 창간호. 한국아동권리학회.

이봉주 · 김세원 (2005). 아동학대와 방임의 사회구조적 요인. 아동과 권리. 9(3). 347-373.

이소희 (1989). 아동학대 인식을 위한 가정환경 분석연구. 숙명여자대학교대학원 박사학위 청구논문.

이소희 외 (1997). 그것은 아동학대예요. 동문사.

이숙종 외 (1997). 아동복지의 이해. 서울: 학문사.

이순형 외 (2006). 아동복지. 서울: 학지사.

이영 외 (1997). 세계의 영유아보육. 이화여자대학교출판부.

이영철 (1997). 사회복지관사업과 불평등. 한국사회복지와 불평등. 중앙사회복지연구회 편.

이영희 편 (1994). 사회복지시설행정. 대구대학교출판부.

이용교 (1999). 현대청소년복지론. 서울: 양서원.

이웅진 (1999). 결혼한 여자, 이혼한 여자 그리고 결혼할 여자. 서울: 열음사.

이원순 (1999). 우리나라 미혼모 복지제도와 서비스 개선방안에 관한 연구. 경희대학교대학원 석사학위 청구논문.

이윤로 (2000). 정신보건사회복지론. 서울: 학지사.

이은순 (1996). 이혼가정 아동의 적응에 영향을 미치는 생태학적 변인들의 구조 분석. 이화여자대학교대학원 박사학위 청구논문.

이장호 · 김정희 (1995). 집단상담의 원리와 실제. 법문사.

이재연 (1996). 아동의 권리보장과 보호. 정신건강연구, 15.

이재연 · 박은미 · 황옥경 · 김형모 · 이은주 · 강현아 (2008). 아동복지론. 서울: 학지사.

이준우 · 김정순 (1994). 입양제도의 개선. 서울: 한국법제연구원.

이지애 (2007). 다문화가정 아동과 일반가정 아동의 학교적응에 관한 연구-자아존중감을 중심으로. 고려대학교 대학원 석사학위논문.

이태수 외 (2008). 아동 · 청소년복지 네트워크의 이론과 실제. 서울: 학지사.

이혜경 (1992). 권위주의적 자본주의 사회에서의 복지국가의 발달: 한국의 경험. 복지국가의 현재와 미래. 사회복지 국제학술회의 자료집, 369-388.

이혜원 · 윤혜미 (2009). 아동권리 옹호의 유형과 제도화 방안. 한국학교사회복지학, 18. 107-127.

이호균 (1999). 아동학대의 실제. 한국아동학대예방 · 치료활동의 현황과 과제. 한국아동학대예방협회 창립 10주년 기념 학술 세미나 자료집.

인경석 (1999). 한국복지국가의 이상과 현실. 서울: 나남.

임동호 (2009). 아동복지론. 신광문화사.

임춘희 (1996). 재혼가족내 계모의 스트레스와 적응에 관한 질적 연구. 고려대학교대학원 박사학위 청구논문

장영인 외 (2006). 아동복지론. 나눔의 집.

장인협 외 (1997). 아동복지편람. 아산사회복지재단.

장인협 · 오정수 (1999). 아동 · 청소년복지론. 서울대학교출판부.

장진영 (1999). 학교사회사업 실천프로그램 고찰을 통한 미래 방향 제안. 청소년복지연구, 1(1), 87-103. 한국청소년복지학회.

장화정 (2005). 아동보호정책의 현황과 과제. 한국의 아동복지정책 방향 탐색. 2005 대한아동복지학회 춘계학술대회 자료집.

장혜경(2002). 이혼 여성의 부모역할 및 자녀양육지원에 관한 연구. 한국여성개발원.

전재일 · 양점도 (1991). 청소년 비행의 가정환경적 요인특성. 사회복지연구, 19. 65-83. 대구대학교 사회복지연구소.

전채근 (2000). 사회복지관 운영실태와 개선방안에 관한 연구. 2000년 한국사회복지학회 춘계학술대회 자료집.

정기원 · 김만지 (1993). 우리나라 입양의 실태분석. 한국보건사회연구원.

정무성 (2000). 지역사회복지의 전망과 과제. 2000년 한국사회복지학회 춘계학술대회 자료집.

정상우 (2008). 이주아동의 기본권 보장에 관한 연구, 법제연구. 34.

정옥분 · 정순화 · 손화희 · 김경은 (2012). 아동복지론. 서울: 학지사.

정원식 · 박성수 (1998). 카운슬링의 원리. 서울: 교육과학사.

정재권 · 하승민 · 이민식 (1997). 장애인복지론. 보육교사교육원연합회. 양서원.

정종우 (2000). 신사회복지개론. 서울: 학지사.

정태수 (1991). 아동의 권리협약. 예지각.

조성연 (2004). 여성한부모가족의 모-자녀관계. 한국가정관리학회지. 제22권(1) :153-167.

조영달 외 (2006). 다문화가정의 자녀교육 실태조사. 교육인적자원부.

조은 · 이정옥 · 조주현 (1997). 근대가족의 변모와 여성문제. 서울대학교출판부.

조추용 · 오정옥 · 한성심 · 이채식 (2002). 가족복지론. 서울: 창지사.

조홍식 (1999). 가족유지서비스와 아동권리. 아동권리연구, 3(1). 한국아동권리학회.

중앙사회복지연구회편 (1997). 한국사회복지와 불평등. 일조각.

최순옥 · 윤난호 · 장수영 · 이주연 · 김은숙 (2011). 아동복지의 이해. 서울: 태영출판사.

최인섭 (1991). 경찰에 대한 시민의 의식에 관한 연구. 한국형사정책연구원.

최일섭 (1998). 지역사회복지론. 서울: 서울대학교출판부.

최일섭 · 최성재 (1995). 사회문제와 사회복지. 서울: 나남.

최현미 · 박영희 · 서말숙 (2006). 아동복지실천 현장의 다양화: 이주아동, 북한이주민아동, 장애아동을 위한 전문인력 양성 방안. 한국아동복지학회 추계학술대회 자료집.

최현숙 (1991). 아동가장의 실태와 복지대책. 한국복지연구회 엮음. 한국의 사회복지Ⅰ. 이론과 실천. 192-224.

테레사 굴라빅 외 (2000). 복지국가와 여성정책. 한국여성정책연구회 역. 새물결.

통계청 (1889, 1994, 1999, 2000). 인구동태통계연보.

______ (1997). 교육통계연보.

______ (2011). 2010년도「인구주택총조사」.

______ (2013). 요보호아동 발생 및 보호 내용 - 시도별.

통일부 (2011). 북한이탈주민 현황.

표갑수 (1993). 아동학대의 원인론과 대처방안. 한국아동복지학, 창간호, 158-159.

______ (2000). 아동 · 청소년 복지론. 청주대학교출판부.

하상락 (1997). 한국사회복지사론. 서울: 박영사.

하승민 (1999). 한국의 아동복지정책분석. 한국생활과학회지, 8(3). 465-476.

______ (2005). 보육재정분담 구조 현황과 개선과제, 한국 영유아보육정책의 이슈와 전망, 2005 춘계학술대회, 한국영유보육학회.

하승민 · 조성희 (1997). 사회복지론-개론 및 행정론. 보육교사교육원연합회. 양서원.

한국가족학연구회 (1990). 현대사회와 가족문제 세미나 자료.

______________ (1995). 맞벌이 가정의 가족문제. 하우.

한국보건사회연구원 (1995). 1995년도 장애인 실태조사.

________________ (1998). 아동복지 수용시설 실태조사 결과보고.

한국사회과학연구소 사회복지연구실 (1995). 한국사회복지의 이해. 동풍.

한국사회과학연구소 사회복지연구실 편 (1999). 세계의 사회복지. 인간과 복지.

한국수양부모협회 (1999). 위탁아동의 양육방법. 한국수양부모협회.

한국아동학대예방협회 (1993). 학대아동의 발견과 학대가정의 평가.

__________________ (1996). 아동의 권리와 법.

한국여성개발원 (2000). 여성통계연보.

한국이웃사랑회 (2000). 가정내 위기와 아동학대.

한국청소년개발원 편 (1996). 청소년문제론. 서원.

한국청소년개발원 (1997). 청소년인권보고서. 인간과 복지.

한림대학교 사회복지연구소 편 (1997). 복지국가의 위기와 사회정책의 전망. 한울.

한성심 · 송주미 (2008). 한국 아동복지 정책의 유형분석을 통한 과제 연구. 아동복지연구, 6(2). 대한아동복지학회. 121-141

한성심 · 하승민 · 윤혜미 (2014). 아동복지론. 한국보육교사교육연합회 편. 경기: 양서원.

한인영 · 홍순혜 · 김혜란 · 김기환 (1997). 학교와 사회복지. 서울: 학문사.

함세남 외 (1996). 선진국 사회복지발달사. 홍익재.

함철호 · 이태수 · 이용교 (1997). 아동복지시설의 양육상태와 심리적 환경에 대한 비교. 한국사회복지학, 459-487. 한국사회복지학회.

허남순 (1998). 가정위탁양육 관계법의 개정. 한국아동복지학, 7. 한국아동복지학회.

_____ (2004). 친인척가정위탁과 일반가정위탁 아동의 심리사회적 특성 및 위탁가정의 서비스욕구에 대한 비교연구. 한국아동복지학, 18, 243-270.

현외성 외 (1995). 사회복지학의 이해. 유풍출판사.

현택수 역 (1997). 유럽통합과 사회복지제도. 한울.

호유연 (2008). 한부모가정 부모의 양육스트레스와 사회적 지지와의 관계. 경원대학교 대학원 석사학위논문.

홍강의 (1999). 아동학대의 결과와 후유증. 한국아동학대예방 · 치료활동의 현황과 과제. 한국아동학대예방협회 창립 10주년 기념 학술 세미나 자료집.

황미영 (2001). 국내 입양사업의 문제점과 개선방안. 청주대학교 행정대학원 석사학위 청구논문.

Ammermann, R. T.(1996). Determinants of Child Abuse Potential: Contribution of Parent and Child Factors. *Journal of Child Psychology. 25*. 300-307.

Arnold, L. E. (1990). *Childhood stress*. New York: Wiley.

Baily, W. (1988). *Defining emotional maltrement in child protective services. In National Association of Child Welfare Administrators*. Washington D.C. : American Public Welfare Association.

Barford, R & C. Wattan(1991). Children's Participation in Decision Making. *Practice. 5*(2). 93-101.

Barglow, P., Vaughu, R., & Molitor, N. (1987). Effects of maternal absence due to employment on the quality of infant-mother attachment in a low-risk sample. *Child Development, 58*, 945-954.

Belsky, J. (1987). The role of the genetic counselor in fetal alcohol syndrome prevention. *Birth Defects, 23*(6), 111-114.

Benedict, M. L., White, R. B., Wulff, L. M., & Hall, B. J. (1990). Reported maltreatment in children with multiple disabilities. *Child Abuse & Neglect, 14,* 207-217.

Beshaov, D. J. (1985). Doing something about child abuse: The need to narrow the grounds for state Intervention. *Havard Journal of Law and Public Policy, 8*(3), 539-589.

Besharov, D. J. (1990). *Recognizing child abuse: A guide for concerned.* New York: Free Press.

Bowlby, J. (1951). *Maternal care and maternal health.* N. Y. : Basic Books.

Byrant, F. B., & Veroff, J. (1982). The structure of psychological well-being: A sociohistorical analysis. *Journal of Personality and Social Psychology, 43*(4), 653-673.

Child Welfare League of America (1959). *Standard for foster home.* 5.

Clancy, I. (1995). Ecological school social work: The reality and the vision. *Social Work in Education, 17,* 40-47.

Cohen (2000). *Child welfare: A multicultural focus (2nd).* Allyn & Bacon.

Cole, E.(1985). *Adoption: History, Policy and Program, A Handbook of Child Welfare,* Ed. by Laird, J. and A. Hartman, New York: The Free Press.

Connelly, C. D., & Stress, M. (1992). Mother' s age and risk for physical abuse. *Child Abuse & Neglect, 16(5)*, 709-718.

Costin, L. B. (1975). School social work practice: A new model. *Social Work, 20*(21), 135-139.

Costin, Lela B. (1979). *Child welfare: Policies and practice.* N.Y.: McGraw-Hill.

Coulton, C. f., Korbin, J. E., Su, M., & Chow, J. (1995). Community level factors and child maltreatment rates. *Child Development, 66,* 1262-1776.

Courtney, M. E., & Needell, B. (1997). Outcomes of kinship care: Lessons from California. In R. P. Barth, J. D., Berrick, & N. Gilbert(Eds.). *Child Welfare Research Review. Vol. 20.* 272-293. New York : Columbia University Press.

Crosson-Tower, C. (2004). *Exploring Child Welfare.* New York: Allyn and Bacon.

Cynthia, C. T. (1998). *Exploring child welfare: A practical perspective.* MA: Allyn & Bacon.

Downs, S. W., Moore, E., McFadden, E. J., & Costin, L. B. (2000). *Child welfare and family services: Policies and practice* (6th). Allyn and Bacon.

Elikind (1981). *The hurried children.* Management agency & Music Publishing, Inc.

Erikson, E. H. (1960). *Childhood and Society.* New York: Norton.

Faller, K. C. (Ed.) (1981). *Social work with abused and neglected children.* New York: The Free press.

Feigelman, W. & Silverman, A. (1983). *Chosen Children: New Patterns of Adoptive Relationships.* New York: Praeger.

Flanagan, C. A., & Eccles, J. S. (1993). Changes in parents' work status and adolescents' adjustment at school at school. *Child Development, 64*, 246-257.

Forster, M. and D'Erocole, M. (2005). Income Distribution and Poverty in OECD Countries in the Second Half of the 1990s. OECD Social Employment and Migration Working Papers. No.22. DELSA/ELSA/WD/SEM(2005)1.

Friedlander, W. A., & Apte, R. (1980). *Introduction to Social Welfare.* Englewood Cliffs N. J.: Prentice Hall.

Gilbert, N., & Specht, H. (1981). *Handbook of social service.* N.Y.: Prentice Hall.

Harding, L. F. (1991). *Perspectives in child care policy.* Longman.

Hare, I. (1994). School social work in transition. *Social Work in Education, 16*(1), 64-68.

Hayes, C. D., & Zaslow, M. J. (1999). *Who cares for America' s children?.* Washington, D.C.: National Academy Press.

Howes, C. (1997). Children' s experience in center-based child care as a function of teacher background and adult: Child ratio. *Merrill-Palmer Quarterly, 43,* 404-425.

Kadushin, A. (1980). *Child welfare services.* Macmillan Publishing Co., Inc.

Kadushin, A. & Martin, J. A. (1988). *Child Welfare Services.* New York: MacMillan.

Kirk, S. A. & Gallagher, J. J. (1989). *Educating exceptional children.* Boston: Houghton Mifflin Co.

Laird, J., & Hartman, A. (1985). *A handbook of child welfare.* The Free Press.

Lorenz, K. Z. (1965). *Evolution and the modification of behavior.* Chicago: University of Chicago Press.

Mather, J. H., & Lager, P. B. (2000). *Child welfare: A unifying model of practice.* Brooks/Cole.

McLanahan, S., & Adams, J. (1987). Parenthood and psychological well-being. *Annual Review of Sociology, 13*(2), 37-257.

Meenaghan, T., & Washington, R. O. (1980). *Social policy and social welfare: Structure and applications.* The Free Press.

Mitchel, D. R. (1985). Guidance Needs and Counselling of Parents of Persons with Intellectual Handicaps. In N. N. Singh and K. M. Wilton (Eds.). *Mental Retardation in*

New Zealand Whitcoulls. 136-156.

NASW (1987). *Encyclopedia of social work* (18th, Ed).

Pecora, P. J., Whittaker, J. K., Maluccio, A. N., Barth, R. P., & Plotnick, R. D. (2000). *The child welfare challenge: Policy, practice, and research*. Aldine de Gruyter.

Piaget, J. (1960). *Psychology of intelligence. Paterson*. New Jersey: Littlefield, Adams.

Radin, N. & Welsh, B. (1984). Social work, psychology, and counseling in the schools. *Social Work*, January, 28-33.

Smith, C. R. (1988). *Adoption and fostering*. Macmillan Education Ltd.

Spitz, R. A. (1945). Hospitalism: An inquiry into the genesis of psychiatric conditioning in early childhood. In D. Fenschel, et al.(Eds.). *Psychoanalytic studies of childhood*. 53-74. N. Y.: International Universities Press.

Steele, B. (1987). *Psychodynamic factors in child abuse*. Chicago: University of Chicago Press.

Umberson, D. (1989). Relationships with childre: Explaining parent' s psychological well-being. *Journal of Marriage and the Family, 51*(4), 999-1012.

Van Hagen, J. (1988). Family work in residential treatment. In C. E. Schaefer & A. J. Swanson(Eds.). *Children in Residential Care : Clinical Issues in Treatment*. New York: Van Nostrand Reinhold.

Whittaker, J. K. (2000). The future of residential group care. *Child Welfare. 79*(1). 59-74.

Zigler, E. F., & Lang, M. E. (1991). *Child care choices: Balance the needs of children, families, and society*. New York: Free Press.

법률지식정보시스템 http://likms.assembly.go.kr/law/

북한인권정보센터 http://www.nkdb.org/

한성심

숙명여자대학교 아동복지학과 졸업(학사)
숙명여자대학교 대학원 아동복지학과 졸업(석사, 박사)
현, 그리스도대학교 아동복지학과 교수

〈저서〉
가족복지론(개정판, 공저, 창지사, 2008)
북한이탈주민 사회복지실천론(공저, 나눔의집, 2008)
예비부모교육(공저, 공동체, 2008)

〈논문〉
남북통합지원 특성화교육 프로그램 성과에 대한 연구(2011)
스쿨존 내 문구점의 안전관리 방안에 대한 연구(2011)
금천구 보육정보센터의 수요자 중심 서비스 확충방안(2010)
아동청소년 정신건강의 정책분석을 통한 활성화 방안(2008)
지역아동센터 종사자의 전문성 발전을 위한 기초방안연구(2007) 외 다수

송주미

숙명여자대학교 아동복지학과 졸업 및 연세대학교 사회학과 졸업(학사)
숙명여자대학교 대학원 아동복지학과 졸업(석사, 박사)
그리스도대학교 사회복지학부 교수, 영남이공대학 아동복지학과 겸임조교수 역임

〈저서〉
청소년복지(공저, 대왕사, 2011)
애착증진 치료놀이(공역, 나눔의집, 2006)
아동상담(공저, 대왕사, 2006)
유아 · 아동발달(공저, 동문사, 2005) 외 다수

〈논문〉
포커스집단을 통한 아동복지 욕구조사(2008)
한국 아동복지 정책의 유형분석을 통한 과제 연구(2008)
한국 보육정책의 문제점 및 과제(2005)
한국 아동복지정책의 분석: 산출분석을 중심으로(2004)
아동과 청소년의 권리보호를 위한 국가이념의 방향과 과제(2003) 외 다수

제5판 **아동복지론**

초 판 1쇄 발행 2003년 2월 26일
초 판 5쇄 발행 2005년 2월 26일
제2판 5쇄 발행 2008년 7월 10일
제3판 4쇄 발행 2011년 1월 25일
제4판 4쇄 발행 2014년 1월 14일
제5판 4쇄 발행 2017년 1월 6일

지은이 | 한성심 · 송주미
펴낸이 | 김기섭
편집인 | 태선옥
펴낸곳 | 창지사 www.changjisa.com
153-802 서울시 금천구 가산디지털 1로 83 파트너스타워1차 9층
전화 (02) 719-2211~3
팩스 (02) 701-9386
등 록 | 1977년 4월 28일 · 제1-421호

ISBN 978-89-426-0791-4 (93370)

값 20,000원